KB235592

선리참구
禪理參究

선리참구

禪理參究

호암 인환

문현
MUN HYUN

선문의 화두 禪門話頭

선문의 수행 가운데서 가장 중요한 수행 가운데 하나가 참사문법參師問法입니다. 수행자가 선지식을 찾아뵙고 조실 방안에서 일대일로 직접 스승에게 자신이 항상 품고 있는 커다란 의문점을 물어서 가르침을 받습니다. 또 좌선 정진하는 가운데서 얻어진 견해를 가지고 스승과 함께 가차 없는 논란을 벌임으로써 자기의 경지에 대한 철저한 검증을 통해서 수행의 향상에 이바지하게 됩니다.

선원에서 수행자들을 지도하는 조실스님은 단순한 지도자가 아니라 선의 높은 경지에 이르러 깨달음을 얻었음을 조사에게서 인가 받은 분입니다. 정법안장正法眼藏을 전법傳法하여 참선납자들을 엄격하게 단련시켜 훌륭한 제자들을 배출시키는 그야말로 그 인격이나 식견이 뛰어난 세상의 사표가 되는 고승인 것입니다. 이러한 선문의 지도자인 조실스님에게 직접 법을 묻는 수행자들도 대부분 이미 오랜 참선의 정진을 통해서 상당한 경지와 역량을 갖추고 있으면서 아직 풀리지 않은 의문을 해결하기 위하여 선문의 스승에게 혼신의 기력을 다하여 진지하게 묻는 것이기에 이러한 사이에서 주고받는 문답은 그 내용의 차원이 매우 높은 것일 수밖에 없습니다. 따라서 선에 소양이 없는 사람들은 설사 그러한 선문답을 듣는다 하더라도 무슨 뚱딴지같은 소리인지 전혀 갈피를 잡을 수가 없고 참으로 이해하기가 어려운 것이 사실입니다. 그래서 일반적으로 선문답禪問答이라고 하면 으레 질문과 해답이 맞물리지 않고 엉뚱한 소리를 주고받는 대명사같이 여겨지고 있을 정도입니다. 그런데 그게 그럴 것이 중국의 선종禪宗은 6조 혜능六祖慧能스님의 법을 이은 남악 회양南嶽懷讓스님의 제자인 마조 도일馬祖道一(709~788)스님에 이르러서 비약적인 발전과 함께 선풍禪風의 일대전환이 이루어졌다고 하는데, 마조스님이나 그의 제자인 백장 회해百丈懷海스님의 이전에는 이치를 가지고 수행승들을 지도하여 견성見性케 하는 일이 많았으나, 마조스님이 큰 고함 소리로 백장스님을 견성하게 한 뒤로는 그러한 생생하고 직접적인 행동으로써 수행자를 지도하는 선풍이 성행하였던 것이지요.

백장스님의 귀를 3일 동안이나 멀게 하였다고 전해지는 마조스님의 고함소리는 말이나 글에만 얽매이는 마음을 단번에 끊어버리는 것이었으니까요. 그래서 마조스님 이후로는 임제스님의 할臨濟喝이나, 덕산스님의 방德山棒이 유명하듯이 수행자들을 지도할 때 크게 소리를 지르거나 또는 방망이로 때리거나, 아니면 논리적으로는 풀 수가 없는 화두話頭를 제시하여 제자들을 깨우쳐 견성케 하였던 것입니다.

마조스님은 "그대들 각자의 마음이 그대로 부처이니, 이 마음이야말로 부처의 마음인 것을 깊이 믿어야 한다. 달마가 인도에서 중국에 온 까닭은 일심의 법一心法을 전하기 위해서였다. 『능가경楞伽經』에서 '부처님의 가르침은 마음을 근본으로 삼고, 무문을 법문으로 삼고 있다佛說之宗旨無門爲法門'라고 한 것이야말로 달마가 서쪽에서 와서 보여 준 것이다."라고 설파하였으니, 즉 마조스님의 선은 철저하게 바로頓 깨치는 입장을 취하는 것입니다. 다시 말해서 그는 마음이 곧 부처임을 깨달으면 바로 부처요, 마음이 곧 부처임을 깨닫지 못하면 바로 중생이라는 것입니다. 그러므로 마조스님은 마음 말고 따로 별다른 법이 없다고 설하였지만, 그는 이 같은 삼계유심三界唯心을 결코 형이상학적으로 말하는 일이 없었으니, 마음을 이치로 관념적으로 따지는 것은 철학이나 교학에서 할 일이지 그의 관심은 오로지 세상이 마음 하나뿐인 도리唯心를 몸소 행하는 것이요, 공空을 생활화하는 것이요, 무심無心으로 살아가는 것이었고, 따라서 마조스님의 선은 중생이나 범부를 멀리하여 마음을 구하는 것이 아니며, 중생 그대로가 부처요, 보통으로 늘 쓰는 마음平常心 그대로가 불도佛道임을 몸소 행하여 생활하는 것이었던 것입니다. 마조스님이 수행자를 지도할 때는 마치 사자가 토끼 한 마리 잡는 것에도 온 힘을 기울이듯이 언제나 전심전력을 다하였기 때문에 마조의 뜨거운 고함 소리와 날카로운 방망이질은 어떤 둔한 사람이라도 마음의 눈을 뜨게 하고야 말았다고 하니, 그런 까닭에 마조스님의 문하에서 크게 깨달은 제자들이 무려 139명이나 쏟아져 나온 것도 결코 우연한 일이 아니라 하겠으니, 오늘날의 학생들을 가르치는 교육자들에게도 제자들을 바른 사람으로 만들어 내고야 말겠다는 저러한 열망과 기개야말로 가장 필요한 것이라고 하지 않을 수가 없습니다.

　이렇듯 선문답이란 결코 지식이나 언어의 관념적인 놀음이 아닌 것이니, 그것은 어디까지나 지식이나 학식 그리고 언어나 문자로는 이해할 수 없고, 또한 이해시켜 줄 수도 없는 선의 본질禪旨을 오직 몸으로 체험体驗함으로 해서 스스로 깨닫게 되는自覺 선 수행의 하나인 것이며, 이러한 선문답의 중심 문제 즉 참선 정진 속에서 꾸준히 듣게 되는 과제課題가 화두話頭인 것입니다. 또는 공안公案이라 불렀습니다.

　공안은 옛적 중국의 관청에서 사용하던 말法制用語인데, 즉 관청에서 내는 법령 등의 공식 문서 또는 법원에서 재판하여 내는 판결문을 말하는 것이며, 이러한 관청의 공식서류公府案牘를 공안이라 하니, 이것은 법령에 의하여 나오는 것이기 때문에 누구라도 이에 따라야 하는 권위가 인정되는 것이지요. 그러므로 화두話頭를 과제로 사용하는 간화선看話禪에서는 깨달음에 이르게 하기 위한 길잡이로서 좌선 정진하며 깊이 사색하려는 사람에게 주는 문제를 공안이라 하게 된 것입니다.

공안의 대표적인 예를 하나 들어 본다면, 중국의 선승 동산 수초洞山守初(910~990)스님에게 어떤 수행승이 묻기를 "어떤 것이 부처입니까?如何是佛" 하니, 동산스님이 "마삼근麻三斤이니라." 하고 답하였고, 그 수행승이 즉시에 깨달아 절을 하였다 하는 것입니다. 부처Buddha, 佛陀란 깨달은 사람을 말하는 것이니, 고대 인도에서는 '종교적으로 완성된 인격'이란 뜻으로 사용되었고, 그래서 인도 사람들은 언젠가는 부처가 이 세상에 출현하실 것이라 기대하고 있었던 터에 석가모니 부처님이 깨달음을 얻으시고 "나는 부처가 되었노라." 하셨을 때에 그들은 모두 그 말씀의 뜻을 이해하고 받아들일 수가 있었던 것입니다. 그러므로 부처는 '본래의 자기'를 자각한 사람이며, 마음이 본래 청정하여 누구나 모자람 없이 갖추어 가지고 있어서 이런 점으로는 부처와 중생의 차별이 없음을 아는 마음의 눈이 열려서 모두가 부처 될 수 있는 불성佛性이 있음을 바로 본見性 사람을 말하는 것입니다. 그런 까닭에 불교를 믿는 사람, 특히 선을 수행하는 사람들에게 있어서 불성의 문제는 가장 큰 관심거리가 될 수밖에 없는 것이지요. 그런데 그 불성이 무엇이냐는 물음에 '삼이 서근'이라고 대답하였다고 해서 일반적으로 자칫 잘못하면 그 말에 걸려서 '서근의 삼이 부처다'라고 한 것처럼 잘못 알기가 쉬운데, 만약 『열반경涅槃經』같은 데에서 '모든 존재는 다 본래 부처의 생명을 지니고 있다一切衆生 悉有佛性, 有情無情皆有佛性'고 하였다 하여 범신론汎神論과 같이 안다면 그것은 선에서의 참뜻이 아닙니다. 왜냐하면, 범신론이라면 산이나 물에도 신이 있다고 믿지만, 선에서는 산이나 물 같은 객관적 물체를 믿는 것이 아니라, 산이나 물을 존엄한 것으로 알고 받아들이는 자기 자신의 마음을 소중하게 여겨 그것을 믿는 것이기 때문입니다. 그러므로 동산스님이 말하는 '삼이 서근'의 수량이나 값어치를 말하는 것이 아니라 수행자로부터 "어떤 것이 부처입니까?" 하고 질문을 받았을 때 삼의 산지로써 유명한 그 고장의 특산물인 삼을 마침 저울에 달고 있던 동산이 그 순간 손에 들고 있던 서근의 삼을 바로 수행자에게 보이면서 "마삼근" 하고 말한 동산스님의 마음에 이 공안을 참구하는 사람의 마음이 바로 이어지게 하려는 데에 이 공안의 목적이 있다고 하겠습니다. 즉 '마삼근'이란 동산화상의 마음 바로 그것이며, 그것이 부처의 마음이기 때문입니다.

부처의 마음佛心이란 특별한 마음이 따로 있는 것이 아니라 언제 어디에서나 항상 모든 것을 진리의 모습으로 보고 존중할 수 있는 자기 마음의 작용을 말하는 것이며, 이러한 마음의 작용을 직접 체험이라 합니다. 실지로 보고 듣고 그것을 실행하여 새로운 지식이나 기술을 얻게 되는 경험經驗에 있어서는 대개가 다 비슷한 결과를 얻을 수가 있음에 비하여 이러한 체험體驗은 같은 것을 행하더라도 그 사람이 깊은 문제의식을 갖고 있느냐 아니냐에 따라서 그 결과에 엄청난 차이가 나오게 되므로 선의 수행이란 자기 자신의 전심 전력을 다하여 우주와 인생을 일관하고 있는 진리, 즉 자신의 인생을 지금 여기서 무엇을 어떻게 바로 살 것이냐를 확립하기 위한 직접 체험이요, 인생 가운데 가장 위대한 활동이라 하지 않을 수가 없는 것입니다.

근자에 종립宗立의 동국대에서 선실수禪實修 과목을 수강하는 학생 수가 가히 폭발적으로 증가하고 있어서 가장 인기 있는 과목으로 부상하고 있어서 매스컴의 경쟁적 취재 대상이 될 정도인 것은 매우 고무적인 현상이며, 선실수를 통해서 한 사람이라도 더 많은 학생들이 선禪하는 방법을 배우고 생활함으로써 정신적 혼란을 극복하는 힘을 기르며, 성현들도 가르쳐 줄 수 없고 오직 체험으로만이 얻을 수 있는 선의 수행에 좋은 인연을 맺게 되기를 저는 바라마지 않습니다. 그래서 선에 관심을 두는 학생, 청년, 일반인들이 선사상을 바르게 이해하고 선리禪理를 실참하여 정진을 통해서 세상을 바로 보고, 자신을 바로 아는 체험을 얻게 되기를 바라는 마음에서 재단법인 선학원에서 발행하는 『선원禪苑』에 1995년 7월호에서부터 시작하여 2002년 말까지 「선리참구禪理參究」의 제목으로 조사스님들의 선문답, 법문, 어록 등에서 대표적인 내용을 가려, 필자가 60년 전 부산 선암사 소림선원에서 출가하여 화두를 참구 하기 시작하여 오늘에 이르기까지 꾸준히 참선 정진하여 오면서 이룩한 선리에 대한 연구 성과를 곁들이면서 연재하였던 것을 선학원 원장 법진스님의 호의로 이제 한 책으로 묶어서 강호의 제현 앞에 내놓게 된 것을 기쁘게 생각하며, 달마에 대한 마음의 눈이 열려 크게 한 번 웃는 일이 일어나게 되기를 기대하면서 머리글로 가름합니다.

불기 2555년 신묘년 입춘일

서기 2011년 2월4일

서울 삼각산 경국사 환희당 한주

80노납 호암 인환

顥菴 印幻 씀

1

여러 인연에 떨어지지 않고
법을 곧바로 일러라
不落諸緣 請師直指 有問有答

중국 선종의 법맥 가운데 6조 혜능-청원-석두-약산-도오-석상으로 내려오는 선맥이 있으며, 석상石霜스님은 선종사에 이름이 오른 선사들 가운데서도 뛰어난 대선지식의 한 분이다. 이 석상스님 밑에서 참선 수행하여 그 선법을 이어 받은 바 있는 영주파초郢州芭蕉스님에게 어느 날 역시 참선 정진하면서 선지식을 찾아다니던 한 수행승이 와서 법을 청하였다.

"스님께서 여러 인연에 떨어지지 마시고 저에게 법을 곧 바로 일러 주십시오." 파초스님이 그에게 대답하였다. "물음이 있으면 대답이 있지."

말하자면 불교의 원리는 연기법緣起法인데, 여기서는 그러한 여러 인연 즉 일체의 모든 관계성을 떠나서 불법의 극치를 곧 바로 보여 달라는 것이다.

부처님 당시에 사리불과 목련 두 사람은 여러 제자들 가운데서 석가모니 부처님의 양팔에 비견될 만큼의 으뜸가는 제자였다. 두 사람은 이웃 마을에서 태어나 어릴 적부터 막역한 친구로 사귀며 자랐다. 두 사람은 당시의 유명한 육사외도의 한 사람이자, 회의론을 주장하던 산쟈야의 제자가 되었고, 그의 250명 제자 가운데 으뜸이 되었다. 어느 날 사리불은 왕사성의 거리에서 탁발을 하고 있는 사문을 보고는 매우 놀랐다. 그의 얼굴은 맑게 빛나고 앞으로 가고 뒤로 물러서고 앞을 보고 뒤를 돌아보며 몸을 굽히고 뻗는 그러한 행동들이 모두가 단정하고 당당하며 위의를 갖춘 모습에 자신이 넘쳐 있었다.

'나는 지금까지 이 같은 수행자를 본 적이 없다. 저 사람은 누구를 스승으로 받들고 있으며 누구의 가르침을 믿고 있는 것일까?' 사리불은 그에게 예의를 갖추어 정중하게 인사를 한 다음 이에 대해 물었다. 그는 대답하기를

"벗이여, 석가족 출신의 위대한 사문 석가세존이 계십니다. 나는 그분을 따라 출가하였습니다. 그분은 나의 스승이시며, 나는 그분의 가르침을 믿습니다."
"당신의 스승께서는 무엇을 주장하며, 무엇을 설하십니까?"
"벗이여, 나는 출가한 지 얼마 되지 않으므로 교법과 계율을 겨우 알고 있을 뿐입니다. 나는 당신에게 교법을 자세하게 가르쳐줄 수가 없습니다. 그러나 다만 요약해서 그 뜻만을 말하겠습니다."

“좋습니다. 벗이여 조금이어도 좋으니 말해주시오. 나에게 뜻만이라도 말해주시오. 나에게 필요한 것은 뜻입니다. 많은 말은 소용이 없습니다.”

사리불의 진지한 태도를 본 부처님 제자 마승비구는 다음과 같이 게송으로 일러 주었다.

“모든 것은 원인이 있어 생기며, 여래께서는 그 원인을 설하신다. 그리고 그것을 끊어 없애는 것도 설하시니, 위대한 스승은 이같이 가르치신다.”

뒤에 부처님 제자 가운데 지혜제일이라는 평을 받은 사리불에게 있어서는 그것만으로도 충분하였다. 이렇게 해서 사리불은 위대한 스승을 만나게 되었고, 목련과 아울러 250명이 함께 부처님의 제자가 되어 “무릇 인연으로 해서 모이고 생기는 것은 모두 다 소멸한다.” 하는 진리에 눈을 뜨는 계기가 되었다. 이것이 바로 불교의 기본 원리인 ‘이것이 있을 때 저것이 있고, 이것이 생길 때 저것이 생긴다. 이것이 없을 때 저것이 없고, 이것이 멸할 때 저것이 멸한다’라고 하는 연기법이다.

그런데 이 수행승은 이와 같은 일제 인연의 관계성을 떠나서 불법을 곧 바로 일러 달라고 바싹 들이댔던 것이다. 아마도 이 수행승의 머릿속에서는 무위도인無爲道人이나, 독탈무의獨脫無依 등의 표현으로 진리를 갈파한 선종의 맹장으로 이름 높은 임제臨濟스님의 이른바 절대주체성絶對主體性이라는 것을 떠 올리면서 내놓은 물음이었을 것이다. 선에서 최고의 선이라고 하는 조사선祖師禪이란 바로 이 같은 절대적 주체성을 확립하는 데 있는 것임은 두말할 나위 없는 것이지만, 그러나 그와 같은 절대의 주체성을 확립한 매임 없고 자유자재한 도인獨脫無依道人이라도 역시 갖가지 인연의 관계성重重無盡緣起 그 속에서 살고 있는 것이다. 부처님은 여러 인연의 관계성을 비유하여 '하나의 갈대 묶음은 넘어지지만, 두 개의 갈대 묶음은 서로 의지하여 선다' 하셨으니, 절대주체성을 확립하는 도인도 그러한 여러 인연의 관계성 속에서 나오는 것이며, 또한 살아가게 되는 것이다.

그러나 이러한 진리를 장황하게 말로 늘어놓는 것은 선사의 할 짓이 아니다. 그래서 파초스님은 묻는 말이 떨어지자마자 곧 대답하기를 "물음이 있으면, 대답이 있다."라고 하였다. 즉, '그대가 가식 없이 진정으로 물어오니, 나도 또한 어떻게 해서라도 그대가 깨닫도록 대답해 주어야 하겠지. 그것이 바로 내가 여러 인연에 떨어지지 않고 법을 곧 바로 일러주는 방법이다'라는 것이다. 그렇다면 과연 이 말이 여러 인연에 떨어져 있는 것인가, 아닌 것인가. 모두 각자 살펴보시기 바란다.

2

소리로 도를 깨닫다
聞聲悟道

　　인간은 모두가 평등하다고 한다. 즉 인간으로서의 존엄성과 기본적인 인권이 평등하여야 함은 더 말할 것도 없다. 그러나 사람들이 지니고 있는 각자의 소질이나 재능 그리고 근기 등은 결코 같지 않다. 아무리 애를 써도 제대로 알지를 못하는 아둔한 사람이 있는가 하면, 한편에는 너무나 똑똑하고 재주가 좋아서 모르는 것이 없고 머리가 잘 돌아가는 사람도 있다. 그런데 속담에 '하늘은 두 가지를 다 주지 않는다'라고 하였듯이 선의 수행에 있어서는 오히려 머리가 좋아서 분별이 잘 돌아가는 수재형의 사람일수록 깨달음을 얻기가 어렵다고도 한다.

　　6조 혜능-남악-마조-백장-위산-향엄으로 선맥을 이어 받아서 문성오도聞聲悟道 즉 소리를 듣고 도를 깨달은 것으로 후세에까지 널리 알려져 있는 대선지식 향엄香嚴스님은 출가하여 수행하는 시기에는 바로 그러한 수재였다.

백장百丈스님의 제자가 되어 열심히 참선하였으나 스승이 살아 계실 때에는 깨달음을 얻지 못하였다. 그래서 스승이 돌아가신 뒤에는 사형이 되는 위산潙山스님을 스승으로 모시고 애써 정진하였다. 어느 날 위산스님이 묻기를

"나는 그대가 하나를 들으면 열을 아는 천재로 알고 있다. 그래서 그대가 스승에게서 배우거나 경전에서 알고 있는 것은 묻지 않겠네. 다만 그대가 아직 어머니의 태 안에서 나오기 이전의 아무것도 모르고 분별하지도 못하던 때의 그대 자신의 본성에 대해서 한마디 일러 보게나, 내가 먼저 가신 스승님을 대신해서 점검하여 그대의 공부를 증명해 주겠네."

하였다. 향엄스님은 있는 재주와 아는 바를 다 동원하여 보았으나, 위산스님은 그것을 하나도 인정해 주지 않았다. 천하의 수재도 끝내 두 손을 들고 말았다. "저에게 이제 이 이상 더할 말이 없습니다. 저에게 바로 말씀해 주십시오." 하고 간청하였다. 그러나 위산스님은 이때 이렇게 일러 주었다. "만일 내가 무어라고 말한다 하더라도 그것은 어디까지나 나의 깨달은 것을 말해 줄 수 있을 뿐이고, 그것은 그대의 깨달음에 아무런 도움도 안 되는 것이다."

이렇게 향엄스님은 위산스님에게 분별지로 나온 대답을 다 빼앗겨 버리고 꼼짝 못하게 되자 머리의 회전이 빠른 만큼 단념하는 것도 빨라서 '나 같은 놈은 이 세상에서 깨달음을 얻을 가망이 없으니, 이제 더 이

런 어려운 구도생활일랑 그만두자'라고 생각하고는 울분을 머금고 위산 스님의 곁을 떠나서 혜능스님의 제자인 남양 혜충南陽慧忠국사가 수행하며 계셨다고 하는 옛 암자자리에다 토굴을 짓고 혼자서 살았다. 그러나 후세에까지 큰 명성을 남긴 향엄스님 같은 대근기가 그대로 헛되게 세월을 보낼 리가 없다. 그는 스스로는 어렵게 수행하는 것을 그만 두었다고 생각하였지만, 그런 가운데서도 위산스님에게서 받은 문제를 떨쳐버릴 수가 없었고, 자신도 모르는 사이에 그 문제를 마음속에서 계속하여 화두로 들면서 지냈다. 그러던 어느 날, 마당을 쓸면서 던진 돌이 '딱!' 하고 대나무에 맞는 소리를 듣는 순간 그동안 온 몸과 마음을 집중시키고 있었던 의심 덩어리가 크게 깨어져 무너져 내리면서 커다란 깨달음을 얻고는 그만 크게 웃어버렸다. 그리고 곧 목욕재계하고 향을 피운 다음 저 멀리 위산스님 계시는 곳을 향하여 예배를 드리고 말하기를 "스승님의 은혜는 부모의 은혜보다도 크고 높습니다. 돌이켜 생각하니, 만일 그때에 스승 위산스님께서 나를 위해 설명을 해주셨더라면 아마도 오늘의 이 같은 나의 통쾌한 기쁨은 없었을 것입니다." 하고 감사하였다. 이것이 소리를 듣고 도를 깨달았다고 하는 선경험禪經驗의 한 보기이다.

화두話頭 즉 공안公案은 말을 가지고 그 뜻을 알려고 한다면 아무리 하여도 결코 타파할 수 가 없다. 어떠한 해설을 통해서 설사 무엇인가를 알았다손 치더라도 그것은 오직 분별하는 지해知解로 법의 이치를 관념적으로 안 데서 벗어나지 못하며, 힘 있는 분명한 공부가 될 수가 없기 때문이다. 요컨대 선은 각자가 스스로 자신이 본래로 구족하고 있는 청정한 본성淸淨本性의 존재를 굳게 믿고大信心그러한 자기 자성을 어떤 일이 있어도 확실히 보고야 말리라는 큰 용기를 갖고大勇猛心 화두에 대한 불붙는 듯한 의심으로 진실하게 몸소 끊임없이 정진하는 자세로大疑團心 참

23

구해야 마침내 타파칠통打破漆桶하여 확철대오廓徹大悟하는 시절인연을 머지않아 만나게 되는 것이다.

그러므로 실참실구하며 정진하는 생활 가운데 선지식과 납자 사이의 법문답에서 나온 화두를 다만 머리로 분별하여 이해하였다면서 그 이상 직접 몸소 진정하게 참구하려들지 않는 세상의 수재들이여, 죽은 공부에 매달려 있지 말지어다.

3

모양보고 마음 밝히다
見色明心

석가모니 부처님은 인생의 근본 고^苦인 생·노·병·사 즉, 중생이 누구나 겪는 태어나서 늙어가며 병들어 죽지 않을 수 없는 괴로움에서 끝없이 바퀴 돌듯 도는 윤회에서 벗어나는 해탈의 길을 찾았으니, 예로부터 그러한 윤회고에서 해탈한 영원히 평화롭고 진정한 행복의 경지를 인도에서는 '열반涅槃'이라고 불러 왔었다.

그래서 진정한 열반의 경지를 구하여 필사적인 수행을 오랫동안 계속하여 정진하던 부처님이 보리수 밑에서 깊은 선정에 들어 있던 어느 날, 새벽의 샛별을 보는 순간 뜻밖에 그때까지 들어 있었던 절대의 삼매 경지가 깨어져 새로운 세계가 열리면서 모든 것과 내가 그대로 하나임을 경험하여 '본래의 자기'를 자각함으로써 아뇩다라삼먁삼보리 즉 무상정등정각을 이루었으니, 이렇게 예기치 않고 깨달음을 얻어서 성불하였다. 다시 말해서 석가모니 부처님은 좌선삼매 속에서 우주와 인생의 진리를 깨달아 부처님이 되었으니, 부처님이 깨달으신 진리와 열반, 그리고 제자들에게 역시 진리를 파악하여 바른 인생을 살게 하는 방법으로 가르치신 실천 수행의 길도, 모두 선정의 수행이 중심이었다.

중국선의 대조사이신 6조 혜능스님이 황매산에서 스승 5조 홍인스님에게 『금강경金剛經』의 설법을 듣다가 문득 크게 깨쳐서 견성한 경험을 『육조단경六祖壇經』에 단적으로 표현하고 있으니, 그것은 중생이 수행하여 본래의 자기를 깨달아서 성불하지만 부처님이 아뇩다라삼먁삼보리를 얻고 보니, 또한 6조스님이 견성하고 보니, 깨달았을 때에 부처가 된 것이 아니라, 본래부터 부처였다는 것을 안 것뿐이었다고 한다.

『금강경』에서 세존이 이르시기를 "만약 모양으로써 나를 보려하거나, 음성으로써 나를 구하면, 이 사람은 삿된 도를 행함이라. 능히 여래를 보지 못하느니라.若以色見我 以音聲求我 是人行邪道 不能見如來 아니 소리로 도를 깨닫고, 모양 보고 마음 밝히다聞聲悟道 見色明心"라고 하니, 그 무슨 소리냐 하면, 경에서도 말하기를 사람이 눈이 있고 햇빛이 밝게 비치어 가지가지의 색을 보지만, 눈먼 사람이 이것을 보지 못하는 것은 햇빛과 모양의 허물이 아니라 허물은 다만 눈 어두운 탓이라 하였듯이 우리들 자신이 모두가 자기는 번뇌망상에 얽혀있는 중생이라고만 생각하고 있었는데, 웬걸 본래 청정한 부처였다. 그런 것을 다만 이제까지 그런 줄을 모르고 있었을 뿐이었다.

그래서 6조스님의 선맥을 이어서 후세에 선종의 5종가풍의 하나인 운문종雲門宗을 세운 운문雲門스님이 선방의 수선대중들에게 제시하기를 "이전 선사들께서 '소리로 도를 깨닫고, 모양 보고 마음 밝혔다'라고 하는 그 깨달은 기연機緣이 하도 유명한데 도대체 그 '문성오도 견색명심 聞聲悟道 見色明心'이란 어떤 것인가?" 하고 물었다. 그리고는 자기 손을 들어 보이며 말하기를 "관세음보살이 돈을 갖고 와서 호떡을 샀다." 하고는 다시 그 손을 아래로 놓고 말하기를 "이런 이거 만두가 아니냐?" 하였다.

그렇다. 애써 돈을 마련해 가지고 와서 떡을 산 줄 알았더니, 이런 이런! 그것은 만두였다. 중생인 줄만 알았는데 알고 보니, 이런! 본래가 부처였다는 것이다. 그러니 우리도 모두 하루 빨리 그러한 '본래의 자기'를 뜻밖에 예기치 않았던 때에 진정 보아야 하지 않겠는가.

운문스님보다 좀 앞서서 영운靈雲스님이 있었다. 그는 생사일대사生死一大事의 문제를 해결하기 위하여 참선정진하면서 제방의 선지식을 찾아다니기를 30년 세월을 보냈다. 그러던 어느 봄날 지나가던 시골 동네에 마침 분홍빛 복숭아꽃이 만발한 것을 보는 순간 크게 마음의 눈이 열려 깨달음을 얻었다. 그는 그 심경을 말하기를 "돌이켜 보건데 30년이 넘도록 너무나도 전혀 엉뚱한 방향에서 도를 구하여 헤매었다. 그 얼마나 많은 세월을 가을에 잎이 지고 또 봄에는 새로운 꽃이 피었는데도 바로 보지 못하고 헛고생을 하였던가. 이제 시골 동네에 만발한 복숭아꽃을 한번 보고는 결코 인생 문제에 대하여 아무런 의심도 없는 마음의 경지를 얻었노라." 하였다. 이것이 '모양보고 마음 밝혔다見色明心'라고 하는 선경험禪經驗의 유명한 또 하나의 보기이다.

4

본래부터 언제나 있는 진리
本來常住理法

불교는 신이나 우주의 원리와 같은 초월적인 진리에서부터 설해 가는 것이 아니라 우리들이 인식할 수 있는 구체적인 현실 세계를 바르게 관찰하는 데서부터 시작된다. 따라서 우리가 석가모니 부처님의 교설에서 신이나 우주의 원리와 같은 형이상학적 문제의 해명을 구하고자 함은 잘못이라 하겠다. 왜냐하면 그런 것은 깨달음과 열반에 이르는 데에 아무런 도움이 되지 않기 때문이다.

그러면 불교에서는 현실 세계의 현상을 어떻게 관찰하고 있는 것일까. 세상의 모양과 빛깔 있는 것은 모두가 생겼다 없어지고, 없어졌다 생겨서는 시시각각으로 변하여 하나도 그대로 있는 것은 없는 것이니, 따라서 "모든 행은 무상하다.諸行無常"라고 설한다. 그런데 모든 종교는 인간의 죽은 뒤에 대해서 어떤 방법으로건 설명을 해주고 있다. 불교에서도 좋은 업을 지으면 좋은 세계에, 악한 업을 지으면 악한 세계에 난다고 하였다. 즉 "심은 대로 거두고 지은 대로 받는다."라고 하는 인因·연緣·업業·과果로 구성되는 연기의 법칙緣起法에 의한 과거생·현생·미래생에 걸치는 3세윤회三世輪廻를 설하고 있다.

그러나 중생을 생사의 윤회에 얽매이게 하는 근본무명根本無明을 끊어버리면 다시 업보業報로 인해 생사에 윤회하는 일은 없게 된다. 그러므로 석가세존께서 성도하신 뒤에 "내 생사는 다 했고, 진정하고 청정한 생활梵行이 섰으며 할 바를 다 하여서 뒤의 생사後有를 받지 않을 것이다." 하고 이제 다시 생사를 되풀이 하지 않는 경지涅槃寂靜에 들었음을 스스로 선언記別하셨다. 그 뒤에 그러한 경지에서 중생을 교화하는 일생을 사시다가 돌아가셨을 때 완전한 열반에 드신 것을 반열반般涅槃이라 우리는 부른다.

따라서 일반적으로는 '열반'이란 죽음을 가리키는 것으로만 알고 있기 쉽지만 그 참다운 뜻은 현재의 이 몸으로 살고 있는 상태에서 생사로부터의 해탈을 그대로 체득하는 것이다. 그러기에 "현재의 법에서 반열반함이란 어떤 것인가. 늙고 병들어 죽음을 되풀이 하지 않기 위하여 욕심을 버리고 번뇌를 일으키지 않고 마음이 잘 해탈하면 이것을 이르되 현재의 법에서 반열반을 얻었다고 한다."(『雜阿含經』 卷15)라고 설하고 있다.

중국선의 6조-청원-석두-천황-용담-덕산-암두-서암으로 이어지는 선맥을 받은 서암瑞巖스님이 스승인 암두巖頭스님에게 "본래부터 항상 있는 진리本來常住理法란 어떤 것입니까?" 하고 물었다.

앞에서 보았듯이 불교에서는 모든 것이 생멸하고 변천하여 그 어느 하나라도 변하지 않고 그대로 있는 것은 없는 까닭에 모든 행이 무상하다고 설한다. 그럼에도 불구하고 새삼스럽게 "본래부터 항상 있는 진리가 무엇이냐?" 하고 묻는다는 것은 아마도 묻고 있는 서암스님의 생각에는 모든 것이 생멸변화하여 무상한 것이므로 따라서 변하지 않고 항상 있는 것이란 없다고 하는 것이야말로 바로 변함없는 진리라고 생각하였던지, 혹은 모든 것은 무상하지만 법신이야말로 본래부터 항상 있는 진리 그것이라고 생각하였던 것일 것이다.

　암두스님은 이 물음에 대하여 '봐라, 벌써 움직였구나' 하였다. 즉 그대는 본래부터 항상 있어서 변함없고 움직임이 없는 진리를 묻는다고 하는데 그대가 그것을 묻는 그곳에 벌써 움직임이 있으니, 그것은 움직임 없는 본래부터 항상 있는 진리가 아니라고 하신 것이다. 그러자 서암스님이 말했다. "움직였다고 하시는데, 움직였을 때 어떻습니까? 제가 물은 것은 '본래부터 항상 있는 진리'를 물은 것인데 움직인 것이 어떻다는 말씀입니까?" 하였다. 암두스님이 이르기를 "움직이는 것은 무상한 것이니, 거기에는 이미 그대가 묻고 있는 '본래부터 항상 있는 진리'란 볼 수가 없다는 말이다." 하셨다. 그 말을 듣고도 바로 알아 들을 수 없었던 서암스님은 잠깐 주저 하였다. 그것을 본 암두스님은 "내가 말하는 것을 긍정한다면 그대는 아직 근본무명의 번뇌에서 벗어나지 못하고 있는 것이고, 그렇다고 해서 부정한다면 이번에는 영원히 생사의 윤회에 빠지게 될 것이다." 하셨다. 이렇듯 긍정해도 안 되고, 부정해도 안 된다고 한다면 대체 어떻게 하여야 한다는 것인가.

　요컨대 서암스님이 잠깐 머뭇거린 데서 나타났듯이 그의 분별심이 문제라는 것이니, 분별이 바로 무명인 것이다. 당초 그가 '본래부터 항상 있는 진리' 따위를 끄집어낸 것부터가 고치기 어려운 병폐라고 지적한 것이다.

이때에 크게 분발하여 무섭게 정진한 서암스님은 얼마 뒤에 그러한 형이상학적 진리를 관념적으로 분별하는 데서 벗어나서 눈앞에 살아 움직이고 있는 사안들을 몸소 파악하는 선의 경지를 체득하였다. 그로부터 그는 날마다 스스로 "주인공아!" 하고 부르고는 스스로 "네." 하고 대답하여 "정신 차려라." "네." "이제는 속지 말아라." "네, 네." 하면서 지냈다고 한다.

이것이 후세에 유명한 '서암주인공瑞巖主人公'의 공안公案인데, 여러분은 여기에서 '본래부터 항상 있는 진리'를 과연 보시는가, 마시는가.

5

삼라만상 가운데 우뚝 드러난 것
萬象之中獨露身

중국선 남종南宗의 처음 다섯 종파五家宗風 가운데 하나인 법안종法眼宗
의 초조初祖가 되는 법안스님(885~958)은 덕산德山宣鑒-설봉雪峯義存-현사玄
沙師備-나한羅漢桂琛-법안法眼文益으로 내려오는 선맥을 받아 법안종을 이
룩하였으나, 법안종의 시작으로 말하자면 설봉스님으로부터 시작되는
현사스님, 나한스님의 계보가 이어져서 법안스님에 이르러 비로소 법안
종이 탄생하게 된다.

법안스님은 여항餘杭사람으로 속성은 노씨魯氏이다. 7세에 출가하여
신정新定의 지통원智通院 전위全偉스님의 상좌가 되고, 월주越州 개원사開元
寺에서 구족계를 받고는, 명주明州 무산鄮山 또는 무봉鄮峯 육왕사育王寺의
율사 희각希覺스님 밑에서 계율 공부를 하였다.

　뒤에 참선수행에 뜻을 두어 처음에는 설봉스님의 법을 받은 장경長慶 慧棱스님에게 나아가 지도를 받으며 정진하였으나, 여기서는 만법을 바로 보는 마음의 눈이 열리는 기연機緣을 만나지 못하였다. 걸망을 지고 제방의 선지식을 찾아서 행각行脚에 나섰다가 뒤에 지장원地藏院에서 계침스님지장원에 계셔서 地藏桂琛 또는 뒤에 羅漢院에 계시어 羅漢桂琛이라고도 불리움을 만나서 크게 깨달음을 얻었고, 그 법을 이어서 세상에 널리 크게 선법을 드날려서開堂大振禪法 법안종을 세우게 되었다.

　이와 같이 선가에서는 법 받은 스승이 둘, 혹은 그 이상이 되는 일이 있으며 그런 경우에 정식으로 어느 스승의 법을 이어 가는가의 선택은 제자가 하는 것이 관례이다. 다시 말해서 바르고 밝은 안목이 있는 선사明眼宗師에게서 인가印可를 받았을 때 어느 스승의 법통을 이어가느냐承師嗣法 하는 것은 제자의 자유 선택에 일임된다는 것이다. 그리고 어느 스승의 법맥을 이었느냐를 공식으로 밝히는 것은 본산에서 조실祖室로 추대되어 여법하게 의식을 행하여 법문을 설할 때開堂普說 설법에 앞서 불전의 향로에다 향을 올리면서 불보살의 가피에 감사하며, 세계가 평화하여 불법이 널리 오래도록 전해지며, 직접 법을 이어받는 스승의 이름을 분명히 들어 그 은덕에 보답하고자 하는 축원을 함으로써 모두가 알게 되기 때문에 이때에 누구의 이름을 들어 향을 올리느냐에 주목을 하는데, 때로는 일반적으로 추정하고 있는 바와 다른 스승의 이름이 나오는 수도 있게 된다.

　어느 날, 법안스님에게 이전에 장경스님의 문하에서 함께 수행한 바 있는 자소子昭스님이 찾아와서 묻기를 "스님은 이제 선가의 스승으로서 출세하게 되었는데, 어느 분의 법을 이어서 향을 올리려 하는가?" 하였다. 법안스님은 서슴없이 "지장원 스님의 선맥을 받는다." 하고 대답하였다. 그러자 자소스님은 "그렇다면 먼저 돌아가신 장경스님에게서 공부한 은덕을 배반하는 것이 아닌가?" 하고 비난하였다. 법안스님이 "나는 장경스님에게서는 공안 하나 뚫지를 못하였다."고 하자, 자소스님은 "그러면 왜 나에게 묻지 않았나." 하는 것이 마치 스승 장경스님을 대신해서 답을 주겠다고 하는 투로 말하였다. 아마도 장경스님 문하에 있을 때 그가 선배격이었기 때문이었을 것이다. 그러자 법안스님은 유순하게 거역하지 않고 물었다. "삼라만상 가운데 오직 홀로 우뚝 드러난 것이 있다.萬象之中獨露身라고 하였으니, 그 뜻이 무엇이오?" 하며 자소스님이 들고 있던 주장자를 바로 세워 보였다. 즉 만물 가운데서 오직 하나가 우뚝 드러난다는 것은 불성의 나타남佛性顯現을 말함이니, 그것을 자소스님은 주장자를 세워서 보인 것이다. 그러나 법안스님은 이미 이전의 장경스님 밑에서 수행하던 안목이 아직 열리지 못한 수행자가 아니었다. 그가 주장자를 세워서 보이자 대뜸 들이대기를 "그건 스님이 장경스님 밑에서 배워서 얻은 것에 지나지 않으니, 스님 자신의 경지가 어떠하시오?" 하니, 그의 말이 막혔다. 그러자 법안스님은 이어서 두 번째 화살을 쏘듯 다시 물었다. "삼라만상 가운데 오직 홀로 우뚝 드러나 있는 그것은 삼라만상을 없애버리고 홀로 드러나는 것인가, 아니면 삼라만상을 없애버리지 않는 것인가?" 이번 물음은 아마도 약간은 선배를 위하여 가닥을 잡아준 듯한 것인데도 불구하고 그는 그다지 자신만만하지 못한 목소리로 "삼라만상을 없애버리지 않는다."고 대답하였다. 법안스님이 "그러면 삼라만상森羅萬象과 홀로 우뚝 드러난 부처天眞獨露佛는 둘이 아닌가?" 하더니 "자, 보아라! 이것이 바로 삼라만상 가운데 홀로 우뚝 드러난 몸이다." 하고 스스로를 바로 가리켜 보였다.

법안종을 이룩한 법안스님은 뒤에 건강建康의 청량사淸凉寺에 있으면서 당나라 말기에서 송나라 초기에 걸쳐서 선풍을 크게 선양하여 대법안종사大法眼宗師 청량 문익淸涼文益이라 추앙되었으니, "자, 보아라!" 하고 홀로 우뚝 드러난 천진불을 바로 가리켜 보일 수 있었기 때문이다. 그의 제자가 1천 명이 넘었고, 법을 받은 제자만도 63명이나 되었으니, 그들은 다 '삼라만상을 없애버리고 홀로 우뚝 드러난 천진불'을 바로 가리켜 보일直指人心 수 있었던 눈 푸른 선사들이었다.

6

불법은 눈앞에 나타나 있다
若論佛法一切在現前

　　뒤에 법안종法眼宗의 종조宗祖가 된 문익文益(885~958)스님이 젊은 수행 시대에 한 때 승주昇州의 청량원淸凉院에서 여름 안거를 마치고는 심기가 일전心機一轉함을 느끼는 바가 있어서 바로 일상적으로 하던 잡무를 모두 다 버리고는 선지식을 찾아서 바른 법을 구하는 길을 떠나게 되었다. 그 때에 함께 공부하던 도반 두 사람과 함께結侶 만행하는 행각求道行脚을 시 작하였다. 불도를 구하여 수행할 때에 혼자 하기보다는 뜻을 같이 하는 도반이 있어서 함께 할 수가 있다면 서로 절차탁마하여 수행에 많은 도 움이 된다. 그래서 예로부터 대중처소에서 수행하는 대중들과 공부를 함께 하게 되면, '나의 공부를 남이 반은 해준다'는 말까지 내려오고 있는 터이므로 이것은 매우 중요한 일이라 하겠다.

셋이 함께 출발한 지 며칠 안 되어서 큰 비를 맞게 되었다. 장대 같은 비가 갑자기 쏟아지자 강물이 넘쳐서 길을 재촉할 수가 없게 되었다. 그래서 성안의 서쪽에 있는 지장원에서 잠시 머물러 있게 되었고, 그곳에는 계침스님地藏桂琛이 계셨다. 그곳에 찾아든 세 사람을 보고 계침노화상이 물었다. "젊은 수좌스님들은 어디로 가는 길인가?" 법안스님이 대답하기를 "셋이서 불도를 구하고자 함께 행각行脚하고 있습니다. 그러하온데 구하고 있는 도가 어디에 있는 것인지 아직 알지 못하고 있사오나, 어쨌든 이렇게 셋이서 함께 행각하고 있을 뿐입니다." 계침노화상이 다시 물었다. "그렇다면, 행각하는 마음가짐은 어떠한고?" 역시 법안스님이 대답하기를 "아직 모릅니다." 하고 솔직히 말하였다. 그러자 노화상은 세 사람을 불러 들여서 거듭 그들과 후진後秦의 승조僧肇법사가 지은 『조론肇論』에 관하여 문답을 계속하였다. 『조론』은 그 내용이 물불천론物不遷論, 부진공론不眞空論, 반야무지론般若無知論, 열반무명론涅槃無名論 등의 내용으로 되어 있으며 삼론종三論宗에서 만유제법萬有諸法이 자성이 없어 공하나 그것은 상대적 공이 아니라, 언어와 사려가 끊어진言語道斷 心處滅行 절대적 묘공絶對的妙空이라는 이치를 말한 책이다. 이 책 가운데 있는 '천지와 나는 그 뿌리가 같다天地與我同根' 하는 대목을 들어서 노화상이 물었다. "산하대지와 그대들의 자기 자신이 같은가 다른가?" 법안스님이 "같습니다." 하고 대답하였다. 즉 『조론』에서 말하는 것같이 '천지와 내가 같은 뿌리이며, 만물과 내가 일체'라면, 당연히 산하대지와 자기 자신이 같아야 할 것이다. 그래서 서슴지 않고 "같습니다." 하였던 것이다. 그런데 얼마 뒤에 물이 빠지자 법안스님과 도반들이 행각을 나서려 했다. 계침노화상이 문까지 전송하러 나오시면서 마당에 있는 돌을 가리키며 묻기를 "그대들은 입버릇처럼 삼계가 유심이요 만법이 유식三界唯心

萬法有識이라고 말하고 있는데, 그러면 도대체 저 돌은 마음 밖에 있는 겐가, 어디 한 마디 일러 보게" 하였다. 법안스님이 대답하기를 "마음 안에 있습니다." 하였다. 즉 '이 세계는 오직 마음뿐이며, 모든 것은 오직 식뿐이다' 하는 유식사상唯識思想에 입각한다면, '마당의 돌 하나라도 역시 마음 안에 있는 것'이라는 견해인 것이다. 그때에 노화상이 말하였다. "그대들은 행각으로 먼 길을 떠나는 터에 어째서 돌같은 것을 마음속에다 안고 가려고 하는가?" 법안스님은 그 대답을 못하고 쩔쩔매고 말았다. 그는 그대로 지장원에 한 달 이상을 눌러 있으면서 그 해답을 얻고자 골몰하였다. 매일같이 계침노화상을 찾아뵙고 자신의 견해를 밝히고, 이것저것 아는 바 원리를 주워 섬겼다. 그러나 노화상은 그가 무슨 소리를 하여도 단호하게 말하기를 "불법佛法이란 결코 그런 것이 아니다." 하실 뿐이었다.

마침내 법안스님은 두 손을 들고 항복하지 않을 수 없었다. "저 이제는 더할 말이 없고, 내세울 이치도 더 없습니다." 계침노화상이 말하였다. "만약 불법을 말하라치면, 모든 것이 그대로 눈앞에 나타나 있네." 하였다. 법안스님은 그 말 한 마디에 크게 깨달음을 얻어서 세상의 사물에 속지 않고, 바로 보는 마음의 눈이 확실하게 열렸다. 이렇게 해서 법안스님은 불도佛道의 선법禪法에 대한 안목이 확실하게 열린 것이다. 계침노화상이 문까지 나오면서 삼계유심 만법유식의 도리를 물었듯이 대승불교에는 유식사상이 있다. 오늘날 세계의 사상계에서 정신분석학과 비교되면서 새로운 각광을 받고 있는데, 현대의 유식학자들 가운데는 불교의 유심론을 서양의 유심론과 동일하게 보고는 '모든 것은 오직 마음일 뿐이므로 따라서 물질은 일체 존재하지 않는다' 말하는 사람이 있다. 그러나 그렇지 않다. 서양인들은 흔히 마음과 물질을 구별해 놓고,

존재하는 것은 오직 마음뿐이라고 하지만, 불교에서 말하는 마음이란 그런 것이 아니다. 말하자면 불교에서 말하는 마음이란 물질과 마음으로 나누어지기 이전의 마음이요, 선과 악을 초월하여 선악에 물들기 이전의 본래부터 깨끗한 마음本來自性淸淨心을 가리키는 것이다. 그러나 선의 세계에서는 이런 도리를 설명하기보다는 지장노화상처럼 길 떠나는데 어째서 저 돌을 마음속에다 안고 가느냐 하고 한 마디 던짐으로써 '돌이 과연 마음 안에 있는 것인가, 마음 밖에 있는 것인가, 아니면 돌같은 것은 본래부터 없고 오직 마음만이 있는 것인가, 그 마음이란 것이 도대체 어떤 것이며, 어디에 있는 것인가?' 하고 그 마음을 바로 살피게 하는 것이 진정 친절한 지도 방법이다.

7

올해도 근사한 해, 오늘도 좋은 날
年年是好年 日日是好日

어느덧 세월이 흘러 묵은 한 해를 보내고 양력陽曆의 한 해를 또 다시 맞게 되니 그 흔한 세속적인 새해의 인사 덕담을 입에 올리기보다 먼저 우리나라 신라의 원효스님元曉大師이 남기신 유명한 『발심수행장發心修行章』의 마지막 경구警句가 떠오른다.

요것만 하는 말이 한정 없건만
탐착을 버리지 못하며,
조금만 하는 일이 계속되건만
애착을 끊지를 못하네.
遮言不盡 貪着不已 第二無盡 不斷愛着

이 일만 하는 것이 다함 없건만

세상일 버리지 못하며,

저것만 하는 것이 끝이 없건만

마음을 끊지를 못하네.

此事無限 世事不捨 彼謀無際 絶心不起

오늘에만 하는 것이 다함 없어서

악한 일 더 많아지고,

내일이면 하는 것이 끊임 없어서

착한 일 더 줄어드네.

今日不盡 造惡日多 明日無盡 作善日少

금년까지 하는 것이 다함 없건만

번뇌가 계속되고,

내년에는 하는 것이 계속되건만

깨달음 아득하네.

今年不盡 無限煩惱 來年無盡 不進菩提

시간 시간이 흐르고 흘러서

빨리도 하루가 지나가고,

하루 하루가 흐르고 흘러서

빨리도 한달이 지나가네.

時時移移 速經日夜 日日移移 速經月晦

한 달 한 달이 흐르고 흘러서

41

단박에 한 해가 다가오며,

한 해 한 해가 흐르고 흘러서

잠깐에 죽음이 이르네.

月月移移 忽來年至 年年移移 暫到死門

부서진 수레는 구르지 못하고,

사람도 늙으면 닦을 수 없도다.

누우면 게으름만 피우게 되고,

앉으면 어지러운 생각만 난다.

破車不行 老人不修 臥生懈怠 坐起亂識

얼마나 많은 동안 닦지 않고 지냈거늘

이제 다시 허송세월 할 것이며,

얼마나 무상한 몸 허망하게 살았거늘,

일생 동안 수행 않고 지낼건가.

幾生不修 虛過日夜 幾活空身 一生不修

무상한 이 몸은 반드시 죽게 되니,

내생은 어디서 어떤 몸 받게 될까.

참으로 급하구나, 정말로 급하구나.

身必有終 後身何乎 莫速急乎 莫速急乎

—『발심수행장』 중에서

이처럼 원효스님은 무상이 신속함을 심각하게 인식하여 정진에 매진
하여야 함을 강력하게 먼저 자기 자신에게 경책하고 있으며, 동시에 후

대의 수행자들에게도 간절하게 권고하고 있어서 우리들은 이 글을 통하여 그의 처절하리만치 돈독하였던 발심과 수행의 모습을 구구절절 느끼고 감명을 새롭게 받게 된다. 선의 세계에서 선리禪理에 투철한 안목을 지녔던 선지식들은 어떠한 마음으로 새해를 맞았던가.

중국 선종의 선맥을 6조스님 아래로 청원靑原行思스님-석두石頭希遷스님-천황天皇道悟스님-용담龍潭崇信스님-덕산德山宣鑑스님-설봉雪峰義存스님의 계통으로 이어받아서 당나라 후기에 매우 엄격한 선의 가풍을 크게 선양하여 마침내 선종 다섯 종파禪門五宗家風의 하나인 운문종雲門宗의 종조가 된 것으로 유명한 운문雲門文偃(?~949)스님이 어느 해 정월에 참선하는 대중들에게 법문하시기를 "그대들에게 15일 이전은 묻지 않겠으나 15일 이후의 일을 바로 한마디 일러라."라고 하였다. 그런데 아무도 이에 답하는 사람이 없자 운문스님은 대답 없는 제자들을 대신해서 말하기를 "오늘은 좋은 날이다." 하였다. 운문스님은 이때만이 아니라 제자들을 대신해서 답을 하는 경우가 자주 있었다고 하는데, 선문에서는 이것을 대어對語 즉 대신하는 말이라고 한다. 운문스님이 이때에 하신 대어對語 즉 대신하여 답한 '오늘은 좋은 날日日是好日'이 고금을 통하여 대표적인 공안公案 즉 화두話頭의 하나가 되었고, 또한 많은 사람들의 입에 오르내리는 화제가 되기도 하고, 붓을 휘둘러 글을 쓰는 제목이 되는 등 가장 유명하게 되었다. 이 공안의 출처는 선서禪書인 『벽암록碧巖錄』의 여섯 번째 공안第六則이 되는 '운문일일호일雲門日日好日'에서 나온 것이다.

여기에는 보름 즉 15일이라는 날짜가 명시되어 있으나, 이것을 꼭 15일로만 한정시킬 것은 없는 것이며, 요컨대 '오늘'이라는 뜻이다. 따라서 이 공안의 요지는 '오늘까지의 일은 묻지 않으니 그만두고, 다만 오늘의 자기 마음 경지를 말로 해 보아라' 하는 물음이다. 그래서 이것을 바로

‘今日是日好日’이라고 표현하기도 하는데, 여기서의 ‘좋은 날好日’이란 결코 세속에서 말하는 바 상식적인 뜻의 좋은 날이란 말은 아니다. 그러므로 선지식들도 이 공안을 쉽게 여겨서는 안 되며, 참으로 뚫기 어렵고 알게 하기 어려운 공안이라고 참선수행자들에게 일러주고 있다.

이에 대하여 후대 원나라 때의 선지식 허당虛堂智愚(?~1269)스님은 그의 어록 『허당집虛堂錄』에 정월 초하루의 상당법문에서 갈파하기를 “올해도 근사한 해요, 오늘도 좋은 날인데, 어째서 새해가 있고 묵은해가 따로 있으랴.年年是好年 日日是好日 甚磨新舊” 하였다. 날마다 좋은 날이 쌓이면 해마다 좋은 해가 되는 것이니 그렇다면 구태여 새해다 묵은해다 구별할 것이 어데 있으랴. 그러나 만일 말이 쉽다고 해서 바로 안 것처럼 착각했다가는 그야말로 큰일이다. 진실하고 꾸준한 참선수행을 통해서 지식으로서가 아니라 실제로 좋은 날이요, 근사한 해임을 깨달아서 매일의 생활을 내 것으로 수용함이 긴요하니, 이것은 참으로 용이한 일이 아니지만 이 책의 독자 여러분, 그리고 모든 불자佛子들이시여! 부디 ‘올해도 근사한 해, 오늘도 좋은날年年是好年 日日是好日’이시기를 진심으로 정축頂祝하오니, 복유진중伏惟珍重하소서.

8

남전화상, 고양이 목을 치다

南泉斬猫

그러나 죽인 것은 고양이가 아니다

중국의 선이 성대하게 발전하던 당나라 중기에는 큰 이름을 남긴 선의 고승들이 많이 출현하여 선풍을 선양하였고, 그러한 선지식이 계시는 도량에는 불도佛道를 수행하는 수행승들이 모여들어서 지도를 받으며 참선 정진하여 큰 회상會上을 이루고 있었다.

선지禪旨의 대기대용大機大用을 자유로이 펼쳐서 살활자재殺活自在한 솜씨로 거침없이 수행자들의 안목을 바로 열어 주는 가풍을 세운 것으로 유명한 마조馬祖道一스님의 선법을 계승한 남전南泉普願(748~834)스님이 계시던 안휘성安徽省 남전산南泉山의 선원도 그러한 회상의 하나였다. 그 선원에는 동과 서의 두 선당東西兩禪堂이 있었고, 언제나 수백 명씩의 수행승들이 꽉 차서 참선하고 있었다고 한다. 그들을 지도하는 남전스님은 조실의 자리에 있으면서도 언제나 스스로 산에 들어가 땔나무를 베어 오기도 하고, 들에서 소를 기르고, 논밭에서 농사짓는 운력運力 등을 함께 하면서 자급자족을 이루려는 생활을 솔선수범하면서 자신의 수행에 힘썼고 눈 푸른 수행자들을 길러냈다. 그는 이러한 생활을 30년 동안 계속하였고, 그동안 한 번도 산에서 내려간 일이 없었다.

그러던 어느 날 마당에서 여러 수행승들이 서로 크게 다투는 소리가 들려왔다. 남전스님이 웬일인가 하고 나가 보았더니, 요즈음 어느 때부터인가 고양이 한 마리가 굴러 들어와서 동서의 양당을 오가면서 수행승들의 귀여움을 독차지하고 있었는데, 그 고양이를 놓고 동당과 서당의 대중들이 서로가 고양이는 우리 선당에서 기르고 있는 고양이라면서 삿대질을 해가며 사납게 말싸움을 벌이고 있는 판이었다. 말하자면 고양이의 소유권을 따지면서 심하게 시비를 따지고 있었던 것이다. 말싸움은 매우 격렬하였고 언제 끝날 조짐이 보이지 않았다. 그것을 목격한 남전스님은 그들이 다투는 속을 가르고 들어가자 대뜸 문제의 고양이 목을 거머쥐고 소리쳤다.

"그대들 가운데 누구라도 무엇인가 불도에 맞는 말 한 마디를 할 수 있다면 이 고양이를 살려줄 것이지만, 만일 하지 못한다면 바로 고양이 목을 베어버릴 것이다. 자, 한 마디 바로 일러라." 그러나 많은 수행승들은 아무 말도 못하고 있었다. 그러자 남전스님은 부득이 언명한대로 고양이 목을 치고 말았다. 그러면 이때에 어떻게 대답하였더라면 고양이를 살릴 수가 있었을 것인가. 이것이 첫째로 제기되는 문제이다.

그날 밤에 남전스님의 상수제자 조주趙州從諗(778~897)스님이 볼 일이 있어서 외출했다가 돌아왔다. 남전스님은 조주스님에게 낮에 있었던 일을 말해주고는 "만일 그대가 거기에 있었다면 무엇이라 대답하였겠느냐?" 하고 물었다. 조주스님은 아무 말 없이 다만 신고 있던 신발을 벗어 자신의 머리 위에다 얹고는 거기서 물러 나갔다. 그런 모습을 본 남전스님은 "그대가 그때에 있어 주었더라면 그 고양이를 살릴 수 있었을 것을…." 하고 몹시 아쉬워하였다. 그래서 그 이해하기 어려운 조주스님의 그 같은 행동이 무슨 뜻일까 하는 것이 이 공안公案의 핵심이다.

이 공안에 대해서 어떤 사람들은 남전스님이 고양이를 베어서 살생을 하였다 하여 매우 좋지 않은 평을 하기도 한다. 그러나 이런 경우에 문제점을 고양이에다 두거나 살생했다는 데에만 둔다면 초점이 안 맞는 것이며, 이 공안의 참뜻과는 그야말로 멀기가 십만팔천 리이다. 왜냐하면 문제가 거기에 있는 것이 아니기 때문이다. 말하자면 남전스님의 한 칼로 목이 떨어져 두 조각이 난 것은 고양이가 아니라 그 자리에 있던 수행승들인 것이다. 아니 더 나아가 남전스님의 한 칼이 베어버리려고 한 진짜 대상은 다름 아닌 모든 우리들, 자신의 망상분별 즉 나와 내 것에 집착하는 자아自我, ego의 근본 뿌리를 아주 끊어버리는데 두고 있는 것이라 하겠다. 세속적인 것들을 한 번 아주 죽여야 바로 사는 것이 선의 길인 까닭이다.

돌이켜보면 우리는 모두가 이러한 고양이 소동과 같은 일로 항상 나와 남이 서로 대립하여 몸과 마음을 깎아내고 흔들어 가면서 소유욕에 사로잡혀 매일을 그리고 일생을 쫓아다니고 있는 생활에서 벗어나지 못하고 있다. 그러기에 남전스님은 감히 살생하는 허물을 지어가며 고양이를 베어버림으로써 그저 모든 것을 상대적으로 대립시켜서 볼 줄만 알고, 나와 남을 따로 세워서 내 욕심에만 얽매이는 집착을 끊어버려야 함을 보인 것이다. 따라서 고양이는 여기서 단순한 고양이가 아니라 우리들 사람이 지니고 있는 모든 대립과 집착을 상징하는 것이기에 남전스님은 수행승들에게 논쟁의 여지가 없는 한마디를 일러라 하였으나, 아무 대답을 못하는 그들을 대신해서 하신 한마디가 바로 고양이를 베어버린 행위였던 것이다.

그러므로 실제로 꼭 피를 내어 죽여야만 베어버렸다고 할 것만은 아니다. 선에서는 흔히 '부처가 오면 부처를 죽이고 조사가 오면 조사를 죽인다殺佛殺祖'라고 하지만, 그것은 문자 그대로의 뜻이 아니라 부처님이나 조사님을 초월한다는 뜻이니, 부처님이나 조사들의 가르침을 그대로 따르는 데에 그칠 것이 아니라, 한 발 더 나아가서 수행자의 절대적 향상이 있어야함을 뜻하는 것이다. 그렇다면 이 공안도 역시 실제로 고양이를 죽인 것이라기보다는 자아의 집착심을 뛰어넘는 것을 표상하고 있다 할 수도 있을 것이나, 그러나 살아 숨쉬는 힘찬 공안일진대, 실제로 고양이를 베어버린 것으로 보아야 한다. 이와 같이 이 공안을 보아 온 뒤에 다시 한 번 남전스님이 오늘날에도 여전히 사사건건마다 대립하여 다툼을 그칠 줄 모르는 불교계의 대중들이 있음을 보고 그 앞에 고양이 목을 치켜들고 "그대들 불도에 맞는 말을 한다면 살려줄 것이고, 못한다면 바로 베어버릴 것이니, 한마디 바로 일러라." 하고 바로 당신 코앞에 내민다면 그대는 무어라 대답할 것인가. 할喝! 곧 바로 답하라. 쓸데없는 잔머리 굴리지 말라.

9

조주화상이 신발을 머리에 얹다

趙州 頭載草鞋

'남전참묘南泉斬猫'의 공안은 두 가지 내용으로 이루어져 있어서 이것을 『벽암록碧巖錄』에는 '남전화상 고양이 목을 치다'와 '조주화상 신발을 머리에 얹다'의 두 가지 공안二則으로 나누어져 나와 있다. 고양이의 소유권을 서로 주장한 나머지 승가생활의 기본인 6화합六和合의 정신을 던져 버리고 집단적으로 말싸움하며 그칠 줄을 모르고 정신없이 설쳐대는 양쪽 선방의 대중들에게 남전선원의 조실 남전스님은 "그대들은 지금 한창 논쟁을 벌이고 있지만, 이제 바로 그런 논쟁 같은 것이 필요없는 가장 진실한 말을 한마디 해보라. 그러면 고양이를 살릴 것이나 아니면 고양이는 죽게 된다." 하였다. 그러나 그의 맹렬한 기백에 압도당하였을 뿐 이에 대하여 제대로 대답할만한 실력을 지니지 못하였던 그 자리의 대중들이 아무 대답을 못하자 부득이 고양이의 목을 치지 않을 수 없었다. 그때 그 자리에 없었던 제자 조주스님에게 이 일을 말해 주고는 "만일 그대가 있었더라면 무엇이라 대답하겠느냐?" 하고 물었다. 그러자 조주스님은 아무 말 없이 신고 있던 실내화를 벗어서 자신의 머리에다 얹고는 방을 나가 버렸다. 그러자 남전스님은 "그대가 있어 주었더라면 고양이를 죽이지 않아도 되었을 것인데…" 하고 애석해 하였다는 것이다.

선서禪書『무문관無門關』을 지은 무문無門慧開스님은 역시 이 공안을 실으면서 평하기를 "조주스님이 신을 머리에다 얹은 것이 무슨 뜻인지를 안다면, 남전스님이 고양이 목을 친 행위가 헛되지 않을 것이나, 모른다면 남전스님의 그런 행위는 가장 위험한 짓이 될 것이다." 하였다. 말하자면 그런 일이 있었던 뒤의 일이긴 하지만 참으로 다행스럽게도 남전스님이 제일 아끼는 상수제자인 조주스님이 수행승들이나 후세의 사람들을 위해서 하나의 훌륭한 모범이 될 만한 해답을 보여 주었기에 고양이의 죽음이 헛되지 않게 되었고, 따라서 남전스님의 그 같은 행위도 야만적 행위라거나 살생의 중죄를 저질렀다거나 하는 등의 부정적 비판을 면할 수 있게 되었다는 말이다. 여기에 대해서 눈에 뜨이는 선문禪門에서의 견해 몇 가지를 참고로 살펴보기로 한다면,

'항상 발로 밟고 있는 것을 머리 위에다 올려놓았으니, 그것은 곧 수행자의 본질이 하심下心의 정신에 있음을 솔직하게 표현한 것이다.'
'그것은 신발을 얹은 것이 아니라. 일체중생을 머리 위에 얹은 것이요. 따라서 전 우주를 머리 위에 얹어 놓은 것이니, 남전스님이 고양이 목을 친 것은 인간의 욕심 등 망상을 쳐죽인 것이요, 조주스님이

신을 머리 위에 얹은 것은 재산도 신체도 생명도 내 것이 아니라 모두 다 여럿의 것을 임시로 맡은 것임을 표현한 것이니, 고양이를 벤 사실을 보다 높은 차원으로 살린 것이다.'

'신은 발에 신는 것이니 비천한 것이요. 머리는 사람의 신체 가운데 가장 존귀한 부분이다. 또 고양이는 〈하등동물이요. 인간은 만물의 영장이다〉 하는 등의 차별하는 망상을 초월한 절대자리를 표상하여 남전이나 조주나, 그리고 인간이나 고양이나 근본적으로는 아무런 차별이 없음을 보인 것이다.'

'대립시켜서 차별을 두는 이원적 견지二元觀를 초월하고 자신과 고양이를 구별하는 데서 벗어나서 모든 것은 진여실상의 나타남, 아님이 없음을 깨닫는 향상의 경지에 도달한다면 새롭게 현실을 보고 알게 됨을 다룬 것이다.'

'우리는 남전스님의 칼로 고양이와 함께 각자의 자아를 죽여야 한다. 그래서 죽이고 또 죽여서 모조리 죽여 없애야만 비로소 인천의 안목이 된다.'

'그대들, 죽는 일이 싫거든 지금 죽어라. 한 번 제대로 죽으면 다시는 죽지 않는다.'

하는 등의 후세 선사들의 갖가지 염송拈頌, 선적인 안목으로 살펴보고 비평하는 시구이 있음을 볼 수가 있다.

요컨대 여기서의 죽음은 진정하게 다시 살기 위함이니, 따라서 우리는 누구나 남전스님의 칼로 고양이와 함께 자아自我 즉 '나, 내 것' 하는 망념의 뿌리를 베어버려야 하며, 결코 두 번 다시 죽지 않는 영원한 생명을 얻기 위해서는 우리도 시시각각으로 자아를 죽이고 또 죽여서 모든 차별하는 망상을 끊어야 한다. 그래서 남전스님은 범부중생들의 이러한 모든 것을, 대립시켜서 분별하는 관념을 타파하고 초월해서 모든 것을 절대적이고 영원한 생명 그것으로 보는 견지에 선 것이다. 고양이를 벤 것이 아니라 인간의 자아, 거기서 일어나는 소유욕을 벤 것이니, 다시 말해서 남전스님은 전 우주를 베어버렸고, 조주스님은 전 우주를 머리에다 얹어서 멋지게 살려 놓았다는 것이다.

이 공안이 생긴 것은 남전산南泉山의 동서 양 선방의 수행승들이 한 고양이의 소유권을 서로 내세우면서 심하게 다툰 데서 일어난 일이며, 이런 일은 어디서나 일상적으로 자주 있는 일이지만, 이러한 보통의 다반사로 일어난 일들을 문제로 삼아 거기에서 진정한 구도심求道心을 이끌어 내게 하는 것이 바로 공안인 것이다. 이와 같이 매일의 일상적 생활과 불도의 수행이 따로 구별 없이 하나로 융합하는 데서 인격이 향상되고, 안목이 자라는 것이다. 그러므로 조주스님은 크게 한 번 죽어서 참으로 제대로 살게 된 선경험을 얻은 진인眞人의 묘용妙用을 그대로 거침없이 자유롭게 무심히 행하여 신발을 얹고 나가는 모습으로 표현했으니, 여기서 남전스님이 죽인 고양이는 영원한 생명을 얻으면서 되살아난 것이다. 그래서 남전스님은 살인도殺人刀를 썼고, 조주스님은 활인검活人劍을 썼다고 할 것이니, 이렇게 해서 스승과 제자가 함께 죽이는 법과 살리는 법을 하나로 멋지게 쓰고 있다고 하겠다.

10

불광佛光은 어떤 것인가?

唐代의 佛舍利崇拜와 韓愈의 批判

중국 당나라 황제, 제3대 고종高宗(649~683)의 시대는 장안, 낙양 등을 중심으로 하는 북방에는 선종 제5조 홍인弘忍스님의 제자 신수神秀스님이 사대부들의 귀의를 받으면서 선풍을 크게 떨치고 있었으며, 장강 이남의 남방 역시 홍인스님이 서민들의 지지를 얻으면서 선종 발선의 기반을 다지고 있어서, 중국의 선이 비약적인 발전을 이룩하려는 시기였고, 동시에 진신사리眞身舍利에 대한 신앙이 매우 성행하던 때이기도 했다. 이러한 뜨거운 사리신앙의 분위기를 선도하듯 고종황제가 칙명을 내려서 기주岐州 법문사法門寺의 호국진골탑護國眞骨塔에 모셔져 있던 석가세존의 손뼈사리指骨舍利를 낙양의 궁중에 옮겨 모셔다가 친견하고 공양하였다. 그리고는 왕후가 특별히 만들게 한 아홉 겹으로 된 황금의 사리함에 넣어서 법문사에 돌려보내어 다시 제자리에 봉안토록 하였다.

그러한 뒤에도 당의 제7대 숙종, 제9대 덕종, 제10대 헌종 등이 역시 대를 이어서 그와 같이 칙명으로 법문사에서 사리를 궁중에 모셔다가 예경을 드리고는 다시 돌려 모시게 하고는 하였다. 이를 보는 유학자들 가운데는 이러한 사리숭배의 풍조를 못마땅하게 여기는 사람이 있었고, 그 대표적인 인물이 한유韓愈(768~824)였다. 한유는 본명 이외의 다른 이름을 한퇴지韓退之라 하였고, 죽은 뒤의 시호를 한문공韓文公이라 받았다. 그는 중국 당나라 시대에서 손꼽히는 문학자며, 정치가요, 또한 사상가였다. 문학자로서는 그 당시까지 극단적으로 발달되어 있던 매우 기교적이고 형식적인 종래의 4자와 6자의 대구對句를 지어가면서 짓는 문장인 변려체의 산문散文에 반대하여, 진한秦漢 이전에 사용되던 비교적 자유로운 문체를 다시 살려 쓰기를 주장하면서 유종원柳宗元 등 뜻을 함께 하는 사람들과 함께 이러한 문체의 글을 쓰는 일을 실행하였다. 그래서 이러한 문체가 고문古文이라 불렸고, 근대의 문화혁명이 일어나기까지는 중국에서 쓰이는 표준적 문체로 사용되는 업적을 남겼을 뿐만 아니라, 또한 시인으로서도 독특한 산문적인 시를 쓰는 시풍을 열어 후세에 당송8대가唐宋八代家의 한 사람으로 꼽히게 되었다. 정치가로서는 중앙부서의 이부시랑吏部侍郎까지 역임하였으나, 그 동안에 두 번이나 멀리 광동廣東 땅까지 유배流配를 당하는 곡절을 겪기도 하였다. 또한 사상가로서는 유교가 가장 우월한 사상임을 주장하여 후대에 송학宋學이 대두하는 길을 열었으나 아울러 불교를 격렬히 반대하고, 『논불골표論佛骨表』를 발표하여 사리숭배의 풍조를 비난하였다.

당의 제10대 헌종憲宗이 법문사에서 불사리佛舍利를 궁중에 모셔다가 예배 공경하였을 때 밤에 사리에서 방광되는 상서로운 일이 일어났다. 이에 감격한 헌종이 다음 날 아침의 조회에서 여러 신하들에게 그 일을 직접 말하였더니, 신하들이 한결같이 "그야말로 폐하의 성은에 불타佛陀께서 감응하신 것이옵니다." 하고 축하의 찬사를 올렸다. 그런데 오직 한 사람 한유만이 축사를 하지 않고 있는 것을 보고 헌종이 물었다. "모두가 다 축사를 말하는데 어째서 경 혼자만은 축사를 하지 않는가?" 그때에 한유가 대답하기를 "신이 이전에 불서佛書를 보았사온데 거기에 말하기를 '불광佛光은 청·황·적·백 등과 같은 보통의 빛깔이 아니다'라고 하였습니다. 그러하므로 어젯밤에 불사리에서 방광한 그것을 불광이라 할 수 없사옵고 그것은 다만 불법을 옹호한다고 하는 용신龍神이 내는 빛일 따름이므로 아무런 상서로움이 있다고 할 바가 없는 줄로 아옵니다." 하였다. 그 말을 들은 헌종은 거듭 묻기를 "그렇다면 불광은 어떤 것인가?" 하고 물었다. 그런데 한유는 그 물음에 대답을 못하였다. 그래서 그는 황제의 하문에 답을 올리지 못한 큰 허물을 스스로 부끄럽게 여긴 나머지 궁중에서 황제를 모시는 자리에서 물러나기를 자청하였고, 당 원화 14년(819)에 조주潮州의 자사刺史로 좌천되기에 이르렀다. 혹은 불골佛骨을 궁중에 들여 놓은 것을 반대하는 상소를 올렸다가 황제의 진노를 사서 조주에 정배를 가게 되었다고도 한다. 어쨌든 그가 사리에서 방광한 것을 가지고 여러 신하들이 황제의 성은에 감응하였다고 하는 것 같은 아첨을 따르지 않고 오히려 불광이란 청·황·적·백의 빛깔의 말을 끄집어 낸 것은 역시 그 식견이 대단하다고 하겠으나, 황제가 "그렇다면 불광은 어떤 것인가" 하는 요긴한 물음에 한 마디도 답하지 못하여 그야말로 용두사미에 그치고 말았다. 따라서 불경을 보았다 하더라도 신실한 불법을 알아보려고 한 것이 아니라 잘못된 불교 비판을 하기 위함에 지나지 않았다고 하겠다.

그러면 진정한 불광이란 과연 어떤 것이겠는가. 팔의 뼈가 상해서 수술을 해야 하는데, 자기 신체의 다른 뼈를 잘라내서 팔뼈를 이어야만 되는 환자가 있었다. 그런데 참으로 다행스럽게도 죽으면서 자기의 신체 모두를 병원에 기증한 분이 있어서, 그 뼈 가운데 필요한 부분을 받을 수가 있었던 덕분으로 자신의 다른 뼈를 잘라내는 일 없이 수술이 잘 되어 완쾌되었다고 한다. 그 어느 분의 신체 기증인지는 알 수 없으나, 우리는 거기에서 불골의 광명을 바로 눈앞에 보게 되는 것이며, 저절로 합장하고 찬탄하며 예배하지 않을 수가 없다. 그렇다. 그것이야말로 바로 불사리佛舍利라고 할 것이니, 진정한 불광이란 어떤 것이겠는가. 이름 없이 상相을 드러내지 않고 중생을 돕는 자비의 광명, 그것을 바로 볼 줄 알고 실행에 옮기는 지혜의 광명이 진실한 불광일 것이니, 이 밖에 또 무슨 불사리를 보려 하거나, 불광을 찾고자 하겠는가. 선문禪門에서 이 문제를 공안으로 쓰는 이유가 이런 데 있다 하겠다. 한유는 좌천된 조주에서 대전선사를 만나서 참선공부를 통하여 비로소 세지변총世智辯聰을 벗어나 불법의 참뜻을 깨닫게 된다.

11

신심 깊은 할머니가 암자를 불사르다

婆子燒庵

인간의 애욕심을 뛰어넘는 바른 길은 과연 어떤 것인가?

우리들 모두가 누구나 본래부터 갖추어 가지고 있는 밝고 깨끗한 성품自性淸淨心을 가리워서 어둡게 하고, 흔들어서 어지럽게 하는 것들 가운데 가장 대표적인 것이 바로 욕심내고, 성내고, 어리석은 생각을 일으키는 것貪·瞋·癡 三毒이며, 욕심내는 생각에는 잠자기를 탐하는 욕심睡眠慾, 음식을 탐하는 욕심飮食慾, 재물을 탐하는 욕심財物慾, 이름 내기 구하는 욕심名譽慾, 음욕을 탐하는 욕심淫慾心 등 다섯 가지로 크게 나눌 수가 있다. 그런데 일단 세속적인 모든 욕심을 버리고 출세간의 처지에서 오직 불도에 정진하는 수행에 몰두하는 참선수행자의 생활 가운데서 가장 억제하기 어렵고 따라서 수행하는 마음을 제일 어지럽게 하는 것이야 말로 인간적 본능인 성욕의 문제이다. 그러므로 예로부터 많은 수행자들이, 그리고 사회적으로 종교가나 인격자라고 하는 사람들 가운데서도 이러한 성욕의 문제 때문에 일을 겪게 되는 심각한 예가 헤아릴 수 없이 많이 있는 것을 볼 때에 불도의 수행에 필요한 인간의 바른 길은 과연 어떤 것일까.

중국 당나라 시대의 어느 곳에 매우 신심이 깊은 늙은 청신녀淸信女가 손녀딸과 살고 있었다. 그녀는 놀랍게도 약 20여 년 동안이나 한결같이 참선수행하는 어느 한 사람의 수행자를 위해서 작으나마 암자를 지어 주고, 수행 생활에 불편이 없도록 필요한 모든 것을 이바지하면서 열심히 뒷바라지하여 그가 참선 정진에 힘쓰는 것을 격려해 주었다. 그렇게 하다가 마침내 20년이 되던 어느 날, 이 늙은 청신녀가 무엇을 생각하였던지 그때까지 할머니의 분부에 따라 항상 수행자의 시봉을 하여오던 손녀딸을 불러서 귀에 무엇인가를 소곤소곤 일러 주었다. 그 말을 알아들은 손녀딸이 그 날은 암자에 올라가서 할머니가 하라던 대로 좌선하고 있는 수행자의 무릎 위에 올라 앉아 목을 껴안고 짙은 여성의 몸향내를 피우면서 귀에다 대고 면면히 간직하였던 사모하는 마음을 토로하여 사랑을 속삭이면서 유혹하였다. 그러나 그 수행자는 역시 20여년을 한결같이 정진하던 사람답게 그녀의 유혹을 물리치면서 하는 말이 "나의 지금 경지는 마치 마른 나무가 얼어붙은 바위에 기대고 있는 것과 같아서, 엄동설한에 따뜻한 기운이 있을 리 없듯이 내게는 애욕을 그리워하는 생각 따위는 아예 조금도 없노라." 하였다. 말하자면 여인의 꼬임을 매섭게 물리쳤던 것이다. 그러한 호된 꼴을 당한 그 여인은 깊이 부끄러워하면서 돌아와서는 있었던 일 그대로 할머니에게 고하였다. 그런데 그런 모양과 말을 전해들은 늙은 청신녀는 수행자의 언행에 감동받는 것이 아니라, 뜻밖에도 "아이고, 분해라. 글쎄 어쩌면 내가 그런 아무짝에도 쓸모없는 엉터리 수행자에게 속아서 20여 년 동안이나 정성을 다 바쳐서 이제껏 공양을 해왔더란 말인가!" 하고 버럭 분통을 터뜨리고 말았다. 그리고는 단숨에 암자로 올라가서 그 수행자를 두들겨 쫓아내었을 뿐만 아니라, 그리하고도 분통이 풀리지 않았던지 수행자가 오랫동안 정진하면서 살고 있었던 암자까지도 '더러워서 못 견디겠다'는 듯이 불살라 버리고 말았다. 만일 수행자가 여인을 받아들였으면 어떻게 되었을까. 그야말로 '수행자답지 못한 놈'이라고 하여 노파가 노발대발하면서 수행자를 쫓아 낼 것은 당연하다고 하겠지만, 그러나 그 수행자의 대답과 행동은 아주 나무랄 데 없는 우등생의 대답이요, 모범적인 행동이었는데도 불구하고 어째서 청신녀는 도리어 그렇게도 분통을 터뜨렸던 것일까. 그래서 선문禪門에서는 이 일에 대하여 '여인을 안지 않아도 안 되고 , 또한 안아서도 안 되니 자, 이때를 당하여 그대 자신은 어떻게 할 것인가' 하고 진지하게 참구하여 그 바른 해답을 얻으려고 피나는 정진을 하였으니, 이것이 유명한 '노파가 암자를 불사르다婆子燒庵'라는 공안公案 즉 화두話頭이다.

초기불교에서는 인간에게 갖가지 번뇌가 일어나는 것은 육체가 그러한 번뇌를 일으키게 하는 것이 원인이기 때문이라고 보아, 난행難行 · 고행苦行을 육체가 행함으로써 육신 자체로부터 아예 생생한 기운을 없애 버리고 육체를 마치 마른 나무枯木나, 싸늘하게 식은 재死灰와 같은 상태로 만들어서 정신적으로도 지적知的 활동을 정지灰身滅智시킴으로 해서 몸과 마음을 절대 평정한 상태涅槃로 두는 것을 최고의 이상으로 삼았으며, 따라서 선정禪定을 수행하는 목적을 거기에다 두었던 것이다. 그러므로 수행자가 여인의 품 안에 안길 때 '마치 마른 나무가 얼어 붙은 바위에 기댄 것과 같아서, 엄동설한에 따뜻한 기운이 없다'라고 한 것은, '나는 이미 그 같은 회신멸지의 열반 경계를 얻었기 때문에 아무리 젊은 여인이 안긴다 하더라도 애욕을 그리워할 리가 없다'라고 하는 초기 원시불교의 가르침을 표현한 것이라 하겠다.

그런데 석가모니 부처님께서 성도하시기 이전의 수행 시기에 자신이 실천 수행하여 얻은 체험에 의지해서 수행 과정을 검토한 결과 그것이 모두 한결같이 인생고의 해탈을 목표로 삼고 있음에도 불구하고 마치 달을 보려 하면서도 오히려 달을 가리키는 손가락만 보다가 달은 보지 못하듯이, 행해가는 도중에서 목표 그 자체를 잘못보게 됨으로써 선정에만 치우치거나 혹은 고행에만 치우쳐서 거기에 집착하여 헤어나지 못하는 등의 잘못으로 말미암아 도저히 그 본래의 목적을 달성할 수 없게 되어 있음을 알게 되었던 까닭에 여기서 부처님은 새롭게 몸과 마음을 가다듬어서 출발점으로 돌아가 이제부터는 쾌락이거나 고행이거나 어느 한편에만 치우쳐 집착하는 바 없는 바른 길, 즉 중도中道를 행하는 결심으로 보리수 밑에 앉으셨다. 그 선정에서 마침내 인생고의 본질은 인간의 욕망이 채워지지 못하는 데서 오는 괴로움임을 알고, 그러한 괴로움이 발생하게 되는 것은 인생의 현실을 바로 알지 못하는 무명無明에 그 원인이 있음을 알고, 이러한 괴로움의 근본 원인이 되는 무명을 없애는 것은 인생의 현실을 바로 아는 지혜 즉 반야지혜般若智慧임을 알고, 지혜를 이루게 하는 것은 어디까지나 선정에 의해서 정화된 현실의 생활임을 깨닫게 되었다고 한다.

성욕이란 생명이 있는 한 없어지는 것 아니며, 또한 없앨 수 있는 것도 아니다. 그런 것을 아주 단멸시켜 버리려고 하는 것 또한 망상일 수밖에 없다. 그러나 수행자가 성욕의 본능을 이기지 못하고 자멸한다면 참으로 허망한 인생일 것이고, 그렇다고 해서 인정이 메말라 버린다면 그것은 바로 인간실격이요, 따라서 중생제도란 어림도 없는 일이 되고 말 것이다. 선의 공안은 결코 관념적인 것이 아니고, 이 세상의 소용돌이치는 중생들의 피맺히는 문제들을 바로 해결할 수가 있어야만 한다. 선에서는 남녀의 성욕 문제를 거침없이 애욕을 발산시키는 생활과 극단적인 금욕주의적 생활을 그저 대립시켜서 상대적 문제로 생각하는 데서는 결코 이 문제의 해결은 바랄 수가 없다고 본다. 그래서 이 공안에서는 수행승과 여인과 노파를 등장시켜서 선의 이상을 나타내 보이고자 하는 것이니, 말하자면 진실한 수행이란 남녀 간의 정욕情慾의 정체가 무엇인가를 바로 아는 것이다. 그래서 그것이 인간의 본능을 덮어 버리거나 끊으려고 하는데 있지도 않고, 본능을 걸림 없이 발산시키는 데 있지도 않음을 알아서, 본능을 부정하지 않으면서 본능을 잘 정리하고 조절할 줄을 아는 것이라 보았다. 견성한 많은 선사들이 대개가 가장 정력이 왕성한 시절 견성에 달도하고 있음을 볼 때 그 솟아나는 정력을 함부로 딴 데에 쏟지 않고, 오직 불도를 성취하는 데 잘 조절해서 썼음을 알 수가 있다.

그 노파는 수행자가 20여 년의 수행에서 그러한 경지를 얻었으리라고 기대하였을 것인데, 노파의 기대에 어긋나게도 겨우 본능을 억압하고 있는 데서 벗어나지 못하고 있는 '고목을 기대게 한 얼어붙은 찬 바위'임을 자랑삼고 있음을 알았을 때에 당연히 크게 노하였을 것이다.

'애욕을 부정하는 것도 안 되고, 애욕에 빠지는 것도 당연히 안 된다고 한다면, 성욕을 부정하지 않으면서 그 정력을 잘 정리하고 조절해서 바르게 쓰는 것이 긴요하다' 하겠으나, 그러나 실제에 있어서 그 일이 얼마나 어렵고 힘든 일이겠는가. 관념적인 해답은 쉽게 나올 수 있을지

몰라도 실제 문제는 너무나도 어려우니, 그래서 이 공안이 고금을 통하여 숱한 수행자들의 피땀과 눈물을 흘리게 하였던 난관難關으로 꼽히게 된다.

12

조주스님의 여러 공안
趙州의 諸公案

중국 당나라의 가장 유명한 선승으로 꼽히는 조주趙州從諗(778~897)스님은 '남전참묘南泉斬猫'의 공안으로 알려진 남전스님의 법제자이다. 예로부터 선의 고승에게는 격에서 벗어난 일화가 많은 법이지만, 특히 조주스님도 일화가 많은 분의 한사람이다. 그 가운데 하나를 본다면, 당나라 조주曹州사람이지만, 노후에는 조주趙州의 관음원觀音院에 계시면서 많은 후학들을 지도하여 유명하였기에 당시에는 조주에 계시는 큰스님으로 불리웠고, 후세에 조주스님으로 통하게 되었다.

어려서 조주의 호통원에서 출가하였으나 계는 받지 않고, 남전스님의 소문을 듣자 찾아 갔다. 마침 남전스님께서 누워 계시다가 찾아온 젊은이에게 물었다.

"어느 곳에서 왔는가?"

"서상은 보지 못하고, 누워 있는 부처님을 보았습니다."

"네가 유주有主 사미냐? 무주無主 사미냐?"

"유주사미입니다."

"주가 어데 있느냐?"

"동짓달이 매우 춥사온데 법체 안녕하십니까?"

하고 대답하였다. 이에 남전스님이 매우 기특하게 여기고 입실入室하여 제자 되기를 허락하였다. 뒤에 중앙의 유리계단에 가서 계를 받고 남전스님에게로 돌아와서 참선에 정진하여 남전스님의 큰 법을 이어받아 대성하였으나, 그러고도 깨달은 뒤의 수행을 계속하여 그침이 없었다고 한다.

조주스님은 60세 때에 다시 크게 발원하기를 "나는 이제부터 7세의 어린 아이라 하더라도 그가 만일 나보다 수승한 점이 있다면 힘껏 그 아이의 가르침을 들으리라. 그러나 나이 많은 어른으로 만일 100세 되는 노인이라 하더라도 나보다 미숙한 사람이라면 나는 서슴지 않고 그에게 가르침을 주리라." 하는 대원력을 일으킨 뒤에 20년 동안이나 그와 같이 진정한 스승을 찾아서 각지를 행각하여 수행 생활을 계속하였다. 그러다가 80세가 되어서야 그를 따르는 많은 사람들의 간청을 받아들여서 조주의 관음원에 머물러 있으면서, 그 동안에 쌓은 선지禪指를 유감없이 발휘하여 120세에 입적하실 때까지 40년 동안 높은 경지의 선풍을 크게 떨치면서 사방에서 찾아드는 수행자들을 제접提接하여 독특한 솜씨로 지도하고 편달하여 바르게 선의 안목을 얻게 하였다. 그러므로 세상에서는 그를 존경하여 그가 거주하는 '조주'라고 하는 지명으로써 그의 대명사로 삼았고, 고불古佛이라는 별명으로 불렀으니 조주스님의 선적인 생애를 짐작하고도 남음이 있다고 하겠다.

특히 조주스님은 남다르게 120세의 장수를 누렸는데 이러한 장수도 아마 그가 60세에 큰 발원을 세워서 이 원력에 따라 언제까지나 배우고 닦아서 남에게 배우는 것만이 아니라 남을 가르치는 데서 더 크게 배우게 됨을 알아서 어디까지나 참으로 겸허하게 진정으로 배운다는 끝없이 불타는 정열이 바로 조주스님으로 하여금 한 세기를 훨씬 넘게 장수하여 선풍을 크게 높게 선양할 수 있게 한 원동력이 되었을 것이다.

조주스님은 신명身命의 장수만이 아니라 혜명慧命의 장수에도 독보적인 존재라 할 것이다. 다시 말해서 그가 수행납자들과 문답하거나 대중을 위해 설법함이 낱낱의 근기에 알맞게, 그리고 모든 사람들을 절실하게 위하는 말이었기 때문에 수행자들에게 주는 영향력이 참으로 막대하였다. 그런 까닭에 당시의 천하 운수 납자들이 조주가 납자들을 제접하는 가풍을 전해 듣기만 하여도 두렵게 알아서 모두가 믿고 의지하였을 뿐만 아니라, 후세에까지 오래도록 중국·한국·일본 할 것 없이 참선 수행하는 많은 사람들이 조주스님의 여러 말씀을 공안으로서 참구하고, 참뜻을 깨닫기 위해서 긴 세월 동안 뼈를 깎고 피를 말리는 노력을 하고 있다. 오늘날까지도 조주스님의 공안으로서 널리 알려져 있는 것이 엄청나게 많으며 그 가운데 유명한 것만을 꼽아 보아도 아래와 같은 것이 있다.

'조주구자불성趙州狗子佛性'의 공안을 비롯하여 '조주끽다거趙州喫茶去',

‘조주세발趙州洗鉢’, ‘조주감파趙州勘婆’, ‘조주사문趙州四門’, ‘조주삼전어趙州三轉語’, ‘조주방하착趙州放下着’, ‘조주만법귀일趙州萬法歸一’, ‘조주대사저趙州大死底’, ‘조주하불인진趙州何不引盡’, ‘조주분소불하趙州分疎不何’, ‘조주정전백수자趙州庭前柏樹子’, ‘조주파건곤趙州把乾坤’, ‘조주감이암주趙州勘二菴主’, ‘조주전장경趙州轉臟經’, ‘조주도로도마趙州渡驢渡馬’, ‘조주전고노趙州田庫奴’, ‘조주두재초혜趙州頭載草鞋’, ‘조주주처趙州住處’, ‘조주탐수趙州探水’, ‘조주대라복趙州大蘿蔔’, ‘조주초생해趙州初生該’, ‘조주지도무난趙州至道無難’, ‘조주사대오온趙州四大五蘊’, ‘조주하재상재趙州下載上載’

이상과 같은 것이 있으니, 예를 몇 가지 든다면, ‘조주사문’ 또는 ‘조주동서남북’의 공안은 어느 수행자가 조주 스님에게 묻기를 “어떤 것이 조주입니까?” 하니 답하기를 “동문 · 서문 · 남문 · 북문이니라.”라고 하였다. ‘조주삼전어趙州三轉語’의 공안은 조주스님이 법상에 올라 설법하기를 “금불은 용광로를 건너가지 못하고, 목불은 불을 건너가지 못하고, 토불은 물을 건너가지 못하나니라.” 하셨다. 뒤에 벽암碧巖이 이것에 대해 평창評唱하기를 “토불이 물을 건너가면 풀어지고, 목불이 불을 건너가면 타버리고, 금불이 용광로를 건너가면 녹아버린다.”고 하였다.

　이러한 조주의 공안 가운데 예로부터 전통적으로 우리나라 선계禪界에서 공안으로서 사용되어 온 대표적인 것을 몇 가지 골라서 거기에 나타나 있는 선리禪理를 『선리참구』의 독자들을 위해서 함께 깊이 있게 참구해 보고자 한다.

13

개에게도 불성이 있습니까? 없네
趙州狗子無佛性의 公案

조주스님의 여러 공안 가운데 가장 유명한 것이 바로 이 조주의 '구자무불성狗子無佛性' 공안이다. 이 공안은 일반적으로 '조주무자화두趙州無字話頭'라고 불리고 있다.

이 공안은 중국 송나라 무문 혜개無門慧開선사가 여러 선록禪錄 가운데서 공안 48칙을 뽑아서 각 공안마다 자신의 견해로 해석하고 비판하는 글인 염제拈提 또는 拈古와 그것을 은미하는 시, 즉 게송偈頌을 붙여서 간행하여 공안집으로 유명한 『선종무문관禪宗無門關』의 제1칙에 나와 있는 것인데, 한국의 선계禪界에서도 '무자無字' 화두를 드는 이가 가장 많으며 또 제일 어려운 화두라고 일컬어지고 있는 그런 공안이다. 자고로 견성한 선지식들 가운데는 이 조주의 '무자' 화두를 참고하여 철저하게 의심을 타파함으로써 일대사를 마치고 달도達道한 선사들이 많다. 이 공안의 내용은 어느 수행승이 조주스님에게 묻기를 "개에게도 불성佛性이 있습니까?" 하니, 조주스님이 "無. 없네" 하고 대답하였다. 도대체 이 '無'란 무슨 뜻일까. 아주 짧은 내용이지만 이것이 바로 '조주무자'의 공안이다.

그리고 여기에다가 뒤에 남송의 영은 보제靈隱普濟선사가 그때까지의 여러 선승들의 전기를 기록하고 있는『전등록傳燈錄』등을 참고하여 지은『오등회원五燈會元』2권의 제4권에서는 조주의 구자부물성의 공안에 더하기를, 조주스님이 "無. 없네" 하고 대답하자, 수행승은 "위로는 모든 부처님과 아래로는 개미 벌레까지도 모두 불성이 있다고 하였는데, 개는 어째서 없습니까?" 하고 다시 물었다. 조주스님은 "그는 업식성業識性, 싫다 좋다하여 욕심내고 성내고 어리석음을 일으키는 허망한 잘못된 성질이 있기 때문이니라."라고 답하였다. 그런데 어느 때 또 다른 스님이 묻기를 "개도 불성이 있습니까?" 하자, 이번에는 조주스님이 "有. 있네" 하고 대답하였다. 그러자 그 스님이 "기왕 불성이 있을진대는 어찌하여 저 가죽 부대 속에 들어갔습니까?" 하고 묻자 조주 스님은 "그가 알고도 짐짓 범하는 까닭이니라." 하고 답하였다고 한다.(『從容錄』第18則)

그런데 이 공안의 주제는 상당한 참선수행을 쌓은 것으로 보이는 수행승이 어느 날 조주스님을 찾아와서 "개에게도 불성이 있습니까, 없습니까?" 하고 물었을 때 조주스님은 서슴없이 "無." 하고 대답한다. 바로 '無'가 이 공안의 핵심이다. 그런데 이 공안은 중국 5조의 법연五祖法演 (?~1104)스님이 본격적으로 공안을 사용하기 시작하여 뒤에 그 법을 이은 원오 극근圓悟克勤스님과 법손法孫이 되는 대혜 종고大慧宗杲스님 등에 의해서 공안선公案禪 또는 看話禪, 話頭禪이 형성될 때에 가장 유명한 대표적인 공안으로써 널리 활용된 공안이 '조주무자'의 공안이다. 여기서는 "모든 것에 불성이다 있는데 왜 개에게 없다고 합니까?" 하는 등의 후반문답後 半問答을 싹 잘라 버리고 오직 '無' 하나에다 그야말로 불붙는 듯한 의심疑 情을 일으켜서 참구하게 하는 것이 간화선의 특징이요 생명이다.

『열반경涅槃經』에서 모든 생명 있는 존재는 다 불성이 있다고 밝히고 있으며, 이러한 사상이 바로 불교적 세계관이다. 불교에서 처음에는 감정이나 의식을 지니고 있는 사람 즉 유정有情에게만 불성이 있음을 인정하였으나, 뒤에는 산천초목 등의 자연 즉 무정無情에게도 본래부터 불성이 갖추어져 있다고 확대 해석하여 일체중생실유불성一切衆生悉有佛性에서 유정무정개유불성有情無情皆有佛性으로 발전하였다.

그런데, 조주의 '無'는 그 무엇이 있다거나 없다거나를 판단하는 것이 아니고, '개'나 '불성이다'를 문제로 삼는 것도 아니다. 오히려 머리를 써서 판단하려는 지식이나, 불성이 어떤 것이라 설명하려는 학식 따위를 모조리 '無—', '無—' 하면서 뱉아버리고, 쏟아버리는 것이다. '無—'라 하더라도 머릿속에 한자漢字의 없을 '無'자를 떠올리거나 해서는 아무것도 안 된다. 오직 '無—'인 것이다. '무자無字' 화두를 드는 참선 수행자는 이 아무 의미도 없는 '無—' 하나에만 온 몸과 마음을 집중시켜서 '無, 無, 無—' 하고 불붙는 듯한 의심 덩어리를 끌고 갈 뿐이다. 그러다가 어느새 모르게 '무—'와 하나가 되어 버리게 된다. 그때에 내가 '無—'를 들고 있는 것이 아니라 '無—' 자체가 '無—'를 들고 있는 것이다. 다시 말해서 '無—' 하고 있는 나도 없고, 내가 들 '無—'도 없어서 다만 '無—' 이외에도 아무것도 없다. 만일 그때에 발을 옮겨서 걷는다면, 그 걸음은 '無—'가 걷는 것이요, 이렇게 가거나 앉거나 눕거나 간에 모든 것이 오직 '無—' 뿐이다.

하늘과 땅 온 우주가 그대로 '無-' 하나이니, 그야말로 무자선정삼매無字禪定三昧에 든 것이다. 그러다가 이렇게 의식이 통일된 무의식 상태인 선정삼매에서 어떠한 기연을 만날 때에 전 우주가 폭발하듯이 닫혔던 감성의 문이 열리며, 감았던 심성의 눈을 뜨게 되니, 이것이 깨달음이요, 선에서는 이것을 견성見性이라고 한다.

> 아미타불이 어디 계신가 阿彌陀佛在何方
> 의심 잊지 않고 끌고 가서 着得心頭切莫忘
> 부처도 나도 없고 오직 無-뿐일 때 念到念窮無念處
> 여섯 문이 열리며 광명이 나네 六門常放紫金光

이 게송이 그 소식을 전해 주고 있다. 조주의 '무자' 화두는 예로부터 수없이 많은 참선수행자들이 피와 땀을 흘리면서 참구한 어려운 공안이다. 선수행은 무엇을 얻고자함이 아니요, 모든 것을 버리고 한 번 크게 죽는 일이다. 따라서 공안을 해결한다는 것은 수학 문제를 푸는 것과는 다르다. 수학은 아직 알지 못하는 문제에 대한 해답을 머리를 써서 구하려고 한다. '조주무자趙州無字' 공안의 경우에도 이 '無'라는 답은 묻는 사람이 생각하는 것 같은 개에게 불성이 있느냐, 없느냐하는 상대적 가치에 머물러 있는 질문에 대해서 한층 더 높은 차원에서 주는 대답이므로 묻는 사람의 2원적 차원에서의 질문과는 전혀 다른 내용의 차원 높은 답이라는 것을 알고 거기서 관념적인 해결을 얻을 수도 있다. 그런데 어디까지나 관념에 머물러 있는 한, 그것이 아무리 훌륭한 관념이라 하더라도 실제로 일에 부딪치면 아무런 소용도 없는 것이기에 그런 것은 참으로 무의미한 것에 지나지 않게 된다. 관념을 몸소 수행 정진하는 과정에

서 이해하고 그것을 직접 온 몸으로 틀림없이 보여줄 수 있기 위해서는
피와 땀에 젖은 오랜 수행의 기간이 반드시 필요한 것이다.

14

뜰 앞의 잣나무
庭前柏樹子

달마가 중국에 전한 선의 진수는 과연 무엇인가

조주의 여러 공안 가운데 '조주무자趙州無字' 공안과 함께 쌍벽을 이루는 것이 '정전백수자庭前柏樹子' 공안이다.

『무문관無門關』 제37칙에 의하면 어느 날 조주스님에게 한 수행승이 찾아 뵙고 "조사께서 서쪽에서 오신 뜻이 무엇입니까?如何是祖師西來意" 하고 묻자, 조주스님은 "뜰 앞의 잣나무니라.庭前柏樹子" 하고 대답하였다. 공안집인 『무문관』에는 이 공안만으로 끝내고 있지만, 조주스님의 어록을 기록하고 있는 『조주진제선사어록趙州眞際禪師語錄』에는 이때의 문답을 더 상세히 전하고 있다. 즉 물음에 대한 조주스님의 대답은 뜻밖에도 그야말로 엉뚱한 것이었으니, 질문한 수행자는 그 해답에 불만일 수밖에 없었다. 그래서 조주스님에게 반발하듯 말하기를 "스님, 밖으로 나타나 있는 경계外境를 가지고 대답으로 삼지 말아 주십시오." 하였다.

조주스님이 살고 계시던 조주 관음원에는 절 마당에 많은 잣나무가 무성했기 때문에 잣나무 많은 절이라 하여 '백림사柏林寺'라는 별칭으로도 불릴 정도였다고 한다. 그렇게 흔히 있는 잣나무 따위를 가지고 모처럼 물은 진지한 질문에 대하여 "저 뜰에 있는 잣나무가 선의 진수이니라 하시다니 그런 식의 해답은 아주 곤란합니다."라고 수행승이 반발한 것은 당연한 일이었다. 그러나 그런 항의를 받은 조주스님은 "아냐, 나는 조금도 밖으로 나타나 있는 경계를 가지고 대답으로 삼는 일 없네." 하고 태연하셨다. 그러자 수행승은 다시 한 번 마음을 가다듬고, 전신의 힘을 모아 정성을 다해서 "조사께서 서쪽에서 오신 뜻이 무엇입니까." 하고 물었다. 조주스님의 답은 여전히 변함없었다. 과연 이것이 무슨 뜻일까.

여기서 독자들의 이해를 돕기 위하여 쓸데없는 짓한다는 책망을 들을 각오로 약간의 설명을 보태기로 한다.

이 공안에서의 '조사'는 중국 선종의 첫 조사가 되는 보리달마 즉 달마스님이다. 달마스님의 행적에 관한 정확하고 자세한 역사적 자료가 전해지는 것이 없기 때문에 사실을 알 수 없지만, 달마스님이 인도에서 배를 이용하여 당시에 북방으로 가는 항해 노선을 따라서 벵갈만에서 한 해에 한 번씩 있는 계절풍이 부는 시기를 기다렸다가 출발하여 말레이시아 반도를 한 바퀴 돌아서 그야말로 형언할 수 없는 갖가지 고생을 무릅쓰면서 3년 만에 중국의 남쪽에 있는 광주廣州땅에 도착한 것은 아마도 서기 517년 무렵이었을 것이라고 추정되며, 이때의 달마스님의 나이는 100세가 넘었을 것으로 보고 있다. 그런데 달마스님이 어째서 그런

고령으로 기막힌 갖가지 위험을 겪으면서도 중국으로 오지 않을 수 없었던 그 이유가 무엇이며, 그 목적이 어디에 있었던가 하는 것이 '조사서래의祖師西來意'를 문자 그대로 해석하는 뜻이다. 그러나 선에 약간이라도 관심을 가지고 있는 사람이라면 누구라도 이미 알고 있듯이 중국의 서방에 있는 인도에서 달마스님이 그 동방에 있는 중국에 오신 것은 두말할 것도 없이, 그 이유와 목적이 바로 불도佛道의 극치인 선의 진수를 전하기 위해서이니, 그렇다면 여기서의 "달마가 서방에서 중국으로 오신 뜻이 무엇인가?" 하는 물음의 뜻은 바로 "선의 진수禪眞髓가 무엇인가?" 하는 물음이 된다. 이에 대하여 조주 스님은 "뜰 앞의 잣나무니라." 하고 전혀 엉뚱하게만 보이는 답을 하셨으니, 그것은 바로 '한 마디 일러라'라는 것이다.

이에 관하여 만일 관념적인 이론으로 해석하기 좋아하는 사람들이 조주스님께서 "내 대답은 절대로 밖으로 나타나 있는 경계를 가지고 해답으로 삼지 않는다."는 말을 듣고는 경계에 따라서 뜰 앞의 잣나무라 한 것은 "두두물물頭頭物物이 불佛도 아님이 없다."라는 뜻이라니, 또는 "모든 이 세상에 존재하는 것은 그것이 다 안에 있는 진리가 밖으로 나타난 모양諸法實相이기 때문에 뜰 앞의 잣나무도 불성의 나타남이다." 하는 등의 종교 철학적인 관념에 해당시키려 한다거나 좀 더 나아가서 "조주스님이 말하는 잣나무란 주관과 객관이 나누어진 상대적인 데서 나오는 것으로 객관으로서의 밖에 나타나 있는 경계를 말하는 것이 아니라, 그것은 주관과 객관이 나누어지기 이전의 나와 남이 둘이 아닌 불성自他不二佛性을 바로 가리키는 것이다." 한다면, 이런 교상선敎相禪으로는 그야말로 조사선祖師禪이 눈물을 흘리며 탄식할 것이다. 왜냐하면 선이란 사상이나 관념적 해석으로 들어가는 것이 아니라, 어디까지나 직접 몸으로 피나는 정진을 수행함으로써 몸으로 들어가며 몸으로 체험하는 것인데 그러한 선을 현대의 우리들 사고방식은 서양식으로 지성을 앞세워 머리로 먼저 알려고 하지, 몸으로 체험하려 하지 않는 것이 큰 병이라고 하겠다. 그러므로 화두를 참구하는 데 있어서 머리로, 관념적으로 이해하려 든다면 진정한 깨달음과의 거리가 10만 8천 리라고 할 수밖에 없다. 오직 불붙는 듯한 의심덩어리 하나에다 자기 자신의 모든 것을 집어넣어서 전심전력을 다하여 철저하게 화두일념이 되어 화두를 드는 나도 없고, 내가 드는 화두도 없어져서 모두가 다만 화두 하나로 되어 버리는 때에 그 해답을 몸으로 얻게 되는 것이니, 조주스님이 경계를 가지고 답하지 않는다고 하신 연유가 여기에 있다. 그러므로 불을 관觀하여 화광삼매火光三昧에 들 때 거기에는 사람은 없고 치성한 불만이 있듯이, '뜰 앞의 잣나무'라거나 '이 뭣고' 하는 의심이 솟구쳐서 밤과 낮을 가리지 않고 가고 오고 앉거나 서거나 간에 끊임없이 '뜰 앞의 잣나무'의 공안에 몰입하여 자기 자신이 아주 잣나무가 되어버리고 말 때에, 잣나무 화두일념으로 있는 그 자리에는 사람이 없고 잣나무 하나가 있을 뿐이다.

세상살이도 똑같이 '나다 너다, 내 것이다 네 것이다, 주관이다 객관이다' 하여 모든 것을 상대적으로 이원화해서 이것 저것을 나누어 생각하는 습성을 버리지 못하고 그러한 생각을 앞세우고 있는 한 이 세상을 그대로 바로 보는 안목이 열릴 수가 없고, 제법의 실상을 파악하기란 어려운 것이다. 그래서 선은 자타가 끊어지고 이원화가 사라지는 화두일념의 절대 경지를 체험함으로써 나누어 보던 것을 보다 높은 차원에서 하나로 통일하여 내가 상대의 것으로 동화되어 문제를 해결하려는 것이니, 그러기 위해 필요한 것이 공안이다. 그러므로 공안의 해답에는 시험문제의 해답 같은 일정한 것이 있을 수가 없는 것이다. 따라서 선지식이 갖가지 방편을 써서 일러주시는 것도 그 가르침을 화두로 삼아서 피나는 노력으로 참구하여 정진을 계속하는 것도 오직 자기 부처님自性佛, 無爲眞人을 바로 보게 하기 위함이요, 그것을 직접 깨달아 알고자 함이다. 그러니 뜰 앞의 잣나무에만 무슨 선의 진수가 있는 것으로 알아서도 안 되지만, 조주스님이 '뜰 앞의 잣나무이니라' 한 것을 공연히 한 것으로 알아서도 안 될 것이다. 거기에 잣나무가 있었기에 그 유명한 '달마조사가 서방에서 동방에 오시어 전하신 선의 진수는 뜰 앞의 잣나무니라' 하는 조주스님의 해답이 나왔고, 그것을 공안으로 고금과 동서의 참선수행자들이 꾸준히 참구하고 있으니. 거기서 누구나 진정한 자신의 해답 하나를 토해내야만 하는 것이니까.

15

"차를 마시게"
趙州 喫茶去

　　어느 수행승이 조주스님이 계시는 관음원에 찾아 와서 스님을 뵙고 가르침을 청하였다. 그때 조주스님은 그에게 "여기에 이전에도 온 적이 있었던가?" 하고 물었다. 그가 "네, 있습니다." 하고 답하자 조주스님이 "차를 마시게. 喫茶去" 하셨다.

　　어느 날 또 다른 수행승이 찾아 왔다. 조주스님이 "이전에도 온 적이 있었던가?" 하고 물었다. 그는 "아니오, 오늘이 처음입니다." 하고 답하였다. 그러자 조주스님은 그전처럼 "차를 마시게." 하셨다. 그러자 옆에서 이것을 지켜보고 있던 원주스님이 스님께서 처음 찾아온 수행승에게 한결같이 '차를 마시게' 하고 같은 인사를 건네는 것이 궁금하여 물었다.

"큰스님, 처음 온 사람에게나 다시 찾아 온 사람에게나 똑같이 '차를 마시게' 하시는 것은 어떤 연유입니까?" 문자 질문이 채 끝나기도 전에 조주스님이 "원주스님." 하고 불렀다. 원주스님이 "네." 하고 대답하였더니 조주스님은 역시 "차를 마시게." 하셨다.

조주스님이 왜 각각의 경우가 다른 세 사람에게 한결같이 '차를 마시게' 하셨을까. '조주 끽다거喫茶去'란 '차를 마시라'는 뜻이며 끽다喫茶만으로도 '차를 마신다'는 말이 되지만 중국어에서는 명령을 나타내거나 혹은 어떤 뜻을 더 강조하기 위해서 거去 또는 래來를 말의 끝에 넣어 '끽다거喫茶去'라 하거나 '끽다래喫茶來'라 하게 되는데, '거去'나 '래來' 등은 조사助辭 또는 조자助字라 하며 별다른 뜻은 없다. 따라서 끽다거喫茶去라 했다고 해서 차를 마시고 가라고 한다거나, 끽다래喫茶來라 했다고 해서 차를 마시러 오라거나 하는 것은 아니다. 우리들은 모두가 일상 생활하는 가운데서 스스로 차를 마시기도 하며 또한 남에게 차를 권하기도 한다. 차를 마신다고 하는 것은 이처럼 우리의 보통으로 살아가는 일의 한가지요, 특별한 것이 아니다.

그런데 조주스님이 찾아 온 수행승에게 "여기에 이전에도 온 적이 있었던가?" 하고 물은 '여기'는 이곳 조주 땅 혹은 관음원을 말하는 것은 아니다. 말하자면 여기서 말하는 '여기'란 조주스님이 자기 자신이 도달한 깨달은 경지를 표현하는 것이라 하겠다.

결국 "여기에 이전에도 온 적이 있었던가?" 하는 물음은 그대도 나와 같은 마음의 경지에 도달하였느냐를 뜻하는 것이다. 그러므로 수행승이 "네, 있습니다." 하고 대답함은 수행의 경지가 높은 것이요, "아니요." 한다면 아직 그렇지 못한 것이다. 그러나 조주스님은 그들의 경지가 어떠하든 간에 차별함이 없이 한결같이 "차를 마시게.喫茶去" 똑고 권하였다.

상대가 높은 경지이건 낮은 경지이건 그들에게 권하는 차의 맛에는 높고 낮음이 없는 같은 한 맛의 차一味茶이다.

즉 다른 맛이 섞이지 않은 순수한 본래의 한 맛이라는 것이니, 여기서 조주스님이 쓰시는 법은 높고 낮음이 없다는 것이다. 평등하여 차별이 없는 그 법을 무심으로 쓰고 계시는 모양이 바로 아무에게나 한결같이 권하는 '차를 마시게喫茶去'이다.

말하자면 차를 마시는 등의 일상생활 속의 지극히 일반적인 일이라도 그것을 참으로 무심히 행할 수 있다면 거기에 바로 선의 마음禪心이 약동하고 있는 까닭이다. 조주스님의 말씀에는 이같이 무심히 조금도 걸림 없이 자유자재로 약동하는 경지가 도처에 번뜩이고 있음을 볼 수가 있다. 예컨대 어느 수행승이 조주스님에게 물었다.

"수행을 마친 사람은 무엇을 합니까?"
"그야말로 더 열심히 수행을 하지."
"큰스님께서도 그렇습니까?"
"암, 옷을 입거나 밥을 먹거나 차를 마시거나 하지."
"그런 것은 일상적으로 누구나 보통 다하는 일이 아닙니까? 스님께서는 무슨 수행을 하시지요?"
"그러면 내가 날마다 무엇을 하고 있는지 그내가 한 번 말해 주려나."

라고 하셨다. 또 다른 수행승이 물었다.

"무슨 말을 하거나 손이나 발을 움직이기만 하여도 모두가 다 제가

쳐놓은 그물 속에 떨어져 걸리고 맙니다. 그러니 큰스님께서는 이
런 것을 다 떠나서 한 말씀 해주십시오."
"내가 점심 공양을 하고도 아직 차를 마시지 못하였네."

하고 답했다. 예로부터 수행자들이 '조주스님의 입술에서 반짝반짝 빛
이 나다趙州 口唇皮禪'고 하였듯이 무심에서 나오는 무애자재한 솜씨야말
로 선의 세계에서 '조주 이전에 조주 없고, 조주 이후에 조주 없다'는 말
을 듣게 됨이 당연하다고 하겠다. 왜냐하면 아름다운 여성들이 매일같
이 거울 앞에 앉아서 장시간에 걸쳐 열심히 화장하는 것은 오직 사랑하
는 사람이 보고 기뻐해 주기를 바라는 마음이기에 손놀림이 가볍고 신
나는 일인 것이다. 마찬가지로 선지식이 찾아오는 수행자들을 위하여
자상한 마음을 쓰는 것은 오직 그들이 자기 자신의 자성불自性佛을 진정
하게 깨달아 알게 되기를 간절히 바라는 대자대비심에서 나오는 말이
요, 행동이다. 이것은 마치 더러운 곳에 떨어진 사람을 구하기 위하여
함께 오물을 뒤집어쓰며, 물에 빠진 사람을 건져주기 위해서 스스로 물
에 뛰어드는 것과 같은 것老婆心切 入泥入水이라 할 것이며, 그런 점에 있어
서 조주스님의 수행승들을 다루어 이끄는 말씀과 솜씨에는 남다른 바가
있었다.

차를 한잔 마시는 일쯤이야 별난 것 아니니 그런 것은 일부러 배우거
나 익히거나 할 것도 없다고 할지 모른다. 그러나 그것을 무심히 하는 일
이야말로 참으로 쉬운 일이 아니다.

여름에는 시원하게 겨울에는 따뜻하게 마음쓰며, 차 한 잔을 뜨겁지
도 미지근하지도 않게 알맞게 내놓는 것이 훌륭한 솜씨인데 이런 것을
알기는 알아도 실제로는 어려우니 무심히 하는 '차를 마시게'가 얼마나

무게 있는 말인가.

16

발우를 씻어라

趙州洗鉢

진리는 바로 눈앞에 있다

중국의 당나라 중기, 서기 8세기경에는 선사상이 최고로 발달하여 역사적으로 이름 높은 선의 대선지식들이 많이 출현하여 인연따라 각 처에서 성대하게 선풍을 선양하였기 때문에 후세에 이 시기를 중국적 선사상, 즉 조사선祖師禪의 창조기創造期였다고 평가한다. 이러한 선의 대선지식이 계시는 곳에는 으레 높은 명성을 따라 그의 지도를 받고자 멀고 가까움을 헤아리지 않고 많은 참선수행자들이 각지로부터 찾아 들어서 커다란 참선수행 도량을 이루었으니, 이와 같이 제방의 수행승들이 훌륭한 참선의 지도자 밑에 많이 모여서 좌선 수행하는 곳을 예나 지금이나 총림叢林이라고 부른다.

이것은 본래 자연의 큰 숲에는 많은 나무들이 빽빽이 들어서 있으면서 옆으로 멋대로 퍼지지 못하고 비바람에 꺾임 없이 오직 위로 곧게 자라남으로써 곧고 질 좋은 재목들이 생산되는 것과 같이, 각 처의 여러 승려와 신도들이 많이 모여서 눈 푸른 선지식의 지도를 받으면서 대중 생활의 수행 규칙을 지키고 서로 화합하여 함께 배우며 바깥 세상의 영향을 받지 않고 안정된 수행 생활을 함으로써 선문禪門의 동량棟樑이 될 만한 훌륭한 인재들이 배출되는 것에 비유한 것이다. 그리고 이렇게 모여서 수행 기간인 결제동안의 안거結制安居를 마친 뒤에는 또다시 인연 있는 수행처와 선지식을 찾아서 행각行脚을 떠나는 수행승을 가리켜 그 무엇에도 집착을 두지 않는 마음의 경지와 행동이 바람 따라 걸림 없이 움직이는 구름과 같고, 자연대로 막힘없이 흘러가는 물과 같다 해서 운수납자雲水衲子라고 했다.

다시 말해 생사일대사 해결을 위한 선승의 본분사本分事를 위하여 무집착無執着과 무소유無所有의 생활을 행하는 것을 하늘에 떠다니는 구름과 땅에 흘러가는 물의 자연스러움에다 비유한 것이므로, 그것은 결코 방랑의 생활과는 같지 않은 것이다. 수도하는 사람들이 스승을 찾아서 구름같이 물같이 모여서 수행을 쌓아가면, 혼자서보다 스승 밑에서 대중과 더불어 함께하는 수행에서 더욱 큰 수행력을 얻게 된다는 것이다.

『무문관無門關』의 제7칙에는 어느 날 조주스님께 이러한 수행승이 찾아 와서 인사하기를 "저는 총림에 들어온 지 얼마 안돼서 아직 공부가 미숙한 신출내기입니다. 큰스님께서 가르침을 주시기 바라옵니다." 하고 간절하게 지도해 주시기를 구하였다. 조주스님은 매우 친절하게 "그래 아침 죽 공양은 하였는가?" 하셨다. 수행승이 답하기를 "예, 아침 죽공양은 마쳤습니다." 하니, 조주스님이 이르시기를 "그러면 발우鉢盂, 또는 바루, 바릿대를 씻지 그래." 하셨다. 그때에 그 수행승은 비로소 퍼뜩 깨닫는 바가 있었다고 한다.

그런데 여기서 조주스님이 모처럼 찾아와서 인사를 드리고 가르침을 청하는 수행승에게 "죽을 드셨는가?" 하고 물은 것은, 묻는 형식을 취했지만 사실은 이 묻는 말이 바로 수행승의 가르침을 구하는 말에 대하여 조주스님이 아주 친절하게도 가르침을 주시는 대답이 되어 있는 것이다. 그런데도 이 수행승은 처음에는 그것을 미처 알지를 못하였던 것이다.

총림, 즉 참선수행 도량에서는 아침 공양에는 죽을 먹는 것으로 정해져 있다. 따라서 조주스님이 "죽을 먹었느냐?"고 하는 것은 "아침 공양을 하였느냐?"고 묻는 것이다. 간절하게 가르침 주시기를 바라는 수행승에게 어째서 조주스님이 "죽을 먹었느냐?"라고 물었고, 또 "발우를 씻어라." 하는 말에 수행승이 무엇을 알았을까 하는 것이 '조주 세발趙州洗鉢'의 공안이다.

여기에 공연히 쓸데없는 말을 조금 보탠다면, 불교 사상이나 선지禪指라 하면, 마치 무엇인가 특별한 가르침이나 특수한 사상이 따로 있는 것인 줄로 일반에서는 알고 있고, 이 수행승 역시 그렇게 알고 있었다. 그런데 사실은 선사상에 입각해 볼 때 법, 즉 진리는 눈앞에 벌어지고 있는 모든 사물과 그 속에서 사는 일상 생활을 떠나서 따로 있는 것이란 없으며, 모든 현실 생활의 모습이 그대로 진리의 모습인 것이다. 따라서 매일의 일상 생활하는 것밖에 따로 어떤 특별한 사상이나 가르침이 있다면 그것은 진리라고 할 수가 없다.

조주스님의 선풍의 특징은 일상적이면서도 매우 정밀한 말씀 가운데 선의 진실한 뜻을 나투고 있는 점에 있다고 하겠다. 그래서 이 수행승과의 문답에도 선의 진리가 바로 우리들의 일상적인 생활 그 속에 있는 것이지, 그것을 떠나서 따로 있는 것이 아님을 "죽을 먹었느냐?" 하고 묻는 말로 가르쳐 주고 있는 것이다. 말하자면 우리는 흔히 매일 일상적으로 먹기 마련인 아침에 죽 공양하는 것 따위는 별 것 아닌 것으로 아주 가볍게 여기기 쉽지만 사실은 그렇지 않다. 밥 먹고 차 마시고, 놀거나 일하건 간에 일상적으로 하는 행동이나 생활 등 그 모든 일에 정성을 다하여 열심히 함으로써 내 생명의 빛이 거기에서 빛나게 되는 것이며, 선의 진리는 바로 그것을 깨달아 그렇게 생활하는 것이다. 그래서 조주스님과 거의 같은 시대에 선풍을 크게 떨쳤던 임제臨濟義玄(?~867)스님은 '자신이 처해 있는 어디에서나 정성을 다하여 산다면, 바로 그곳에 진리가 있다隨處作主 立處皆眞'라고 하였다.

조주스님은 이처럼 가장 가까운데 있는 진실을 알게 하기 위해서 "죽을 먹었느냐?" 하고 말은 부드럽지만 날카롭게 물으면서 깨우쳐 주려 하였지만 수행승은 처음에는 무슨 뜻인지를 모르고 아침에 먹은 죽이 머리에 떠오르는 대로 그저 "예, 죽은 먹었습니다." 하였으니, 모처럼의 가르침이 겉돌고 만 것이다. 그러자 조주스님은 너무도 친절하게 다시 "죽을 먹었거든 발우를 씻으라." 하고 간절하게 일러주셨으니, 그것은 바로 먹을 때는 다른 생각 말고 오직 먹는 일에 열중하고, 그릇을 씻을 적에는 정성을 다하여 그 일을 할 뿐이니, '지금 내가 여기서 무엇을 어떻게 하여야 할 것인가'를 바르게 알아서 그 일에 자기 자신의 정성을 다하는 것이 선이지 그 이외에 더 다른 것이 없음을 가르쳐주는 것이었다. 그제서야 수행승이 그 뜻을 퍼뜩 알아 차렸으니, 그의 마음의 눈이 가늘게 열린 것이다. 말하자면 조주스님의 "죽을 먹었으면 그릇을 씻으라."는 구체적인 가르침으로 인하여 먹고 씻는 참뜻을 알았으니, 역경에 처해 있더라도 그 상황 속에서 정성을 다하여 노력하면 반드시 길이 열린다는 것이다. 그의 개안開眼이 어디까지 크게 열릴 것인지 그와 함께 이 공안을 공부하는 후세의 우리들의 수행에 달려 있다 할 것이다.

17

평상심이 불도니라
平常心是道

매일의 생활 속에 선이 있다

도道에는 여러 가지 뜻이 있다. 모든 것이 오고 가는 길道路에도 수레가 굴러가는 길車道과 사람이 걸어가는 길步道이 있다. 그리고 사람이 사람답게 바르게 사는 길道理이 있어서 여기에도 만인이 세상의 법과 질서를 지키며 사는 길公道이 있고, 윤회와 생사에서 해탈하는 길佛道이 있는 등 매우 다양하나, 여기서 말하고자 하는 도는 불도 가운데 선도禪道를 가리킴은 두말 할 나위가 없다.

중국 당唐나라 중기에 선계禪界에서 활약하신 대선지식 조주 종심스님(778~897)은 후세에 고불古佛이라는 별명으로 불리울 정도의 특출한 존재가 되었지만, 그도 20세를 약간 지났을 무렵의 청년시절에는 역시 꿈

많고 의욕에 넘친 한 젊은이에 지나지 않았다.

그는 고향인 산동성山東省에서 불교에 흥미를 가지고 처음에는 불교의 학문적 연구에 몰두하였으나, 차츰 지식을 쌓는 것만으로는 만족할 수가 없게 되자, 발심하여 출가하기를 결정했다. 그리고 고향을 떠나서 멀리 남방의 안휘성安徽省 지양 池陽에 계시는 당대의 대선지식 남전南泉普願(748~834)스님을 찾아 뵙고 제자가 되었다.

선서禪書『무문관無門關』제19칙에는 스승인 남전스님과 제자인 조주스님 간에 주고 받은 도道에 관한 문답이 다음과 같이 기록되어 후세에 유명한 공안으로써 활용되고 있다.

조주스님이 남전스님에게 물었다.
"도란 무엇입니까? 如何是道"
"평소에 보통으로 쓰고 사는 그 마음이 도니라. 平常心是道"
"그 도를 어떻게 닦아야 합니까? 그 길을 어떻게 걸어가야 할까요? 還可趣向否"
"특별히 닦으려고 하기만 하면, 곧 도에서 어긋나게 마련이지.
(길을 별다르게 걸으려고 할 때는 벌써 길에서 벗어나게 되는 것이다.)擬向卽乖"
"그러나 닦으려 하지 않고 어떻게 도를 닦을 수가 있습니까?
(그러나 특히 갈려고 하여야 길을 갈 수가 있고, 역시 닦으려고 해야 도를 알 수가 있지 않습니까?)不擬 爭知是道"
"도는 아는데知에도 속하지 않고, 모르는데不知에도 속하지 않는다. 왜냐하면 안다는 것은 그것이 허망한 알음알이 妄覺에 지나지 않으며, 모른다는 것은 그것이 관심 없는데無記에 빠져있는 것이니, 만일 참으로 무엇인가 일부러 하려고 함이 없는 도에 이른다면, 그것은 마치 대허공이 훤출하게 넓게 커서 걸림이 없는 것 같으니, 어찌 공

연히 억지로 옳고 그름을 따져야 할 것이 있겠는냐. 道不屬知 不屬不知

知是妄覺 不知是無記 若眞達不擬之道 如猶太虛 廓然洞豁 豈可强是非也"

조주스님은 남전스님의 이 말씀을 듣는 순간 크게 깨달음을 얻었다고 전한다. 이때 진지한 구도심으로 가득찬 젊은 조주스님은 선禪을 닦는 도道를 걸어가는 길에다 견주면서 "평상심平常心이라고 하는 길道을 어떻게 걸어가야 修行하는 것입니까?" 하고 성실하게 스승인 남전스님에게 묻는다. 그러자 스승은 "일부러 걷는다는 마음에 신경을 쓰면, 그때에 이미 평소에 아무런 생각 없이 편안하게 걸었던 그 마음이 없어져서 자연스럽게 걷던 리듬이 깨어져 마침내 어색한 걸음걸이가 되고 마는 것과 같다."라고 일러 주셨다. 말하자면, 누구나가 다 평상시에는 제 나름대로의 걸음걸이로 별다른 신경을 쓰지 않고 아주 자연스럽게 편한 걸음을 걷다가도 만일 특별하게 패션모델 같은 걸음을 걸어 보려고 한다면, 익숙치 못한 걸음걸이에 신경을 쓸수록 어색하고 부자연스러워져서 제대로 걷지도 못하게 되는 경우와 같다고 할까.

아무튼 무엇인가 집착하는 생각을 내기만하면 자연스럽고 걸림이 없던 평소의 편안한 마음을 잃게 된다는 것이다. 그러나 "자기가 갈려고 해야 길을 갈 것이고, 도를 닦으려고 해야만 도를 알 수가 있는 것 아닙니까?" 하고 따져 물은 조주스님의 심정은 당연한 것이다. 이에 대해 남전스님은 "길이란 걷겠다든가 안 걷겠다든가 하는 등의 마음이 있느냐 없느냐에 따라서 그 길이 생겼다 없어졌다 하는 것이 아니다. 그와 같이 지식이나 학식이 있거나 없거나에 따라서 도를 알게 되거나 모르거나 하는 것 아니다. 오히려 지식을 의지할 때 흔히 모든 일을 상대적으로 이원화해서 생각하기 때문에 어느 한편에 치우쳐서 집착하는 지각知覺으로 빠져버리기 쉬운 것이다. 그렇다고 해서 지식이 없다면 아무것도 제대로 알 수가 없다. 그러므로 '안다 모른다' 혹은 '지식이 있다 없다' 하는 따위에 걸려 있지 말고, 따져서 분별하거나 나를 남과 비교하거나 하는 일 없이 아주 무심히 자연스럽게 평상시의 행동과 생활을 열심히 한다면 저절로 몸소 터득하게 되는 것이 도道이니라. 마치 맑고 깨끗하며 넓고 큰 하늘과 같아서 그대로 분명한 것이지 구태여 이러니 저러니 설명할 필요조차도 없는 것이니라." 하셨다. 젊은 제자 조주스님은 스승의 이 한 말씀에 깊이 깨닫는 바가 있었다.

그것은 그가 그때까지는 '도란 어렵고 먼 데 있는 것'이라고 생각하는 데 걸려 있어서 이에 대한 의문이 너무나 컸고, 그만큼 고뇌함이 많아 선지식의 말 한 마디에 마치 무거운 짐을 내려놓듯이 오랫동안 걸려 있던 근본문제가 아주 깨끗이 풀렸던 것이다.

흔히 수도修道라고 하면, 듣기만 해도 어딘지 모르게 어려운 것으로 느껴지기가 쉽지만, 수도란 기막힐 정도의 난행難行·고행苦行만을 일삼는 것은 아니다. 수도의 요점은 자기가 그때 그 자리에서 해야할 일을 공연한 분별심을 일으킴 없이 마치 물 흐르듯 하면서 조금도 걸리는 바 없이 행하는 것이다. 그런데 그것을 알지 못하고 행하지 못하는 것은 우리들이 모두가 조주스님의 젊었을 때처럼 도道에 대하여 심각하고 진지하게 생각하여 고민하는 바가 없는 까닭에 조주스님이 깨달은 남전스님의 말씀이 우리들에게는 풀리지 않는 것일 게다.

18

염화미소

拈華微笑

말이나 글로도 전할 수 없는 위없는 깊고 미묘한 법문

선서禪書 가운데 과거7불過去七佛로부터 시작하여 중국 송나라 때 천동산天童山에 있으면서 묵조선默照禪의 선풍을 크게 선양한 굉지 정각宏智正覺(1091~1157)선사에 이르기까지 선종5가禪宗五家의 전등법계傳燈法系를 주요 기연과 문답傳法機緣問答으로 모아 기록한 『연등회요聯燈會要』 총 30권, 『禪宗會燈錄』이라고도 함(宋 晦翁悟明 著)가 있다.

이를 토대로 『무문관無門關』 제6칙에 제시된 것이 '염화미소拈華微笑의 공안'이다. 그 내용은 다음과 같다.

옛적 석가세존께서 영산회상靈山會上에 계실 때 대범천왕이 바친 금

바라화金波羅華꽃을 들어 대중들에게 보이니, 모두가 그 뜻을 몰라 아무 말이 없었으나, 오직 가섭존자만이 홀로 얼굴 가득 미소를 지었으므로破顏微笑 그것을 보신 세존께서 말씀하시기를 "나에게 정법안장 열반묘심 실상무상의 미묘한 법문正法眼藏 涅槃妙心 實相無相 微妙法門이 있는데, 이것은 불립문자로 교외별전不立文字 敎外別傳 하는 것이니, 이것을 마하가섭摩訶迦葉 그대에게 부촉하노라."

라고 하셨다. 석가세존께서 수행하여 성도하신 곳이 마가다국摩竭陀國이다. 수도로 유명한 왕사성王舍城의 주변에는 다섯 산이 둘러 있으며, 그 가운데 하나가 영축산靈鷲山이다. 현재 중인도 갠지스강의 중류 지역 라지길 지방의 남방에 있는 독수리를 닮은 자그마한 산이다. 이 산의 정상에는 돌담이 둘러쳐져 있는 넓은 광장이 있으며, 거기서 내려다보면 옛 왕사성 자리가 한 눈에 내려다 보인다. 세존께서는 이곳에서 자주 설법을 하셨기에 이를 영산회상靈山會上이라고 불렀다.

어느 날 세존께서 역시 영산회상에서 설법하신다는 소문을 듣자 산 위의 광장에는 많은 사람들이 모여 들었다. 그 가운데 한 사람이 한 송이 금빛나는 연꽃을 가지고 있다가 세존에게 바쳤다. 세존께서는 그 꽃을 받으시고는 아무 말씀 없이 모인 사람들을 향하여 내보이셨다. 그 자리에 모인 사람들은 모두가 그것이 무슨 뜻인지 알 수가 없어서 그저 망연히 있을 뿐이었다.

이때 세존의 십대제자의 한 사람인 마하가섭존자摩訶迦葉尊者만이 오직 혼자 그 뜻을 알고 환한 미소를 지었다. 그것을 보신 세존께서는 "내가 깨달은 매우 오묘하고도 진실한 법문을 도저히 언어나 문자로 전해 줄 수가 없지만, 마하가섭이 이제 나와 같은 깨달음을 얻었다는 사실을 확실하게 인정하노라." 하셨다고 한다.

이것이 인도에서 선사상이 전승되어진 시작이며, 그 후에 대대로 법이 전해져 인도전승印度傳承의 제28대 조사가 바로 보리달마존자菩提達摩尊者이며, 그가 다시 인도에서 중국으로 와서 동토선종東土禪宗의 초조初祖가 됐다. 선종의 전법이 오늘날에 이르기까지 역대전등의 제대조사諸大祖師들에 의해 마치 한 등불을 여러 등불로 옮겨가면서 세상을 밝혀 나가듯이 마음에서 마음으로 전해 가면서 끊어짐 없이 내려오고 있다.

이와 같은 전법의 고사傳法故事와 관련된 것 가운데서 석가세존과 마하가섭 사이에 이루어진 '이심전심以心傳心' 즉 말이나 글을 의지함이 없이 마음과 마음이 통한 것을 문제 삼는 것이 '염화미소拈華微笑'의 공안이며, 그것을 동방의 세계에 달마스님이 전한 것을 '달마서래의達磨西來意'의 공안이라 부른다.

여기서 '정법안장'의 정법正法이란 바른 진리라는 뜻이며, 안장眼藏이란 거울을 말하는 것이니, 거울이 모든 것을 그대로 남김 없이 비추듯이 밝은 마음이 세상 모든 것을 바로 안다는 뜻이다. 그러므로 정법안장이란 마음을 깨닫게 하는 불법의 진수를 가리키는 것이다.

다음에 '열반묘심'의 열반涅槃이란 인도말 즉 범어梵語의 니르바나NIRVANA를 음역하여 소리 나는대로 한문漢文으로 적은 말인데 이것을 의역意譯한 한문이 묘심妙心이며 깨달음을 뜻한다. 그러므로 '열반'이건, 묘심이건 그 뜻은 하나이다. 따라서 같은 뜻을 인도말과 중국말을 함께 써서 나투는 경우이니, 이런 것을 화범쌍거華梵雙擧라고 부른다. 다시 말해 '역전 앞'이라 하듯 겹문자인 것이다.

그리고 '실상무상'의 실상實相이란 진리의 세계가 따로 있는 것이 아니라 눈앞에 벌어져 소용돌이 치고 있는 이 세상의 모든 양상 그대로가 진리의 모습, 바로 그것임을 보는 것이다. 겉모양인 모든 형상形相에 속지 않을 때 삼라만상 일체만물의 갖가지 모양 그 뒤에 있는 변함이 없고 달라짐이 없는, 바꿔 말해 상대相對가 끊어진 절대絕對의 세계를 가리키는 것이 무상無相의 뜻이다. '정법안장 열반묘심 실상무상'을 합친 것, 그래서 말이나 글로써는 도저히 표현할 수가 없는 것이기에 '미묘 법문'이라고 하는 것이다. 다시 말해 교설敎說에 의지하지 않고 스스로의 체험으로 깨달아 아는 것이며, 그것은 언어와 문자를 초월한 것이기 때문에 '불립문자 교외별전'이라고 하는 것이다. 그것을 마하가섭이 분명히 스스로 깨달아 알았다고 인정한 것이다. 선의 세계에서 법을 전해 주고 또한 받았다고 하는 표현을 쓴다 하더라도 사실은 무엇인가를 주거나 받거나 하는 것이 있는 것은 아니다. 깨달음이란 전해 줄 수 있는 것은 아니기 때문이다.

깨달음이란 알기 쉽게 말하면, '제 정신을 다시 차렸다' 또는 '잊었던 것을 되찾았다'라는 것이니, 본래부터 갖추어 가지고 있던 제 가치를 새삼 알게 된 것이고, 까마득하게 모르고 있었던 사실을 어떠한 기회에 '아하 그랬었구나' 하고 마치 꿈에서 깬 것과 같이 스스로 납득하게 되는 것이므로 이것을 자내증自內證 즉 마음의 깨달음이라고 한다. 세존께서 아낌없이 법을 설하신 뒤에 말이란 결국은 임시 의지하는 것에 지나지 않으며, 최후에는 말로써 표현해 낼 수 없는 가장 중요한 것이 있음을 어찌하랴.

세존의 그 심오한 깨달음의 내용, 무연의 대자대비 그런 것을 어떻게 말로 다 표현할 수 있으랴. 그것을 느끼신 세존께서는 꽃을 들어서 모든 것을 담아 내보이셨으니, 그것은 꽃이 아니라 세존의 깨달음 바로 그것이요, 부처님의 마음의 표출 바로 그것이었다. 그러니 아직 마음이 어두운 대중들이 그 뜻을 헤아릴 수 없었음은 당연한 일이요, 그 가운데 다만 한 사람 석가세존과 그 깨달음의 내용이 같았던 가섭존자만은 그것을 보자 말로써 표현하는 그 이상의 감격스러운 마음으로 자신도 모르게 크게 미소를 지었을 것이다. 자기 자신이 지니고 있으면서도 미처 모르고 있던 진리를 스승의 한 몸짓에서 문득 깨닫게 되었으니, 이것이 불교 전법의 첫 모양이었다.

19

샛별을 보고 성불하시다
世尊見明星悟道

불교는 선정禪定의 수행을 통하여 정각正覺을 이룬 불타佛陀의 가르침이다. 따라서 불교는 불타가 되는 길을 가리키는 것이고, 이에 의하여 스스로가 불타임을 자각自覺하는 종교이다. 인간이 진정하게 참된 인간이 되는 길이 여기에 있으니, 그러한 진실한 인간으로 사는 길을 깨달으신 분이 불타이시다. 그리고 우리에게 가장 인연이 있는 불타가 바로 2천5백 여 년 전 인도의 석가족 가운데서 세상에 출현한 석가모니불 세존이시다.

이 석가모니 부처님이 우주와 인생의 진리를 깨달아 성불하신 것을 전하는 불전佛傳이나 경전經典에서는 '보살이 오랜 수행 끝에 드디어 음력

12월 8일 아침, 샛별이 뜰 때에 가장 높은 깨달음을 얻고 불타가 되었다'고 기록하고 있다. 또 각 경전에 전하는 성도成道에 관한 것을 종합하여 간추려 본다면 다음과 같다. 즉 그 분은 '인간의 근본고根本苦인 생·노·병·사를 벗어날 길은 없는 것일까?' 그러려면 '사람이 어떻게 살아야 할 것인가?' 하는 문제를 해결하기 위하여 29세에 수행자의 길로 나섰다. 처음에는 그 당시의 이름 있는 사상가, 철학자, 종교인들에게 인생을 진실하게 사는 방법을 열심히 물었던 바, 그들은 모두가 선정을 수행하여 죽은 뒤에 하늘 세계에 나기를 목적으로 삼고 있었다.

그러나 그 분이 구하고 있던 것은 이 세상에서 인생을 진실하게 사는 길이었고, 그것을 그들에게서 얻지 못하였을 때 다시 더 나은 길을 찾아서 말이나 글로 다 표현할 수 없는 행하기 어려운 고행법苦行法을 오랜 세월에 걸쳐서 철저하게 수행하였다. 그러나 역시 구하는 바를 얻지 못하였을 뿐만 아니라 언제까지나 몸만을 괴롭게 하는 일이 아무 이익이 없음을 알게 되자 조금도 서슴지 않고 그것을 버렸다. 그리고 그 어떤 것이라도 남을 의지하는 행동은 모두가 무의미하고 허사임을 알자, 스스로를 믿고 마갈타국 가야땅의 큰 나무 밑에 앉아서 '만일 바른 깨달음을 이루지 못한다면 죽는 한이 있더라도 이 자리에서 일어나지 아니하리라!'는 일대용맹심을 일으켜서 새로운 각오로써 선정에 들었다. 그것은 위없는 커다란 바른 깨달음을 얻게 되는 가장 뜻 깊은 선정禪定이었다. 즉 깊은 자기침잠自己沈潛과 자심성찰自心省察을 행하는 선정삼매禪定三昧에 들었던 것이다.

이때에 이른바 악마惡魔의 뇌란과 공격으로 상징되는 내심內心의 동요와 유혹을 받지만, 가장 굳센 의지로써 그것들을 모두 극복하여 마침내 4선정四禪定의 경지를 깊이 체험하기에 이른다. 이 4선정으로 인하여 바르게 마음을 통일함으로써 모든 번뇌를 떠나서 자유로운 상태에 도달하였다. 이제 어떠한 힘으로도 그 마음을 움직일 수 없게 되었을 때, 초저녁에는 온갖 얽매임에서 떠나 걸림 없는 자유를 얻었고, 모든 것을 바르게 관찰하는 능력, 즉 천안통天眼通을 얻게 되었으며, 한밤중에 이르렀을 때 그대로 선정에 머물러 있으면서 맑고 깨끗한 마음을 자유자재로써 자기 자신을 비롯하여 다른 중생들의 그 많은 과거의 일들을 남김 없이 아는 숙명통宿命通을 얻게 되었다. 그리고 한밤이 지나 새벽이 가까웠을 때, 여전히 선정에 들어 있는 깨끗한 마음으로 새벽을 맞이할 무렵에 인간이 지니는 고뇌가 완전히 없어지고 미혹의 근본이 되는 번뇌를 남김 없이 깨뜨리는 누진통漏盡通을 얻어서 새벽 동쪽 하늘에 반짝거리는 샛별을 보면서 '이제 나의 내면적 해탈은 확고부동하다. 그러므로 이것이 내 최후의 생이며, 다시는 생사에 드는 일이 없을 것이다'라고 확인하였다. 이렇게 해서 모든 것을 찰나 동안에 파악하는 최고의 지혜로써 위없는 바른 깨달음, 즉 아뇩다라삼먁삼보리Anuttara-Samyak-Saṃbodhi, 阿耨多羅三藐三菩提를 성취하셨으니, 이것이 모두 바른 선정에 의하여 이뤄졌던 것이다.

그러면 후세의 중국 선종禪宗에서는 이것을 어떤 안목으로 보았던가. 중국 선종 5가五家의 하나인 운문종雲門宗을 일으킨 운문 문언雲門文偃(864~949)선사가 어느 날 법당에 나와서 대중에게 설법하기를 "석가여래가 샛별이 나타났을 때에 성도 成道하시다." 하였다. 그때에 한 수행승이 "그 뜻이 무엇입니까?" 하고 물었다 그러자 운문스님이 그에게 "이리 오게, 이리 오게." 하고 불렀다. 그가 가까이 다가가자 운문 스님은 주장자로 후려 갈겨 쫓아버리고 말았다. 왜 때렸을까. 이것이 운문의 '세존견명성오도世尊見明星悟道' 공안이다.

부처님께서는 보리수 아래서 선정에서 하늘의 샛별을 보는 순간 위없는 바른 깨달음을 얻었다고 하니, 무엇을 깨달았을까 하는 것은 그 수행승만이 아니라 역시 모든 사람들에게도 매우 궁금한 바가 아닐 수 없다. 그러나 선의 안목으로 본다면, 문제는 무엇을 깨달았느냐에 있는 것이 아니라, 중요한 것은 그 순간 이제까지 불도를 구하여 수행하던 보살이 마침내 불도를 성취한 불타가 되었다는 그 사실인 것이다. 말하자면 불교란 정각을 이루신 불타의 가르침이며, 그것은 누구나 불타가 되는 길을 가리키는 것이므로 그것을 따라 스스로 자신이 불타임을 깨닫는 종교인 것이다.

그런데 여기에 불교를 교학으로 배우고 연구하는 학자와 참선을 몸소 행하는 수행자의 차이가 있게 된다. 왜냐하면 불교를 교학으로 연구하는 학자들은 불타의 가르침이 지니는 사상적 내용을 문제 삼게 되지만 참선수행자들은 스스로 불타가 되는 일을 보다 더 중요하게 여긴다. 자기 자신이 석가모니불이 되고자 하기 때문이다.

시방삼세제불十方三世諸佛이 바로 석가모니불이요, 석가모니불이 그대로 나 자신이다. 운문스님은 이 점을 바로 보여주었다. 말하자면 '이리 오게' 하는 사람, 그 말을 따라 가까이 가는 사람이 있음을 보라. 여기에 살아서 생생하게 움직이고 있는 불타가 지금 계시지 않은가. 그 움직임이 다름 아닌 석가여래의 '견명성오도' 그것인 것이다. 그런데도 그것을 모르는 멍청한 수행승을 보노라니 안타깝기 그지없어 주장자를 들고 그 소식을 알리고자 마음을 가리키고直指人心 그 마음이 곧 부처心卽是佛임을 바로 보이면서 운문스님은 거기에 살아 움직이는 석가모니불을 다투어 내보이고 있는 것이라 하겠다.

다시 한 번 묻노니, 석가세존이 샛별을 보고 성불하신 뜻을 무엇이라 할 것인가. 돌咄!

20

천손 천눈을 써서 무엇을 하나

遍身是手眼 通身是手眼

운암스님 "온몸에 손과 눈의 작용이 있다."
도오스님 "온몸이 그대로 손이요, 눈이다."
온몸이 손과 눈이면, 온마음도 손과 눈

한국의 불자들은 음력 정월 초하루에는 그 전날 그믐밤부터 인연 있는 절에 가서 밤새워 정진하면서 새해 새아침을 맞이하거나 혹은 새벽에 가서 대중들과 함께 불보살님 전에 세알삼배歲謁三拜를 올린다. 또한 정월의 선보름 동안에는 대개 7일 관음기도 그리고 7일 신중기도에 동참하여 업장을 소멸하기 위해서 참회하며, 복덕을 쌓고 소원을 성취하고자 치성을 드리는 것이 한국 불교계의 세시풍속도이다. 그런데 이렇게 우리들이 의지하는 대자대비 관세음 보살님은 천수 천안千手千眼으로 중생을 제도하신다 하시니, 과연 무엇을 어떻게 하시는 것이며, 또한 선의 세계禪界에서는 이러한 보살의 천손 천눈의 활용을 어떤 안목으로 보는 것인지를 선리연구의 측면에서 살펴보자.

　중국 당나라 중기에 달마 후 제9세가 되는 약산 유엄藥山惟儼(751~834) 선사의 문하에 천황 도오天皇道悟(748~807)선사와 운암 담성雲巖曇晟(782~841) 선사라고 하는 역사적으로 매우 걸출한 선승禪僧이 있었다. 이 두 스님은 특히 사이 좋은 법형제로서 스승인 약산스님과 더불어 당시에 선풍을 크게 선양한 것으로도 유명하다. 어느 날 도오스님과 운암스님 법형제끼리 대자대비 천수천안 관세음보살에 관한 선문답을 주고받는데, 이것이 『벽암록碧巖錄』제89칙, '운암대비수안雲巖大悲手眼'의 공안으로 알려져 있다. 운암스님이 법형인 도오스님에게 "사형님, 대자대비 천수천안 관세음보살에게는 천 개의 손이 있고, 그 손의 손바닥마다 눈이 하나씩 있는데, 그 많은 손이나 눈이 대체 다 무엇에 소용되는 것일까요?" 하고 물어 보았다. 도오스님이 대답하기를 "음, 그것은 마치 한밤중에 문득 잠이 깨어 나무베개木枕가 달아나 베고 있지 않음을 알았을 때, 그대로 어둠 속에서 손을 뻗어 더듬어서 베개를 찾아내는 것과 같은 것이지."라고 하였다. 운암스님은 "참, 그래요. 저도 그런 경험이 있습니다만, 그러고 보니 손에도 눈이 있다 하겠네요. 알았습니다." 하고 동감을 표시하였다. 그러는 그에게 도오스님은 "어떻게 알았다는 말인가?" 하고 물었다. 운암스님이 대답하기를 "머리 꼭대기에서부터 발끝까지 온몸이 손이며, 눈의 작용을 합니다.遍身是手眼"라고 자신이 이해한 정도를 피력하였다. 그것을 들은 도오스님은 운암스님의 대답 전부를 긍정하지 않고, "그 대답은 백점을 만점으로 한다면, 그저 80점 정도라고 할까?" 하였다. 그래서 운암스님이 "그럼 스님이라면 어떻게 말씀 하시겠습니까?" 하고 반문하자, 도오스님은 "온 몸이 그대로 손이요, 눈이다.通身是手眼" 하고 대답하였다. 관세음보살님이 지니고 계시는 천손과 천눈에 대하여 운암스님은 "온 몸遍身에 손과 눈手眼의 작용이 있다." 하였고, 도오스님은 "온 몸通身이 그대로 손이요 눈이다." 하였다. 글자 하나의 차이지만 '변신遍身과 통신通身이 어떻게 다른가?' 하는 것이 이 공안 즉 화두話頭의 안목眼目이다.

참고로 옥편을 찾아본다면, 변신도 통신도 다 같은 온 몸全身-신체이라는 뜻이다. 그렇다면 거기에 어떤 차이가 있다고 해서 변신을 통신이라고 표현하였을까? 실제로 변신이다 통신이다 하는 표현에 어느 것이 더 낫다 못하다의 차이는 없다. 그런데 평소에 언제나 모든 것을 대립시켜서 상대적으로 우열을 가리는 사고방식에 익숙해 있는 우리들로서는 만일 이와 같이 변신과 통신이 어떻게 다르냐하고 들어내 놓고 정식으로 물어 오는 일을 당하면, 그 묻는 말에 이끌려서 그저 다른 점을 찾는데 얽매여 오히려 문제의 핵심을 잃어버리기 십상팔구十常八九＝十中八九다. 이것이 바로 현대의 지식인들이 빠져들기 쉬운 맹점이라 할 수 있는 것이다. 그러므로 이러한 변신과 통신의 사이에 차이를 찾거나 우열을 가려 보려는 분별 또는 계교計較하는 의식에 대하여 선지식들은 오히려 이러한 물음을 통해서 수행자의 분별 망상하는 의식을 부채질하여 그를 상대적 이원적 관념의 극한 상황까지 몰고 가 더 이상 분별하는 의식으로는 도저히 어찌해 볼 수 없는 막다른 지경에서 홀연히 '변신과 통신에는 구별이나 우열이 없다'는 분명한 사실을 스스로 알게 하되, 그것을 관념으로나 지식으로써가 아니라 어디까지나 자타가 따로 없는 참된 지혜와 자비를 행동과 생활에서 행할 수 있는 높은 인격으로써의 자신을 깨닫게 하는 것이다. 선수행을 통하여 이러한 심각한 사색적인 갖가지 시행착오를 몸소 겪게 되는 괴로움과 아픔을 끝간 데까지 체험하고서야 비로소 천수천안 관세음보살님의 대자대비와 대서원력이 내 것이 될 수가 있는 것이며, 이것이 '천손 천눈의 관세음이 되어버린다'는 것이다.

그렇다고 해서 그것이 우리의 일상생활과 아주 동떨어져 있는 딴 세계의 일은 또한 아니다. 눈을 바로 뜨고 본다면 현대에 사는 많은 사람들이 매일의 생활 가운데 완전하지는 못하지만 부분적으로는 어느 정도 천수 천안의 묘용妙用을 활용하면서 살고 있기 때문이다. 예컨대, 자동차를 운전하고 있을 때를 생각해보라. 눈으로는 신호와 도로표시 그리고 좌우와 백밀러를 살피며 아울러 주변의 경치를 보면서 손으로 핸들을 움직이고, 두 발로는 액셀러레이터와 브레이크를 번갈아 밟으며, 귀로는 라디오 방송이나 카세트테이프의 음악을 들으면서, 입으로는 껌을 씹고 말을 하며, 코로는 담배연기를 뿜으며, 몸을 놀리고, 머리속으로는 갖은 생각을 다하면서 운전하고 있지 않은가. 이 공안에 대하여『벽암록』을 완성시킨 원오 극근스님은 "변신이나 통신 그 어느 쪽에 치우쳐 있어도 안 되고, 변신과 통신이 같다고 해도 안 된다."고 주의를 주고 있으며, 또한 "몸이라는 데에 얽매여 있는 동안은 참마음 눈이 열려 있다고 할 수 없는 것이다. 그런 육체적인 작용을 가지고 관세음보살님의 천눈 천손의 묘용을 알려 한다면 어림없는 일이다."라고 경계하신다. 여기서 마음눈心眼이라 했다고 해서 몸의 눈身眼과 다르지는 않겠냐 하는 상대적 발상을 일으키지 말라. 온 몸이 눈이라면, 온 마음이 눈이 아니겠는가. 몸과 마음을 나눌 수 없는 것일진대, 신안과 심안이 어떻게 다르랴. 손 역시 그러하다.

21

불안한 그 마음을 가져오너라

達磨安心

"저의 불안한 마음을 안심케 하여 주옵소서."
"불안하다고 하는 너의 그 마음을 가져 오너라."
"아무리 마음을 찾아도 끝내 찾을 수가 없었습니다."
"그대를 위하여 벌써 안심케 하였느니라."

선종禪宗에서 전하는 바에 의하면 인도에서 중국으로 석가모니불의 법통을 전한 제28대 조사가 보리 달마菩提達磨스님이다. 뒤에 혜가二祖慧可 (487~593)스님을 만나 법통을 전하여 서방에서 동방으로 오신 본뜻을 이루고는 서기 527년 무렵에 입적하시니, 후세에 중국 선종의 초조初祖로서 추앙을 받고 있다.

달마스님은 1백세가 훨씬 넘은 노후에 불법의 이후 인연이 동방의 중국에 있음을 아시고 배편으로 인도를 떠나 바람 따라 북쪽을 향하는 긴 세월의 고된 항해 끝에 중국 남방의 광동廣東지방에 도착하였다. 당시 그 일대를 다스리던 양나라 무제梁武帝가 불교에 대한 신심이 매우 깊었던지라 달마스님이 초대되어 무제와 대면하고 문답을 하였으나, 아직 기연機緣이 맞지 않음을 보시고는 장강長江을 건너서 역사적으로 중국의 문화·사상과 정치·경제의 중심지였던 북방의 낙양지방에 이르렀다. 마침내 숭산崇山의 소림사小林寺 달마굴에 계시면서 오직 벽을 향하여 좌선 정진坐禪精進하는 생활을 9년간 하였기에 그를 일러 벽관바라문壁觀婆羅門이라 불리웠다.

스님은 중국 북방의 눈이 많이 쌓이는 고장의 깊은 산중에 있으면서 말 없이 오직 좌선 정진만을 계속하는 생활을 하고 있었다. 무엇 때문이었을까? 달마스님의 정법을 전하여 선禪의 장래를 부촉할 수 있는 인물과 만나게 되는 인연이 오기를 끈질기게 기다렸던 것이다. 그러한 그에게 드디어 바라던 인물이 앞에 나타났다. 바로 그 당시에 학문이 깊고 덕행이 높기로 세상의 지목을 받고 있었던 신광神光이라는 진지한 구도자가 찾아 왔던 것이다. 묵묵히 좌선 정진하고 있는 달마스님의 존재를 전해들은 신광이 숭산에 달마스님을 찾아 간 것은 그의 나이 40세 되는 해 한겨울이었다.

달마스님은 여전히 방안에서 벽을 향한 채 좌선 정진하고 있었고, 신광은 방 밖의 마당에서 제자가 되어 가르침 받기를 간청했다. 그러나 달마스님은 돌아보시지도 않았다. 시간만 흘러 초저녁부터 내리던 눈이 차츰 쌓여서 새벽녘에는 밤새워 서 있는 신광의 무릎을 묻어버리기에 이른다. 그제야 비로소 돌아본 달마스님이 물었다.

"그대는 무엇 때문에 이렇게 와 있는가?"

"바른 법을 구하기 위해서입니다."

"바른 법을 어찌 보통으로 구할 수 있으리오."

이때에 신광은 문득 지니고 있던 칼을 뽑아서 자신의 왼팔을 끊으니, 붉은 피의 꽃이 하얀 눈 위에 피어난 듯 했다. 그는 떨어진 팔을 앞에 놓고 바른 법을 구하기 위해서 신명을 아끼지 않을 결심이 서 있음을 바로 보였다. 달마스님은 신광의 물러나지 않는 결심을 인정하시고 그를 제자로 허락하여 '혜가慧可'라는 이름을 주었다. 혜가는 기뻐하면서 가르침을 구하였다.

"저의 마음은 지금 불안합니다. 원하옵건대 저를 안심케 하여 주옵소서." 달마스님이 대답하기를 "불안하다고 하는 너의 그 마음을 가져 오너라. 그러면 그대를 안심케 하여 주리라." 하시니, 혜가가 말하기를 "아무리 마음을 찾아도 끝내 찾을 수가 없었습니다." 이에 대하여 달마스님이 이르시기를 "그대를 위하여 벌써 안심케 하였느니라." 하셨다 한다.

이것은 선종의 조사스님들이 대대로 정법을 전해 온 일들을 중심으로 기록하고 있는 『조당집祖堂集』 등의 전등傳燈에 관계되는 선서禪書에 기록되어 선문禪門에서 전승되어 오는 것을 위지僞指한 것이므로 역사적 사실로 인정하기 어려운 부분이나 매우 과장된 면이 있는 것이 사실이다. 그러나 여기서 옛 조사들이 신명을 걸고 바른 법을 구하였다고 하는 점을 명심하면서 보아야 할 것이다. 『무문관無門關』 제41칙에 '달마안심達磨安心'이라는 공안으로 기록되어 있는데 이것을 일반적이고 상식적인 수준에서 비판하는 그런 안목으로는 도저히 이 공안을 깨닫기는커녕 머리로 이해하기도 어려울 것이다. 이 공안의 핵심은 바로 '아무리 마음을 찾아도 끝내 찾을 수가 없었습니다' 하는 대목에 있다. 이것을 선사의 세계에서는 '일착자一着子' 또는 '일구자一句子'라고 한다. 끝내 찾을 수가 없다了不可得고 하는, 그래서 공空하다고 부정否定하는 그곳에 달마스님은 어떻게 안심安心이라고 하는 긍정肯定의 경지境地가 있다고 하는 것인가. 말하자면 마음이 공하여 없는 곳에 안심을 준다는 것은 부정을 긍정하는 것이니, 이것은 보통의 일반적 논리로는 그야말로 불가능한 것이다. 하지만 여기에 종교적 수행을 체험하는 데서만 나오는 위대한 신비스러운 경지가 있다.

공연한 군더더기를 보태서 좀 더 쉬운 말로 이해를 돕는다면 이러하다. 혜가스님에게서 "저의 마음이 편치 못합니다. 편안케 해 주십시오." 하고 애원함을 듣고 달마스님은 "그래 좋다. 네 마음을 편안케 해 줄 것이니, 그 편치 못하다는 마음을 여기에 가져다 내놓아라." 하셨다. 그러나 혜가스님은 "편치 않은 마음을 찾았으나, 끝내 찾지를 못하였습니다." 하고 대답을 하게 된다.

여기에 이 화두話頭의 안목眼目이 있다는 것이다. 현대에 살고 있는 우리들 모두 다 몸에 무엇인가 눈에는 보이지 않지만 '마음'이라고 하는 것이 배 안이거나 가슴이거나 또는 머릿속이거나 간에 그 어디엔가 하나의 존재로 있는 것으로 알고 있는 경향이 있다. 이것은 철없는 어린이들만이 아니라 어른들마저도 그러하다. 아마도 혜가가 된 신광도 오랫동안 이 같은 선입관을 가지고 이리저리 그 마음을 찾노라 애를 썼지만 끝내 찾지를 못하다가 달마스님의 "네 마음을 가져 오너라." 하는 말에 마음을 찾을 수 없었다고 한탄하며 가르쳐 주기를 애원하기까지는 참으로 마음 찾기에 헤매던 긴 세월이 있었을 것이다.

그러니 이 같은 혜가스님의 고뇌를 우리들도 공감할 수 있을 때 그 무엇인가 보여올 것이다. 그래서 달마스님이 혜가스님에게만 아니라 우리들에게도 '그대들의 마음을 가져오너라' 하신 것으로 받아들이게 될 때에 우리도 갑자기 내 마음을 찾아보려고 허둥대지만 역시 '내 마음을 찾아도 찾을 수가 없다^{不可得}'는 한탄이 절로 나오지 않을 수 없게 된다. 현대에 사는 우리들의 마음도 갖가지 불안으로 떨고 있지만 그 불안한 마음이 우리 몸의 어디에 있는 것인가, 있다면 내어 보이고 싶지만 그럴 수 없는 것은 마음이란 물과 같이 항상 흐르듯 움직여서 쉼이 없으니, 흐르는 것은 흐르는 그대로 볼 수밖에 없는 것이다.

'마음이란 이런 것이다'라고 개념적으로 말할 수 없다는 사실은 직접 체험으로만 알게 되고 얻어지게 된다는 말이므로 자기 마음을 찾고 또 찾아서 자신을 막다른 곳의 절체절명의 지경까지 몰아넣어서 상식적 사량분별^{思量分別}이 다한 데에서 그 어떤 시절인연을 만날 때야 비로소 찾을 수 없었던 마음을 찾게 된다. 자! 그대의 마음은 어디에?

22

죄업은 어디에 있나

罪無自性從心起 心若滅時罪亦亡

승찬스님 "어떻게 하면 죄업을 소멸할 수 있습니까?"
혜가스님 "죄업이란 본래 자성이 없는 것. 한 생각 돌이키면 죄업 또한
없어지고, 죄업과 망상을 소멸하였다는 그 생각마저도 없어야 하느니라"
승찬스님 "비로소 죄란 안에도 밖에도 중간에도 있지 아니함을 알았습니다"

중국 선종의 초조 보리 달마菩提達磨스님의 법을 전해 받아 제2조가 된
혜가慧可(487~593)스님은 눈 속에서 팔을 끊고 법을 구함으로써 정법을 위
해서는 몸과 목숨을 내던져 아끼지 않는雪中斷臂 爲法亡軀 대신심과 대용맹
심을 보인다.

바로 여기서 중국 선禪의 새 생명이 이어져 내려간다. 마치 거대한 황
하나 양자강도 그 근원에서는 한 방울씩 뚝뚝 떨어져 흘러 내려 작은 내
를 이루고 사방의 물줄기를 모아서 마침내 대하와 장강을 이루어서 대

110

지를 윤택케 하듯 곧 천하에 선종사상의 세찬 물줄기가 뻗어 나가고 선풍이 드높게 불게 되는 원천이 열린 것이다.

혜가스님은 15세에 이미 세간의 아홉 가지 학문에 능통할 만큼 영특한 재질이 있었다. 그러나 불교의 경전을 보게 되자 자기의 뜻에 맞음을 알고 즉시 낙양洛陽의 용문향산龍門香山에 나아가 영목사永穆寺의 보정선사寶靜禪師를 의지해서 출가하여 널리 제방의 강원을 다니면서 불전을 수학한다. 32세에 본사로 돌아와서 8년 동안 열심히 좌선정진하다가 어느 날 밤에 신인神人이 나타나서 "그대가 불과佛果를 이루어서 인생의 일대사를 해결하려거든 이제는 이곳에 머물러 있을 것이 아니라 진정한 스승을 찾아 남악으로 가야 할 것이다." 하는 계시를 받고, 남악인 숭산 소림사에 계시던 달마스님을 찾아뵙고 불타의 정법을 전승한다.

혜가스님이 달마스님의 법을 전해 받아 선맥을 이어가면서 그것을 전해 줄 제자를 찾으며 기다리던 때에 마침내 법을 담을 그릇을 만나게 된다. 이때가 북제北齊 천보天保 2년(551)으로 그가 바로 승찬僧璨스님이다.

당시 그의 나이는 40세를 약간 넘었으나, 성도 이름도 그리고 살던 고장도 알 수 없었다. 더구나 그는 몸에 대풍질大風疾이라고 하는 불치의 난병에 걸려 있고 머리털이 붉은 머리를 하여 인적을 피해 깊은 산 속을 다니면서 살고 있었다.

그러던 중 이 무렵에 혹독하게 불어 닥치고 있던 불교 탄압의 회오리 바람을 피하여 깊이 환공산晥空山에 숨어서 정진하시던 혜가스님을 만나게 되었던 것이다. 그를 맞은 혜가스님이 물었다.

"그대는 어디서 무슨 일로 여기까지 왔는가?"

“스님을 뵙고자 찾아왔습니다.”

“그대처럼 불치의 난병을 앓고 제정신이 아닌 것 같은 사람이 나를 찾아보았자 무슨 별수가 있겠나?”

“아무리 이 몸이 큰 병을 앓고 있다 하더라도 병자의 마음과 스님의 마음과는 다를 수가 없습니다.”

이에 스님은 그가 비범한 법의 그릇이 될 재목임을 아시고 제자가 되는 것을 허락하였다. 혜가스님을 시봉하며 열심히 정진하던 그가 어느 날 스승에게 예배하고 물었다. “스님 제가 이렇게 대풍질이라고 하는 고치기 어려운 남다른 업병業病을 앓고 있는 것은 얼마나 죄업이 많고 두텁길래 이러합니까? 스님, 어떻게 하면 이 기가 막힌 죄업을 참회하여 소멸할 수가 있겠습니까?” 하고 한恨이 서리고 피가 맺히는 하소연을 하였다. 그러자 혜가 스님은 “그래, 너의 그 대단하다고 하는 죄업이란 것을 나에게 가져다주면 그것을 죄다 없애 주지.” 하신다. 그가 “스님, 그러나 그 죄업이란 것을 아무리 찾아보아도 찾을 수가 없지 않습니까?” 하였다. 그러자 혜가스님은 “그렇다면 그것으로 됐다. 죄업이란 본래 자성이 없는 것인데, 다만 허망한 마음 따라 일어난 것. 한 생각 돌이키면 죄업 또한 없어지고, 죄업과 망상을 소멸시켜 소멸하였다는 그 생각마저도 없어야 하니, 이것이 바로 진실한 참회이다. 그러므로 마음으로 진실하게 의지하여 수행생활을 하면 되느니라.”

이 말씀을 들은 그는 다시 묻기를 “스님께서 승보임은 알겠습니다만, 불보와 법보는 아직 무엇인지 알지 못하겠습니다.” 이에 혜가스님은 “마음이 바로 불보이며 마음이 바로 법보이니, 불보와 법보가 둘이 아니며 승보 역시 그와 같다.” 하셨다. 그제서야 그는 “오늘 비로소 죄업이란 것이 안에도 있지 않고 밖에도 있지 않고 중간에도 있지 않음을 알았습니다. 마음이 그러하듯 불법佛法에도 둘이 없어서 다름이 없음을 바로 알았습니다." 하고 대답하였다. 혜가스님은 이 사람이야말로 자신의 법을 전할 법기法器임을 인정하시고 승찬僧璨이란 이름을 주고, 전법제자로 삼으시니 그가 다름아닌 중국 선종의 제3조가 된 승찬대사이다. 그에게 정법을 전수한 것을 증명하는 가사袈裟를 주시고는 "그대는 이후에 불법을 소중하게 간직하고 뒤에 다시 전하여 끊어짐이 없게 하라. 머지않아 다시 일대 법난法難이 닥쳐 올 것이니 그대는 속히 이곳을 떠나 무사히 난을 피하여 앞으로 선법禪法을 널리 펴는 일에 매진하라."고 분부하셨다. 승찬스님은 그곳을 떠나 광복사光福寺에서 구족계를 받으시니, 이때 그의 병이 완치되었다 한다.

혜가스님이 달마스님을 만난 것은 40세가 넘어서였고 또한 승찬스님이 혜가스님을 만난 것도 40세가 넘어서였다. 흔히 40세란 불혹不惑의 나이에 들어가는 때로 인생의 일대사를 결정해야 할 나이이다. 두 분 스님 모두 인생의 반을 넘긴 그 나이까지 미혹迷惑 속에 있다가 크게 발심하여 바른 스승을 찾아 불도의 구경究竟의 경지에 이르러서 후반생을 중생들을 위해 바치는 본을 보여주신 것이다.

이는 무릇 누구나 바른 도를 구하고자 하는 사람에게 연령이란 없다는 것을 다시금 일깨우는 것이다. 동시에 자칫하면 게을러지기 쉬운 우리들의 일상생활을 뒤돌아 볼 때 부끄러움을 자아내게 한다. 그러면서 우리들이 거룩한 부처님의 가르침과 좋은 인연을 맺었음을 깊이 자각케 한다. 항상 우리는 선연善緣을 맺고 있음을 감사하고 진실하게 정진해 나갈 것을 스스로의 마음에게 다짐해야겠다.

23

부처님오신 날의 참뜻

天上天下 唯我獨尊

4월에 들어서며 불교계의 각 신문에서는 부처님오신 날을 기념하여 그 뜻을 널리 알리고 갖가지 축하 행사를 홍보하기 위해서 기본 캐릭터가 정해졌음을 보도하고 있다. 또한 이것을 기본으로 하여 다양한 축하용 스티커와 물품들도 함께 선보이고 있다. 그런데 그 캐릭터의 기본형으로 디자인된 것이 한 손으로 하늘을 가리키고 또 한 손으로는 땅을 가리키고 서 있는 아기 부처의 형상이다.

때는 춘4월 초8일, 히말라야 산맥의 산록에 있는 가비라Kapila성 성주 정반왕의 왕비인 마야부인이 산월産月이 가까워지자 해산하기 위하여 친정인 고-리Koli성으로 향하고 있었다. 도중에 있는 룸비니 동산에는 무우수無憂樹의 붉은 꽃이 만발하여 너무나 아름다웠다. 그곳에 잠시 쉬어 가기로 하여 무우수의 꽃가지를 잡은 그 순간 그녀의 오른 옆구리를 뚫고 남자아이가 이 세상으로 태어났다. 바로 정반왕의 맏아들이며 석가세존이 되실 인물이 탄생한 것이다.

갓 태어난 아이는 우렁찬 소리로 울어야 한다. 그것은 갓난아이가 입 안에 들어있던 분비물을 힘차게 뱉어내는 자연스러운 생명운동의 첫소리인 것이다. 그래서 예부터 첫울음이 우렁찬 아기는 건강하다고 여겨져 왔다. 이때에 태어난 아기태자도 역시 소리 높이 우렁차게 첫 울음소리를 터뜨렸을 것이다. 그러면 왜 그는 보통과 달리 오른쪽 옆구리로 태어나지 않으면 안 되었을까. 이유는 지극히 간단하다. 석가모니 부처님은 진여의 세계에서 이 세상으로 오셨으며 진리를 깨달으신 부처님은 진리 그 자체이시니, 그렇다면 탄생하시는 모양도 보통과 같지 않아야 한다는 종교적인 발상을 하게 되는 것은 어쩌면 당연한 일일지도 모른다. 석가모니불의 탄생을 전하는 전기나 경전에서는 마야부인의 오른 옆구리로 해서 이 세상에 나오신 태자를 받들기 위해서 땅 위에는 홀연히 일곱 송이의 연꽃이 피어나고, 태자는 그 위에 서서 누구의 도움도 없이 천천히 일곱 걸음을 걷고는 한 손으로는 하늘을 가리키고 또 다른 한 손으로는 땅을 가리키고 사방을 돌아보면서 우렁차게 '하늘 위나 하늘 아래에서 오직 나 홀로 높다天上天下 唯我獨尊'는 선언을 하였다고 전하고 있다.

이것이 유명한 '탄생게誕生偈'이며 바로 부처님이 이 세상에 나오시어 하신 첫 말씀이다. 그러면 선의 세계에서는 이것을 어떤 안목으로 보았던 것일까.

중국 선종의 5가 가운데서도 선풍이 매우 날카롭기로 유명한 운문종의 조사인 운문雲門文偃(?~949)스님은 이에 대하여 평하기를 "내가 그때에 그것을 보았더라면 몽둥이로 단매에 때려 죽여서 개가 뜯어 먹게 하여 오직 천하가 태평하기를 빌었을 것이다."라고 하였다. 다시 말해서 운문스님은 "나는 갓난아기가 그런 귀신 도깨비 같은 장난을 하면서 어처구니없는 흰소리하는 따위를 절대로 그대로 둘 수는 없으니 대번에 한 몽둥이로 때려잡아서 그 송장은 개에게 던져 주어 뜯어 먹게 하고 말게다. 내가 만일 그때 자리에 있었다면 아마도 틀림없이 그렇게 해서 세상을 두고두고 시끄럽게 할 고놈을 없애 버림으로써 천하가 태평하기를 도모하였을 것."이라는 것이다. 그러면 운문스님이 어째서 이런 말을 하였을까 하는 것이 공안이다.

이것을 말이나 글을 그대로 해석한다면, 아니 부처님의 제자라고 하는 사람이 그야말로 크신 스승의 은혜가 태산같이 높고 하해같이 깊을 터인데도 불구하고 어쩌면 불교의 교주이시며 3계의 대도사요, 4생의 자부慈父이신 부처님의 탄생에 관한 전설에 대하여 이런 난폭하고 무도한 소리가 있을 수가 있다는 말이냐고 생각할 것이다. 그러나 겉으로 하는 말에 속지 마시라! 선의 세계에서는 헐뜯고 욕하는 것으로 오히려 치켜세우고 칭찬하는 것을 다반사로 하는 가풍도 있는 것이니까. 말하자면 참으로 눈 바로 뜨고 보며, 귀 제대로 세워서 듣는다면 그런 말 속에서 운문스님은 오히려 석가모니불이 선언하신 '하늘 위나 하늘 아래에서 오직 나홀로 높다'라는 참뜻을 자신이 스스로 몸소 생생하게 그야말로 활발하게 나투어 보이고 있음을 보고 들을 수가 있을 것이다. 여기서 부처가 오면 부처를 죽이고, 조사가 오면 조사를 죽이고, 부처가 오면 부처를 때리고, 조사가 오면 조사를 때려친다殺佛殺祖는 눈 푸른 선사들의 기개와 진면목을 엿볼 수가 있다고 할 것이다. 그래서 후세에 응암스님應庵

禪師이라고 하는 이는 운문스님의 이 같은 염롱拈弄, 옛사람의 말을 자유롭게 논평하는 것에 대해서 평하기를 "이것은 석가모니불이 출생할 때부터 이미 지니고 있던 뱃속 벌레의 맹독이다. 운문은 여기에 중독되었다가 곧 그 귀착하는 바落處 즉 歸着點를 알아차렸다. 그러니 이 염롱은 진짜로 너무 멋지다."고 하였다.

도대체 석가세존이라 하더라도 갓난아기 때에 태어나자마자 동서남북으로 각각 일곱 걸음을 걷고 손으로 하늘과 땅을 가리키면서 하늘 위나 하늘 아래에 나 홀로 높다고 선언할 수가 있을 턱이 없는 것이니, 아마도 여느 아기와 마찬가지로 "아앙 아앙." 하고 울음을 터뜨렸을 것이고 그 소리를 참선하는 사람들은 그렇게 들었다는 것일 게다. 그렇지만 눈 바로 뜨고 귀 바로 세워 듣는다면 그 울음소리야말로 선의 소리禪聲가 아니겠는가. 왜냐하면 갓난아기에게는 하늘도 땅도 없고 옛과 지금도 없고 보리도 번뇌도 없고 부처도 중생도 없을 뿐만 아니라 그 없다고 하는 것까지도 없다. 그러니 모든 것이 공하고 시비와 분별이 끊어진 그 속에서 오직 한마디 '아앙' 하는 소리가 나오니, 이것이 바로 선의 소리요 진공묘유眞空妙有의 도리가 아니고 무엇이겠는가.

'나다 너다, 좋다 나쁘다' 하면서 무한히 시비하며 번뇌하는 세계에서 나 홀로 높다고 하는 것이 아니다. 아我가 떨어진 아無我의 我, 상대적으로 차별하는 것이 없어진 참된 자기자신空無相의 自己을 실현시키는 그 일이 '하늘 위에, 하늘 아래에 홀로 높다'는 것이요 이것을 실현시킨 이가 곧 석가모니불이며 중생 모두에게 실현시키고자 함이 부처님이 이 세상에 오신 참뜻이니, 이 뜻을 바로 알아야 참으로 부처님 은혜에 보답하는 것이고 부처님 오신 날을 제대로 기념하고 축하함이 될 것이다.

24

지극한 도에 어떻게 이를 것인가

至道無難 唯嫌揀擇

승찬스님 "지극한 도에 이르는 것은 그다지 어려운 일이 아니니, 오직 싫다 좋다, 나다 너다 하고 차별하는 생각만 일으키지 않는다면 진리는 아주 분명하게 나타난다."

달마스님의 선법을 선종의 제2조인 혜가스님에게서 전해 받아 제3조가 되신 분이 승찬僧璨鑑智(?~606)스님이시다. 그런데 선종의 제2조 혜가스님, 제3조 승찬스님의 시대는 역사적으로 유명한 북위北魏 태무제太武帝(423~452)의 혹독한 폐불법난廢佛法難이 있은 뒤의 북위 말기에 일어난 동란과 이어서 또다시 불어닥친 북주 무제北周武帝(560~578)의 법난을 겪게 되는 격동의 시기였다.

그러면서 이 시기에 그때까지 중국 북부 황하의 중류지역에 있는 장안지금의 西安과 낙양을 중심으로 하는 중앙지대 즉 화북華北의 도시에 주

118

로 집중되어 있던 불교가 폐불의 법난으로 말미암아 심각한 타격을 받게 됨으로써 산중으로 혹은 지방으로 흩어지지 않을 수 없게 되었고, 따라서 중국 전체에 널리 흩어져서 퍼지는 작용을 가져오게 되었다.

이렇게 되자 이른바 남강南方講學으로 표현되던 주로 경전을 연구하여 학구적인 경향이 짙던 중국의 남부 장강의 유역지대, 즉 화남華南의 교학적 불교와 이른바 북선北方禪修으로 표현되던 실천적인 화북華北의 불교가 자연스럽게 폭넓은 접촉과 교류를 가지게 되었다. 이러한 불교가 581년에 수隋나라가 중국의 천하를 통일하게 되자, 중국불교의 거의 전체가 한데 묶임으로써 그 중심이 되는 장안의 불교가 당唐나라 초기618~712에 걸쳐서 눈부시게 발전하게 된다.

이 시기에 후세 종파 성립의 원형이 되는 '중衆' — 후세 종파의 원형으로써 어떠한 경전의 교리나 실천수행법을 중심으로 신행하는 사람들이 모인 형태를 말하며, 뒤에 이것이 발전하여 각기의 특수한 역사를 가지고, 스승과 제자가 서로 법을 이어 받아 전해가는 종파로 발전하게 된다 — 의 제도가 정립되면서 각 교리와 수행법에 의지해서 여러 가지 그룹Group, 즉 '중衆'이 형성되면서 선을 수행하는 모임인 선중禪衆도 그 하나로 꼽히게 되었고, 처음에는 장안을 중심으로 한 도시에서 일어난 이 같은 추세가 후세에 선종이 성립되는 바탕이 되었다.

이러한 격동기를 지내면서도 그 가운데서 달마스님의 선사상과 그것을 실천하는 전통을 혜가스님에게서 받고 산중에서 법난의 회오리바람이 잠잠해지기를 기다리면서 선법禪法을 지켜낸 이가 승찬스님이었다. 그런 까닭에 승찬스님에 관한 사실들이 뚜렷하게 전해지지 않고 있어서 그의 출생지도 출신족 성도 모르고, 따라서 그와 가장 가까운 당나라 시대에 30권으로 저술된 도선道宣스님의 『속고승전續高僧傳』(645년) 502년부터

645년까지 144년간 활약한 각 분야의 훌륭한 중국 고승들의 사적을 기록에서는 승찬스님에 관한 기록을 일절 싣지 않고 있다. 그러나 다행스럽게도 방관房琯이라는 사람이 지은 비문이 남아 있어서 그의 사적을 조금이나마 짐작할 수가 있다. 이에 의하면 승찬스님은 그 기상이 매우 크고 작은 일에 끌려 얽매이는 일이 없는 인품이어서 마치 유마거사維摩居士와 같은 사람이었다고 한다. 승찬스님의 저서라고 전해지는 『신심명信心銘』이 있으며, 146시구偈頌로 이루어진 작은 것이지만, 이 속에는 선의 진수가 넘쳐 흐르고 있다. 선의 사상은 달마스님의 글이라고 전하는 『이입사행론二入四行論』에 의해서 분명히 제시되고 있지만, 그것은 달마스님의 위대한 벽관壁觀의 실천력에 비한다면, 이입사행에서 볼 수 있는 선사상은 아직 원시적인 점이 있음을 면치 못하는 데가 있다고 하겠으니, 여기에 비하여 승찬스님이 지었다고 하는 『신심명』에서 보여 주고 있는 선사상은 매우 훌륭하다. 즉 선에서 말하려고 하는 사상이 『신심명』 속에 모두 포함되어 있기 때문이다.

이러한 선의 마음을 넘치도록 보여 주고 있는 『신심명』의 첫머리에 있는 글이 바로 이 공안의 기본이 되고 있는 '지도무난 유혐간택 단막증애 통연명백至道無難 唯嫌揀擇 但莫憎愛 洞然明白'이라는 네 시구이다. 즉 '지극한 도에 이르는 것은 그다지 어려운 일이 아니니 오직 싫다 좋다, 나다 너다 하고 차별하는 생각만 일으키지 않는다면 진리는 아주 분명하게 나타나는 것'이라고 하였다.

당나라 조주스님趙州(778~897)은 『신심명』에 있는 이 '지극한 도에 이르는 것은 어렵지 않다至道無難'는 말을 매우 좋아하였다고 하며, 그래서 사람들에게 자주 '오직 나다 너다, 싫다 좋다하는 등의 분별만 하지 않으면 된다'고 가르치고 있음을 볼 수가 있다. 이것은 다시 말해서 싫다 좋다, 밉다 곱다하는 등 비교하고 분별하는, 나만을 중심으로 하는 좁고 사사로운 마음을 쉬어버려서 나와 남을 세우는 집착에서 뛰어 넘는다면 거기에서 저절로 인간상의 원만함이 충실한 지극한 도의 경지를 얻게 된다는 것이다.

『벽암록碧嚴錄』의 제2칙에는 '조주趙州의 지도무난至道無難'이라는 제목으로 조주스님이 수행자들에게 선의 깊은 뜻을 일깨워 주고 있음을 공안으로 싣고 있다. 조주스님이 대중에게 말씀하기를 "지극한 도란 어려울 것이 없다고 하지만, 그렇다고 결코 쉬운 것도 아니라고 결코 쉬운 것도 아니다. 왜냐하면 만약 조금이라도 입을 열기만 한다면 벌써 그것은 분별함이 되거나 명백함이 되기 때문이다. 그러나 이 노승은 그 명백 하나는 속에도 있지 아니하니, 그대들은 어쩌면 그 분명함이 없는 데야 말로 가장 옳은 것이라는데 얽매여서 그것을 붙들고 있는 것이나 아닌가." 라고 하였다. 그러자 한 수행자가 "분별하는 미迷의 세계에도, 명백한 깨달음의 세계에도 있지 아니 하시다면 도대체 조주스님은 어디에 계신다는 것입니까?" 하고 물었다. 자! 이것이 바로 이 공안의 핵심인 것이다. 그런데 조주스님은 인정사정없이 "나도 모르네." 하고 확 밀어 붙였다는 것이다.

그렇다면 그 수행자나 우리들도 각자가 스스로가 몸소 피땀 흘려서 이 문제를 참구할 수밖에 딴 도리가 없는 것이다. 그것도 어디까지나 '지식이다, 학식이다' 하는 것을 가지고 머리를 굴려서 따지는 한, 분별에서 한 걸음도 벗어날 수가 없을 것인 즉 조주스님은 아마도 그 수행자가 그리고 우리들이 몸소 이 공안에 대한 불붙는 의심을 끌고 가 한 소식을 얻어서 체험에 의한 해답을 내게 되기를 간절히 바라면서 가르쳐주고 싶은 심정을 꾹 누르고 기다리고 계실 것임이 틀림없다.

25

불성에는 본래 남북이 없다

六祖踏碓

홍인스님 "너는 영남땅 야만인인데 어떻게 부처가 되겠다는 것이냐?"
혜능스님 "사람에게는 남쪽·북쪽사람이 있겠지만 불성에만 본래 남북이 없
　　　　 습니다"
맷돌 지고 방아 찧는 울력 수행으로 「금강경」 반야공관般若空觀 철저히 체득

　　중국 선종의 초조 달마스님으로부터 내려오는 정법을 여섯 번째로
이어받은 스님이 바로 6조 혜능六祖慧能(638~713)대사이다. 속가의 성은 노
씨盧氏로 본래 선조는 하북성河北省 범양范陽에 살았으나 조부의 대에 광
동성廣東省 신주新州에 귀양을 살게 되어 그는 신주 신흥현新興縣에서 출생
하였다.

　　아버지를 일찍 여의고 어려운 환경에서 자란 그는 땔나무를 해다 팔
아서 홀어머니를 봉양하였다. 그러던 어느 날 시중에서 한 스님이 『금강

반야바라밀경金剛般若波羅密經』을 읽는 것을 듣고 '마땅히 머무는 바 없이 그 마음을 내라應無所住 而生其心' 하는 데서 크게 감명을 받고, 출가 수행할 뜻을 품고는 어머니가 살아가실 방도를 차려드린 다음 친척되는 비구니 스님을 찾아『열반경涅槃經』강의를 들었다. 그리고 선종의 5조 홍인五祖 弘忍(601~674)대사가 계시는 호북성 기주의 황매현黃梅縣 빙무산憑茂山에 있는 동산東山의 선원禪院, 후세에 오조홍인의 법을 동산법문이라 한다에 가서 참배하였다.

5조스님이 묻기를 "그래, 그대는 어디서 온 사람인데 대관절 무엇을 구하겠다는 겐가?" 하였다. 노행자盧行者가 대답하기를 "제자는 영남땅 신주에 사는 사람입니다. 이렇게 멀리까지 찾아뵙고 스승님에게 예배드리옵고 인사 올립니다. 제가 구하는 것은 그저 부처가 되려는 것일 뿐 다른 것이 아닙니다."라고 하였다. 5조스님이 "너는 영남땅, 아주 문화가 뒤떨어진 고장에 사는 야만인인데 어떻게 부처가 되겠다는 게냐?" 하셨다. 그러자 노행자가 "사람에게는 남에 사는 사람, 북에 사는 사람이 있지오마는 불성에는 본래 남북이 없습니다. 야만인인 저의 몸과 스승님의 몸이 같지는 않습니다만, 그 불성에야 무슨 차별이 있겠사옵니까?" 하는 것이 아닌가. 5조스님은 속으로 매우 대견하여 좀 더 이야기 하고 싶었으나 주변에 문도 들어와서 있음을 보고, 대중스님들을 따라서 울력선원에서 여럿이 함께 하는 작업을 하라고 명하셨다.

이번에는 노행자가 묻기를 "스승님에게 여쭙겠습니다. 이 제자는 제 마음에 항상 반야지혜를 내서 자기의 불성을 여의치 않고 있으며, 이것이야말로 진정한 행복을 만드는 복전이온데 스승님께서는 저에게 도대체 어떤 운력을 또 하라 하시는 것이옵니까?" 하였다. 5조스님은 이 물음에 대해 짐짓 노여움을 보이는 체 하면서 "요 야만인 같으니라고. 괘씸

한 놈! 너 이제 더 이상 아무 소리 말고 저 방앗간에나 가거라."라고 하였다. 노행자가 물러나서 후원에 가니 선배 행자가 있어 이리저리 일거리를 분배하여 장작을 패거나 곡식을 찧는 발방아를 밟게 하였다.

그는 여기서 약 8개월 동안 여럿이 밟아야 잘 올라가는 방아를 혼자서도 올라가게 하기 위해 등에 맷돌을 짊어지고 몸무게를 더하여 디딜방아를 디디면서 대중들이 공양할 곡식을 찧었다고 한다.

'사람에게는 비록 북방의 문화권에 사는 사람과 남방의 비문화권에 사는 사람이라는 구별이 있을지언정 사람마다 본래부터 구족하여 부족함이 없는 불성 그 자체에는 아무런 차별이 있을 수 없는 것 아니냐'라고 한 그때 그의 말에서는 '모든 생명 있는 존재에게는 다 불성이 있다一切衆生 悉有佛性'고 하는 『열반경涅槃經』의 교리사상에 서 있음을 엿볼 수가 있으니, 이때에 이미 노행자가 『열반경』의 정신에 깊이 통달해 있었음을 알게 되는 동시에 흔히 일반적으로 6조스님이 식자가 전혀 없는 조사의 대표격처럼 알고 있는 경향은 근거 없는 일이라 아니할 수 없다.

어느 날 5조스님은 지팡이를 짚고 방앗간에 들러서 방아를 디디고 있는 노행자에게 "그래 이제는 벼를 다 찧었느냐?" 하고 물었다. 노행자는 "네, 벼는 다 찧었습니다만 아직도 키질을 못하였습니다."라 답하였다. 그러자 5조스님은 더 말씀 없이 지팡이로 딱! 딱! 딱! 세 번 땅을 치고는 돌아서서 뒷짐한 손으로 지팡이를 질질 끌면서 처소로 돌아갔다. 이에 노행자는 그 뜻을 알고 밤 9시 대중의 취침시간을 알리는 3경三更 종이 울린 뒤 오조스님의 처소 뒷문으로 가서, 기다리고 계시던 오조스님을 뵈었다. 여기서 오조스님은 『금강경』으로써 노행자에게 불법의 도리를 가르치셨다.

그는 '마땅히 머무는 바 없이 그 마음을 내라'하는 대목에서 커다란 깨달음을 얻게 되었으니, 그의 선수행이 선원에서 행하는 좌선에서가 아니라 맷돌을 짊어지고 방아를 찧는 운력을 하는데서 이루어졌다고 하는 것에 주목할 만하다. 아마도 그 시기에 그는 방아를 디디면서 자주 무상삼매無相三昧에 들었을 것이고, 이로 인하여 『금강경』의 반야공관般若空觀을 철저하게 깨닫게 되었을 것이다. 이렇게 해서 그는 아직 속인으로 불도를 신행하는 거사의 몸居士身으로 5조스님의 전법을 받아 마침내 중국 선종의 제6대 조사가 되었고, 깨달은 뒤의 수행悟後保任을 16년 행한 다음 고향 지방에 나타나서 출가하여 스님이 되어서 많은 사람들에게 선을 지도하여 중국 선종의 뿌리가 착실하게 내리게 함으로써 6조스님이라 불리게 되었다.

6조스님의 맷돌지고 방아를 디딘 이러한 일화가 공안으로 된 것은 『임제록臨濟錄』의 다음과 같은 선문답에서 연유한다.

임제스님에게 한 수행승이 물었다.

"맷돌을 진 행자가 돌확의 벼를 찧느라 방아를 디디면서도 자신의 다리를 움직이고 있는 줄을 잊고 있는 것 같은 경우에, 그가 어디에 걸어간 것일까요?"

임제스님은 바로 이르셨다.

"깊은 샘물에 빠지고 말았나."

이건 또 무슨 뜻인가!

이 공안에 대한 각자의 화끈한 참구가 있기를 권하면서 사족을 달자면, 방아 찧는 삼매에 들어서 진공무상眞空無相인 무심無心의 경지에 이르렀기에 자신의 다리를 움직여서 방아를 디디고 있으면서도 그러고 있다는 의식을 완전히 잊고 있다. 그러나 이런 경계만으로는 선정禪定에 들어 있는 것이기는 하나 반야지혜의 깨달음이 없기 때문에 조사선은 아니며, 이것은 말하자면 죽은 송장처럼 죽은 선이라 하지 않을 수 없다. 그래서 임제스님은 그런 것은 "깊은 샘물에 빠져버리고 만 것이다."라고 평하였던 것이다. 6조스님의 견성의 선見性禪은 정과 혜가 평등한 삼매定慧平等三昧에서 다시 더 향상한 반야지혜의 깨달음을 얻은 뒤의 삼매이어야 하며, 운력도 거기서 행하는 것이 진정한 운력이 되는 것이다.

26

대립이 끊어진 절대의 세계

不思善 不思惡 那箇是 汝本來面目

혜능스님 "선도 악도 생각지 않을 때 그대의 본래면목은 무엇인가?"
본래면목은 우주법계가 소멸하더라도 생멸하거나 변천함이 없는 것, 본래면
목은 곧 진실한 자기 자신

혜능대사는 선종의 5조 홍인대사에게서 밤중에 남몰래 정법을 전수
하고 그 신표로써 불조전래佛祖傳來의 가사와 발우衣鉢를 분명하게 전해
받았으나, 그 당시에는 정식으로 출가한 수행자가 아닌 아무런 녕색 없
는 행자였다. 만약 이러한 그에게 선법이 인가禪法印可되고, 홍인스님에
게서 노행자에게 의발이 전해졌다는 것을 다른 많은 제자들이 알게 된
다면 불만을 품고 질투한 나머지 어떤 위해를 가하는 일이 일어날 수도
있었다. 이를 우려한 홍인스님은 그날 밤에 노행자를 직접 안내하여 황
매산을 내려가 몸소 배를 저어서 강남땅으로 건너다 주고는 앞으로 세

상에 드러나는 일 없이 깨달은 뒤의 수행悟後保任 또는 聖胎長養을 착실하게
이룬 뒤에 정법이 천하에 널리 오래 전해가도록 하라는 부촉을 하여 떠
나게 하였다.

이튿날 아침, 공양에 홍인스님이 참석하지 않았고, 전래하는 가사와
발우가 없어졌음을 알게 된 대중들은 필시 밤새 없어진 노행자가 훔쳐
달아났다고 속단하여 그를 잡으러 무리지어 산을 내려 쫓아가게 되었
다. 그런데 홍인스님의 우려대로 가사와 발우를 빼앗아 오겠노라고 그
의 뒤를 맹렬히 추적한 수행자들 가운데 혜명慧明스님이 있었다. 그는 뒤
에 혜능스님의 제자가 되어 스승의 이름자를 쓸 수가 없다하여 혜慧를
도道로 고쳐서 도명道明이라 하였으니, 그의 혜능스님에 대한 존경심이
어떠하였는지를 짐작할 수가 있다. 스님이 마침내 황매산에서 약 1,500
킬로미터나 떨어져 있는 강서성江西省과 광동성廣東省의 경계에 있는 대유
령大庾嶺이라는 큰 산의 고개에서 노행자를 따라잡게 되었다. 그는 원래
장군출신으로 몸의 단련이 남다른지라 다른 누구보다 훨씬 앞질러서 추
격할 수 있었다.

그는 무장의 격렬한 성미 그대로 매우 사나운 어조로 "그 가사와 발
우를 내놓아라."라고 하며 접근하였다. 그때에 노행자는 홍인스님에게
서 전해 받은 가사와 발우를 조용히 길가의 돌 위에다 놓고는 조금도 겁
내는 빛 없이 말하기를 "이 가사와 발우는 선의 정법을 전해 받았음을 표
하는 상징이므로 힘으로 다투어 뺏고 빼앗기고 할 물건이 아니다. 그러
나 만일 힘으로 빼앗아 가려고 한다면 마음대로 가져가도 좋다." 하는
지라, 그 말을 들은 혜명스님은 가히 도저히 그것을 들어 올려 가져갈 수
가 없었다.

그도 오랜 수행경력을 지니고 대중의 윗자리에 있는 사람이라, 마치

자신의 잘못을 바로 깨우치고 무엇인가 눈앞이 열리는 것과 같음을 느꼈다. 그리고 아주 딴 사람처럼 태도를 고쳐 말하기를 "저는 바른 법을 구하기 위하여 온 것이며 가사와 발우를 가져가기 위해서만 온 것은 아닙니다. 원컨대 저에게 정법의 가르침을 주십시오." 하고 잘못을 참회하면서 청원하였다. 그때에 노행자가 혜명스님에게 묻기를, "선도 악도 생각지 않을 때 그대의 본래면목이 무엇인가?不思善不思惡 正與麼時 那箇是明上座 本來面目" 하였다. 즉 "혜명스님, 그대가 태어나면서 갖추어 가지고 있는 그대의 본성이 무엇인지 아는가?"라는 것이다. 이 물음은 혜명스님에게만 묻는 것이 아니라 후세의 오늘날 우리들 모두의 한 사람 한 사람 마다에게 직접 묻고 있는 것이다. 그렇다면 '지금 여기서 나는 바로 무엇이라 대답할 것인가' 이것이 문제인 것이며, 노행자 즉 후에 6조 혜능스님의 이러한 물음을 '불사선不思善 불사악不思惡'의 공안이라 한다. '선이다 악이다 또는 사악이다' 하는 등의 이원적으로 대립되는 발상을 일으키기 이전의, 모든 것을 분별하고 차별하기 이전의, 절대적이며 하나로 된 자기 자신의 자성을 보라는 것이다.

이 말을 들은 혜명스님은 곧 그 자리에서 크게 깨달은 바, 자신도 모르게 온몸에서 비 오듯 땀을 흘리면서 울며 예배를 올리고는 "지금 가르쳐 주신 묘법 이외에 더 가르쳐 주실 것은 없으십니까?" 하고 물었다. 노행자가 이에 답하기를 "내가 이제 그대에게 말한 것이 어떠한 특별한 뜻을 따로 지니고 있는 그러한 것은 아니다. 다만 그대가 자신의 면목을 알아서 그대로 되어버리기만 하면 되는 것이요, 그것으로 족한 것이다." 하였다. 혜명스님이 원하기를

"저는 황매산의 홍인스님 밑에서 대중들과 함께 참선수행에 힘써왔습니다만, 자신의 본래면목을 알지 못하였습니다. 그런데 이제 당신의

은덕으로 마치 물을 직접 마셔보아야만 그 차고 더운 것을 스스로 제대로 알 수가 있듯이 큰 법을 스스로 얻을 수가 있었습니다. 이제부터는 당신이 바로 나의 스승이십니다. 허락해 주십시오.”

라고 하였다. 이에 노행자는 “그렇다면 나와 그대는 함께 홍인스님을 스승으로 모시기로 합시다. 부디 자기 자신을 의지하고 소중하게 알도록 합시다.” 하였다고 한다.

이것은 『육조법보단경六祖法寶壇經』에 있는 너무나 유명한 일화이다. 즉 이 공안은 누구나가 자신의 본래면목을 바로 찾아 끄집어내서 확실하게 자기 것으로 삼고 모자람 없이 마음대로 살려서 쓰도록 하라는 것이다. 본래면목이란 진실한 자기 자신을 말하는 것이며, 이것을 임제 의현臨濟義玄(?~867)스님은 무위진인無位眞人이라고 하였다.

우리들은 제각기 마치 자기가 잘나서 자기 힘으로 살고 있는 줄로 알고 있지만, 잘 생각해 본다면 이 세상에 태어나는 일에서부터 살다가 죽는 일에 이르기까지 사실은 모든 것이 전혀 자기 자유대로 되는 일이란 없다. 말하자면 자기 몸의 털 하나라도 제 힘으로 생기게 하지를 못하고 있는 것 아닌가. 이 세상의 모든 것은 자기도 모르는 새에 태어나고 생겨나고 살면서 시시각각으로 늙고 병들어 변해가다가 언젠가는 죽어 없어지는 것이니, 이 세상의 이 모든 것을 이렇게 움직여가는 것, 그것을 본래면목이라고 한다.

그러므로 본래면목은 조금도 보고 듣기 어렵거나 알기 어려운 것이 아니라, 언제나 어디서나 항상 시시각각으로 바로 눈앞에 분명하고 당당하게 나타나 있으며, 그 작용이 멈추거나 없어지거나 함이 없다. 그런 까닭에 이 세상이 파괴되거나 우주법계가 소멸된다 하여도 본래면목은 물건이 아니므로 생멸하거나 변천함이 없는 것이다.

자! 그대의 본래면목은?

27

움직이는 것은 깃발인가 바람인가

六祖風幡

"깃발이 움직인다", "아니 바람이 움직이는 것이다"
혜능스님 "깃발도 바람도 아닌 그대들 마음이 움직이는 것"
쓸데없는 일에 마음을 움직이지 말라는 가르침

뒤에 중국 선종의 제6조가 된 혜능스님은 고향인 광동성 소주에서 멀리 강서성 황매현에 계시는 제5조 홍인스님의 회상에 나아가서 노행자라 불리운 거사의 몸으로 이른바 동산법문이라고 일컫는 선법의 정맥을 홍인스님으로부터 직접 전해 받고, 불조의 혜명을 정통으로 이어 받았음을 증명하는 상징으로 가사와 발우를 받아서 남방으로 가던 도중에 대유령에서 뒤쫓아 온 혜명스님에게 "선도 악도 생각지 않을 때 그대의 본래면목은 어떠하냐?" 하는 법문을 주어 그 한마디에 그의 마음의 눈이 바로 열렸음을 보고는 다시 남방으로 가서 세상에 드러나지 않게 산간벽지의 촌사람들 속에 섞여 살면서 크게 깨달은 뒤 수행을 계속하였다.

선의 세계에서 이와 같이 깨달은 뒤의 수행을 '오후보림悟後保任', 또는 '장양성태長養成胎'라고 말하여 깨달음의 길이란 그야말로 위 없는 것이며, 이만하면 다됐다 하는 한계가 없는 것이기에, 깨달았다 하는 데에서 머물러 있지 않고 더욱 더 한없는 진실한 수행이 요구되는 것이다. 그렇기 때문에 깨달아 알고 본 것을 확실하게 수용하고 활용할 수 있도록 끊임없는 정진이 필요한 것이다. 전하는 바에 의하면, 사냥꾼 무리들을 따라 다니면서 그들이 쳐놓은 그물에 짐승들이 걸린 것을 보면 생명을 아끼고 가엾게 여기는 자비심으로 놓아주곤 하였고, 먹을 때가 되어 만약 고기냄비가 나오면 거기에 들어있는 채소류만을 골라서 먹었다고 한다.

그와 같이 수행정진하여 약 15년이 되는 무렵 이제는 세상에 나아가서 법을 펼 때가 되었다고 생각하던 터에 마침 고향땅 가까운 곳 광동시가에서 인종법사印宗法師가 『열반경涅槃經』을 강설하는 법회가 열린다는 소문을 듣고, 그 절에 가서 여러 사람들 속에 끼어 앉아 강론이 시작되는 것을 기다리는 가운데, 마침 법회의 개최를 알리는 깃발들이 세차게 부는 바람에 따라 펄럭거리면서 경내에 나부끼고 있었다.

청중들 가운데에 있는 두 젊은 스님이 그것을 보고, 한 명이 말하기를 "아! 깃발이 움직인다." 하니, 또 한 명이 "아니야, 깃발이 움직이는 것이 아니라 바람이 움직이는 것이다." 하였다. 두 스님이 각기 바람이 '움직인다, 깃발이 움직인다' 하면서 서로 주장하여 좀체로 끝날 기미가 보이지 않았다. 바람이 부니까 깃발이 움직이는 것쯤은 어린아이들이라도 분명히 알고 말 할 수 있는 일이요, 이 두 젊은 스님들이라고 해서 그걸 몰라서 하는 입씨름이 아니다. 좀 더 높은 차원에서 서로 자기 주장을 내세우고 있음은 말할 나위가 없다. 그러나 그렇다 하더라도 그것은 어디까지나 관념적인 말싸움에 지나지 않는 것이다. 그러한 모양을 옆에서 듣고 있던 노행자가 마침내 그들에게 한마디 하였다. "바람이 움직이는 것도 아니고, 깃발이 움직이는 것도 아니며, 그대들의 마음이 움직이는 것이다." 이 말을 듣는 순간 두 스님은 마치 물벼락이라도 맞은 듯 입이 얼어붙고 몸이 떨려오면서 제정신이 번쩍 드는 것을 느꼈다.

그 당시의 노행자는 오랫동안 세상에서 숨어 있으면서 수행하고 있었으니, 홍인스님에게서 법을 전해 받은 노행자가 있다는 소문이 널리 퍼져 있었지만 실제로 그를 알아보는 사람은 없었고 아마도 매우 보잘 것 없는 모습이었을 것이나, 그래도 크게 깨달은 뒤에 15년이란 긴 세월에 걸쳐서 수행한 데서 우러나는 '그대들의 마음이 움직인다'고 하는 한마디 말에는 참으로 깊은 수행의 힘과 높은 인덕의 무게가 실려 있었을 것이다. 불교인들이 흔히 누구나 쉽게 '삼계유심'이니 '일체유심조'니 하는 말을 하지만, 실제 경계에 부딪칠 때 이런 말은 나오지 않는다. 그때, 두 스님에게서 그 말을 듣고 놀란 사람이 인종법사였다. 그는 노행자에게 "당신은 아마도 보통 분이 아닌 것 같습니다. 어느 분의 제자이십니까?" 하고 물었을 때 비로소 본색을 밝히게 되었다. 그가 홍인스님의 법을 받은 소문난 노행자임을 알게 된 인종법사는 "내가 오늘에야 육신보살을 뵙게 되었다." 하고 감탄하면서 스스로 한 스승을 모시는 사형사제의 예로서 여러 사람들에게 소개하였고, 노행자는 곧 삭발득도하여 계를 받고 속인거사의 몸을 벗어나 스님으로 큰 법을 가지고 중생을 제도하는 길을 나서게 되었으니, 여기서 중국 선종의 5가 7종이 벌어져 나오게 되었다.

너무나도 유명해진 이 말에 대하여 중국 송나라 무문 혜개無門慧開

(?~1260)스님은 그의 공안집『무문관無門關』에서 평하기를 "이것은 바람이 움직이는 것도 아니며, 또한 깃발이 움직이는 것도 아니니, 자! 어느 대목에서 조사스님을 볼 것인가?"라고 하였다. 이것을 '풍번심동風幡心動'의 공안이라고 한다. 즉 먼저 두 스님의 관념적인 말싸움을 함께 물리친 것은 당연하다 하겠지만, '마음이 움직이는 것도 아니다' 하는 것은 마치 6조 혜능스님의 말을 부정하는 것 같기도 한데, 그것은 아니다.

왜냐하면 6조 혜능스님이 말씀하시는 '마음'이란 움직인다거나 움직이지 않는다거나 하는 대립되는 상대적 인식을 초월한 절대의 자리를 시사하는 것이며, 따라서 그 마음은 결코 바람이 움직이고 깃발이 움직이는 그 곳을 떠나서 따로 있는 것이 아니기 때문이다. 그래서 선의 세계에서는 그런 경우에 '먼저 그대 자신이 바람이 되고 깃발이 되어서 무심히 소리내며 펄럭거려 보아라' 하고 가르친다. 바람 자신이 움직인다고 말하지 않고 깃발 자신도 펄럭거리며 움직인다는 말없이 그저 무심하게 분별망상이 끊어진 움직임을 보여주고 있을 뿐이니, 진리가 바로 눈앞에 분명하게 나타나 있는 모양이란 그런 것이다. 이런 것을 '현성공안現成公案'이라고 한다.

그때 거기서 바로 내가 바람이 되고 깃발이 되어서 자기가 곧 바람이며 깃발이요, 바람과 깃발이 곧 자기인 경지, 그래서 나와 남이 둘이 아닌 경계에서 진실한 움직임이 눈앞에 나타나는 것이다.

옛적 어느 선지식이 절구질을 하면서 이 공안을 참구하다가 화두삼매에 들어서 절구공이를 들어 올린 채로 서 있다가 마침내 크게 깨달음을 얻었다고 한다. 옛 분들은 이렇게 애써 공부하였던 것이다. 그런데 흔히 생각하기를 '그대 마음이 움직인다' 하면 일반적으로 내 마음이 움

135

직이면 어떻게 바람이 불고 또 깃발이 움직이는 것인가 하게 된다. 그러나 바람이 불어야 깃발도 움직이지, 자기 마음이 아무리 움직인다고 해서 깃발은 움직여주지 않는다. 따라서 아무리 생각해도 마음이 움직일 뿐이니, '그대들의 마음이 움직인다'고 한 것은 '그대들 쓸데없는 일에 마음을 움직이지 말라' 하였을 것이다. 즉 '막망상莫妄想하라' 곧, 모든 허망한 생각과 허튼 소리를 싹 놓아 버려라 하였던 것이니, 6조 혜능스님이 이같이 시사한 바를 바로 깨달아서 조사스님을 만나 보아야 할 것이다. 그러면 어떻게 하면 조사스님을 만나 볼 수가진리를 체험할 수가 있을 것인가? 이것이 무문스님의 문제 제기이며, 이것을 '6조풍번六祖風幡'의 공안이라 한다.

28

비용없이 세우는 황금탑

南陽慧忠國師 無縫塔

대종황제 "스님께서 입적하시면 기념탑을 만들고 싶습니다"
혜충국사 "비용이 들지 않는 황금탑을 만드는 것이 좋겠습니다"
자아 벗어나 모든 변천하는 것과 합일되면 이 세상이 곧 황금탑

중국 선종의 제6조 혜능스님의 법을 받은 훌륭한 여러 선승들 가운데서도 특히 대표적으로 꼽히는 선지식이 다섯이다. 남양 혜충·영가 현각·하택 신회·남악 회양·청원 행사 등이 그들로, 후세에까지 커다란 영향을 끼친 분들이다.

그런데 당나라 중기, 가장 높은 명성을 얻었던 스님이 바로 남양의 혜충南陽慧忠(?~775)선사이다. 속성은 염씨冄氏이고, 월주越州에서 태어났다. 출가하여 참선수행을 하다가 6조 혜능스님에게서 인가를 받고 뒤에는 남양 땅의 백애산 당자곡에 들어가 40여 년 동안을 지내다가 뒤에 당의

수도에 이르러 크게 교화를 펼침으로써 당 현종·숙종·대종 등 3대 임금의 두터운 귀의를 받고 숙종과 대종이 황태자로 있던 때부터 그의 지도로 참선에 열중하였으며, 천자의 스승으로서 남양의 혜충국사라고 불리웠다.

어느 날 당 숙종이 혜충국사에게 "부처란 어떤 활동을 하는 것인지요?" 하고 묻자, 이에 답하기를 "부처를 밟고 넘어가는 것이지요." 하였다. 황제가 그 말의 뜻에 대해 다시 여쭙자, 국사는 "자기 자신이 부처라고 생각해서는 아니되는 것이지요." 하였다. 즉 숙종황제는 황태자로 있을 때부터 혜충스님의 지도로 참선을 시작하였고, 황제가 된 뒤에도 좌선정진을 열심히 하였다. 그렇게 참선에 열중하다 보니 수행의 경지가 높아져서 마침내 자기 자신이 부처임을 확실하게 스스로 믿어 의심치 않게 되었다. 그럴 즈음에 국사는 황제가 그 같은 생각에 안주하게 될까 경계하여, 그러한 경지에 머물러 있지 말고 더 나아가 끝내는 자기 자신도 잊고 부처도 잊는 데에 이르러서야 비로소 불도의 진실한 활용이 자재롭게 전개될 수 있음을 지적한 것이다. "부처가 도대체 어떤 활동을 하느냐?"고 하는 황제의 물음에 그와 같이 대답하여 가일층의 정진을 촉구하였던 것이라 하겠다. 다시 말해 아무리 수행이 되었다 하더라도 이 세상 모든 일을 자기 중심으로 생각하는 것을 벗어나지 못한다면 불도를 행하는 것이라 할 수가 없는 것이다. 자기가 부처임을 깨달았다 하더라도 만일 자기와 부처가 아직 대립해 있다고 한다면 진실로 상대성을 벗어났다고 하지 못하는 것이니, 어디까지나 자기 자신을 아주 버려야 부처가 되는 것이며, 부처와 하나가 되어서 그 부처마저도 잊어야 하기 때문이다.

당 숙종의 왕자이며, 그 뒤를 이어서 황제가 된 대종황제가 여쭈기를 역시 황태자의 시절부터 혜충국사의 지도로 참선을 수행해 왔다. 참선의 스승인 혜충국사가 열반에 드시게 되었다는 소식을 들은 대종황제가 몸소 "스님께서 만약 입적하시면 기념될 만한 것을 만들고 싶은데 무엇이 좋을지요?" 하였다. 그러자 혜충스님은 "별다르게 거창한 묘를 만들거나 탑을 세우는 일 등은 필요 없습니다만, 정히 그러시려거든 비용이 하나도 들지 않는 황금탑이라도 만드신다면 좋을 것입니다." 하고 답했다. 황제가 그 뜻을 알 수가 없는지라 "그것은 도대체 어떤 것이요?" 하고 묻자, 혜충스님이 한참 동안 말 없이 있다가良久 이윽고 황제에게 "자, 이제 제가 분명하게 말씀드린 바를 아시겠습니까?" 하고 물었다. 황제가 그 말의 뜻을 알지 못하여 "알 수가 없습니다. 무슨 뜻인지요?" 하고 거듭 묻자, 혜충스님은 황제에게 "그러시다면 그 뜻을 저의 제자 탐원耽源에게 물어주시면 그가 모든 것을 다 잘 알고 있을 것입니다." 하고 바로 입적하셨다고 한다. 그런데 혜충스님이 남긴 '비용이 들지 않는 황금탑無縫塔을 세우라'라고 한 것은 과연 무슨 뜻인가. 이는 『벽암록碧巖錄』 제18칙 '충국사忠國師 무봉탑無縫塔'의 공안이다.

대종황제가 뒤에 탐원스님을 불러서 그 말의 뜻을 물었다. 탐원스님이 이에 대하여 "이 세상에는 그 어디에나 황금보다도 존귀한 불성이 가득 차 있습니다. 만일 누구나 자아自我에 얽매이지 않는다면 그것은 이 세상과 자기가 다르지 않으므로 이 세상이야말로 그 어떤 것보다 훌륭한 탑 그것입니다. 그래서 이 세상이란 그 모든 것이 그대로 황금같이 거룩하게 존재 가치를 이루고 있는 까닭에 새삼스럽게 혜충국사의 기념탑을 세우는 것은 전혀 필요 없는 일이라는 뜻입니다." 하고 혜충국사가 말한 무봉탑의 모양을 이같이 설명하였다.

이에 관하여 사족을 덧붙여 말해 본다면 이 세상이란 참으로 진여眞如

의 법성法性이 두루 가득한 법계偏滿法界이다. 그런데 이같이 충만해 있는 법성을 보려 해도 눈으로 볼 수가 없고, 들으려 해도 귀로 들을 수가 없고, 만지려 해도 손에 잡히지 않는다. 따라서 설명할 수도 없고, 인식될 수도 없고, 인식시킬 수도 없지만 분명한 것은 이러한 두루 가득한 진여 법성이 엄연하기에 해와 달이 어김없이 돌고, 봄이면 꽃이 피고 가을이면 단풍이 들며, 꽃들은 갖가지 색깔이 있고 소나무는 푸르다. 즉 너무나 질서가 정연한 것이다. 만일 이러한 진여의 법성이 없고 질서가 무너진다면 모든 것이 일순이라도 존재할 수가 없고 생명을 유지할 수가 없다. 그러나 우리들은 누구나 평소에 살아가면서 그런 일을 생각해 보는 바없이 그저 지극히 당연한 걸로 알고 살아가고 있다. 이렇게 너무나 당연한 일이야말로 바로 진여의 법성인 것이며, 우리가 태어나 늙어가고 병들어 죽는 일 또한 이같이 당연한 일 가운데 하나인 것이다.

이와 같이 이 세상 모든 것이 상대적으로 존재하면서 서로 영향을 주고받으며 시시각각으로 변천하고 있으니 참으로 무상하며諸行無常, 무상 속에서 시간이 있고 생명이 있다. 그러면 무상한 이 세상에서 생사일대사를 해결하는 방법이 무엇인가.

우리는 이 세상을 모양이 있는 것으로 알고 상대적으로 살아가고 있기 때문에 변천하는 것이다. 그러나 상대적으로 살고 있으면서도 변천하는 모든 것과 합치하여 하나가 되어서 변천한다면, 거기에는 이미 유전도 없고 생사도 없다.無生死流轉 거기는 가는 것도 없고, 오는 것도 없고 또한 그대로 머무름도 없으니無去無來亦無住, 가고 옴에 막힘이 없는 참으로 크게 자유롭게 자재한 세계이며, 진실한 불법의 자리다.

29

그대는 좌선을 배우려 하느냐
좌불을 배우려 하느냐

汝爲學坐禪耶 汝爲學坐佛耶

南嶽懷讓의 公案 I

혜능대사의 법을 이어 받은 제자들 가운데 으뜸으로 꼽히는 한 분이 바로 남악 회양南嶽懷讓(?~744)선사이다. 스님은 당의 개원開元(713~741) 때 중국 남부의 명산 남악에 있었다. 들려오는 소문이 산중의 전법원傳法院에 도일道一이라고 하는 젊은 선승이 와서 매우 열심히 좌선수행을 하고 있다는 것이었다. 그래서 눈여겨 보았더니 그 젊은 스님이 밤낮을 가리지 않고 꾸준히 맹렬하게 좌선에 힘쓰고 있는 것을 보고 그가 범상치 않은 큰 법기法器가 될 인물임을 알고 그의 역량을 시험해 보고자 하였다.

어느 날 남악스님이 직접 전법원으로 가서 좌선하고 있는 젊은 도일 스님에게 물었다. "그대는 아주 열심히 좌선을 하고 있는 것 같은데 무엇 때문에 그렇게 좌선을 하고 있는 것인가?" 즉시 젊은 선승의 입에서 결연한 대답이 튀어나왔다. "네, 좌선하여 부처가 되기 위해서입니다." 그 말을 들은 남악스님이 무엇을 생각하였던지 마당 한 모퉁이에 가서 그곳에 있는 깨진 기와 한 장을 들고 와서 도일스님의 눈앞에 있는 축대의 돌에다 대고 아무 말 없이 마치 숫돌에 칼 갈듯이 박박! 문지르기 시작하였다. 그것을 보고 이상하게 여기고

"스님, 무엇을 하시려는 것입니까?"
"음, 거울을 만들려고 그러네."
"아니, 스님 그 기왓장을 아무리 간들 거울이 될 리가 없지 않습니까?"
"그런가? 기왓장을 아무리 갈아도 거울이 되지는 못한다 그 말이지. 그렇다면 좌선을 아무리 한들 역시 부처가 될 리가 없겠군 그래."

하는 것이 아닌가. 그 말을 듣는 순간 젊은 도일스님은 엄청난 충격을 받고 망연자실하여 한참을 어찌할 줄을 몰랐다. 그럴 것이 이제까지 열심히 좌선하는 것이 바로 성불하는 길임을 철저하게 믿고 정진하여 왔는데, 뜻밖에도 그것으로는 성불할 수가 없다고 하는 한 마디로 그 믿음이 여지없이 박살나고 말았던 것이다. 그러나 겨우 다시 정신을 차린 도일스님은 "스님, 좌선을 하여도 성불할 수 없다면 그럼 저는 어떻게 하면 좋겠습니까?" 하고 울먹이듯 간절하게 남악스님에게 가르침을 청하였다. 그러자 남악스님은 비유를 들어 "그대가 소가 끄는 수레를 타고 가는데, 갑자기 그 수레가 멈춰 가지 않는다면 그때에 그대는 수레에다 채찍질을 하겠느냐? 아니면 소에다 채찍질을 하겠느냐? 자, 어떻게 할 것

이냐?” 하고 물었다. 그러나 도일스님은 아무 말도 못하였다. 그것을 본 남악스님은 노파심 같은 친절로 마치 먹을 것을 먹여 주듯이 알아듣게 일르기를,

“그대는 좌선하는 것을 배우려 하는 것인가, 아니면 부처되는 것을 배우려는 것인가. 만일 좌선坐禪을 한다면 좌선이란 앉아서 하는 것이 좌선이 아니요, 만일 부처되는 것을 배우려 한다면 부처에게 정해진 모양이 있는 것 아니니 어떠한 모양이나 생각에 집착하여 얽매어 있다면 그것은 진정한 좌선이 아니며 또한 부처가 되는 길도 아니다. 집착 없는 법無住法에서 취하거나 버리는 분별이 있어서는 안 되는 것이다.不應取捨 아직 그걸 모르고 그대가 좌불坐佛을 배우려 하면 그것이 곧 부처를 죽이는 것이요, 좌선을 배우려 하여 앉는 모양에 집착해 있으면 바른 도리에 이를 수가 없는 것이다.”(『景德傳燈錄』卷5)

도일스님은 이 가르침을 듣고 그야말로 가슴 속을 확 틔어주는 청량한 감로수를 마신 듯하였다. 그렇다. 소가 끄는 수레가 가지 않을 때 수레를 때려야 하는지 소를 때려야 하는지 너무나도 분명한 일인데도, 사실 얼마나 많은 사람들이 이 도리도 제대로 모르고 애꿎은 수레에다가 움직이지 않는다고 발길질이나 하고 있지 않은가. 그러므로 아무 쓸데없는 잔머리나 굴리느라고 그렇게 분명한 일에도 대답 한번 하지 못하고 있지 않은가.

남악스님의 이 물음은 참으로 깊이 음미하여야 할 가르침이 아닐 수 없다. 눈을 바로 뜨고 보라. 인류의 찬란한 역사를 창조하고, 모든 문화 문명을 전개시킨 것은 바로 인간이다. 그것을 움직이는 것이 마음이다.

모양으로 하는 좌선에 집착하여 그것이 좌선인 줄 알아서는 아니 된다. 세계를 움직이고 인간을 움직이는 그 마음을 잘 다스려 제대로 쓰는 바른 안목을 기르는 데 좌선의 묘용妙用이 있다. 마치 수레 끄는 소를 잘 돌보고 다독거려서 다시 멈추지 않고 힘 있게 길 따라 가게 하듯 말이다. 그러나 그것을 아직 제대로 모르는 풋내기 마부가 억지로 수레를 움직이려 하면서 도리어 모든 것을 더 심하게 다루는 것을 볼 때 경험 많은 마부는 딱하고 안타깝다. 그래서 거들지 않을 수가 없다. 거들어 주는 방법 또한 여러 가지다. 『유마경維摩經』의 경우를 본다면 부처님께서 유마힐거사가 병으로 누워 있음을 아시고 제자 사리불에게 말씀하셨다. "그대는 유마힐을 찾아가 그의 병을 물어라." 사리불은 부처님께 사뢰었다.

"세존이시여, 그를 찾아가 병을 묻는 일을 저는 감당할 수가 없습니다. 왜냐하면 저는 숲 속 나무 밑에서 좌선하던 옛 일을 기억하고 있기 때문입니다. 그때 유마힐이 저에게 찾아와 '사리불, 앉아 있다고 해서 그것을 좌선이라고 할 수는 없습니다. 좌선이라고 하는 것은 생사가 겹쳐 있는 세계三界에 있으면서 몸과 마음이 움직이지 않는 것을 좌선이라고 합니다. 마음과 그 마음의 작용을 무심한 경지滅定에서 나오지 아니하고서도 온갖 위의를 나타내는 것, 이것을 좌선이라고 하는 것입니다.

진리의 법道法을 버리지 않고 그러면서도 세속의 일상생활을 하는 것이 좌선이며 마음의 문을 안으로 닫고 있어도 고요한 그곳에 탐닉하지 않고 밖을 향하여 혼란하지 않는 것, 이것이 좌선인 것입니다. 온갖 소견에도 움직이지 않고 그러면서도 서른 일곱 가지 수행방법을 닦는 것을 좌선이라고 하며, 번뇌를 끊지 않고서 열반에 드는 것

을 좌선이라 하는 것입니다. 만약 이같이 할 수 있는 자라면 부처님
께서 인가하실 것입니다'라고 말하였습니다.

세존이시여, 그때 저는 이같이 설하는 말을 듣고서 말문이 막혀 대
답할 수가 없었습니다. 때문에 제가 그를 찾아가 병을 묻는 일을 감
당할 수 없습니다."

『유마경維摩經』에서 좌선을 이같이 밝히고 있다.

30

소 끄는 수레가 가지 않을 때 수레에 채찍질
하겠느냐, 소에 채찍질 하겠느냐

若牛車不行 打車卽是 打牛卽是

南嶽懷讓의 公案 II

남악스님이 거울을 만들겠다고 기왓장을 돌에다 대고 간 것에서 나온 이 공안은 좌선이란 과연 무엇이냐 하는 근본적인 뜻을 다시 한 번 바르게 일깨워 주어서 좌선수행에 대한 바른 안목을 열게 하는 공안이라 하겠다.

남악스님이 젊은 좌선수행자 도일스님에게 돌에다 기왓장을 갈면서 거울을 만들겠노라 하면서 보인 이 일은 얼핏 본다면 우스꽝스럽고 매우 실없는 짓으로 비칠 수도 있다. 그러나 이것은 바로 수행이란 그 무엇을 기대하거나 무엇인가를 얻고자 함을 앞세우고 있는 유소득有所得의 수행 즉 유상有相의 수행이 아니라 그 어떤 것도 기대하거나 무엇을 얻고자 구함이 없는 무소득無所得의 수행 즉 무상無相의 수행이어야 함을 여실하게 보여 주고 있는 것이다.

　『금강경金剛經』에서는 '모든 중생들이 만일 마음에 모양을 취한다면 바로 아상我相·인상人相·중생상衆生相·수자상壽者相에 집착하게 된다'라고 설하고 있다. 왜냐하면 만일 법상法相을 취하더라도 바로 아상·인상·중생상·수자상에 집착하기 때문이다. 그러므로 응당 법法을 취하지도 말 것이며, 응당 비법非法을 취하지도 말 것이다. 그런 뜻이기에 여래가 항상 이르시되, "너희 비구들은 내가 설한 법을 뗏목에다 비유함과 같은 줄을 안다면 법도 오히려 버려야 하겠거늘 하물며 법 아닌 것이야." 하신 것을 남악스님은 기왓장 한 장 들고 몸짓 하나로 바로 보인 것이다.

　무소득 즉 무상이란 얻으려고 함이 없는 그래서 집착함이 없는 것이니, 선사상禪思想에서는 '자기가 하는 모든 행위에서 조금이라도 무엇인가를 얻으려고 하는 마음을 일으킴이 없는 것' 이것을 무소득의 선, 무상의 선이라고 한다. 그러므로 남악스님에 따른다면, 부처에게 정해진 모양이 없다無相고 하는 것은 그 어떤 것에도 집착하는 바가 없으며, 좋다 나쁘다 가리는 바가 없고, 모든 것을 상대적이고 대립적으로 나누어서 차별하는 분별심이 없는 그러한 마음 씀을 무상이라고 하며, 무상의 모양을 몸소 행하는 모양이 바로 좌선하는 모습이라는 것이다. 다시 말하면, 좌선이란 앉는다든가, 선다든가, 눕는다거나 하는 몸의 모양에 있는 것이 아니라 행·주·좌·와·어·묵·동·정行住坐臥 語黙動靜 등 생활의 모두가 좌선이 아님이 없음을 바로 터득한 연후에 비로소 좌선의 근본 뜻을 바르게 얻게 된다는 것이다. 그러므로 좌불坐佛을 배우려하는 것이라면 부처님이 갖추어 지니신 32상이라는 것이 있다지만, 그러한 정해진 모양이 따로 부처님에게 있는 것이 아니며, 좌선을 배우려고 하는 것이라면 선이 좌선하는 데에만 따로 있는 것이 아니니, 사실은 좌선을 배우는 것과 좌불을 배우는 것이 다른 것이 아니다. 좌선하는 모양이 그대로 부처님의 모양인 것이며, 부처님의 모양이 그대로 좌선의 모양 그것이라는 점을 남악스님은 너무나 친절하게 애써서 가르쳐 보이고 있는 것이다.

세간의 학문을 하는 것에 있어서도 '학문의 독립이란 권세의 압박에 굴복하지 않는다는 데에만 있는 것이 아니라, 다만 학문을 위해서 학문하는 태도가 중요한 것이다. 그러므로 성공하여 입신출세하기를 바라고 하는 학문은 학문의 독립자존과는 거리가 먼 것이다'라고 하는 말이 있듯이 좌선수행 또한 그러하다.

깨달음을 얻고자, 성불하고자 하는 등의 목적을 위한 좌선수행이 아니라 어디까지나 좌선을 하기 위한 좌선, 수행하기 위한 수행이라는 자세로써 목적과 방법이 둘로 나누어지지 않고 하나가 되는 좌선이야말로 진실한 좌선이며, 이러한 수행이야말로 진실한 수행인 것이다. 이같이 좌선의 방법과 목적이 하나로 이루어져 나갈 때 '좌선이 좌선을 하고, 부처가 부처 노릇을 하고, 사람이 사람 노릇을 제대로 하면, 마침내 좌선과 좌불이 다른 것이 아니라 좌선하는 사람의 모습이 그대로 부처님의 모습이며, 부처님의 모습 그대로가 좌선하는 사람의 모습 그것인 것이다. 그러므로 그대의 좌선도 이러한 무소득의 실천이어야 한다'라고 남악스님은 기왓장을 돌에다 가는 모양을 가지고 집착하지 않고 분별하지 않는 무상심심미묘無上甚深微妙한 법을 젊은 좌선수행자에게 그리고 우리들 모두에게 절실하게 보여주고 있다. 여기에 이 공안의 깊은 의미가 있는 것이다.

그런 까닭에 남악스님에게 있어서 경전 읽는 일, 청소하는 일, 좌선하는 일이 다르지 않는 것이다. 왜냐하면 경전을 읽을 때는 오직 경전 읽는 일에 철저하게 마음을 모아서 잡념을 섞지 않으며, 청소할 때는 역시 오직 청소하는 그 일에 정성을 모아 철저하게 하는 것이 그대로 진실하게 좌선하는 마음인 것이지, 다만 선방에 있어 좌복 위에 앉아 있는 것만이 좌선은 아닌 것이기 때문이다. 그는 젊은 좌선수행승 도일스님에게 일부러 몸소 기왓장을 갈면서 진정한 좌선이란 행주좌와 어묵동정의 일체가 좌선 아님이 없음을 보여주면서, 그러한 좌선이 어떤 목적을 이루려 하거나, 무엇을 얻기 위해서 하는 것이 아니라 무소득의 좌선이어야 함을 알게 하며 그것을 체험케 하려 하였던 것이다. 이때에 젊은 좌선수행자 도일스님은 이 같은 마치 할머니가 손자에게 일러주는 듯한 남악스님의 친절한 가르침에 비로소 눈이 번쩍 뜨이는 듯함을 느꼈던 것이다.

이 젊은 도일스님은 뒤에 남악 회양선사의 선법을 이어받아서 주로 강서 땅에서 크게 선법을 선양함으로써 중국 선종을 조사선祖師禪의 선법으로 대성시킨, 선종사에서 가장 유명한 마조 도일馬祖道一(709~788)선사이다. 속가의 성씨가 마씨馬氏였고, 중국 선종의 법통으로 볼 때 초조 달마대사로부터 8대의 조사요, 6조 혜능대사의 3세가 되는 조사가 되므로 마조 도일 또는 마대사馬大師라는 경칭으로 불리워졌고, 그의 선법을 마조선 또는 강서선江西禪이라 하며, 그의 선법을 이어가는 홍주종洪州宗으로서는 개창자가 되었다.

그는 사천성四川省 출신이며 5조 홍인대사의 법을 이은 10대제자의 한 사람인 지선智詵(609~702)스님의 제자인 처적處寂(665~732)스님을 의지하여 출가했다. 역시 처적스님의 문하에서 선법을 이어서 사천성 성도成都에서 크게 선법으로 교화를 펼쳐서 정중종淨衆宗을 일으킨 신라 출신의 무상無相(684~762)스님과 처적 문하의 법형제가 되며, 무상스님의 영향을

받은 바가 있다고 하며, 그 후에 성도를 떠나서 남악스님에게서 개안開眼
하게 되었던 것이다.

31

무엇이 이렇게 왔느냐

什麼物恁麼來 說似一物卽不中

南嶽이 八年苦修한 公案

6조 혜능六祖慧能(638~713)대사의 법을 이어받은 이가 남악 회양南嶽懷讓 (677~744)선사이다. 남악스님이 6조스님을 처음 찾아뵙고 인사를 드렸다. 6조스님이 묻기를 "어디서 왔는가?" "네, 숭산嵩山에서 왔습니다." 그러자 6조스님은 아주 간결하게 그에게 물었다. "무엇이 이렇게 왔느냐?什麼物恁麼來" 그 한 말씀이 젊은 남악스님의 폐부를 날카롭게 찔렀다. 그는 졸지에 무어라 대답할 수가 없었다. 과연 이렇게 이곳에 온 것은 도대체 무엇인가. 육체가 왔다고도 할 수가 없고, 생각이 왔다고도 할 수가 없고, 정신이 왔다고도 할 수가 없고, 남자가 왔다고도 할 수가 없고, 수행자가 왔다고도 할 수가 없다. 그런데도 이렇게 이곳에 오게 한 것이 무엇이며

151

또 그것은 나의 안에 있는 것인가, 밖에 있는 것인가. 아니면 안과 밖의 중간에 있는 것인가? 가히 갈피를 잡을 수가 없고 꽉 막혀서 어찌할 바를 몰랐다.

이때부터 젊은 남악스님은 커다란 의심덩어리에 사로잡히게 되었고 도저히 조계산에서 떠날 수가 없었다. 그는 이곳에 있으면서 8년 동안 오직 이 문제와 씨름하면서 그야말로 피를 말리고 뼈를 깎는 기막힌 좌선수행에 정진하다가 마침내 이제는 더 의심할 바 없는 해답을 스스로 얻기에 이르렀다. 다시 말해 심리적인 일대전환을 이룩함으로써 어떤 글로도 말로써도 표현할 수 없고 움직일 수 없는 그 하나를 확실하게 파악하여, 진실한 자기를 스스로 깨달았던 것이다. 남악스님은 확고한 자신과 넘치는 기쁨을 지니고 6조스님 앞에 나아가 마치 부르짖듯이 자신의 견처見處를 여쭈었다. "무어라 말하더라도 다 맞지 않습니다說似一物卽不中"라고.

선禪이란 진실한 자기를 바로 파악하는 것으로, 자신과 세계의 주인공을 자각하는 일이다. 즉 모든 사람이 다 평등하게 불성을 지니고 있으며 이러한 불성은 그 어떠한 것에도 지배당함이 없고 구속 받음이 없어서 만인이 평등하여 자유로우니 그것이 바로 세계를 움직이는 주인공이라는 자각인 것이다. 우리는 항시 상대적인 세계에서 모든 것을 대립시켜 그것을 분별하고 차별하고 거기에 집착하고 있다. 말하자면 큰 것이 있어 짧은 것이 있고, 밝은 것이 있어 어두움이 있고, 부함이 있어 가난함이 있고, 남자가 있어 여자가 있고, 신이 있어 인간이 있고, 사람이 있어 경계가 있고, 주관이 있어 객관이 있는 것이다.

여기에서 주관과 객관을 간략히 말한다면, 자기의 개체個體가 주관主觀이며, 개체 이외의 것은 다 객관客觀이다. 그런데 이것을 엄밀하고 미세하게 탐구해 간다면, 자기의 신체도 객관이 되고 자기의 감정도 의지도 행위도 그리고 낱낱이 아주 미묘한 심리작용까지도 객관이 되고 만다. 그러나 아주 마지막에는 이것만은 아무리 해도 객관이 되지 않는다고 하는 하나가 남게 된다. 그것이야말로 이른바 순수한 주관 그것이다.

6조 혜능스님과 남악 회양스님의 후대의 법손法孫이 되는 임제 의현 臨濟義玄(?~867)선사는 이것을 사람과 경계人·境라 이름하여 사람이란 주체로서의 자기 주관 즉 정량情量·분별分別·지견知見·해회解會 등을 말하는 것이며, 경계란 객관인 만법萬法·언구言句 등을 말하는 것이라 하여 여기에 ① 주관을 부정하고 객관을 부정하지 않는 것奪人不奪境 ② 객관을 부정하고 주관을 부정하지 않는 것奪境不奪人 ③ 주관과 객관을 다 부정하지 않는 것人境俱不奪 ④ 주관과 객관을 다 인정하지 않는 것人境兩俱奪 등의 참선수행자를 지도하는 네 가지 법四科揀을 세워서 가려주었으되, 최후까지 객관이 되지 않는 순수한 주관을 '주관 가운데 주관主中의 主'이라고 이름하였다.

이것을 좀 더 쉽게 비유하여 말해 본다면 칼은 무엇이든지 베어버린다. 그러나 칼이 칼 스스로를 벨 수는 없는 것이고, 눈은 무엇이든지 보는 것이지만 눈이 눈 스스로를 볼 수 없는 것 같이, 주관이란 무엇이든지 객관시하지만 그러나 주관이 주관 스스로를 객관시 할 수 없는 것이기 때문에, 모든 것을 객관시하여 탐구해 들어가다가 최후에 이것만은 도저히 객관이 되지 않는다는 하나가 있게 되기 마련이니, 이것이 바로 순수한 주관이요, 주인 중의 주인이요, 인간성의 본질이요, 자성이요, 본성이요, 불성이라고 하는 이름으로 불리워지는 그 당체이다. 우리의 생명력이 바로 이것이며, 의식의 근원이 또한 이것이다.

이것은 마치 물이 바람 따라 움직여 대단한 파도를 일으키다가도 바람에 흔들리지 않고 아주 맑고 고요함을 유지하면 조건 없이 삼라만상이 그대로 선명하게 나타나듯이, 모든 분별망상을 쉬어버리면 그대로 열반적정을 이룬다. 그리고 여러 면에 따라 움직이면 매우 활발하게 발동하여 눈에 있어서는 본다하고, 귀에 있어서는 듣는다하고, 코에 있어서는 맡는다하고 입에 있어서는 맛보고 말한다 하고, 발에 있어서는 걷고 달린다고 하여, 시방十方과 삼세三世를 관통하여 자유자재로 활동함을 나타내게 되니, 이와 같은 의식의 근원, 생명력의 근본이 그 자체에 의하여 스스로가 스스로를 바로 파악하고 자각하는 것을 선에서의 깨달음이라 한다, 즉 진실한 자기를 체험하는 것이다. 그것은 남자도 아니고 여자도 아니며, 학식도 아니고 무식도 아니며, 부자도 아니고 가난도 아니며, 젊은 것도 아니고 늙은 것도 아니며, 선도 아니고 악도 아니며, 흰 것도 아니고 검은 것도 아니며, 둥근 것도 아니고 모난 것도 아니니, 그 어떤 것에도 한정되지 않은 자기 자신 그것이다. 이것은 만인이 다 본래부터 갖추어 가지고 있는 보편적普遍的인 인격人格이면서 하늘 위·아래 가장 존귀한 것이다.天上天下有我獨尊 이것을 묻는 6조스님의 물음에 남악스님은 8년 만에 그 어떤 말로도 표현할 수 없는 그 하나를 바로 파악하여 '그것은 무엇이라 말하더라도 다 맞지 않는다'고 자신 있게 답하였던 것이다. 이에 6조스님은 그에게 인가를 주어 그의 자각을 허락하였다.

　그러나 이것 역시 어디까지나 남악스님의 답인 것이며, 6조스님은 1천 3백 년 후세의 우리들에게도 그대로 해답을 요구하고 계시니, 이것이 공안인 것이다. 이것은 과학이나 철학의 문제와 같이 추리나 두뇌의 판단으로 결론이 얻어지는 것이 아니다. 오히려 지식이다, 학식이다 하는 등의 머리를 굴리는 일을 놓아 버렸을 때 체험적으로 파악하게 된다. 그래서 옛 선지식들이 이르시기를 "선은 머리로 하지 말고 몸으로 하라."

라고 하셨던 것이니, 어느 때나 누구라도 진실한 자기를 보기 위해서는 몸소 끊임 없는 정진에서만이 진정한 해답을 얻게 되리라.

32

부처님 법의 참뜻이 무엇입니까
여릉의 쌀값은 얼마나 하는가

如何是佛法大意 廬陵米作麼價

靑原行思禪師의 禪風

중국 선종의 독자적인 선풍이 전개되는 것은 6조 혜능스님에게서부터 시작된다. 혜능스님 밑에서 두 가지 특색 있는 선풍이 일어나서 오늘날까지 선종의 양대 선맥禪脈으로서 선종사상을 대표하여 전해 내려오고 있다.

그 하나가 6조 혜능–남악 회양–마조 도일스님으로 전하여 후세에 임제종과 위앙종의 두 종宗을 성립시켜서 오늘의 한국 조계종, 일본의 임제종·황벽종을 이루고 있는 간화선의 선맥이며, 또 하나는 6조 혜능–청원 행사–석두 희천스님으로 전하여 후세에 조동종·운문종·법안종 등의 세 종宗을 성립시켜서 오늘의 일본 조동종을 이루고 있는 묵조

선의 선맥이 그것이다. 이 중 묵조선맥의 원조가 되는 청원 행사靑原行思(?~740)스님은 길주吉州의 남쪽 여릉廬陵, 지금의 江西省 吉安縣에서 출생하였고, 속가의 성은 유씨劉氏였다. 이 여릉은 후세에 당송팔대가의 한 사람인 유명한 구양수歐陽修(1007~1072)가 나온 곳이기도 하다.

청원스님은 어려서 출가하여 참선수행하였고, 뒤에 길주의 청원산靑原山 정거사靜居寺에서 선풍을 선양하여 청원스님으로 불리워졌고, 『조당집祖堂集』에는 정거화상靖居和尙으로 나와 있기도 하다. 그는 일찍부터 불도에 관한 논의를 하는 사람들 속에 어울려 살면서도 언제나 말 없이 오직 여러 사람들이 말하는 것을 듣기만 하다가 어느 때 남방 소주蘇州의 조계산曹溪山에 계시는 혜능대사의 법문이 매우 거룩하다는 소문을 듣자 곧 찾아가 뵙고 가르침을 청하였다.

“스님, 어떻게 수행하면 상대적인 세계에 떨어지지 않습니까?當何所務卽不落階級” 하고 물으니, 6조스님이 되묻기를 “그래, 그대는 이제까지 어떻게 수행하였는고?汝曾作什麽” 하였다. “네 스님, 아무리 거룩하다는 가르침이라 하더라도 무시해 버렸습니다.聖諦亦不爲” “아니, 그렇다면 어째서 상대적 세계에 떨어져 있다고 할 것이 있겠느냐?落何階級” 이때에 청원스님이 대답하기를 “그렇습니다. 아무리 거룩하다는 가르침이라 하더라도 그것까지 무시한 서에에 어찌 또 무슨 올라갈 길 같은 것이 있겠습니까?聖諦尙不爲 何階級之有” 하였다 한다.

다시 말해서 ‘그동안 어떻게 수행하여 왔느냐’는 6조스님의 물음에 청원스님은 불법의 거룩한 가르침이나 진리의 깊은 참뜻 따위를 구하려고 수행한 것은 아니라고 한 것이다. 그러자, 그러면 이미 세속적인 것을 떠나서 따로 진리를 얻겠다고 하는 따위에 떨어질 일이 없는 것 아니겠느냐 하시니, 여기에 대하여 청원스님은 거룩한 법, 즉 진리라는 것조차도 그것을 구하려는 수행을 한 적이 없기 때문에 새삼 거룩한 법이니 깨달음이니 하는 것이 전혀 없다고 대답하였던 것이다. 그의 이러한 대답을 들은 6조스님은 그가 매우 큰 그릇法器임을 아시고, 그 밑에서 수행하고 있는 많은 사람들 가운데 첫 자리에 있을 인물로서 그를 인정하였다.

그러면 그의 무엇을 6조스님이 인정하였던 것일까. 『종경록宗鏡錄』 제7권에 나와 있는 그의 선사상은 이러하다. 청원스님의 선은 밥을 먹는 일이 그것이며, 옷을 입는 일이 그것이며, 일하는 일이 그것이었다. 그러면 일상의 생활이 바로 선 아님이 없는 것이다. 그러므로 웃거나 울거나 말하거나 몸놀리는 것, 그리고 생활하는 것 그 모두가 그대로 부처님의 경지요 부처님의 생활 그것이다. 그러기에 '거룩한 진리나 깨달음이다' 하는 것은 처음부터 아예 없는 것이요, 특별히 거룩한 진리니 깨달음이니 하는 것을 새삼스럽게 내거는 것은 '평등한 그 자리가 바로 부처요, 부처란 곧 진정한 평등을 가리키는 것이다'함을 모르는 까닭이다. 이것을 모르기 때문에 모든 것을 대립시켜서 상대적인 데에 떨어지는 것이다. 상대적인 데에 떨어진다는 것은 예컨대 신이 있으니 인간이 있고, 남자가 있으니 여자가 있고, 밝음이 있으니 어둠이 있고, 부처가 있으니 중생이 있고, 큰 것이 있으니 작은 것이 있고, 거룩한 것이 있으니 거룩하지 못한 것이 있고, 바른 것이 있으니 삿된 것이 있고 하는 등으로 차별하여 이것은 좋고 저것은 나쁘고, 이것은 사랑하여 좋아하고 저것은 미워하여 싫어한다 하는 등으로 분별하여 집착하는 것이다. 우리의 이 마음은 그러한 분별하여 집착하는 바가 없어야 하는 것이며, 그러한 경지가 되면 그야말로 '깨달아서 이루어야 할 부처가 따로 있을 필요 없고,

158

닦아야만 할 불도가 다시 있을 필요가 없다'는 따로 없는 경계平等性智無彼
此를 살게 된다.

청원스님의 선은 일상성日常性과 중국의 대지성大地性 또는 土着性을 얻
은 것으로 이는 곧 중국이란 땅에서 중국인의 심성에, 중국인의 대부분
을 차지하는 농민들의 마음밭에 확실하게 튼튼한 뿌리를 내리게 되었다
는 것을 의미한다.

그렇게 볼 때에 청원 행사선사의 선은 바로 농민들의 심성에다 뿌리
를 내린 선이다. 결코 귀족적인 선이 아니다. 말하자면 농민들은 그저
말없이 농사를 짓는다. 농사짓는 벼와 보리 그리고 야채 등 작물에다 끝
없는 애정을 쏟아 붓는다. 그래서 나와 농작물이 하나가 된다. 작물이
잘못될 때에는 마치 내 몸이 병들거나 내 목숨이 줄어드는 것처럼 아픔
과 괴로움을 느끼게 되며, 이렇게 해서 산천초목에도 분명히 불성有情無
情 皆有佛性이 있음을 몸소 알고 서로 감하고 응하게感應 된다. 산천초목이
다 불성이 있다고 하는 등의 철학적이고 관념적인 말잔치를 아무리 벌
인다 하더라도 그것은 아무 것도 아니요, 그것으로는 실제로 아무 것도
알지 못하는 것이다. 몸소 논에 모를 심고, 풀을 메고, 자기 손으로 벼를
베어 걷어 들였을 때 비로소 벼에도 불성이 있음을 뚜렷하게 체험할 수
있는 것이다. 그가 고향인 길주 여릉에 돌아가서 청원산 정거산에 있으
면서 수행자와 세속신자 할 것이 없이 그의 독특한 선사상으로 교화하
여 선풍을 선양할 때에 어느 수행승이 와서 법을 여쭈어 본 적이 있다.
청원스님에게 "불법의 가장 요긴한 뜻이 무엇입니까?" 하고 물었을 때
청원스님이 곧바로 그에게 "요새 이곳 여릉의 쌀값이 얼마지?" 하고 물
었다. 그 수행승은 아마도 6조대사의 수제자인 천하의 청원 행사선사에
게서 어떤 대단한 답이 나올 것을 기대하고 물었을 것인데, 스님은 그

에게 너무나 평범하게도 일상사의 하나인 이 고장 쌀값을 되물었던 것
이다.

33

그대는 어디서 왔는고
무엇을 가지고 왔는가

靑原行思禪師의 禪風 II

종래에는 청원스님의 출생연대에 관해선 정확히 알 수 없다고 하여
왔으며, 입적연대에 대해선 『조당집』, 『송고승전』, 『경덕전등록』 등에
당 개원開元28년(740) 12월 13일이라 하여 스님의 대략적인 생존연대를
짐작해 오고 있다. 그런데 근래에 발견되어 소개된 바 있는 문헌 『청원
산지략靑原山志略』 권6의 소발생蕭發生 찬撰 「청원유비략기靑原遺碑略記」에
의해서 청원스님의 생존연대가 673~741년이라는 새로운 설이 나오고
있다. 청원스님은 길주 여릉현에서 태어나 자랐고, 출가 수행하여 6조
혜능대사의 법을 이은 뒤에도 다시 고향인 여릉현으로 돌아와 그곳, 청

원산 정거사에서 30여 년 동안 제자를 기르고 선풍을 드날리다 입적했다. 선맥의 또 하나 원류인 남악 회양南嶽懷讓(677~744)선사보다 네 살이 위였으나 같은 나이에 입적하셨다. 이 무렵은 당나라 중앙인 장안長安, 지금의 西安에서 측천무후가 권세를 장악하고 있던 시대이며, 교계에서는 화엄종의 현수 법장賢首法藏(663~712)대사, 그리고 선계에서는 대통 신수大通神秀(606~706)선사와 그의 제자 보적普寂(651~739)선사가 활약하던 때이다. 6조스님의 회상에서 참선수행하고 있던 청원스님에게 어느 날 6조스님께서 다음과 같은 말씀을 하셨다.

"예부터 정법을 이어내려 가는 데는傳燈相承 선법禪法과 그 법을 이어 받았음을 증명하는 법의法衣 즉 袈裟 두 가지를 제자가 스승에게서 받아야 한다. 나는 이제 그대와 같은 훌륭한 인재를 얻어 법을 전하게 되었으니, 본래대로라면 전법의 증거로써 법의를 역시 전해 주어야 하겠으나, 내가 스승이신 5조 홍인대사로부터 법의를 전해 받은 이래로 너무나 많은 박해를 받았고, 이후에도 반드시 그와 같은 법의로 인한 다툼이 일어날 것이기 때문에 앞으로 이 법의는 이 절에 두게 하여 그 같은 일이 끊어지게 하자."

이러한 훈계를 받은 청원스님은 6조 혜능스님에게서 전법을 증거 하는 법의를 받지 않고 법만을 이어받아 길주 여릉현의 청원산 정거사에 돌아가 오직 정진하며 제자를 길러서 마침내 그 법을 석두 희천石頭希遷(700~790)선사에게 전하니, 그의 제자들은 청원스님을 선종의 7조로써 받들었다. 물론 그 당시 6조스님의 제자들 가운데 하택 신회荷澤神會(668~760)선사나 그 밖에도 스스로 자기를 선종의 제7조라고 내세운 사람들이 있었다. 그러나 만일 제6조 혜능대사에게서 끝나지 않았다면, 그런 소리를 하지 않은 청원 행사선사야말로 오히려 제7조로서 합당하다고 보는 견해가 후세에 있어 더 강하다. 청원스님이 계시던 여릉廬陵은 중국에서도 손꼽히는 유명한 곡창지대여서 쌀이 많이 생산되는 고장이다. 현대에도 이 지방을 여행하면 벼농사 짓는 풍경이 끝없이 펼쳐져, 이 속에 있으면 미치도록 악착같이 바쁘게 돌아가는 도회지의 생활이나 세상의 시끄럽고 어지러운 일들이 모두 딴 세상의 일들처럼 느껴진다. 만일 나라에 훌륭한 정치가 행해지고 있어서 세상이 평화롭고 개인이 행복하다면 농민들 그리고 일반 서민들이 일상생활에서 정치에 큰 관심을 둘 필요조차 없게 되지만, 도리어 정치가 제대로 이루어지지 않고 세상이 어지러워질수록 정치에 깊은 관심을 두고, 신경을 쓰지 않을 수가 없게 된다. 그러므로 세상이 참으로 평화로우며, 농민들은 아침에 해가 뜨면, 함께 논과 들에 나가서 일하고, 저녁에 해지면 집에 돌아와서 쉬고, 우물을 파서 물을 마시고, 농사지은 쌀을 먹으면 된다. 일반 서민들은 자기 일을 열심히 하면서 먹고 마시며, 즐겁게 노래 부르고 춤추면서 살아가면 된다. 이러한 생활을 하는 데는 정치니 권력이니 하는 것은 끼어들 수 없다. 따라서 생활의 가장 큰 관심사는 그 고장의 쌀값일 수밖에 없다. 중국의 농촌은 넓디 넓은 땅을 갈며 매일같이 땀을 흘리면서 사는 생활이며 이 같은 일상생활을 유지할 수 있는 거기에 평화가 있고 행복이 있으니, 이것은 현대의 중국에 있어서도 변함이 없는 일이다. 농촌에서 태어나 출가 수행하여 6조스님의 법을 이은 뒤에 바로 고향인 여릉현으로 돌아가 살며 선지禪旨를 선양한 청원스님의 선풍禪風에 대해서도 역시 그렇게 말 할 수가 있을 것이다. 즉 청원스님의 선의 세계에는 각별히 불법이니 열반이니 할 것이 따로 없으며, 또한 선이다 깨달음이다가 따로 특별히 내세울 것이 없었고 더욱 전법을 증거하는 법의라든가, 제7조라는 자리라든가 하는 것은 아예 염두에 없었으니, 다만 평상의 생활 그대로가 선의 생활이었다. 따라서 그의 선은 매일처럼 밥 먹고 옷 입으며, 농사짓고 군역軍役하는 일상생활이 그대로 선이었다. 그러한 그에게 어느 날 후에 제7조를 자처하게 되는 하택스님이 찾아갔다.

청원스님　“그대는 어디서 왔는고?”
하택스님　“네, 조계의 혜능선사 회상에서 왔습니다.”
청원스님　“무엇을 가지고 왔는가?”

하택스님은 말없이 다만 몸을 떨어 보였다.

청원스님　“아직 쓸모없는 것이 남아 있군.”
하택스님　“스님 여기서는 진금眞金을 사람들에게 나누어준다
　　　　　고 하더이다.”
청원스님　“설사 그대에게 진금을 준다한들 그 몸의 어디에다
　　　　　달고 다니겠는가?”

똑같이 6조스님에게서 법을 받았으되 바로 진금을 얻은 청원스님에 비하여 자기야말로 제7조라고 내세운 하택스님이 얻은 것은 쓸모없는 쓰레기에 지나지 않았다는 뜻이 역력하게 드러나는 선문답이라 하겠다. 아마도 일찍이 청원스님 자신도 그 어떤 성스러운 법과 세계를 추구하다가 마침내 그러한 것을 추구할 것이 없음을 체험하였을 때 그의 수행과 선이 진정한 것이며 바로 부처님의 세계였음을 6조스님과 함께 확인

할 수 있었던 것이다. '부처님 법의 참뜻이 무엇입니까' 하고 물어온 수행자에게 '여릉의 쌀값은 얼마나 하는가' 한 것은 그런 그의 선의 세계를 구체적으로 서슴없이 내보여주는 것이었다. 이렇게 해서 중국의 넓고 큰땅에 사는 농민과 서민들의 가슴에다 선이 확실하게 뿌리를 내리게 하였다. 청원 행사선사의 선풍은 거룩한 것 찾는 데 얽매임을 부정하는 것이며, 깨달음의 함정에 떨어짐을 거부하는 것이고, 경론의 연구에 집착해 있음을 타파하는 것이니, 이러한 청원스님의 선사상이 중국 선종의 사상적 기초를 확실하게 구축하였고, 마조스님·석두스님 등의 선사상도 청원스님의 선풍의 영향을 받았던 것이다.

34

생사일대사 해결이 무엇보다 큰일인데
무상한 세월은 너무나 빠르구나

生死事大 無常迅速

六祖스님과 永嘉스님의 문답

6조스님에게서 바로 직접 법을 전해 받은 여러 제자 가운데서도 대표적인 인물의 한 사람으로 꼽히는 이가 영가 현각永嘉玄覺(665~713)선사이다. 영가스님은 당唐 고종高宗 인덕麟德 2년에 절강성浙江省 온주부溫州府 영가현永嘉縣에서 탄생하였다. 속성은 대씨戴氏이며, 경·율·론 삼장에 두루 통하고, 중국 천태종의 제4조 천궁 혜위天宮慧威선사에게 천태학을 배웠다. 스님은 특히 천태지관天台止觀에 정통하였다. 그리고 북종선의 대통 신수大通神秀선사에게도 사사하여 선수행의 공력을 쌓았다.

그런 뒤에 고향인 절강성 영가현에 있는 용흥사龍興寺 곁에 암자를 지어서 항상 쉬지 않고 혼자 수행하며 혼자 좌선하여獨行獨坐 남들과 교제하는 일 없이 문을 닫고閉關 고독한 경계에서 오직 정진에 힘 쓰면서 한편으로는 불교학의 연구에도 관심을 기울였다. 그의 유명한 저서『증도가證道歌』의 한 구절에 '눈에 보이는 것은 밤하늘에 강물을 비추는 달이며, 귀에 들리는 것은 솔바람 소리뿐이다江月照松風吹'라고 하였듯이 정진에 정진을 더하는 그런 생활이었다. 그런데 속가의 친형도 역시 출가하여 이름이 알려진 고승이 되었으며, 아울러 다른 형제들의 아들도 출가한 집안이어서 영가스님이 온주 개원사開元寺 또는 龍興寺에 계실 때는 속가의 친어머님과 누님을 모시고 함께 살기도 하였다고 한다. 어머님이 돌아가신 뒤 전에 함께 공부하던 도반인 좌계 현랑左溪玄朗스님의 권유와 누님의 격려에 의하여 마침내 조계산에 계시는 6조 혜능스님을 찾아뵙게 되었다. 그때 영가스님의 나이 31세요, 6조스님은 58세로 법을 선양하여 많은 제자들을 지도함으로써 천하에 이름이 높았다. 소문을 들은 측천무후가 황제의 글을 보내서 6조스님을 초청하여 법을 듣고자 하였으나 병을 핑계하여 가지 아니 하였다고 하며, 후세에 중국 선종의 제6조로 추앙받는 분이었다.

　그런데 6조스님을 찾아갔을 때, 젊은 영가스님은 아무런 인사도 없이 석장錫杖을 짚고 6조스님이 앉아 계시는 선상禪牀=禪床을 돌고서 앞에 버티고 서 있었다.

6조스님　　"대체 사문沙門이라면 삼천위의三千威儀와 팔만세행八萬細行을 갖추어야 하거늘 그대는 어디서 왔길래 이토록 오만하고 무례하게 구느냐?"

영가스님　　"생사 일대사 해결하는 일이 무엇보다도 큰일이요,

급한데 무상한 세월은 너무나 빠르게 갑니다."

하고 대답해, 마치 '그런 하잘것없는 질문에 상관할 여가란 나에게는 없
소' 하는 투였다.

6조스님	"어째서 생명 없는 도리를 체달함으로써 죽음에 이름이 빠르다거나 빠르지 않다거나 함을 뛰어 넘는 경계를 깨달으려고 하지 않는가?"
영가스님	"진리의 본체는 본래 생멸이 없는 것이니, 그것을 도달하면 본래 생사에 빠르고 늦음이 없는 것이지요."
6조스님	"그러하네, 그렇고말고. 그대가 행멸 없는 도리를 깨달아 알고 있네."

하고 인가하였다. 그때 그 자리에 있던 대중들 모두가 깜짝 놀라지 않을
수가 없었다. 그러자 영가스님은 이내 이제까지의 태도를 고치고 위의
를 바로 갖추어 6조스님에게 예배를 드리고는 갑자기 하직을 고하는 것
이었다.

　놀란 6조스님은 "왜 그렇게 빨리 돌아가려고 하는가?" 하고 물으
셨다.

영가스님	"진리의 본체眞體는 본래 움직임이 없는 것인데非動 어찌 빠르고 늦고 함이 있겠습니까?"
6조스님	"그러면 누가 그 움직임 아닌 것을 아는가?"
영가스님	"그것은 노장님 자신께서 공연히 분별을 일으키고

계시지 않습니까?"

6조스님　　"그대야말로 참으로 무생無生의 뜻을 바로 알아 얻었
　　　　　　　도다."

영가스님　　"아니 무생에 또 무슨 뜻이 있다는 말씀이십니까?"

6조스님　　"그럼 뜻이 없다면 누가 그것을 분별한단 말인가?"

영가스님　　"분별도 또한 뜻이 아니지요."

6조스님이 자리에서 뛰어 내려와 영가스님의 등을 어루만지면서 "좋고도 좋구나.善哉善哉" 하시며 하룻밤 묵고 가게 하셨다.

이렇게 해서 영가 현각스님이 조계산 6조스님 계시는 곳에서 하룻밤을 자고 돌아갔다고 하는 데서 세상 사람들이 그를 일숙각一宿覺이라 부르게 되었다.

다음날 산에서 내려와 온주의 절에 돌아오니, 그 소문을 들은 천하의 배움을 청하는 학자와 수행인들이 몰려들게 되어, 그들을 지도하면서 지내다가 선천先天 2년(713) 10월 17일에 입적하시면서 단정히 앉아서 조금도 움직임 없이 이연怡然히 돌아가셨다고 한다.

진각眞覺대사라 호하였고, 뒤에 나라에서 보내는 시호를 무상無相대사로 받았다. 그리고 이옹李邕이 비문을 지어 그 덕을 찬양하고, 경주자사慶州刺史 위정魏靖이 그 법문을 편집하여『선종영가집禪宗永嘉集』이란 제목을 달았다. 또한 영가스님의 선사상을 엿볼 수 있는 것으로『증도가證道歌』가 있어서 현재까지도 선수행자에게는 물론이거니와 일반인에게도 널리 읽혀지고 있으니, 이는 세상의 모든 것이 공空한 것임을 철저히 알아서 그러한 무상無相의 도리를 일상생활 속에서 행하였고 그 걸림 없는 무상의 경지를『증도가』속에 너무나 멋지고 분명하게 시적으로 그려내고

있기 때문일 것이리라.

6조스님과 영가스님의 만남은 너무나도 짧은, 그래서 마치 일순간에 일어난 것과 같은 것이었으나, 6조스님은 영가스님이 생멸 없는 도리를 실제로 체득하고 있음을 확인하였던 것이며, 따라서 자기 밑에 오래 있을 필요가 없음을 인정하였다.

그것은 마치 다 조성된 불상에 점안點眼을 함으로써 영험스러워져서 모든 중생의 신앙과 경배의 대상이 되듯, 영가스님은 6조스님을 한 번 만나 인가를 받음으로써 그의 모든 것을 끝마친 한도인絶學無爲閑道人의 경지에 점안이 이루어졌던 것이다. 그러기에 6조스님과 영가스님의 너무나 짧은 것 같이 보이는 대면도 무량원겁無量遠劫이 즉일념卽一念이니 참으로 영원의 지금을 보여주고 있는 일이라 하지 않을 수 없다.

35

무주無住로 근본을 삼고, 반야지견般若知見이 주인공

知之一字 衆妙之門

荷澤神會禪師의 主張과 禪旨 |

선종의 제5조 홍인弘忍스님의 회상에 모여서 참선 정진하는 약 7백여 대중 가운데 상좌上座로 있었던 신수神秀(606~706)스님. 홍인스님으로부터 '나의 문하에 수 많은 사람들이 있지만 깨달음의 깊이懸解圓照에 있어서는 신수를 따를 사람이 없으니, 나의 동산법문東山法門이 그에게 옮겨 갔다'는 말을 직접 듣고, 법을 인가 받았다.

스승인 홍인스님이 상원上元 2년(675)에 입적하자, 형주荊州, 지금의 湖北省 南部에 있으면서 깨달음 뒤의 수행悟後保任을 남몰래 숨어 오랫동안 하다가, 많은 큰스님들과 제자들의 천거에 의하여 마침내 형주 강릉 당양

산 옥천사玉泉寺에 옮겨서 참선을 지도하며 모여드는 대중들을 교화하여 널리 이름이 알려졌다. 이 무렵 신수스님 밑에는 3년간 스님을 뫼시면서 수행하고 있던 한 젊은 스님이 있었다. 그 이름은 신회神會(670~762)였다.

당唐 구시久視 1년(701)에 당시의 권력자였던 측천무후則天武后가 신수스님의 명성을 접하고 궁중의 내도량內道揚에 모시고 법요法要를 듣고자, 스님을 간절히 초청하였다. 신수스님은 당시 95세의 노령임에도 불구하고, 바야흐로 이제 막 크기 시작한 중국 초기 선종의 발전과 법을 위하여 몸을 던지는 각오로 마침내 당의 중심지역인 중원中原으로 나아가기로 결심했다.

그러나 그에 앞서 신수스님은 신회를 불러서 이르기를 "그대는 이제부터 남방의 소주蘇州 조계산에 계시면서 제5조 홍인스님의 동산법문東山法門을 이어 받아 선양하고 있는 혜능慧能스님을 찾아가서 그 지도를 받도록 하라."고 권하였다.

대통 신수선사, 그는 참으로 대인물이었다. 신수스님이 한참 수행에 전념할 유망한 젊은 스님에게, 다 늙은 나이에 번화하고 복잡한 중앙으로 가는 자기를 따르기보다는 그를 지도해 줄 수 있는 다른 사람을 의지하여 그분을 스승으로 삼으라고 할 수 있다는 것은 참으로 넓고 큰 마음을 가지지 않았다면, 감히 하기 어려운 것이다.

이후 젊은 수행승은 당나라 시대에 문화가 아주 뒤떨어진 중국의 가장 남쪽 지방인 광주廣州 땅에서 대지에 뿌리박고 사는 농민들에게 견성頓悟見性의 선풍의 선지禪旨를 높이 드날리고 있던 혜능스님을 찾아갔다.

혜능스님은 "그대가 멀리 이곳까지 오느라고 고생이 많았겠네. 그런데 근본이 되는 가장 중요한 것을 가지고 왔는가?" 하고 물으시자 어딘가 모르게 건방 끼가 엿보이는 젊은 신회스님은 "네, 가장 중요한 것을 가지고 왔습니다."라 말하였다.

> 혜능스님　"그래, 만일 가장 중요한 것을 알고 있다면, 주인공을 알고 있겠지."
>
> 신회스님　"그럼요, 이 신회는 무주無住로 근본을 삼고, 반야의 지견이 주인공입니다."

　그 답을 들은 혜능스님은 "요런 건방진 젊은 중을 보았나, 더 상대할 것 없다." 하시면서 짚고 있던 지팡이를 들고 사정없이 젊은 수행승을 마구 두들겨 주었다.

　그는 혜능스님의 매를 맞으면서 속으로 '이런 대선지식이신 홀륭한 큰 스님은 백천만겁을 지낸다 해도 만나기 어려운 것인데, 내가 이제 여기서 이렇게 만나게 되었으니, 이 스승님을 위해서는 나의 몸과 목숨을 다 바치겠노라'고 생각하며 결심을 다졌다. 이때의 젊은 스님이 바로 후일의 하택 신회선사이다.

　한 인물이 어느 특정한 스승을 위하여 아낌없이 신명을 바치겠다고 결심한다는 것은 참으로 쉬운 일이 아니다. 이 분을 위해서라면 일생을 다 내놓겠노라고 하게 만든 스승도 참으로 대단하다고 아니할 수 없지만, 한편 그렇게 결심한 제자 또한 범상치 않다고 하겠다. 인생에서 만일 이런 만남을 경험할 수 있다면 진정코 최고의 행복, 그것일 것이다. 이때의 이 만남이야말로 역사적인 인연이었다. 왜냐하면, 그 당시 중국의 중앙지역과는 너무나 멀고도 먼 남쪽 끝에서 겨우 피어나고 있었던 혜능의 선사상이 신회를 만남으로 해서 마침내 중간의 양자강을 넘어서 중국 북쪽 황하 유역의 정치·경제·문화·종교 특히 불교의 중심지역에 진출하여, 중앙지역에서 커다란 선의 세력을 이루고 있던 신수의 선사상을 드디어 밀어냈던 것이다.

신수의 북종선北宗禪을 점오주의漸悟主義라 하여 비난하고 공격했던 신회가 내세운 혜능의 선사상은 남종선南宗禪의 돈오주의頓悟主義 최상선最上禪이다. 달마스님으로부터 정통으로 전해오는 제6조가 바로 혜능스님이라고 끊임없이 강력히 주장하여 혜능스님을 중국 선종의 제6조로 확립하는 원동력이 바로 첫 만남에서 다진 마음을 평생토록 이어져 드디어 결과를 이루었던 것이다.

이 만남을 기록하고 있는 『조당집祖堂集』의 편찬자는, 이때에 혜능스님이 이미 신회의 깊은 마음을 살펴 아시고는 일부러 그 같은 모양을 보였다고 말을 보태고 있다. 이렇게 해서 신회스님은 혜능스님을 뫼시고 시봉하면서 가르침을 받게 되었다. 혜능스님이 어느 날 대중들에게 물었다.

혜능스님　"나에게 한 물건이 있으니, 이것은 머리도 꼬리도 없고, 이름도 글자도 없으며, 앞도 뒤도 없는 것이다. 無頭無尾, 無名無字, 無背無面 그대들은 이것이 무엇인지를 알겠느냐?"

그때 대중들 속에서 앞으로 나온

신회스님　"이것은 모든 부처님의 본원本原이며, 신회의 불성입니다."

혜능스님　"분명히 이름도 없고, 문자로 표현할 수도 없다無名無

字라고 하였는데도 불구하고 너는 아직도 본원이니 불성이니 하고 있느냐."

신회스님은 그만 말없이 예배하고 자리로 돌아갔다.

신회스님이 혜능스님의 문하에서 얼마 동안이나 시봉하고 있었는지는 어느 문헌에도 보이지 않는다. 일단 그 곁을 떠나서 북방의 낙양洛陽으로 가서 구족계를 받고, 여러 곳을 행각하며 수행하다가 당唐 경룡景龍 연 중年中(707~709)에 조계산 혜능스님에게로 돌아가자, 그의 공부가 순숙해졌음을 알고 심인心印을 전하였다 한다.

36

무념으로 종을 삼고, 무상을 체로 삼고, 무주를 근본으로 삼는다

般若智慧, 無念·無相·無住

荷澤神會禪師의 主張과 禪旨 II

하택 신회선사에 관한 문헌자료는 예부터 전래되어 오는 규봉 종밀圭峰宗密(780~841)선사가 저술한 『원각경대소초圓覺經大疏抄』권3, 『원각경략소초圓覺經略疏抄』권4, 『선문사자승습도禪門師資承襲圖』등과 아울러 『조당집祖堂集』권3, 『송고승전宋高僧傳』권8, 『경덕전등록景德傳燈錄』권5 등에 나와 있는 신회스님에 관한 기록과 약 백 년 전에 돈황敦煌에서 새롭게 발견된 선종관계 자료들을 의지하여 그의 활동상황과 선사상을 고찰하게 된다. 그런데 인물 연구에 있어서 가장 기본사항인 출생과 입적 연대에 관하여 종래에는 여러 가지 설이 있었던 것을 1958년에 중국의 불교

학자 호적胡適박사가 신회스님의 출생과 입적 연대에 대한 새로운 논문을 발표함으로써 거기에서 주장하는 대로 신회스님은 당 고종 함형 원년(670)에 출생하여, 당 대종 보응 원년(762)에 93세로 입적하였다는 것으로 인정되어 왔었다. 그러나 아주 최근에 『신회화상탑명神會和尚塔銘』이 새로 발견되었고 이에 의지하여 신회스님은 당唐 중종中宗 사성嗣聖 원년(684)에 출생하여, 당唐 숙종肅宗 원년(758)에 75세로 입적한 사실이 분명하게 밝혀짐으로서 현재에는 이 연대를 사용하고 있다.

하택 신회荷澤神會(684~758)선사는 호북성湖北省 양양현襄陽縣에서 출생하였다. 속가의 성씨는 고高씨이다. 어려서부터 유교의 사서삼경, 도교의 노자·장자 등을 배우고, 『후한서後漢書』를 읽으면서 불교를 알게 되자 벼슬길로 나아가려던 뜻을 버리고 출가하였다. 처음 국창사國昌寺 호원顯元스님에게 배우고, 뒤에 호북성 형주 옥천사에서 신수스님을 의지하여 수행하다가, 신수스님의 권유에 따라 701년에 광동성 소주 조계산의 혜능스님을 뵙고 가르침을 얻어서 마침내 법을 받았다.

종밀스님은 그의 저술에서 신회스님의 모습에 대하여 '머리 모양 생김의 범상치 않음은 마치 둥글고 커다랗게 솟은 언덕과 같았고, 그 기상과 골격은 보통보다 훨씬 뛰어났으며 총명함과 변재의 유창함을 다 헤아릴 수가 없었다'고 기록하고 있듯이, 아마도 그가 매우 기력이 수승하고, 설득력을 갖추었으며, 뜻하는 바를 이루기 위해서 어떠한 장애가 닥친다 하더라도 조금도 굴복함이 없이 밀고 나가는 성격의 소유자였음을 짐작케 한다.

신회스님이 혜능스님 밑에서 수행하다가 뒤에 그곳을 떠나서 다시 돌아왔을 때 혜능스님은 이미 입적하신 뒤였다. 신회스님은 당 개원 8년(720)에 하남성 남양 용흥사龍興寺에 머물다가 개원 20년(732)에는 중앙인 낙양에 나가서 하택사荷澤寺에 선종 제6조 혜능대사의 위패와 그림을 모신 진영당을 세우고, 혜능스님의 돈오견성頓悟見性의 선법禪法을 힘써 고취시킨다. 즉 이 선이야말로 중국선종의 정통인 남종선南宗禪이며, 신수스님의 선을 점수漸修의 북종선北宗禪이라며, 남쪽의 변방에 있어서 세상에 알려져 있지 않았던 혜능스님을 선종의 제6조로 확정케 하려는 굳은 의지를 가지고 나섰던 것이다.

당시의 낙양은 이른바 북종선의 전성시대였다. 대통 신수선사는 측천무후, 중종, 예종 등 당의 3대 제왕에게 선법의 요체要諦를 설하여 제왕의 스승으로서 존경을 한몸에 받아 5조 홍인스님의 선법을 크게 선양하여 중국의 중앙지인 낙양과 장안 등의 북지北地에다 일대 교단을 형성하였다. 그 뒤를 이은 북종 계통의 의복義福스님, 보적普寂스님 등의 걸출한 대선사들이 한참 활약하고 있었다. 그러한 때에 중국 최남방의 문명이 뒤떨어진 광주 시골 땅에서 중앙지대로 올라온 신회스님은 오롯이 혜능스님, 그리고 그 뒤를 이은 자기야말로 중국 선종의 정통임을 주장하기를 그치지 않았다.

하택 신회선사는 북종선이 방계요, 남종선이야말로 정통이니, 달마대사로부터 전해져서 혜능대사에게까지 전한 가사가 그 증거라고 하였다. 그리고 북종선의 교설인 마음을 집중시켜 정에 들게 하고凝心入定, 마음을 머무르게 하여 청정함을 관하게 하며住心看淨, 마음을 일으켜서 밖으로 모든 사물을 비추게 하고起心外照, 마음을 수습하여 안으로 깨닫게 한다攝心內證의 사구四句를 비판하되 이것은 조복심이니, 달마스님부터 역대 조사스님들이 이렇게 가르친 이가 없으니 비록 혜능대사와 신수대사가 같은 홍인문하의 동학同學 제자일지라도 그 가르침이 다름을 주장하여 북종선에 대한 비판과 아울러 남종선의 가르침의 우수성을 역설하였다. 신회스님에 의하면, 또한 혜능스님의 가르침은 '마음을 조복하는 것과 조복하지 않는 두 가지 법을 다 여의는 것이다'라고 하였으며, 남종선의 선사상은 중생이 본래로 지니고 있는 반야의 지혜와 자성自性의 청정한 불성을 단박에 깨닫기만 하면 된다는 돈오견성설頓悟見性說의 반야사상이며, 반야바라밀의 실천에 있는 것이니, 종래 북종선의 방편설과 관심간정주의觀心看淨主義의 입장에서 벗어나 인간의 자성을 곧바로 보아서 견성오도見性悟道케하는 새로운 남종선의 실천사상으로 돈오견성의 선을 주장하였던 것이다. 이렇게 선 그 자체를 '반야'로 하고, 그것을 실천하는 돈오견성의 설을 결합시켜서 새롭게 전개시킨 것은 중국 선사상사에 비약적인 발전을 가져오게 하는 공을 세운 것으로 평가되고 있다.

그런데 북종선이 점오漸悟이며 돈오頓悟가 없다고 스님은 비판하고 공격하였지만 사실은 북종선에 돈오가 없는 것은 아니다. 다만 장안과 낙양 일대에 펼쳐져 있는 북종선의 세력을 물리치기 위해서 이런 억지를 부린 것이다. 그러나 역사의 흐름이란 무서운 것이다. 신회스님의 끈질긴 억지가 어느새 차츰 먹혀들어 가게 되었고, 그 한편으로는 북종선에 인물이 이어지지 못하면서 마침내 신수 이후 3대로써 8세기 말경에 쇠멸하였고, 동시에 신회 이후의 하택종도 역시 4대의 종밀스님으로 끝나고 말았다. 그리고 중국 선종을 이끌어 간 것은 북종선도 하택선도 아니요, 6조 혜능-남악 회양-마조 도일 계통의 선이며, 이 계통에서 후세에 임제종, 위앙종이 나와서 임제종이 오늘에까지 이어오고 있으며, 또한 6조 혜능-청원 행사-석두 희천 계통의 선에서 후세 조동종, 운문종, 법안종이 나와 조동종이 역시 오늘에까지 이어져 오고 있다. 다시 말해서 그 당시의 흐름이나 이름, 세력에 관계없이 오직 진실하고 착실하게 꾸준

히 제자를 가르쳐 길러낸 계통이 이어져 나가면서 선의 흐름을 이끌어

왔다는 말이다.

37

반야般若의 지知는 무無가 무일 수 없고, 유有가 유일 수 없다. 머무는 바가 없이無住 머물고, 행하는 바 없이無行 행한다.

荷澤神會禪師의 主張과 禪旨 Ⅲ

북종선의 사상을 맹렬히 비난하며 공격하는데 선봉장의 역할을 한 하택 신회선사의 선사상은 매우 특이한 바가 있다. 그것은 반야般若의 지 知를 강조한 선사상이었다. 신회스님의 주장과 선사상을 알 수 있는 자 료로는 약 1백 년 전에 돈황에서 발견된 신회스님의 어록과 저술이다.

① 돈황敦皇 출토『신회어록神會語錄』
② 호적교정본胡適校訂本『신회어록神會語錄 Pelliot 本』, 3047호號
③『남양화상문답잡징의南陽和尙問答雜徵義 Stein 本』, 6557호號

④『보리달마남종정시비론菩提達磨南宗定是非論』1권

⑤『남양화상돈교해탈선문직료성단어南陽和尙頓敎解脫禪門直了性壇語』1권

⑥『돈오무상반야송頓悟無上般若頌』 또는 『현종기顯宗記』

⑦『오갱전五更轉』

신회스님은 개원 8년(720), 그의 나이 37세 때부터 남양의 용흥사에 있으면서 활동하다가, 마침내 개원 20년(732)부터 도속道俗, 즉 출가 수행하는 불교 승려들, 신도나 일반 세속인을 막론하고 모여서 재齋를 설립하여 음식·의복·재물 등을 보시하고 동시에 법보시로써 법문을 연설하거나 교리를 담론하는 공개적인 행사인 무차대회無遮大會를 열어서 천하를 향하여 중국 선종에 관한 문제를 제기하기 시작하였다.

드디어 개원 22년(734) 정월 15일 하남성河南省 위휘부衛輝府 활현滑縣 백마성白馬城의 활대滑台 대운사大雲寺에서 본격적인 북종 공격의 포문을 열었다. 즉 신수계통의 북종선은 그 선사상이 점오漸悟이며 남종은 돈오頓悟라는 '남돈북점南頓北漸'이라는 대립적 선사상을 공식적으로 주장함으로써 선이 북종과 남종으로 나누어지는 기틀을 만들었다.

그리고 '신수계의 북종선은 선종에서 방계傍系이며, 조계 혜능대사가 보리달마菩提達磨 남종南宗의 정통을 이은 조사祖師이다'라고 선언, 그가 주장하는 혜능대사를 선종의 제6조로, 그 법계法系를 세상에서 공인하도록 요청하여 숭원崇遠법사 등과 논쟁을 벌였다.

이것은 그 종통宗統의 시비를 가려서 종지宗旨를 확정하고자 한 일이었다. 이것이 이른바 유명한 '활대滑台의 종론宗論'이며 이에 관한 상세한 기록이『보리달마남종정시비론菩提達磨南宗定是非論』이다. 이 기록에 의거, 활대의 종론의 내용을 살펴보면 그 핵심은 다음과 같이 요약할 수 있다.

① 달마스님은 여래선如來禪을 중국에 전한 조사이다.

② 달마스님은 중국에 와서 양무제와 만나 문답시, 무제가 절을 짓고 造寺, 불상을 만들며造像, 사경寫經을 하고, 발심출가하여 계를 받고 수행하려는 일度僧을 많이 도와서 지은 공덕을 물었을 때 무공덕無功德이라고 물리쳤다.

③ 달마스님이 숭산 소림사에서 혜가스님을 만나 전법을 인가하고 그것을 증거하여 가사를 주었고, 그것이 대대로 전하여 혜능스님에게 있다.

④ 북종에서 선종의 제6대를 신수대사라고 하나, 보리달마 이래의 법은 신수대사가 아니라 혜능대사가 제6대 조사로 법을 받았으며, 따라서 그 다음의 제7대는 바로 자기 자신임을 암시적으로 밝혀 놓았다.

이러한 주장들은 어느 것이나 종래에는 찾아볼 수 없었던 말이며, 북종에서 그런 주장을 한 일이 없었으니 모두가 신회스님이 독창적으로 내놓은 새로운 주장들이다.

그런 뒤에도 계속 남종선을 세우고 북종선을 공격하였던 까닭에 북종을 옹호하는 관리 노혁盧奕에 의하여 그것이 비방이라는 주청에 따라 당 천보 12년(753), 그의 나이 70세에 강서성으로 유배당하였다가 다시 호북성의 무당구에 옮겨지는 일을 겪게 된다. 그러는 동안 시대상황이 급격히 변하여 '안록산의 대란'이 일어나, 당 현종은 중국의 서쪽 사천성 성도成都로 난을 피해야 하는 지경에 이르렀다. 군자금이 부족하게 되자, 나라에서는 지방의 각부各府에다 계단戒壇을 설치하여 승려가 되고자 하는 사람들에게 계율을 주어서 승려가 되는 것을 허가하되 '향수전香水錢'

이라는 이름의 돈을 받아 이것으로써 군비를 충당하게 되었다. 이렇게 되자, 일찍이 대중을 동원하는 뛰어난 수완과 변재 능력을 발휘했던 신회스님을 인정, 이에 지덕2년(757) 입적하기 1년 전인 74세 때 은사를 받아 향수전 계단을 주관하는 수계사授戒師로 형주 개원사 반야원에 있으면서 크게 활약하여 다시 명예를 회복할 수가 있었고, 안록산의 반란을 진압하는 데 필요한 군자금 조달에 세운 공적이 인정되어 당 숙종으로부터 궁중에 초청되어 공양을 받았다. 그리고 낙양의 하택사에다 참선당을 건립하여 머물다가 숙종 건원 원년(758)에 75세로 앉아서 입적하였다. 법랍은 54세, 시호諡號를 진종眞宗대사라 받았고 그의 탑을 반야의 탑般若之塔이라 하였다.

신회스님은 인간의 자성을 바로 보아서 도를 깨닫는見性悟道 선사상을 주장하여 남종선의 실천사상으로써 돈오견성선頓悟見性禪을 세우고 있다.

그의 돈오선 사상을 『신회어록神會語錄』에서 본다면, '자연이야 말로 돈오인 것이다. 자기 마음이 본래부터 공적한 것이 돈오이다. 마음에 얻은 바가 없는 것이 돈오이다. 마음이 바로 도道인 것이 돈오이다. 마음이 머무는 바가 없는 것이 돈오이다. 불법에 따라 본래의 마음을 깨닫고 마음에 얻은 바가 없는 것이 돈오이다. 일체법이 일체법인 것을 바로 아는 것이 돈오이다. 공空이라고 말하지만 공에도 집착하지 않으며, 또한 불공不空에도 걸리지 않는 것이 돈오이다. 아我라고 말하지만 아예 집착하지 않고, 또한 무아無我에도 걸리지 않는 것이 바로 돈오이다. 생사를 바라지 않고 열반에 드는 것이 돈오이다. 오직 일념상응一念相應이 있을 뿐, 단계적인 점문漸門에 의지하지 말아야 한다. 여기 상응이라는 말의 뜻은 무념無念을 본다는 것을 말한다. 무념을 본다는 것은 자심의 본성을 깨달는 것을 말하며, 자성을 깨닫는 것은 아무 것도 얻을 바가 없는 것을 말한다'라고 할 수 있다. 신회스님은 이처럼 돈오선의 입장은 일념도 일으킴이 없는 무념念不起의 無念인 것이며, 인간 본래의 자성청정심自性淸淨心의 세계를 말하고 있는 것이다.

38

중국 초기선종 전등계보의 다양성

신라출신 무상선사無相禪師의 활약상과 그의 전등계보인
정중종淨衆宗의 전개와 선리禪理의 특성

초기 선종사禪宗史의 전개 시기는 중국의 남북조시대(420~589)에서 출발하였다. 당시의 분열과 혼돈의 세상을 통일한 수나라隋(581~618)의 40여 년을 지나서 당나라의 초기에 이르자, 남북조시대 중국에 최초로 선법을 전한 보리달마를 중국 선종의 초조로 삼게 되었고, 새로운 전통을 주장하는 선의 세력이 장강 중류 북쪽에서 형성되기 시작하였다.

중국 선종의 제5조가 되는 홍인스님은 달마-혜가-승찬-도신으로 이어지는 선법을 전해 받았다. 도신스님이 양자강 중류 북쪽에 있는 쌍봉산에 30여년 있으면서 선법을 폈음에 서산西山이라 부른데 반해, 그의 법을 받은 홍인스님이 그 동쪽에 있는 빙무산에서 20여년에 걸쳐 많은 제자들을 길러냄으로써 중국 전체에 선법이 널리 펼치게 하였기에 동산東山이라 하였다.

그 시대에는 마침 17년 동안의 긴 구법의 여행 끝에 천축 즉, 인도에서 돌아온 현장玄奘(600~664)스님이 전한 유식불교唯識佛敎가 새로운 불교로 중국에서 열광적으로 받아들여져 기존의 여러 불교가 북방의 장안·낙양에서부터 새롭게 퍼져나가는 유식불교에 휩쓸려가는 듯한 정세였다. 그러나 그 속에서도 홍인스님은 남방의 양자강 가까운 빙무산에 있으면서 자신의 선禪체험을 저서로 표현하는 일도 없이 오직 좌선만을 실천하면서 몸소 자급자족에 필요한 작업을 묵묵히 행하여 음덕을 쌓으며 달마의 선풍을 실행하였다. 여기에 많은 수행자들이 모여서 그 선법을 수행하고 전해 받아 다시 중국의 각지에 선양하였다. 또 문하에서 혜능·신수·현색·법여·지선 등의 훌륭한 제자들이 배출되어 달마선의 선풍을 천하에 드날리게 되었다. 이로써 후세 중국선의 모든 계통이 다 홍인 스님의 문하에서 나왔다고 할 수가 있으니, 홍인스님을 중심으로 이루어진 선법을 동산법문東山法門이라 부르게 되었다.

당나라의 최초기, 도교의 노자 성씨가 당의 왕가와 같이 이씨李氏이므로 조상으로 받드는 동시에 도교를 적극 보호하게 됨으로써 상대적으로 불교가 침체를 면치 못하다가, 측천무후의 대중혁명을 불교로써 뒷받침하려는 기운에 힘입어 불교가 이때에 세력을 다시 펴게 되었다.

이런 분위기 속에서 『화엄경華嚴經』을 의지하여 새로운 불교운동을 일으키고 있던 화엄종의 제3대가 되는 현수賢首(643~712)스님이 측천무후의 초청으로 궁중에 들어가서 화엄사상을 강설하여 신임을 얻음으로써 화엄사상의 체계를 세우기에 성공하게 된다. 여기에 바로 이어서 달마대사를 초조로 하는 선종의 정통을 이어오는 동산법문의 여러 선사들이 역시 측천무후를 반연攀緣하여 낙양과 장안에 진출함으로써 측천무후를 비롯한 조야의 귀의를 얻어서, 마침내 중국의 중심부인 낙양과 장안에서 대표적인 불교로서 자리 잡게 된다.

그러한 선종의 동산법문에 속하는 선사로서 낙양에 들어가 최초로 독자적인 활동을 개시한 스님은 5조 홍인스님 제자의 한 사람인 법여法如(638~689)선사였다. 그는 낙양에 가까운 숭산崇山의 소림사少林寺를 근거지로 삼고 선사상을 펴는데 노력하였다. 당시 숭산 소림사는 북위北魏(386~534) 때부터 인도나 서역지방에서 온 고명한 선사들이 머물렀던 곳이다. 즉 선의 근본도량으로서 오랫동안 사람들의 신앙을 모아 온 도량인데, 여기서 법여스님은 스스로 달마대사 이래의 제6조임을 자처하였다.

이어서 낙양에 오게 된 신수大通神秀(?~706)선사도 역시 이 숭산 소림사를 중심으로 활약하였고, 이윽고 측천무후의 절대적인 귀의와 아울러 낙양과 장안의 귀족들로부터 열성적인 지지를 얻어 드디어 주위에서 선종의 제6조로 지목하기에 이른다. 이렇게 해서 제5조의 동산법문에 속하면서 북쪽의 낙양과 장안에 진출한 스님들은 하나의 선종을 이루어 새로운 불교 운동을 전개하였다.

뒤에 낙양에 와서 선종의 전통적 계승에 관한 문제를 적극적으로 주장한 하택 신회荷澤神會(670~762)선사에 의하여 신수스님 계통은 북종北宗이라 불리웠다. 신회스님은 자기가 속하는 혜능慧能(638~713)선사의 계통은 남종南宗이며, 남종으로 대표되는 선종의 정식 후계자임을 선포하였다. 이렇게 해서 달마대사로부터의 선맥을 이어 온 동산법문이 여러 파로 나누어져서 선종의 새로운 전개를 가져오게 되었고, 그러한 최초의 움직임이 바로 낙양과 장안에 진출한 스님들에 의해서 이루어진 북종선

北宗禪의 형성이었다.

이와 같이 5백 명이 넘는 홍인스님의 많은 제자들 가운데서도 최초로 북방의 낙양과 장안에 선의 교화를 편 사람이 법여스님이며, 선종의 계보로써 달마-혜가-승찬-도신-홍인-법여라고 하는 전통을 처음으로 주장한 사람도 아마 법여스님인 것으로 보여진다. 그리고 그에 이어서 낙양과 장안 방면에 진출한 혜안·신수·현색·지선 등의 동산법문에 속하는 유력한 인물들에 의하여 북종의 기초가 이루어졌고, 그들이 또한 각기 선의 계보를 홍인스님을 통하여 달마대사에게 이어지는 전등의 맥을 내세우게 된다.

이러한 분위기 속에서 선의 계보와 역사를 기록하는 가장 오래된 것으로 추정되는 『전법보기傳法寶紀』(713)에서는 홍인-법여의 전등을 말하고, 비슷한 시기에 저술된 『능가사자기楞伽師資記』(727)에서는 홍인-현색의 전등을 말하고, 또한 홍인-신수-보적의 전등이 정통임을 주장한다. 다음에 저술된 『역대법보기歷代法寶記』(775)에서는 홍인-혜안-부주의 전등을 말하고, 『신회어록神會語錄』에서는 홍인-혜능-신회의 전등을 주장하고 있다. 그 다음에 저술된 『보림전寶林傳』(801)에서는 홍인-혜능-회양-도일의 전등이 정통임을 기록하고, 그 뒤에 나온 『조당집祖堂集』(952)과 『경덕전등록景德傳燈錄』(1004) 등에서 『보림전』에서 주장하는 전등의 계보를 따르며 그 계보와 정통성을 뒷받침하게 된다. 이러한 가운데서 신청神淸이 지은 『북산록北山錄』에서는 홍인-지선-처적-무상의 전등을 밝히고 있다. 신라 출신의 무상無相(684~762)선사가 당나라 개원開元 16년(728)에 낙양과 장안에 왔다가 중국의 서쪽지방인 사천성四川省 성도成都에 이르러 덕순사德純寺에서 지선智詵-처적處寂의 법을 이어받았고, 천보天寶년간(742~755)에 성도의 정중사淨衆寺에서 성대하게 선법을 선양함으로써 이 선의 전등계보가 정중종淨衆宗이라 불리게 되었다.

무상無相스님의 중국 선종 형성이 초기에 커다란 역할과 공헌을 하였던 사실이 한국에서는 그 동안 잘 알려져 있지 않았던 형편이므로 최근의 연구 성과를 토대로 신라 출신 무상스님의 행적과 독특한 선사상을 상세히 알리고자 한다.

39

신라출신 무상無相스님의 선사상 Ⅰ

중국 초기 선종의 형성에 크게 활약한 신라출신 무상스님의
출가 입당出家入唐과 철저한 두타수행상頭陀修行相

　　무상無相(684~762)선사의 속성은 김씨이며, 신라 국왕의 셋째 왕자로 태어났다고 전한다. 『송고승전宋高僧傳』과 『북산록北山錄』에도 신라국의 셋째 왕자라고 기록하고 있을 뿐, 신라 어느 왕의 왕자인지는 밝히고 있지 않다. 그런데 일반적으로 왕실의 일원, 특히 왕자로 태어난다는 것은 전생에 그만한 복덕을 쌓아야 그런 좋은 과보를 받게 된다고 하지만, 이것도 어디까지나 적자로 태어나 장차 왕위에 오를 것이 보장될 경우 그렇게 말할 수 있다. 왕자에도 제2, 제3, 제4……의 왕자로 태어난 사람들은 그 자질이 훌륭하면 할수록 오히려 더 경계를 당하고 소외되는 경우가 많았다. 당시 신라나 고려에서는 이런 경우, 왕자의 신분으로 출가하

는 예가 적지 않았다.

그도 일찍이 신라에 있을 때 막내 여동생이 되는 공주가 뜻에 없는 혼인을 강요 당하게 되자 스스로 칼로 자신의 얼굴에다 흉한 상처를 낸 뒤 출가하려는 결의를 다지는 것을 보고는 매우 놀라워하면서 탄식하기를 '연약한 여자라도 자신의 바른 뜻을 세울 줄을 아는데 하물며 남아대장부인 내가 어찌 무심할 수가 있으랴' 하고, 뜻을 세워 삭발하여 양친에게 하직인사하고 출가하였다고 한다. 그 뒤에 당시 신라의 많은 승려들이 불도를 구하기 위하여 당나라로 유학하는 추세에 따라 역시 배편으로 바다를 건너 입당하였다.

당의 신청神淸스님이 지은 『북산록北山錄』에 혜보慧寶스님이 주기注記한 것과 이것을 근거로 한 송나라 찬녕贊寧(918~999)스님이 지은 『송고승전宋高僧傳』에 의하면 무상스님은 신라의 월생군月生郡 군남사群南寺에서 출가하였으며, 구족계를 받은 뒤 개원 16년인 신라 성덕왕 27년(728)에 입당하여 현종玄宗을 알현하였다 한다.〈『북산록』 권6(『대정장경』 제52권 611면), 『송고승전』 권20(『대정장』 제50권 836면)〉

처음 당나라에 들어가자 곧 현종 임금을 뵌 뒤에 선정사禪定寺에 배속되었다고 하니, 그 당시 신라에서 유학 간 스님들 누구나가 임금을 알현하지는 못했을 것임에도 불구하고, 입당하자 바로 현종을 알현할 수 있었다는 것은 역시 그가 신라 왕가 혈통의 출신이었음을 확증하는 일이라 하겠다. 그는 널리 훌륭한 스승을 찾고 불도를 구하면서 여러 곳을 다니다가, 당시 당나라 사회 풍조가 현종과 양귀비의 사연에서도 나타나 있듯, 건국 이후 누리게 된 안정된 상황 속에서 사치·퇴폐의 물결이 도도하였다. 마침내 안록산의 난리가 일어날 수 있는 분위기에 휩싸인 낙양·장안 등의 중앙부를 떠나, 아직도 순후한 인심이 온존되어 있던 촉

蜀, 오늘날의 四川省의 땅에 이르렀다. 이어 그곳 자주資州 덕순사德純寺에 가서 당唐 화상和尙이라 불리던 처적處寂선사를 친견하고자 하였다. 그러나 '화상은 병중이어서 만날 수가 없다'고 전해 듣자 그는 곧 자기 손가락에 불을 켜서 등불로 삼아 당화상을 위해 손가락을 바쳤다고 한다. 이는 『법화경法華經』 「약왕보살 본사품藥王菩薩本事品」 제23의 보살행에 의지한 것이다. 약왕보살이 손가락을 태우는 연지燃指, 팔을 태우는 연비燃臂, 몸을 태우는 연신燃身 등 몸과 마음을 다 바쳐서 최상의 공양을 올리는 진정한 정진을 행한 것에 근거하여 이 무렵 중국에서 성행하였던 것이고 스님도 이를 따른 것이었다. 이것을 알게 된 당 화상은 그가 아주 비범한 인물인 것을 알고 입문을 허락하였다.

2년 동안 당화상 곁에서 가까이 모시고 있다가 뒤에 천곡산天谷山에 들어가 바위굴에 있으면서 철저한 두타행頭陀行의 수행생활을 하였다. 그러다 덕순사에 돌아왔을 때 당 화상에게서 법을 전해 받고, 무상이라는 이름과 아울러 전법을 증명하는 마납가사摩納袈裟를 받았다고 한다.

덕순사는 1991년 7월 20일~8월 16일에 걸쳐 행해진 바 있는 사천성에서의 중국 초기 선종사의 자취를 찾아본 민영규박사 일행에 의해, 뒷날 연대향蓮臺鄉 연화사蓮華寺로 이름이 바뀌어졌음을 청나라 때 편찬된 『자양현지資陽縣志』의 정초본正草本에서 밝혀냄으로써 그 위치가 확인되었다고 한다. 즉 거기에는 당나라 때 자양현의 북쪽 3리 지점에 처적스님의 스승인 지선智詵선사가 연못을 만들고 백련을 심었다고 한다. 현재 그 자리에는 수령이 1천 5백 년이 넘었을 황각수黃桷樹가 있어서 그 나무는 아마도 거기서 무상스님이 연지를 하였던 일, 그리고 그 뒤에 무상스님의 제자가 된 마조馬祖선사가 삭발하여 출가하는 광경을 지켜보았을지도 모른다는 감상을 적고 있다.

이 덕순사는 무상스님이 처음 처적스님에게 입문한 곳이며, 또한 홍인弘忍-지선智詵-처적處寂으로 내려오는 선법을 무상스님이 바로 이어받은 嫡傳곳이다. 뿐만 아니라 후일에 마조스님도 이곳에서 무상스님으로부터 득도하여 전법得度傳法하였음을 규봉 종밀圭峯宗密선사가 그의 『원각경대소초圓覺經大疏抄』 권3(『속장경』 14, 278면)에서 언급하고 있다.

이를 미뤄볼 때 이곳이 바로 촉, 즉 사천성에서 일어난 선종들을 총칭하는 이른바 검남종劍南宗의 시발점이 된다고 밝히고 있다.

무상스님은 법을 전해 받자 곧 다시 천곡산의 바위굴로 돌아가서 주로 나무열매와 풀뿌리를 먹으면서 수행하였고, 먹을 것이 없을 때는 흙을 먹기도 하며, 마른 풀로 몸을 가리기도 하였다.

한번 선정에 들면 며칠씩 삼매에 들어서 꼼짝도 않으므로 짐승들이 그 앞으로 아무거리낌 없이 뛰어 놀았으며, 심지어는 그가 몸을 던져 매우 사나운 짐승들에게 스스로 보시하려 하자 맹수들이 그의 머리부터 발끝까지 냄새만 맡고는 그냥 가 버리곤 하였다고 한다.

오랜 산중생활로 길어질 대로 길어서 뒤헝클어진 머리를 보고 사냥꾼들이 잠시 그를 짐승으로 착각하여 화살을 겨누기도 하였다. 그러다가 선정에서 일어나려 하여 손을 내리면 앉은 선상禪床 밑에 있던 범의 턱수염이 만져지는 일도 있었다고 하니, 맹수들도 그의 순수한 두타행과 탁월한 초능력에 감복하여 오히려 그를 따르며 옹호하는 영험을 보였고, 범과도 함께 생활하는 등의 여러 가지 신통하고 기이한 행적이 있었다고 전한다.

40

신라출신 무상無相스님의 선사상 II

중국 초기선종의 형성에 크게 활약한
신라출신 무상선사의 전법계보傳法系譜와 수도행장修道行狀

무상無相스님이 활약한 성도成都가 있는 촉蜀 땅은 현재의 사천성四川
省이다. 이 지역은 당나라의 중앙부로 양경兩京인 낙양洛陽과 장안長安, 현
재의 西安이 있는 중원中原에서 들어가자면, 중간에 험산 준령이 가로막
고 있어서 새들도 넘기 어렵다고 하는 험준한 높은 산들이 솟아 있다.
그런가 하면 원숭이들마저도 겁을 먹고 가까이 가지 않는 절벽도 이어
져 있다.

만일 여기를 의지하여 한 사람이 막는다면 만 명이 달려든다 하더라
도 열고 지나가지 못한다는 관문이 있고, 천야만야千耶萬倻한 단애절벽의
긴 허리에다 백번 구부러지고 천번 꺾이는 잔도棧道라고 불리는 숱한 인

공을 들여서 겨우 지나가게 만들어진 것으로 유명한 촉도蜀道를 지나야만 하였으니, 장안이나 낙양에서 성도로 들어가려는 사람들로 하여금 실로 장탄식을 금치 못하게 하였다고 한다.

그러나 일단 이곳을 넘어서 돌아가기만 하면, 서부 고원지대 사이에 광활·광대한 사천분지四川盆地가 펼쳐져 있다. 그리고 양쯔강楊子江 즉, 장강의 상류와 그 3대 지류가 흐르고 있어서 비교적 기후가 온난하여 비옥하여 고래古來로부터 농업이 발달한 고장이었다. 그러므로 촉은 역사적으로 비교적 천재의 참화를 덜 겪었고, 고유의 전통과 문화를 잘 간직하여 순후한 민심이 숨쉬고 있는 그런 곳이었다. 8세기 초에 신라의 무상스님이 장안을 떠나 이 험한 길을 넘어서 촉 땅에 들어간 뒤에는 다시는 되돌아오지 않았다. 그는 당에 들어가서 당시의 정치·문화·사상의 중심지인 중원을 거쳤음에도 불구하고 어째서 그 험한 촉도를 넘어갔고 다시는 되돌아오지 않는 길을 선택하였을까. 무상스님이 촉, 즉 사천四川에 들어가서 그 이름이 당에서 뿐만 아니라, 신라新羅나 티베트西藏에까지 널리 알려졌는데 이는 그가 일생 동안 가장 철저한 두타행頭陀行의 생활을 실천하였기 때문이었다.

그의 그러한 두타행의 실천에는 혜가慧可스님, 혜만慧滿스님 등 중국 선종 최초기의 선사들이 보여준 범행梵行, 즉 청정한 수행생활과 수隋나라 시대에 있었던 삼계교三階敎의 신행信行(540~590)선사의 계통으로 무상스님보다 약간 이전에 신라에서 입당하여 역시 철저한 참회수행懺悔과 인욕정진忍辱精進을 보인 신방神昉스님 등의 영향이 매우 컸을 것으로 추정이 된다.

또 한편으로는 그의 이와 같은 두타행의 실천은 그보다 약간 뒤에 역시 신라 왕가의 출신으로 출가하여 입당해서 구화산九華山에 있으면서 무

196

변한 지장원력地藏願力을 세우고 철저한 두타행을 실천하여 지장보살의 화신化身으로 중국 사람들에게 추앙받은 지장地藏스님, 즉 신라 출신 김교각金喬覺스님의 수행 형태에도 영향을 끼쳤을 것으로 생각된다.

산중에서의 철저한 수행생활 이후, 성도의 시중에 나와서 중생의 교화제도에 진력하면서도 생활은 여전히 낮이나 밤이나 묘지에서 또는 나무 밑에서 좌선하며 정진하는 두타행을 계속하였다. 마침내 이를 눈앞에서 보게 된 시중의 많은 사람들이 그가 신이神異한 수행자임을 깨닫고 그를 위해서 정사精舍를 마련해 드렸다고 한다.

『속고승전續高僧傳』에 의하면 사천지방에 처음 선법이 전해진 것은 서창후西昌侯 소조장군蕭藻將軍이 촉의 반란을 평정(502~509)할 때 달마스님의 4대 제자의 한 사람인 승부僧副스님이 동행하면서부터이다.

그 이후에 홍인弘忍스님의 제자인 지선智詵스님과 그 문하의 선승들에 의하여 사천지방에 본격적으로 달마 계통의 선종 교화가 이루어졌으며 이러한 지선–처적 계통의 선법 전통을 계승한 무상스님의 활약에 의해서 드디어 촉 땅에 정중종淨衆宗이 형성되었다. 무상스님의 정중종은 그가 주로 주석하여 교화를 폈던 정중사淨衆寺의 이름에서 나온 것이다.

당 현종玄宗이 안록산安祿山의 반란으로 촉의 성도로 피난하였을 적에 당의 황실과 밀접한 관계를 갖고 있는 장사長史 장구대부章仇大夫 겸경兼瓊은 평소 무상스님을 깊이 믿고 공경하고 있었다. 장구대부는 개원 27년(739)무렵에 익주益州 절도사節度使로 있을 때 티베트西藏와의 싸움에서 크게 공을 세웠고, 8년 동안 촉에 있으면서 무상스님과 친교를 맺어 적극 후원함으로써 사천 성에서의 정중선 성립과 그 선이 티베트에까지 전해지는데 깊은 인연을 맺은 인물이다.

장구대부의 주선으로 당 현종은 난리를 피하여 촉으로 갔을 때 무상스님을 내전으로 초대하여 다시 만나 예배, 공양하였다고 한다.

이와 같이 장구대부 겸경이나 성도成都 현령縣令 양익楊翌 등과 같은 당시 사천지방에서의 유력한 정치가들이 무상스님에게 선법을 지도해 주기를 간청하고, 성도부에 세워진 정중사에 주석하기를 갈망請住하였으므로 드디어 이에 응하여 정중사에서 20여 년을 있으면서 선지를 선양하였다. 독특한 지도 방법으로 중생 교화를 성대하게 펼침으로써 마침내 정중사가 성도에서 가장 유명한 사원으로 발전하였을 뿐만 아니라 그들의 두터운 지지를 얻어 사천에서 대표적 선종을 형성하여 정중종이 성립된다. 그 성과는 사천지방에서만이 아니라 중국 전체 그리고 신라에게까지 알려진다.

그의 비범한 교화와 정력적인 활약에 의해서 그 뒤를 이은 무주無住 (714~774)선사가 성립시킨 사천의 보당종保唐宗과 아울러 이른바 사천을 중심으로 한 검남계통 선종의 기반이 처음으로 확립되었다. 보응寶應 원년元年(762) 5월 19일 제자들에게 이르기를 "나에게 새로운 옷을 다오. 목욕하겠노라." 하고 한밤중 자시子時에 엄연하게 좌선 정진하는 자세로 입적하였다.

이때에 제자들이나 그곳 사람들이 해와 달도 빛을 잃었고, 천지가 백색白色으로 변함을 보고는 법당法幢은 꺾어지고, 선하禪河가 마르니, 중생이 희망을 잃었으며 수행자들은 의지할 바가 없어졌다고 모두 한탄하였다.

그때 무상스님의 나이 79세였다.

41

신라출신 무상^{無相}스님의 선사상 Ⅲ

중국 초기선종의 형성에 크게 활약한 신라출신 무상선사의 선지선양^{禪旨宣揚}

이제 『역대법보기^{歷代法寶記}』에 기술되어 있는 무상스님에 관한 자료 가운데서 그의 선사상을 간추려 보기로 한다.

김화상^{金和尙}은 매년 12월과 정월에 사부대중 백천만인이 계를 받을 수 있는 인연을 시어주었다. 규봉 종밀스님의 『원각경대소초^{圓覺經大疏鈔}』 에는 당시 무상스님의 사람들에게 계를 주는 법식을 나라의 관단^{官壇}에 서 행하는 것과 같은 방법을 의지하였다고 전하고 있다. 무상스님이 도 량을 장엄하게 꾸미고 스스로 높은 자리에 올라서 법을 설하되, 먼저 가 르치기를 길게 소리를 내어 염불케 하여 그 한 소리의 숨이 다 나와서 소 리가 끊어지고 생각마저 멈추어 버리는 그때에 "기억을 없애고, 생각을 없애고, 잊지를 말라. 기억이 없음이 계戒이며, 생각이 없음이 정定이며, 잊지 않는 것이 혜慧이니, 이러한 삼구어三句語, 즉 세 가지 원칙가 바로 총지문總持門이니라” 하고 설법하였다. 다시 말하기를 “생각이 일어나지 않는다는 것은 마치 거울의 앞면이 능히 모든 모양을 비추는 것과 같으며, 생각이 일어나는 것은 마치 거울의 뒷면에는 아무 것도 비치지 않는 것과 같은 것이다.” 또 말하기를 “생각이 일어나거든 반드시 분명하게 일어난 줄을 알고, 생각이 없어지거든 확실하게 없어진 줄을 알라. 그렇게 끊임없이 확실하게 아는 것이야말로 바로 부처를 보는 것이다. 예컨대 두 사람이 함께 외국으로 갔을 때, 아버지가 그들에게 편지를 보내서 충고를 주면 한 사람은 편지를 받아 읽고 그 아버지의 가르침을 따라서 그릇된 일을 행하지 않는데, 또 한 사람은 편지를 받아 읽고도 그 가르침을 따르지 않고 여러 악한 짓을 저지르는 것과 같아서 일체 중생이 생각을 일으키지 않는 가르침을 따르는 것은 효순하는 아들과 같고, 문자에 집착해 있는 것은 불효하는 아들과 같다.” 또 이르시기를 “예컨대, 술에 취하여 잠든 자가 어머니가 와서 집으로 데리고 가려 하여도 아들은 취해서 어머니에게 욕설하는 것과 같아서, 일체중생이 무명無明의 술에 취해 진실한 자신을 바로 보아 견성성불見性成佛하여야 함을 알지 못한다.”고 하였다.

그리고 『기신론起信論』 「현시정의문顯示正義文」을 인용하여 말하기를 “마음의 자체를 말하는 심진여문心眞如門과 마음의 생멸을 말하는 심생멸문心生滅門이 있으니, 생각을 일으키지 않음이 곧 심진여문이요, 생각을 일으키는 것이 곧 심생멸문이다.” 그리고 “무명이 그 얼굴을 내밀면 반야般若가 그 얼굴을 감추고, 무명이 얼굴을 감추면 반야가 얼굴을 내민다.”라고 가르친다.

다음에는 『열반경涅槃經』 권15의 「범행품梵行品」을 인용하여 말하기를

"집에서 기르는 개와 야생의 사슴이 같다고 하는 것은 집에서 기르는 개는 망념에 비유하고, 야생의 사슴은 불성에다 비유한 것이다.

비단천은 본래가 비단실일 뿐이며, 현란한 천의 모양 같은 것은 본래 없는 것인데, 비단 천을 짜는 사람의 솜씨에 따라 갖가지 모양이 나타나게 되지만, 그것을 풀어버리면 다시 비단실일 뿐이다. 그러므로 비단은 불성이요 무늬 모양은 망상에다 비유한다.

바다의 파도를 내놓고 따로 물이 없으며 물 밖에 따로 파도가 있는 것 아니니, 파도는 망상에 비유하고 물은 불성에다 비유한다.

삼베를 등에 짊어진 사람 둘이 가다가 길에 은이 쌓여 있는 것을 만나게 된다. 한 사람은 삼베를 버리고 은을 가졌으나, 또 한 사람은 나는 지금 삼베를 짊어지고 있으니 이것을 버리고 저 은을 가질 수는 없다고 한다. 다시 가다가 다음에는 금이 쌓여있는 것을 만나게 되자 한 사람은 은을 버리고 금을 가졌으나, 또 한 사람은 역시 나는 삼베를 짊어지고 있으니 저 금을 가질 수는 없다고 한다. 그 금은 열반에 비유하고, 삼베는 생사에 비유한 것이다.

내가 언제나 말하여 가르치고 있는 무억無憶·무념無念·막망莫忘의 삼구어三句語는 달마조사達磨祖師가 처음 전하신 가르침이지, 선화상詵和尚이나 당화상唐和尚이 가르쳐 주신 것은 아니다.

내가 선사先師들보다 나은 능력이 있음을 인정받았고, 선화상과 당화상이 아직 다 설하지 못하였던 요의교了義教를 설하였으므로, 신의信衣, 달마조사達磨祖師로부터 내려오는 袈裟를 받은 것이다."

이와 같이 김화상 무상스님은 스승인 선화상이나 당화상의 설법을 인용하는 일 없이 언제나 제자들에게 바로 가르침을 주면서 말하기를

"우리 달마조사께서 전해 주신 삼구어三句語의 가르침이야말로 바로 총지문인 것이다. 즉 한 생각 일으키지 않음이 그대로 계문戒門이요, 한 생각 일으키지 않음이 그대로 정문定門이요, 그리고 한 생각 일으키지 않음이 그대로 혜문慧門이다. 그러므로 무념無念이면 그대로 계와 정과 혜가 구족한 것이다. 그래서 과거와 미래와 현재가 황하의 모래같이 많은 부처님들도 또한 이 무념의 문으로 해서 깨달음에 들어간 것이니, 만약 다시 다른 문이 있는 줄로 안다면 그럴 리가 없는 것이다."

『역대법보기』에 기록되어 있는 이상과 같은 법설 이외에 근래에 발견된 돈황자료를 연구하여 최근에 발표되고 있는 연구성과에 의한다면, 김화상 무상스님의 설법 일부가 티베트에도 다음과 같이 전해지고 있음을 발견하여 보고하고 있다.

'마음이 평등하면 모든 법이 다 평등한 것이며, 참된 성품을 깨닫는다면 부처님 아님이 없는 것이다. 그러므로 참된 이치를 깨달으면 이미 탐하여 집착하는 마음이 일어나지 않으며, 참된 수행의 경계를 잃어버림이 없으면 구하고 탐낼 것조차 없는 것이다. 왜냐하면 여여한 반야바라밀의 성품은 본래가 평등하여 상대하는 경계를 세우지 않기 때문이다'(『김화상어록』에서 인용)

수행하는 사람이 모든 분별을 여읜다면 깨달은 사람이라고 할 것이다. 이와 같이 깨달음을 얻으면 모든 습기와 번뇌가 다 일어나지 않으니,

이것이 바로 해탈의 길이다.(돈황에서 나온 김화상의 어록을 티베트어로 번역한 책

에서 인용함. Pelliot 116~8 Ⅷ.6)

42

신라출신 무상無相스님의 선사상 Ⅳ

중국 초기 선종의 형성에 크게 활약한 신라출신 무상선사의 전법도생傳法度生

무상無相스님은 중국 촉蜀 지방 즉 사천성의 성도成都에 있는 정중사淨衆寺에 계시면서 20년을 넘게 선법禪法으로 성대하게 교화를 펼침으로써 이 지방에서 절대적인 신임을 받았다. 무상스님은 그의 독특한 교화방법으로 동산법문東山法門으로부터 내려오던 선의 전통이 당시 변방지방으로 간주되던 이 지역에 바로 이곳에서 자리를 잡으며 그 교화가 성대하게 유행하는데 막중한 역할을 다하였다. 이는 『역대법보기歷代法寶記』, 『송고승전宋高僧傳』, 『원각경대소초圓覺經大疏鈔』, 『배휴습유문裵休拾遺問』 등 중국의 선종관계 자료로 알려져 있다. 더 나아가 중국에서 뿐만 아니라 지리적으로 성도가 있는 익주益州의 서편에 있는 서장西藏, 즉 티베트에 불교가 처음 본격적으로 도입되는데 무상스님이 결정적인 역할을 담당하였던 일도 잘 알려져 있다. 종래에는 오랫동안 전해오기를 781년에 북종선계통의 마하연摩訶衍 선사가 티베트의 수도 라사Lhasa에 들어가 당시 인도에서 티베트에 전해진 불교를 대표하는 대석학 카마라실라Kamalasila스님을 상대해서 중국의 당에서 들어간 불교의 선종, 즉 돈문파頓門派 선승禪僧의 대표로서 중국측 돈문파와 인도측 점문파漸門派의 교학적 우열을 결정하는 법전法戰, 즉 티베트 왕실의 입회하에 거행된 이른바 '라사의 종론宗論'이라는 유명한 불법의 토론이 벌어진 사건이 있었으며, 이때에 중국선이 처음으로 티베트에 전해진 것으로 알려져 왔다.

그러나 최근에 이르러 티베트 불교를 티베트어 자료를 구사하여 전공하는 학자들에 의해서 '라사의 법론'이 있기 약 20년이나 앞서서 티베트에 불교를 전하는 데에 촉의 성도에서 선법을 크게 펴시며 활약하시던 무상스님이 결정적 역할을 담당하였다는 역사적 사실이 알려지게 되었다. 이 사실은 신빙성이 높은 역사적 사실의 기록으로 학자들이 인정하는 티베트의 가장 오래된 문헌인 바제의 진술이라는『바제sBa bzhed』에 뚜렷이 기록되어 있음이 발견되어 소개되었다.

또한 1545~1564년에 걸쳐서 저술되어 티베트의 유명한 역사서로 꼽히는『학자들의 잔치Mkhas Pahi Dgah-ston』, 제3부 제2장에도『바제』에 기술되어 있는 티베트에 본격적으로 불교가 도입되는데 관련되는 부분이 거의 완전하게 인용되어 있어서 그런 사실을 뒷받침하고 있는 것도 밝혀지고 있다.

이때 티베트에 중국불교를 도입하는 역할을 맡고 활약한 티베트 사람이 바상시sBa Sang Shi이다. 그는 중국으로 왕래하다가 성도에서 김화상 무상스님에게서 처음으로 중국불교를 배웠던 것이다. 또 바상시를 통하여 정중선淨衆禪이 티베트에 전해졌으며, 최근에는 돈황敦煌에서 발견된 티베트어 문서 속에 무상스님의 어록을 뚜렷하게 '김선사의 선록金禪師禪錄에서 인용함'이라는 형태로 두 곳이나 티베트어로 번역되어 있음이 발표되고 있다.

이와 같이 티베트의 고사서古史書『바제』와 돈황 발견의 티베트어 문서인Pelliot(116~118)에 들어 있는『김화상어록金和尙語錄』의 발견에 의해서 중국선이 티베트에 전해진 것은 무상스님의 정중선이 처음이었음이 명백해졌다.

『바제』에 의하면, 티베트사람들이 처음으로 불교를 접하게 된 것은 손첸 감뽀왕Srong btsan sgam po(581~649) 만년인 7세기의 중기 무렵이었다. 그 당시 티베트 왕의 왕비로 당에서 문성공주文成公主와 네팔에서 치즌 Khri btsun을 맞아들였다. 둘 다 불교신자였으므로 각각 호신불護身佛을 모시고 와서 예배하다가 뒤에는 그 불상을 모시는 라모체Ra mo che 불당과 토루낭Phrul snang 불당이 세워졌다.

그러나 이때에 불교가 널리 행해진 자취는 전혀 없다. 그 다음 8세기 초에 당에서 금성공주金城公主가 시집을 오게 되었고, 그녀는 매우 열렬한 불교신자였다. 황폐되어 있던 먼저의 두 절을 중수하였을 뿐만 아니라 남편 치데 쿠첸왕Khrilde gtsug btan(704~754)께 청하여 중앙에 다섯 개 사원을 건립하였다. 왕과 왕비는 불교를 비롯한 당의 문물을 본격적으로 티베트에다 도입하려고 노력하였던 것 같으며, 이러한 사실은 중국의 역사 자료에서도 기록되어 있다.

이렇게 해서 불교가 차츰 사람들에게 알려지게 되자 종래의 토속신앙을 신봉하는 사람들이 크게 반발하게 되었다. 이윽고 왕이 죽자 반反불교 세력이 득세하여 아직 어리디 어린 왕자를 누르고 함부로 불교를 탄압하였다. 그러나 이 사건은 오히려 불교에 대한 사람들의 관심을 급속하게 불러일으키게 되었다. 특히 왕자가 강하게 관심을 갖게 됨으로써 불교가 본격적으로 티베트에 도입되는 결과를 가져오게 되었는데, 이에 앞서서 불교를 구하기 위하여 당으로 간 티베트의 사신들과 무상스님과의 인연 관계가 맺어지게 되었던 것이다. 치데 쿠첸왕이 아직 살아 있을 때 치송 데체Khri sron lde btsan왕자의 놀이 친구의 한 사람인 가르겐 상사rGya Phrug gar mKhan SanSi는 당의 조정에서 티베트로 파견된 사신의 아들이었다. 왕자가 가르겐에게 불교에 대하여 물었을 적에 십선법十善法을 일러 주었고, 이에 관심을 지닌 왕자는 부왕에게 불교를 알기를 간청하였다. 왕은 왕자를 위하여 중국으로부터 불교를 받아들이려고 바상시Sba Sang Shi 등 네 사람의 사신을 당에 파견하였다. 이들은 중국측의 환영을 받고 중국 당 황제로부터 1천권의 경전을 하사받았다. 그 뒤에 일행은 귀국하는 도중에 익주益州에서 호랑이를 끌고 다니는 신이神異한 김화상 무상스님을 만났다. 그때에 무상스님은 그들 일행에게 현재 티베트의 왕이 죽고 반불교 세력인 본Bon 계통의 대신들에 의해서 불교를 알리고 '뒤에 왕자가 새 왕이 되어서 외도의 법을 의논하는 일이 있을 때 불교에 관하여 말씀드리면 불교의 신앙심을 일으킬 것이며, 이 경전을 보이면 반드시 불교를 시행하게 되리라'하고 3권의 경전을 상시에게 주면서 티베트는 불교의 은혜를 받게 되어 있으므로 결국은 불교가 장차 성행하게 되리라고 예언하였다.

김화상 무상스님은 그 뒤에 사신들에게 두 달 동안 먹을 것을 공급하고, 그들은 김화상에게서 불교 경전을 배우고, 또한 선수행禪修行의 실천법을 직접 전수받았다고 한다.

<h1 style="text-align:center">43</h1>

신라출신 무상^{無相}스님의 선사상 Ⅴ

중국 초기선종의 형성에 큰 역할을 한 무상선사와 구산선문九山禪門과의 관계

당에서 눈부신 활약을 하였던 신라출신 무상스님의 높은 명성은 고국인 신라에까지도 널리 알려져 있었다. 이는 최치원이 지은崔致遠撰 『지증대사적조탑비문智證大師寂照塔碑文』이나, 『낭공대사백월서운지탑비명郎空大師白月捿雲之塔碑銘』에 기술되어 있어 이 같은 사실을 뒷받침하고 있다. 즉, 당시 행적行寂(832~916)스님을 비롯해서 선법을 구하기 위하여 당으로 간 많은 신라의 스님들이 중국의 서쪽 끝인 사천성四川省 성도成都에까지 찾아가서 정중사淨衆寺에 모셔진 무상스님의 영당影堂에 참배하였다고 한다. 또 당나라 말기 유명한 시인 이상은李商隱이 대중大中5년(851)에 하동공河東公 동천東川절도사節度史 유중영柳仲郢의 청으로 지은 『당唐 자주梓州

208

혜의정사慧義精舍 남선원南禪院 사증당비명병서四證堂碑銘並序』에는 그 당시 명찰인 혜의사에 무상無相스님을 비롯하여 무주無住·마조馬祖·서당西堂 등 네 분 조사스님의 진영眞影을 모신 영당이 있었다고 밝히고 있다. 『사증당비』의 이 기록은 바로 당나라 시대에 무상스님의 명성이 얼마나 높았으며, 또한 중국 선종사에서 차지하는 비중과 그 위치가 어떠하였던가를 능히 가늠케 하여 주는 것이라 하겠다. 혜의사는 이상은이 「사증당비문」을 지은 곳이고, 또한 무상스님의 뛰어난 제자 신청神淸, 814년 무렵스님이 『북산록北山錄』 10권을 저술한 곳이기도 하다. 신청스님은 『북산록』 제6권에서 그의 스승인 무상스님의 인품과 법도에 관해 소감을 밝히기를, '내가 옛적 정중선문에 있을 때 보건대 무상스님의 가르침은 높으면서도 오만하지 않았고, 넓으면서도 불성실함이 없었다. 그리고 이상하고 기이한 것을 내세워서 세간을 놀라게 하는 일도 없었다. 참으로 크게 지혜로우신 여유 있고 한가로운 경지의 어른이시라고 말할 수 있을 것이다. 그래서 나는 그분의 발밑에 예를 올려 스승으로 모시고 그 선지禪旨를 받았다'고 하여 스님의 인격이 높고 깨끗하며, 아울러 성실하게 정진에 노력하였음을 전해주고 있다.

그런데 이 사증당비四證堂碑에 무상·무주·마조·서당 등 네 분의 조사스님이 혜의사惠義寺에 모셔져 있었다는 사실은 이상은李商隱이 그 비명을 저술한 9세기 중엽 당시에 사천四川을 위시한 강남江南일대에 성행하였던 중국 초기선종의 대세를 말해 주는 대목이라 할 수 있다.

다시 말해 이것은, 오랜 세월 동안 정통적 선종계보의 근원이 되어 왔으며 선종사서禪宗史書로서 선가전등록류禪家傳燈錄類의 시초가 되어온, 지거智炬스님이 지은 『보림전寶林傳』(801)에서 불조의 전등을 차례로 기록한 것이 실제는 저자가 전법체계를 조작하였다는 의심을 받아 오던 일을,

확실하게 증언하는 결정적 단서가 되었던 것이다.

원래 이 『보림전』은 저자가 당唐 정원貞元(801)에 7불 28조의 게송을 가지고 조계산曹溪山 보림사寶林寺에 가서 승지삼장勝持三藏과 함께 보정補訂하고, 거기에 당시 여러 종사들의 전법기연傳法機緣을 아울러 기록하였다. 이에 절 이름을 따서 『보림전』이라 하였다는 것인데, 이 책은, 그 이전에 나온 『부법장인연전付法藏因緣傳』에 7불과 여러 조사의 전법게傳法偈가 없고 제7조 바수밀婆須密의 이름도 실리지 않았으나, 비로소 이를 기록함으로 해서 그 뒤로부터 선사禪史를 편찬하는 사람들은 모두가 이것을 의지하게 되었다. 그러나 이 책은 의심될 만한 부분이 많아서 세상 사람들이 신용하지 않았다. 예컨대 『보림전』에는 인도의 제27조 반야다라般若多羅스님이 제자인 달마達磨스님을 중국으로 보내면서 중국불교의 미래에 대해 '남악 밑에 망아지가 나와서 천하를 정복하리라'고 하여, 혜능스님을 이은 남악 회양南嶽懷讓스님 문하의 마조馬祖스님이 중국 선종의 천하를 장악한다는 예언을 하였다는 게송이 나와 있다. 이것은 모두 석가모니불의 정법이 인도에서 28대를 지나 달마에 이르고, 달마가 중국으로 건너와서 그의 6대 법손인 조계 혜능曹溪慧能을 거쳐 남악 회양과 마조로, 또 한편은 청원 행사靑原行思와 석두 희천石頭希遷으로 각각 전해졌음을 주장하고 있다. 그것이 북송北宋 이래 1천년 동안 선종계禪宗界의 교과서로 군림해 왔는데, 이것이 조작된 허위임을 밝힌 이가 바로 중국의 호적胡適박사이다.

그는 이상은의 『혜의정사惠義精舍 남선원南禪院 사증당비명병서四證堂碑銘幷序』에서 당시의 명찰인 혜의사惠義精舍에 무상스님을 필두로 무주·마조·서당스님 등이 그곳 영당에 모셔져 있었다고 기록하고 있는 것을 그 결정적 단서로 제시했다.

호적박사가 주장한 요점의 대강을 한국의 민영규閔泳珪박사가 정리한 것을 보면 다음과 같다. 당 중기에서 후기 사이에 선학禪學을 집대성한 사람으로 평가되는 규봉 종밀圭峯宗密(780~841)은 스스로를 6조 혜능의 법을 계승한 하택 신회荷澤神會의 법손法孫으로 자처하면서 6조의 한 방계로 남악 회양-마조 도일의 계통을 꼽았었다.

호적선생은 이를 두고 '평화공존'이라는 평을 내렸다. 문종의 칙명을 받아 대궐에 머물며 재상이던 배휴裴休의 귀의를 얻었던 종밀의 입장과 성격을 그렇게 본 것이다. 그러므로 일본의 불교학계에서는 중국에서 『보림전』이 성립된 것을 두고 중국 선종의 개창開創이라고 말하는 정도이다.

호적선생은 종밀이 무상의 법계에 속함은 그의 유고遺稿에서 밝혀 놓았다. 종밀은 한편으로는 마조가 김화상 즉 무상의 제자임을 거듭 강조하였다. 아울러 본래는 남악 회양이 6조 혜능 문하의 1천 여 명 되는 문도 가운데 한 사람에 지나지 않음을 증언하고 있다. 마조와 종밀은 사천 성이 낳은 희대의 종교적 지도자로서, 요컨대 무상의 법계에 든다. 그런데 호적선생도 사천의 이 계보를 명확히 파악하지 못하고 있었다.

이상과 같은 중국 선종사의 문제점과 무상스님의 관계를 현지에서 확인하기 위하여 한국의 민박사 일행은 1990년 혜의사 탐사를 통해 당시 선종사의 조작된 전말과 함께 무상스님-마조스님-서당스님으로 이어지는 법계가 바른 것임을 확신하기에 이르렀다. 이의 증명역할을 담당한 것이 이상은이 지은 『사증당비명』이었음을 확인하였다고 한다.

말하자면 사천지방에서 뚜렷이 전개되었으나, 1천여 년이 넘도록 가려져 있던 선종사의 바른 법맥이 제대로 밝혀진 것이니 실로 괄목할 만한 학술적 성과라 아니할 수 없다.

　이런 까닭에 신라 구산선문九山禪門의 개산조開山祖가 되는 대부분의 신라 큰스님들이 당에 가서 선법을 구하되, 예외 없이 서당 지장선사를 비롯한 마조 도일선사 계통의 선맥을 전법 받았음은 그 선맥이 신라 출신의 무상스님에게 닿아 있음을 알고 있었기 때문이다. 뒤에 그분들의 법손들도 입당해서는 그 험난한 촉도蜀道를 거쳐 사천성 성도 혜의사의 조사 영당에까지 나아간 것은 말하자면 무상스님의 선법의 뿌리를 찾기 위한 절실한 순례의 길이었던 것이다. 그러므로 앞으로 한국의 선종사 연구에 있어서 신라 선법禪法에 관한 언급을, 도의道義국사가 입당하여 서당 지장선사에게 선법을 받은 그것보다도 신라 출신 무상스님이 중국 초기 선종의 형성에 크게 활약하여 이에 구산 선문의 개산조들이 받아 온 선법의 뿌리가 무상스님이란 점을 감안, 무상스님에 관한 사실부터 먼저 시작하여야 될 것이다. 그리고 이제는 중국과의 교류와 왕래가 시작되고 있는 만큼 중국 선종사나 중국불교에 관한 연구는 착실한 현지 답사를 통해 얻은 성과 위에서, 그야말로 발로 쓴 연구 논문이 나오길 바라마지 않는다. 그래서 무상스님의 연구에도 더욱 큰 진전이 있기를 기대하는 바이다.

44

어떠한 것이 부처입니까
마음이 곧 부처이니라

如何是佛 卽心是佛

馬祖道一禪師의 大機大用 Ⅰ

어느 때 대매大梅 법상法常스님이 마조 도일스님에게 물었다.

마조 도일馬祖道一(709~788)스님은, 달마스님이 중국에 와서 선법을 전한 후 그 선법이 전개되어 마침내 당나라 중기에는 오가칠종五家七宗이 벌어질 만큼의 번성을 가져오게 하는 데 중심적인 역할을 한, 중국 선종계에서도 대표적으로 손꼽히는 대단한 스님이다.

그는 한주漢州 습방현什邡縣 사람으로 키箕를 만드는 것을 가업으로 하는 마씨의 집안에서 태어났다. 뒤에 자주資州의 당화상唐和尙 처적處寂스님의 회상에 나가 출가하여 그곳에서 신라 출신 무상스님을 만나 지도를 받았다. 당 개원開元 연중(713~741)에 남악 회양南嶽懷讓스님에게 가서 참선을 익히고 심인心印을 받았다.

당 대력大歷 연중(766~779)에 강서江西지역 종릉鐘陵의 개원사開元寺에서 선풍을 선양하니, 참선수행자들을 지도하여 선지를 깨닫게 하는 대법大法의 묘기妙機가 대단하여, 이런 그의 큰 활동을 일러 '마조의 대기대용馬祖大機大用'이라는 말이 나오게 되었다. 이때부터 수행자들이 구름같이 많이 모여 그의 법을 받아 훗날 중국 선종 역사에 길이 이름을 남긴다. 그의 문하에서 백장百丈·대매大梅·염관鹽官·남전南泉·서당西堂·마곡麻谷·장경章敬 등을 비롯하여 139명이나 되는 많은 기라성 같은 선사들이 배출되었으니, 6조스님을 이은 선풍이 실로 마조스님에 의하여 천하에 떨치게 되었다. 시호를 대적大寂선사라 하며, 세상에서나 후대에서는 그를 '강서의 마조'라 하여 호남의 석두石頭와 함께 당시 선계의 쌍벽으로 삼았다.

그의 생김이 남달라서 '혀를 내밀면 코끝을 핥을 수가 있었으며 소처럼 걷고 범처럼 보았다容貌奇異牛行虎視'고 표현되고 있으니 아마도 대단한 위력이 있었음을 알 수가 있게 한다.

그가 남악의 전법원에서 좌선하고 있다가 그를 큰 법의 그릇이 될 인물임을 알아 본 남악 회양스님이 그에게 "기왓장을 아무리 간다하더라도 거울이 되지 못하듯이 그대가 아무리 좌선한다 하더라도 그것으로 부처가 되지 못한다."고 하자, "그러면 어떻게 하면 되겠습니까?" 하고 물었다. "소가 끄는 수레가 가지 않을 때 수레를 때려야 옳으냐, 소를 때려야 옳으냐?" 하는 남악스님의 말씀을 듣고는 마침내 선의 깨달음이란 것이 좌선이라는 모양에 있지 않음을 깨달아 수행하는 데 커다란 힘을 얻게 되었다. 그 뒤로는 온 마음을 기울여서 참선 정진하며 남악스님의 법을 이어받았고, 그곳에서 강서 땅으로 가 성대하게 선법을 선양하였다.

후에 남악스님이 수행자들을 지도하는 마조스님의 솜씨가 어떠함을 알아보고자 어느 수행자에게 귀띔하여 마조의 회상으로 보내면서 "가서 마조가 법상에 오르거든 곧 앞으로 나아가 다만 '어떠하십니까?作麼生' 하고 물어 거기에 대한 말을 듣고 돌아오너라."라고 하였다. 그 수행자가 마조스님 앞에 나아가 그대로 하였더니 마조스님이 곧 "한번 선지를 깨달은 뒤에는 염장에 부족함이 없네.胡亂後三十年 未嘗不缺鹽醬" 하고 답하였다. 그 답을 들은 남악스님이 깊이 머리를 끄덕였다點頭고 한다.

말하자면 깊은 선의 뜻을 바로 얻은 뒤로는 소금이나 간장 등 일상생활의 필수품이 모자라는 바가 없으니, 참선수행하여 바른 법을 얻은 덕택으로 날마다 좋은 날이요, 찾아오는 수행자들에게는 모자람 없이 참으로 날카롭게 대기대용의 활발한 솜씨를 발휘하여 바른 안목을 열게 하는데 있어 조금도 걸림이 없기에 크게 자유자재하다는 것이다. 그러므로 도에 들어가는 사람이면 누구나 다 이렇게 되어야 하지 않겠는가! 이러한 솜씨에 의해 마조스님의 문하에서 진정한 선지식들이 쏟아져 나왔으며, 대매스님도 그 가운데 한 사람이다.

마조스님에게 "어떠한 것이 부처입니까?" 하고 물은 대매스님은 아주 어려서 출가한 후, 형주荊州 옥천사玉泉寺라는 중국 전체에서도 몇 손가락 안에 드는 유명한 큰 절에서 불교 교리 연구를 충분하게 쌓았다. 이에 그는 스스로 '이제부터는 문자공부는 그만하고 실천적인 불교수행의 정수인 선을 실제로 참구하여 진정한 깨달음을 체험할 수밖에 없다'고 하는 불타는 열의를 가지고 마조스님에게 나아가 불교의 근본 문제요 선의 핵심이 되는 질문을 정면으로 전심전력을 다해 부딪혀 갔던 것이다. 묻는 말은 참으로 간단하지만, 그 물음의 무게는 그야말로 천근만근의 무서운 힘이 실려 있는 질문이었다.

그러나 이를 대하는 마조스님은 아무런 긴장감이나 망설임 없이 아주 자연스럽게 "마음이 곧 부처니라." 답하며, 그렇게 묻는 그대의 마음이 바로 부처라고 즉시에 대답해 주었던 것이다.

그런데 이런 말은 사실 불교에서 특히 선의 세계에서는 흔히 쓰는 말이기도 하다. 그러나 이 말이 마조스님의 입을 통해서 나왔을 때에는 그저 하는 보통의 말이 아니다. 그 말은 바로 진리요, 틀림없는 사실이다. 그 답을 들은 대매스님은 마치 애타게 물을 찾다가 물을 얻은 사람처럼 비로소 진리에 접하고 그 물을 마신 것이다.

그러면 마음이 곧 부처卽心是佛란 무슨 뜻이겠는가. 간단히 말해서 아침에 눈 떠서 밤에 잠들 때까지 쉴 새 없이 보고 듣고 느끼고 생각하며, 자면서는 꿈을 꾸는 그 마음 바로 그대로가 부처라는 말이다.

그러나 일반적으로는 그럴 수가 없다. 그저 이득을 얻었다하여 좋아하고 손해를 보았다하여 싫어하며, 보는대로 듣는대로 욕심내어 성내고 어리석은 짓을 하며, 좋다-밉다 · 싫다-좋다 · 크다-작다 · 밝다-어둡다 · 신이다-인간이다 · 부처다-중생이다 하여 상대적으로 대립시켜서 끊임없이 차별하고 분별하여 항상 불안하고 불만스럽고 좋은 일보다 죄악을 더 짓는 이런 마음이 어떻게 부처일 수 있겠는가 하고 생각하지 않을 수가 없다.

이 세상 대부분의 종교가 이와 같은 인간의 죄악관에 입각하고 있는 것도 이러한 마음의 추한 면, 불안한 상태를 더 중하게 보기 때문에 인간 이외의 그 어떤 존재의 타력적인 구제에 힘입지 않으면 인간생활을 선하고 안정되게 하기란 불가능하다고 하여 죽은 뒤에 천당을 약속하거나 또는 정토왕생을 구하도록 하고 있다. 그러나 선에서는 그러한 그 마음이 그대로 부처요, 정토自性彌陀 唯心淨土라고 주장한다. '마음이 부처다' 하는 말은 불교도가 익히 들어 아는 도리이다. 그러나 이 진실한 도리를 행하여 철저하게 깨닫는다는 것이 얼마나 어려운 일이겠는가. 그러니 마조스님이 남악스님 밑에서 10년간이나 애써 수행하였고, 대매스님 또한 그 뒤 산 중에 있으면서 몇 십 년을 정진하고 노력한 것이다.

'어떤 것이 부처입니까?' 하고 묻는 것은 곧 '나는 누구입니까?' 하고 남에게 물어 보는 것과 같은 것 아니겠는가. 할喝!

45

어떠한 것이 부처입니까
마음도 아니고 부처도 아니다

如何是佛 非心非佛

馬祖道一禪師의 大機大用 Ⅱ

어느 날 마조스님에게 한 스님이 물었다. "어떠한 것이 부처입니까?" 대답하기를 "마음도 아니요, 부처도 아니다."고 하였다. 이전에 대매스님이 마조스님에게 물은 것과 똑같은 것으로, 그 대답이 대매스님에게는 "마음이 곧 부처이니라." 하였으나, 다른 스님의 같은 물음에는 "마음도 아니요. 부처도 아니다."라며 엉뚱하게도 전혀 반대되는 대답을 하였던 것이다.

일반적으로 선문답이 어렵다고들 한다. 그럴 것이 똑같은 것을 물었는데도 아주 반대되는 말을 서슴없이 하니, 세상에 이런 일이 있을 수 있다는 말인가. 예를 들어 말하자면 '돈이 있느냐'고 똑같이 질문했을 때,

218

한 사람에게는 '돈이 있다'고 하고, 또 다른 사람에는 '돈이 없다'고 한다. 도대체 어느 말이 옳은 것인가. 있다는 말인가, 없다는 말인가. 도무지 갈피를 잡을 수가 없으니, 아마도 그 진실한 뜻은 대답을 한 사람만이 알 것이라 하겠다. 그런데, 만일 있다고 하거나, 없다고 하거나 다 진실한 말이요, 두 가지 대답이 모두 옳은 답이라고 한다면 그럴리가 없다고 일반적으로는 생각할 것이다. 일반 세속에서는 모든 것을 항상 대립시켜서 있다-없다, 좋다-나쁘다, 밉다-곱다, 나다-너다, 크다-작다 하는 등등 상대적으로 나누어 생각하는 데 젖어 있다. 때문에 있어도 없는 것이요, 없어도 있는 것이라는 것을 이해할 수가 없다는 것은 어쩌면 당연한 일이라 하겠다.

그러나 이 세상에는 분명히 있으면서도 그 모양을 눈으로 볼 수 없고, 그 소리를 들을 수 없는 것이 많이 있다. 예컨대 뉴턴이 발견했다고 하는 인력引力 같은 것은 우리가 그 작용을 알고는 있지만, 아무도 그 인력 자체를 본 사람이 없는 것과 같으며, 전기나 전파 등도 그 작용은 알고 있지만 그 정체를 본 사람은 없는 것이다. 그러니 모양을 볼 수 없다 하더라도 작용이 있으니 분명히 그 무엇인가가 있는 것이다. 그래서 없다고도 할 수 있고, 또한 있다고도 할 수가 있으므로, 있으면서도 없고 또한 없으면서도 있는 것이니, 그렇다면 유와 무가 함께 있으며 또한 동시에 존재해 있는 것이라 하겠다.

이와 같이 마음이라고 하는 것도 모양이 없어 볼 수도 없고 잡을 수도 없다. 그러나 언제나 함께 살고 있다. 내가 깨어 있거나, 잠들고 있거나 간에 항상 끊임없이 작용하고 있지만, 그렇다고 해서 이것이 바로 내 마음이라고 끄집어내서 보일 수는 없는 것이다. 하지만 마음은 누구에게나 확실하게 있어서, 누구라도 마음이 없다고 할 사람은 없을 것이다. 이렇게 분명한 것이면서도 그 작용은 있으나 그 본체는 없다. 그러나 그것도 마음의 눈이 열리게 되면 없던 것이 바로 보이게 마련이다.

우주법계에 가득하여 없는 데가 없는 것을 우리는 부처님이라고도 하며, 또는 부처님 마음이라고도 한다. 부처님도, 부처님 마음도 모양이 없다. 가령 모양이 있다고 한다면 그것은 바로 부처님과 부처님의 마음에서 나타난 것이므로 부처도 아니며 마음도 아니다.

이렇게 모든 것을 부정하고 또 부정해 마친 그 자리에 비로소 부처가 있으며, 부처님 마음이 있다. 만일 마조스님이 '마음도 아니고 부처도 아니다非心非佛'라고 한 말을 참으로 바로 알았다면 이미 참선수행은 마친 것이라 하겠다. 왜냐하면 이것이야말로 최후의 큰 일이기에最後大事 이것이 바로 해결됐다면 일대사를 마친 것이기 때문이다.一大事了畢

그러나 '마음이 곧 부처이다卽心卽佛'함을 깨달아야만 '마음도 아니고 부처도 아니다非心非佛'함을 알게 되는 것이지, 마음이 곧 부처인 도리를 알지 못한다면 마음도 아니요 부처도 아닌 소식은 더욱 알 수가 없을 것이다.

그러면 대매스님이 마조스님에게 "어떠한 것이 부처입니까?" 하고 물었을 때 "마음이 곧 부처이니라." 한 것을 다시 한번 음미해 보기로 하자.

대매스님　"어떠한 것이 부처입니까? 如何是佛"

마조스님　"그대의 마음이 그것이다. 卽汝心是"

대매스님　"그렇다면 그것을 어떻게 체험할 수가 있습니까? 如何保任"

마조스님　"그것을 바르게 잘 지켜 나가는 것이다. 汝善護持"

대매스님　"그러면 법이란 어떤 것입니까? 汝河是法"

마조스님　"역시 그대의 마음이 바로 그것이다. 亦汝心是"

대매스님　"달마스님의 서쪽에서 동쪽으로 오신 뜻은 무엇입니까? 如何是祖意"

마조스님　"그대의 마음이 바로 그것이다. 卽汝心是"

대매스님　"그러면 달마스님에게는 별다른 의도가 없었다는 것입니까? 祖無意耶"

마조스님　"갖은 법을 다 갖추고 있는 그대의 마음을 바로 보아야 하느니라. 汝但識取 汝心無法不備"

하자, 그 말을 듣는 순간 '앗' 하고 대매스님이 그 깊은 뜻을 바로 깨닫게 되었다.

그 뒤에 대매스님은 걸망지고 석장錫杖을 짚고 마조스님의 곁을 떠나서 깨달음을 얻은 뒤의 수행悟後保任을 위하여 다니다가 구름이 깊게 걸려 있는 명주明州 대매산大梅山 밑에 가서 거처하면서 정진하기로 작정하고 약간의 식량을 마련하여 깊이 산속으로 들어간 뒤에는 다시는 세상에 나오지 아니하였다고 전한다.

마조스님의 법을 받은 한 사람인 염관 재안鹽官齋安(?~842)스님의 회상에서 수행하던 어느 스님이 주장자柱杖子를 만들 나무를 구하기 위하여 대매산에 들어갔다가 길을 잃고 산 속으로 들어가게 되었다.

그러다가 산 속에서 한 사람이 풀로 몸을 가리고 길게 자란 머리털을 풀로 동여 매고는 허술한 나뭇집에서 살고 있는 것을 보았다. 스님이 그에게 인사를 건네자 그가 묻기를

대매스님　"마조스님께 배운 적이 있느냐, 나도 배운 적이 있노

라."

스님	"이곳에서 사신 지 얼마나 되었습니까?"
대매스님	"글쎄 몇 년이나 되었을까? 다만 사방의 산이 푸르렀다 누렇게 마르곤 한 것을 아마 서른 번을 더 보았을 것이다."
스님	"그러면 마조스님에게서 무엇을 깨달으셨는지요?"
대매스님	"마음이 부처이다."

거기서 떠나 온 스님이 염관스님에 그 일을 말씀드렸더니, "마조스님에게서 깨달음을 얻은 법상스님이 그 뒤에 30년 이상 소식을 끊고 있으니, 아마도 그 스님일 것이다." 하면서 몇 사람의 제자들에게 산에 들어가서 만일 만나게 되거든 "마조스님은 요즈음 마음도 아니요, 부처도 아니다." 하신다고 말하고 그 대답을 듣고 오라 하였다.

그들이 찾아가서 그대로 말하였더니, 대매스님은 "가령 마음도 아니요, 부처도 아니라 하더라도 나는 마음이 곧 부처라고 닦아 갈 따름이다."라고 하였다.

그 말을 들은 염관스님은 매우 감탄하면서 제자들에게 "서산의 매실이 아주 잘 익었으니, 그대들은 거기에 가서 마음대로 매실을 따오도록 하여라." 하였다. 그렇게 해서 몇 해 안 가서 그 스님 밑에 수백 명의 수행자들이 구름 모이듯 모여 그의 가르침을 받게 되어 그 스님을 대매스님이라 부르게 되었고, 그의 법을 전해 받은 제자들 가운데 신라新羅 스님인 가지伽智선사와 충언忠彦선사 등도 있었다고 한다.

46

마음이 부처라 하거나 마음도 아니고 부처도 아니라 하거나 우는 아이 울음 그치게 함이다

卽心是佛 非心非佛 皆是黃葉止啼錢

馬祖道一禪師의 大機代用 Ⅲ

6조 혜능六祖慧能스님의 여러 제자 가운데 남악 회양南嶽懷讓스님과 청원 행사靑原行思스님, 이 두 분께서 나온 선의 계통이 오늘날까지 길이 전해져 오고 있다. 이 중 남악스님의 가장 뛰어난 제자로 마조스님이 나타났고, 청원스님의 밑에서는 석두 희천石頭希遷스님이 나와 으뜸가는 제자가 되었다. 뒤에 마조스님은 강서江西지방에서 크게 선풍을 선양하였고, 석두스님은 호남湖南지방에서 널리 교화를 행하였다. 이에 당시 선수행자들이 두 선의 거장 밑에 가장 많이 모여들어 '두 스님의 회상에 나아가서 참선 공부를 한 사람이 아니라면 더불어 선을 논할 상대가 못 된다'는 말이 돌 정도였다.

이는 6조 혜능스님으로부터 나온 남종선이 마조스님, 석두스님에 의하여 급속하게 세력이 신장되고, 확고부동히 자리매김하였음을 의미한다. 결국 마조스님은 현대 한국의 조계선 및 중국과 일본의 임제선의 원류가 되고, 석두스님은 일본 조동선의 원류를 이루었다.

어느 날 마조스님이 대중에게 설법하시기를

"그대들 각자의 마음이 그대로 다름 아닌 부처 그것이니, 이 마음이야말로 부처의 마음佛心임을 확실하게 믿으라. 달마스님이 인도에서 중국으로 온 것도 오직 이 한마음의 법一心法을 전하기 위함이었다. 그러므로 '부처님 말씀은 마음을 근본心爲宗으로 삼고, 문이 없음無門을 법문法門으로 삼는다'고 한 『능가경楞伽經』의 가르침을 달마스님이 오셔서 몸소 보이신 것이다. 대저 법을 구하고자 한다면, 바로 그 어떤 것도 구하는 바가 없어야 한다. 즉 마음 밖에 따로 부처가 없으며, 부처 밖에 따로 마음이 없다. 선善을 취하려 하지 말고 악惡을 버리려 하지도 말며, 깨끗하거나 더럽거나 어느 쪽이든 멀리하거나 가까이 하지 말아라. 죄업의 자성이 공한 도리를 알면罪無自性從心起 생각 생각마다 죄를 지을 리가 없으니念念不可得, 그것은 죄의 자성이 없는 까닭이다. 그러므로 세상 모든 것이 오직 마음에서 일어나며三界唯一心, 삼라만상이 모두 다 한마음으로부터 나타나는 바이다森羅萬象現一法印. …… 만약 이 한마음을 깨달아 안다면, 곧 때에 따라 배고프면 밥을 먹고 추우면 옷을 입고隨時 著衣・喫飯 하면서, 깨달은 바를 길러가며聖胎長養 인연 따라 집착하는 바 없이 산다면任運騰騰, 다시 무슨 일이 있겠는가.更有何事"

이러한 마조스님의 가르침 속에는 그야말로 중국 조사선祖師禪의 면

224

목이 그대로 남김 없이 드러나고 있다. 마조스님의 선은 철저하게 돈오頓悟의 입장에 서있다. 즉 '마음이 바로 부처임卽心是佛을 깨달으면 곧 부처요, 깨닫지 못하면 곧 중생이다不覺卽衆生'라고 설한다. 그러면서 중생 밖에 따로 부처가 없다고 한다. 그러나 여기서 중요한 점은 '마음이 곧 부처卽心是佛'라는 것이 그냥 우리들의 쓰고 있는 이 마음이 그대로 부처라고 하는 것은 아니라는 것이다. 다시 말해 '한 마음이 모든 법이요一心一切法, 모든 법이 한마음이다一切法一心' 하였듯이, 분별망상分別妄想으로 차별하여 대립을 세우는 그런 마음이 아니라, 한마음이란 마음이 그대로 삼라만상이요, 삼라만상이 그대로 한마음인, 상대가 끊어져 나와 너가 없고, 주와 객이 따로 없는 그런 마음이야말로 '마음이 곧 부처卽心是佛'의 마음이라는 것이다. 따라서 마조스님이 강조하는 것은 결코 세상 모든 것이 오직 마음에서 일어난다는 삼계유심三界唯心의 도리를 이론적이거나 철학적으로 말해주려는 것이 아니다. 그러한 이론적 설명은 교리를 가르치는 불교에 넘겨줄 것이요, 철학적 유심은 화엄학같은 유심철학을 논하는 데에다 맡겨 주면 될 일이다. 마조스님의 본뜻은 어디까지나 그러한 도리를 실제로 실천하는 데에 있었으니, 마음 밖에서의 인연 따라 생멸하고 시시각각으로 변천하는 무상한 모든 것들은 공한 것임을 비로 보고 사는 삶, 그것을 말한다. 그러므로 범부중생을 제쳐놓고 따로 마음을 구하는 것이 아니라, 중생 그대로가 부처요, 평상심이 그대로 불도平常心是道임을 실행하는 데 있었던 것이다.

옷을 입고 밥을 먹는다는 것은 평소의 생활을 나투는 것이니, 평소의 생활 그대로 아무런 별다른 짓作爲을 더할 것 없이 자연스럽게 인연 따라 任運無作 사는 것이 마조스님의 빈 마음으로 유유자적한 생활이요, 선이었다.

마조스님의 즉심시불卽心是佛과 평상심시도平常心是道는 마조스님의 선사상馬祖禪에 있어서 가장 중요한 핵심이다. 평상심을 그의 어록에서는 '본래부터 있는 것이요 지금도 여전히 그대로 있다. 그러므로 도를 닦는다거나 좌선함을 필요로 하지 않는다'하여 평상심 그 자체가 곧 부처이기에 수행을 필요로 하지 않는다道不用修고 한다. 이러한 주장은 평상심이라고 하는 우리 인간 본래가 구족하고 있는 청정한 마음을 두고 하는 것이지, 좌선을 필요로 하지 않는다는 뜻이거나 닦아 깨달을 불성이 없다는 것이 아니다. 그런데 마조스님이 즉심시불卽心是佛이라고 말한 본뜻은 수많은 제자들을 깨닫게 하기 위한 솜씨를 보일 때 기연機緣에 쓴 일상적인 말이요, 그들을 인도하는 도구였음을 잊어서는 안 될 것이다. 그 점이 다음과 같이 나타나 있다.

제자　　　"스님께서는 어째서 마음이 곧 부처卽心卽不라고 설하십니까?"

마조스님　"그것은 어린 아기의 울음을 그치게 하기 위해서다."

제자　　　"울음을 그치면 어떻게 하십니까?"

마조스님　"마음도 아니고 부처도 아니라非心非佛고 하겠다."

제자　　　"이 두 가지 말고 누가 와서 물으면 어떻게 일러 주시겠습니까?"

마조스님　"그에게는 물건도 아니다不是物라고 말하겠다."

제자　　　"바로 그렇게 말하는 사람이 온다면 어떻게 하시겠습니까?"

마조스님　"그에게 큰 도大道를 알아 얻게 해 주겠다."

라고 하였다. 이에 대하여 마조스님의 법을 받은 남전南泉스님은 '마조스님이 즉심즉불이라고 말하는 것은 마치 우는 아이를 달래고자 해서 손뼉을 치거나 누런 잎을 흔들어 보이는 것과 같다' 하였듯이, 마조스님이 어떤 때에는 '즉심시불'이라 하고 또 어떤 때에는 '비심비불'이라고 한 것은 마조스님의 가르침이 기회에 따라서, 근기에 맞추어 설법하였기 때문이다.

그것은 제자들로 하여금 직지인심直指人心·견성성불見性成佛케 하려는 대기대용大機大用의 발현發現이라고 하겠으니, 마조스님이야말로 중국의 선종사에 있어서 참선수행자들을 바로 지도하여 견성케 하는 뛰어난 능력禪的大機用을 유감없이 발휘, 선풍을 선양한 가장 뛰어난 선의 지도자라 할 수 있을 것이다.

47

모든 말과 행위가 참성품인 마음의
나타남이니 거기에 부처가 있다

卽今 語言動作 造善惡 受苦樂 卽汝佛性

馬祖道一禪師의 禪思想 Ⅰ

마조 도일馬祖道一(707~786)스님은 어려서부터 세속의 학문을 다양하게
배우고 익혀 출가하기 전에 중국 고대의 대표적 학파인 유가儒家·도가
道家·음양가陰陽家·법가法家·명가名家·묵가墨家·종횡가縱橫家·잡가雜
家·농가農家 등의 구류九流와 시詩·서書·예禮·악樂·역易·춘추春秋 등
육학六學을 이미 통달하였다. 어려서부터 그 재질과 기량이 범인의 수준
을 훨씬 뛰어넘었음을 보여주는 사례라 할 수 있다.

그러한 그가 일찍이 젊은 나이에 한주漢州 나한사羅漢寺에서 출가하였
고, 신라출신 무상無相스님이 당나라에 들어가서 촉의 땅, 즉 사천성에
이르러 자주資洲 덕순사德純寺에서 당시 당화상唐和尚이라고 불리우는 처

적처寂禪師스님을 만나 수행하고 있던 시기에 마조스님 역시 처적스님에게 가서 삭발·수계하고 수행을 시작하였다. 그러다 다시 사천성 유주渝州에 있는 원율사圓律師에게서 구족계具足戒, 즉 比丘戒를 받았다.

출가 초기에는 사천성 익주益州의 장송산長松山에서 수행하였고, 뒤에는 여기를 떠나 호북성湖北省 형남荊南에 있는 명월산明月山에서 수행했다. 개원開元(713~741) 때 선종 6조가 되는 혜능대사慧能大師의 훌륭한 제자의 한 사람으로 꼽히는 남악 회양南嶽懷讓스님이 중국 다섯 명산의 하나인 호남성湖南省 형악衡嶽, 또는 중국의 남쪽에 있다 하여 남악南嶽이라고도 하는 반야사般若寺에서 선법을 드날리고 있다는 소문을 따라 형악, 즉 남악의 전법원傳法院으로 옮겨 좌선 정진에 열중한다.

그런 나날을 보내고 있으면서 남악스님의 회상에 드나들며 설법을 듣던 시기에 시절 인연이 익어졌던지, 드디어 그가 선법을 이어갈 만한 법의 그릇法器이 될 수 있음을 간파한 남악스님이 전법원으로 찾아간다. 이때 행한 천하에 유명한 '기왓장을 가는 문답磨塼問答'을 통하여 형식으로서의 좌선에 집착해 있음을 확실하게 부정하여 인도에서부터 전해 내려오던 앉아 하는 선에서 벗어나, 넓고 큰 대지 위를 자유롭고 활달하게 행동하는 선사상을 보여주었다. 여기서 마조스님은 남악스님으로부터 마음을 닦는 법문心地法門이라는 것이 바로 도를 보는見道것이어야 하며, 모양으로 나툴 수 없는 도를 바로 보기 위해서는 세상을 바로 보는 마음의 눈心地法眼이 열려야 하는 것이니, 그것은 또한 일정한 모양에 집착함을 떠나는 무상삼매無相三昧를 얻는 것이며, 무상삼매를 얻는다면 저절로 도에 계합하게 됨을 비로소 알게 된다.

그리하여 도라는 것은 시작도 없고 끝도 없으며, 생기는 것도 아니고 무너져 없어지는 것도 아니며, 모이는 것도 아니고 흩어지는 것도 아니

며, 긴 것도 아니고 짧은 것도 아니며, 고요한 것도 아니고 어지러운 것
도 아니며, 급한 것도 아니고 느슨한 것도 아니며, 더한 것도 아니고 덜
한 것도 아니며, 더러운 것도 아니고 깨끗한 것도 아니어서 마치 허공이
그 아무 것에도 매이지 않고 그 어떤 것도 방해하지 않음과 같음無始無終
不成不壞 不聚不散 不長不短 不靜不亂 不急不緩 若如是解 當名爲道을 바로 아는 것임
을 확연히 깨닫게 되었던 것이다. 그러한 초연한 경지에서 남악스님을
십년 동안 모시면서 수행 정진하여 큰 법을 이었다.大法繼承

남악 회양스님에게 심인心印을 받은 마조 도일스님은 천보天寶 원년
(742) 복건성福建省 건양建陽의 불적암佛跡巖에서 자신의 불법을 처음으로
천하를 향하여 설하였으니開堂普說, 그의 나이 36세 때의 일이었다.

마조스님의 선사상에 대하여 그보다 바로 다음 세대에 선과 화엄에
걸쳐서 크게 활약하였으며, 선의 여러 종파의 종지를 판단하여 해석한諸
宗判釋 것을 남겨 우리나라에서도 지금까지 유명한 규봉 종밀圭峯宗密(780~
841)스님은 그가 저술한, 한국 불교의 전문강원專門講院에서 교재로 사용
되어 온 바 있는, 『선원제전집도서禪源諸詮集都序』 그리고 『중화전심지선
문사자승습도中華傳心地禪門師資承襲圖』에서 다음과 같이 평하고 있다.

선은 크게 나누어 세 가지 종이 있으니, 그 가운데 세 번째가 '일체의
모든 법은 있다하거나 없다하거나 간에 오직 진성眞性, 즉 心性이다' 하는
직현심성종直顯心性宗이다. 이 종은 진성을 의지하여 성립한다. 즉 일체의
언어와 행위는 다 진성의 전체眞性全體의 나타남이라고 보는데, 그 진성
을 어떻게 파악하느냐 하는 다름에 따라서 홍주종洪州宗과 하택종荷澤宗으
로 갈라지게 된다.

홍주종에서는 모든 행위가 다 진성의 나타남 그것이기 때문에 따로
깨달음을 구할 필요가 없으니, 생겨 있는 그대로天眞自然가 진정한 깨달

음이라 하고 하택종에서는 공적한 지空寂知가 진성이기 때문에 소소역력한 지靈知不昧를 얻는 것이 깨달음이라고 한다. 그래서 마조스님의 선의 가풍을 따르는 선수행자들이 이루고 있는 홍주종에서는 다음과 같이 선을 지도한다. 즉 지금 여기서 능히 활발하게 말을 하고 행동하며, 또 욕심내고 성내고 어리석은 짓貪·瞋·癡을 하거나, 참고 견디어 자비심慈忍을 일으키거나, 선하고 악하여 괴로워하고 즐거워하는 등이 그대로 그대의 불성佛性이니 그것을 곧 본래의 부처라고 하는 것이다. 이것을 제하고는 따로 부처가 없는 것이기에 본래 지니고 있는 그것天眞自然이면 되는 것이다. 그런 까닭에 일부러 생각을 일으켜서 도를 닦으려고 할 필요가 없다. 도道 그대로가 마음이니까 마음을 가지고 마음을 닦을 필요가 없는 것이다. 그렇다면 악도 또한 마음이니까 역시 마음을 가지고 마음을 끊을 것이 없는 것이다. 따라서 끊을 것도, 닦을 것도 없으므로 자연따라 자재롭게 사는 것任運自在이야말로 해탈인 것이다. 심성은 마치 허공과 같아서 더함도 덜함도 없는 것이니不增不減, 어찌 무엇을 더 보텔 것이 있겠는가. 다만 때와 곳에 따라서 그저 업을 쉬고 정신을 편안히 한다면息業養神 훌륭한 이 몸과 마음은 더욱 더 거룩하게 빛나서聖胎增長 그대로 기막히게 근사하다.自然神妙 그러므로 이것을 진정한 깨달음, 진정한 수행, 진정한 증득이라고 하는 것이다.(「都序」禪三宗과 敎三敎 중의 제3종 直顯心性宗條) 어느 날 마조스님이 설법하기 위하여 법당에 올라 갔으나 아무 말도 없으신 채 그대로 서 계셨다. 그러자 으뜸 제자 백장 회해百丈懷海선사(749~814)스님이 마조스님 앞에 놓여 있는 자리를 둘둘 말아서 치워 버렸다. 마조스님은 바로 법당에서 나가셨다. 여기서 마조스님은 말함이 없이 말하였고, 백장스님은 들은 바 없이 들었다할 것이니, 마조스님은 평상시의 생활 속에서 그의 선풍을 이렇게 보이곤 하였다.

이제 불자들이시여! 부처님이 언제 오시고 언제 가셨던가. 정신 바짝
차려 바로 살필 일이다.

48

어떤 때는 눈썹을 들고 눈을 깜박거림이 옳고,
어떤 때는 눈썹을 들고 눈을 깜박거림이 그르다.
그대라면 어떻게 하겠는가

有時 揚眉瞬目者是 有時 揚眉瞬目者不是 子作麼生

馬祖道一禪師의 禪思想 II

마조스님이 법상에 올라 대중에게 분명하게 다음과 같이 법을 설하
였다.

도道는 닦을 필요가 없는 것이지만, 다만 물들음汚染이 없어야 한다.
물들음이란 생사에 끄달리는 마음이 생겨서 허망한 생각을 일으키
거나 쓸데없는 짓들을 하는 것이 다 물드는 것이다. 만일 도를 바로
터득하였다면 평상심平常心이야말로 도, 그것이니라.

평상심이란 일부러 꾸밈造作이 없고, 잘잘못是非 가림이 없고, 찾고 버림取捨이 없고, 있다 없다斷常가 없고, 성인 범부聖凡가 따로 없는 것이니, 경전에서 '범부의 행도 아니요, 성현의 행도 아닌 것이 보살의 행'이라고 한 그것이다. 그러므로 지금 가고 오고, 앉고 서고, 눕고 자고, 말하고 말 없거나, 움직이고 고요함行住坐臥 語默動靜이거나, 일을 처리하거나 사람을 접하거나應機接物 하는 것이 모두가 그대로 도이다. 그 도야말로 법계法界, 즉 진리이니, 온갖 모든 것 그리고 그 작용이 법계에서 벗어남이 없는 것이다. 만약 그렇지 않다면, 어떻게 심지법문心地法門이라든가 무진등無盡燈이라는 말을 할 수가 있겠는가.

일체의 법은 다 마음의 법一切諸法 指是心法이요, 일체의 이름은 다 마음의 이름一切諸名 皆是心名이니, 모든 것이 다 마음에서 생겨난 것이기에萬法皆從心生 마음이야말로 온갖 모든 것의 근본이다.心爲萬法之根本 그러므로 경전에서도 '마음의 근원에 도달하였음을 이름하여 사문이라 한다.識心達本源故號爲沙門'라고 하였다. 이름 따라 뜻 따라 달라짐 없으니, 모든 것은 다 평등하여 한결 같아서 어지러움이 없다.純一無雜

만약에 교문 가운데敎門中 때에 따라 자유자재롭게 법계를 건립할 수 있다면 그대로 모두가 법계이며, 또한 진여를 세울 수가 있다면 그대로 모두가 진여이며, 이理로써 한다면 모든 존재가 다 야이며, 사事로써 한다면 모든 존재가 다 사이니, 하나를 들어 세우면 천이라도 만이라도 다 그것을 따르는 것이다. 그러니 이理와 사事가 다른 것이 아니며理事無別, 온갖 것이 다 참으로 훌륭하게 이루어져 미묘하게 작용하고妙用있으니, 이것 말고 또 별다른 도리道理가 없는 까닭에 모든 것이 다 마음의 움직임에 의해서 있는 것이다.

이와 같이 마조스님은 일상생활에서 쓰는 마음, 즉 평상심의 용심을 강조하여 그 마음의 자유롭고 활달한 마음 씀이야말로 그것이 바로 진리 그 자체이라 하여 그곳에 선 도리禪理의 당체當體를 보았던 것이다. 곧 일상생활의 손놀림 하나, 발움직임 하나, 눈썹을 움직이고 눈을 깜박거리는 거기에다 세계성립의 근본을 두는 것이 마조의 선사상이며, 마조선의 진면목이다.

마조스님이 항상 말씀하시기를 '언제나 법성삼매法性三昧 가운데 있으면서 옷을 입고 밥을 먹으며, 말도 하고 사람도 만난다. 눈과 귀와 코와 혀와 몸과 뜻을 쓰는 것六根運用, 온갖 하는 일一切施爲이 모두가 다 법성 그것이다'라고 하여 일상의 생활 그것에 법성을 인정하는 선사상을 내세웠다.

이에 대하여 강서江西의 마조(709~788)스님과 같은 시대에 활약하여 쌍벽을 이루던 호남湖南의 석두石頭希遷(700~790)스님의 선사상은 이러한 일상성一常性과 본래성本來性을 너무 안이하게 덮어 놓고 하나로 보는 것을 비판하였다. 이에 관하여 석두스님에게서 깨달음 얻고 법을 받은 대전보통大顚寶通(?~819)스님은 다음과 같이 전하고 있다.

> 내가 지난해에 석두스님을 찾았을 때 물으시기를 "어떤 것이 그대 마음인가?" 하심에 답하기를 "말하는 것이 마음입니다." 하였다가 "할.喝" 한 소리에 쫓겨나고 말았다. 그러한 얼마 뒤에 다시 찾아뵙고 "전에, 말하는 것이 마음이라 함은 아니라고 하셨으니, 그러면 그것밖에 어떤 것이 마음입니까?" 하였더니, 석두스님 이르시기를 "눈썹 들고 눈 움직이는 등의 모든 것 말고 곧바로 마음을 가져 오너라." 하심으로 다시 "그밖에 내놓을 마음이 없습니다." 하였다.
>
> 그러자 석두스님이 "그대는 먼저 왔을 때 마음이 있다 하더니 이제

는 어찌 마음이 없다 하는가. 마음이 없다고 한다면 나에게 거짓말 하는 것과 같지 않느냐.” 하시는 말씀을 듣는 순간 크게 깨닫는 바가 있었다. …… 그러므로 수행하는 사람들은 반드시 자기의 본 마음自 家本心을 바로 알아야 하나니, 마음이 나타내는 모양에서 바로 도를 보아야 한다. 그런데 요새 많은 사람들이 하는 것을 보자 하니 다만 눈썹을 들고 눈을 움직이거나 한 마디 말을 하거나 혹은 말이 없거 나 하는 것을 그대로 인정하여 바로 인가印可를 주어서 심요心要를 얻었다고 하지만, 이런 것은 참으로 아직 바로 요달了達했다고 할 수 가 없는 것이다……. 하였다.(「宗鏡錄」 제98권)

약산 유엄藥山惟儼(751~834)스님이 참선수행을 하다가 처음에는 석두스 님을 찾아뵙고 물었다.

> 약산스님　“불교의 교학에 대해서는 대강 알고 있습니다만, 직
> 　　　　　지인심　견성성불直指人心 見性成佛에 대해서는 아직
> 　　　　　분명하지 못합니다. 자비로 저에게 가르침을 주십
> 　　　　　시오.”
> 석두스님　“이래도 아니고 저래도 아니고, 이것도 이것 아닌 것
> 　　　　　도 모두가 다 아닐 때 그대라면 어떻게 하겠느냐?
> 　　　　　恁麼也不得 不恁麼也不得 恁麼不恁麼總不得 子作麼生”

약산스님이 꼼짝 못하고 두 손 바짝 들 수밖에 없는 꼴이었다. 그러자

> 석두스님　“그대의 인연은 여기에 없구나, 저 마조대사에게나
> 　　　　　가 보게나.”

라고 하였다. 약산스님은 그 지시대로 마조스님을 찾아가서 같은 질문
을 하였다. 마조스님이 이르시기를

마조스님　"나는 어느 때는 물어오는 사람에게 눈썹을 들고 눈
　　　　　을 깜박거리기도 하고, 어느 때에는 눈썹을 들고 눈
　　　　　을 깜박거리지 않기도 한다. 또 어느 때는 그렇게
　　　　　하는 것이 옳고, 어느 때는 그렇게 않는 것이 옳다
　　　　　고 한다. 자, 그대라면 어떻게 하겠느냐."

라고 하시는 말씀을 듣자 약산스님은 바로 깨달아契悟 예배하였다.

마조스님　"그대는 무엇을 알았기에 절을 하는가."
약산스님　"네, 제가 석두스님에게 있을 때는 마치 모기가 무쇠
　　　　　소 위에 앉아 있는 것 같았습니다."
마조스님　"그래, 그대가 분명히 알았으면 그것을 잘 지니도록
　　　　　하게."

라고 하셨다. 마조스님을 3년 동안 시봉하며 수행하던 어느 날, 약산스
님에게

마조스님　"그대의 최근의 경지가 어떠한가?"
약산스님　"네, 살가죽은 다 벗겨져 떨어져서 있는 것은 오직
　　　　　하나의 진실一眞實뿐입니다."
마조스님　"그대의 지견이 말하자면 마음과 몸이 딱 하나가 되

어 손발의 끝까지 두루해 있다 하겠으니, 이제는 여
기를 떠나서 어디든 인연 따라 머물도록隨處佳山去하
시게."

약산스님 "저를 어떻게 생각하시기에 머물라는 말씀을 하십
니까?"

마조스님 "오해하지 말게, 계속 걷기만 하여 머물지 않는 자도
없거니와 머물러 있는 채로 걸어가지 않는 자도 일
찍이 없는 터이니, 그대가 이대로 여기에 있어서는
이 이상 나가려 해도 더 나갈 수 없고, 무엇을 더 하
려 해도 더 할 것이 없으니, 나가서 배처럼 물 따라
세상에 노니는 것遊行이 좋을 것이다. 이 산에 오래
토록 더 있을 필요가 없느니라."

라고 하였고, 약산스님은 이에 마조스님 밑을 떠났다.

이렇게 마조스님이 수행자들을 지도하는 방법은 경론에 의지함 없이
곧바로 수행자들의 눈앞에 손을 내밀어서 가려운 데를 시원하게 긁어
주며, 감았던 눈을 번쩍 뜨게 하는 그야말로 생생하게 약동하는 솜씨活手
段를 쓰고 있음을 보게 된다. 여기에서 뒤에 백장스님, 황벽스님, 임제스
님으로 이어져 발전해 나간 중국 당나라 시대의 대기대용大機大用이 자유
자재한 선사상의 원점이었음을 또한 알게 된다.

49

마조스님　　“경론을 강의하되 무엇으로 하는가?”
랑좌주　　　“마음으로 강의합니다”
마조스님　“마음이란 마치 배우가 역할 따
라 변하듯 달라지는 것인데, 어떻게 그런
마음으로 강의한다 하는가. 허공이야말로
경론을 바로 강의하는 것인 것을”

馬祖道一禪師의 殺活自在한 活作略 I

　　중국의 선종사상은 후대로 발전하면서 점차 화두를 위주로 하는 간
화선看話禪이 주종을 이루었으나, 선종사상의 형성 시기에는 참선수행자
에게 근본적 최대 관심사가 바로 '마음' 그것이었다. 이러한 중국에서의
초기 선사상 형성 시기를 '순선의 시대純禪時代'라고도 부른다. 근래에 우
리나라에서 재발견되어진 『조당집祖堂集』에는 이른바 순선시대에 활약

한 선사들의 활약상과 일화들이 많이 소개되어 있다. 그 가운데서도 으뜸으로 꼽히는 선사가 마조 도일선사였고, 거기에 나오는 마조스님과 홍주洪州 서산西山 량좌주亮座主의 일화는 가히 압권이라 하겠다. 촉나라 출신으로 강서성江西省 홍주洪州 대안사大安寺 사주寺主로 있으면서, 경전이나 논서 등을 해설하고 강의하는 좌주座主이기도 했던 량좌주가 마조스님과 문답한 내용은 현대의 우리들에게도 '마음'에 대하여 가지고 있는 잘못된 인식을 반성케 하는 바가 크기 때문이다.

좌주라고 하면 아마도 현대에서는 불교대학의 불교학자이자 교수라고 할 수 있을 것인데, 량좌주는 그러한 사람들 가운데서도 뛰어난 수재로 인정받았다. 따라서 자기 스스로도 당대에 견줄 상대가 없을 정도의 대학자임을 자부하였다. 그는 매사에 당당한 자신감이 넘치는 그런 인물이었다.

량좌주가 어느 기회에, 홍주 개원사開元寺에 계시하면서 견성달도한 뒤 문호를 크게 열어 운집하는 수행자들을 활발하게 제접提接하여 마음의 눈을 열게 하며 독자적인 선풍을 크게 선양하고 있던 마조스님을 찾아뵙고 인사를 하였다. 그때 그를 본 마조스님이"그대는 경론을 연구하고 강의하는 불교학자 인듯 한데." 하고 부드럽게 물었다. "그러합니다." 하고 자신만만하게 대답하는 것을 듣자 곧바로 마조스님의 말이 떨어졌다. "무슨 경을 설하시는가?" "네, 심경心經을 많이 강설합니다." "그러면 경론을 강의하되 무엇으로 하는가?" 량조주가 사뭇 멋진 대답이라고 생각하며 "물론 마음으로 강의합니다." 하였다.

순간 마조스님의 말이 마치 비수처럼 량좌주의 가슴에 날카롭게 날아가 꽂혔다. "마음이란 마치 배우가 역할 따라 변하듯 달라지는 것인데, 어떻게 그런 마음으로 강의한다 하는가?" 그러자 량좌주는 순간적으로 당황하면서 화가 난 목소리로 내뱉었다. "아니, 마음이 강설이라도 한다는 말입니까?" 하자, 마조스님이 빙그레 웃으면서 "그렇고 말고, 허공이야 말로 경론을 바로 강설하는 것인 것을." 하고 답했다.

량좌주가 아주 화난 안색으로 자리에서 벌떡 일어나 '이런 사람하고 더 무슨 말을 할 것이랴' 하는 듯 등을 돌리고 몇 발짝 걸었을 때, 등 뒤에서 마조스님의 "여보게, 좌주님!" 하고 날카롭게 부르는 소리가 들려왔다. 그 소리에 뒤를 문득 돌아보는 순간 마조스님이 이르기를 "태어나서 늙을 때까지 다만 이것뿐이네." 하였다. 이 말을 듣는 순간 량좌주는 '아!' 하고 모든 것을 한꺼번에 깨닫게 되었다.

말하자면, 나야말로 대불교학자요 하는 낯두꺼운 얼굴을 쳐들고는 경전의 글자 풀이나 하는 주제에, 그래도 수박 겉핥기 하듯 하는 공부에 스스로 도취되어 내가 제일이라고 생각하고 있었기에 '좌주님 즉, 학자님'하고 부르자 자기도 모르는 새 뒤돌아 보았던 자신의 역겨움에 대하여, 그리고 허공이라는 말 가운데는 량좌주의 생명도, 마조스님의 생명까지도 모두를 포함한 거대하고도 존귀한 부처님의 생명과 세계가 뒷받침되고 있는 것임을 직관적으로 확실하게 알게 되었던 것이다. 그러한 생명은 량좌주 자신의 생명이며 또한 부처님의 생명이니, 경전이란 결국은 그런 위대하고 진실한 부처님의 세계를 말하고 있는 것이므로 그러한 부처님의 생명을 살고 있는 것이 바로 자기 자신임을 확신하는 바가 없다면 경전 해석인들 올바르게 할 수가 없음을 찰나에 깨닫게 되었던 것이다.

그렇게 깨닫게 되자, 량좌주는 마조스님에게 큰절을 하였다. 절하는 그의 머리위에 우레 같은 질타의 소리가 떨어졌다. "야, 머리통 빈 놈아! 그 따위 절이나 해서 무엇 하겠는냐?"

량좌주는 그 뒤에 홍주의 서산西山에 들어가 숨어 다시는 나오지 않았다고 한다. 오늘날 실력이 없으면서도 부끄러운 줄 모르고 향상을 위한 끊임없는 정진, 노력을 기울이지 않고 있는 학자들 즉, 현대의 좌주들에 비해서 오히려 량좌주는 부끄러움을 알고, 자신을 바로 아는 사람이었다고 할 것이다.

이런 량좌주도 처음에는 홍주 대안사大安寺 사주寺主로 있으면서 같은 홍주의 개원사開元寺에 계시는 마조스님을 비방하고 있었다. 그러던 어느 날 밤에 저승사자 둘이 나타나서 문을 두드렸다. 그 소리를 들은 사주가 "누구신가?" 하고 물었다. 그러자 대답하기를 "저승에서 온 사자인데, 이 절 사주를 데려가려고 왔소." 하였다. 량사주가 그들 사자에게 이르기를, "저승사자들은 들으시오. 나는 금년에 67세가 되었소. 그런데 약 40년 동안 경론을 강의하며 대중들 외호에 힘쓰다보니 아직도 이론뿐, 수행이 되어 있지 않소. 그러니 며칠만이라도 기다려줄 수가 없겠소. 만일 안 된다면 단 하룻낮, 하룻밤만이라도 말미를 주시오." 하였다.

저승사자가 답하기를 "아니, 40년을 경전 강의에 전념하고도 수행이 안 되었다 하면서 이제 새삼스럽게 하루쯤 더한다고 해서 무슨 수행이 되겠는가. 마치 목마름에 이르러 우물을 파는 것과 같으니, 무슨 소용이 있으리오. 자, 어서 빨리 가도록 하자. 만일 조금이라도 늦으면 우리들이 염라대왕의 노여움을 사게 될 것이다." 하고 재촉하였다. 그때 함께 온 또 하나의 사자가 동료 사자에게 말하기를 "염라대왕께서는 이미 다 아시고 계실 것이니, 그에게 기회를 주는 것이 어떻겠는가?" 하고 권유하였다. "그렇다면 하루만 더 수행하도록 기다려줄 것이나, 만약 우리가 돌아가서 대왕에게 여쭈어 허락이 나면 내일 다시 올 것이지만, 허락이 안 나면 즉시 돌아올 것이다." 하고 돌아갔다. 량사주가 생각하기를 "저승사자들은 일단 물러갔으나, 도대체 하루 동안 어떻게 수행하여야 한단 말인가." 하고 한탄하다가 날이 새기도 전에 이제까지 비방만 하던 부끄러움을 무릅쓰고, 개원사로 마조스님을 찾아뵙는다. 사정을 말씀드리고는 "생사일대사가 닥쳐왔습니다. 어떻게 하여야 할지, 스님의 자비로 도와주십시오." 하고 애원하였다. 마조스님은 량사주를 옆에 있게 하고 선정에 드셨다. 이튿날 저승사자들이 다시 왔으나, 대안사에서나 개원사에서도 량사주를 찾지 못하고 돌아갈 수밖에 없었다. 오히려 마조스님과 량사주에게는 사자들이 보였으나, 그들은 마조스님의 선정력으로 인해 량사주를 볼 수가 없었던 것이다.

이런 인연으로 해서 량좌주와 마조스님과의 앞선 문답이 이루어졌고, 이윽고 그는 학자에서 교학을 버리고 생사일대사를 해결하는 선수행자로 전향하는捨敎入禪 기연을 얻게 되었으니, 마조스님의 죽이고 살리는 일을 자유자재로 하는 중생제도의 활발한 큰 솜씨가 바로 이러하였다. (『祖堂集』 제14권)

50

푸드득하고 날아가는 야생의 오리를 보고
"저것이 무엇이냐" 하는 마조스님의 물음에
천지와 하나인 참된 나를 깨닫다

馬祖野鴨子

馬祖道一禪師의 殺活自在한 活作略 II

마조스님은 63세 때인 대력大歷 4년(769)에 중국의 다섯 큰 호수五大湖의 하나로 꼽히는 파양호鄱陽湖가 있는, 강서성江西省 종릉鐘陵에 위치한 개원사開元寺, 別名 佑淸寺에 계시면서 여기를 활동무대로 삼아 높이 선지禪旨의 법당法幢을 세우니, 사방에서 천하의 수선납자修禪衲子들이 구름 모이듯 하였다. 이들에게 살활자재한 활발한 솜씨殺活自在 活作略를 마음껏 펴서 제접提接함에, 여기서 참으로 눈 푸른 수행자들이 쏟아져 나오게 되었다.

이러한 모양을 『조당집祖堂集』 권14에서는 '마조대사 문하에서 선법을 전해 받은 제자들이 많이 배출되어, 당시 세상에 널리 이름이 알려진 선사만도 넉넉히 88명이나 되었고, 그 밖에 법을 얻었어도 이름을 드러내지 아니하고 숨어서 수행에만 전념한 까닭에 후세에 알려지지 않은 수행자까지 더하면 그 수는 헤아리기조차 어려운 정도이다. 그러나 대략 마조스님이 36세에 처음으로 세상에 자신의 선법을 설한 이래 80세에 입적할 때까지 약 45년간에 걸쳐, 그 문하에서 법을 받은 사람은 아마도 1천 명이 넘을 것이다' 하였는데, 이 숫자는 『전등록傳燈錄』 권28에서 전하고 있는 수보다 많은 것이다.

이처럼 마조스님 밑에서 법을 받아 각각 인연 따라 널리 마조스님의 선을 선양한 다수의 사람들이 일파를 형성, 곧 홍주종洪州宗이라 불렸고 후대의 중국선에 커다란 영향을 끼쳤다. 그러한 제자들 가운데 으뜸으로 꼽히는 분이 바로 백장 회해百丈懷海(749~814)스님이었다.

이 제자를 맹렬히 단련하여 마침내 최고의 전법제자로 키워낸 마조스님의 기상천외한 솜씨와, 다른 제자들의 의표를 찌르는 대응을 몇 가지 살펴보기로 하자.

백장스님의 개원사開元寺로 마조스님을 찾아간 것은 그의 나이 20세를 갓 넘긴 때였다.

> **백장스님** "부처님께서 보이시려는 뜻이 무엇입니까?
> 如何是佛旨趣"
>
> **마조스님** "그거야, 그대가 신명을 내던져야만 비로소 볼 수가 있는 것이지. 正是汝身命放下處"

라고 말씀하셨다. 여기서 마조스님은 젊은 수행자 회해懷海가 법을 담을 수 있는 큰 그릇임을 꿰뚫어 보았다. 백장스님도 마조스님의 깊은 뜻을 알아차리고는 이제 다시 다른 스승을 찾아다닐 것 없이 오직 마조스님만을 스승으로 의지하고 섬기면서 애써 수행에 매진키로 다짐한다. 그는 아침저녁으로 스승의 수발을 들고, 대중의 운력이 있을 때는 누구보다도 항상 앞장서서 작업에 임하였다.

그런데 이같이 마조스님을 시봉하는 동안 마조스님은 언제나 공양할 때마다 밥그릇 뚜껑을 열고 그 안에 들어 있는 음식 한 조각을 집어 들고는 대중에게 향하여 "이것이 무엇인고?" 하고 물었다 한다.

시봉하기 약 3년이 지난 어느 날 마조스님을 모시고 길을 가는 도중 갑자기 가까이에서 들오리가 푸드득하고 하늘 높이 날아가 버렸다. 이때 마조스님이 곧 뒤에 오는 백장스님을 보고 "저것은 무슨 소리냐?" 하고 물었다. 백장스님이 "아마도 들오리 같습니다." 하고 대답하였더니, 잠시 후에 "아까 그 들오리는 어디로 갔느냐?" 하고 다시 물었다. 그래서 백장스님이 "어디론가 날아가 버린 모양입니다." 하고 대답하자 마조스님이 바로 뒤를 돌아보면서 느닷없이 백장스님의 코를 손가락 사이에 끼워 잡고 사정없이 힘껏 비틀어버렸다. 백장스님은 갑작스러운 일을 당하여 너무나 코가 아픈지라 자신도 모르게 그만 "아이쿠, 아파라!" 하고 비통한 소리를 지르고 말았다. 그러자 마조스님이 태연히 "아니, 그래도 또 날아가 버렸다고 하겠느냐." 하는 말을 듣는 순간 백장스님은 크게 깨닫는 바가 있었으니, 이것이 유명한 '백장야압자百丈野鴨子'라고 하는 화두話頭의 출처이다.

이 문답의 낙처를 살펴보자면, 마조스님이 들오리 날아가는 것을 보고 "저것은 무엇이냐" 하고 물은 것은 마조스님이 들오리를 몰라서 물은 것은 물론 아니다. 그러면 왜 물은 것일까. 부처님이 어느 날 길가에서 좌선하고 계실 때, 두 사람의 사냥꾼이 멧돼지를 잡아매고 옆을 지나가는 것을 보시고 그들에게 물으셨다. "그것은 무엇인가?" 사냥꾼들이 힐끗 바라보면서 대꾸하기를, "아니, 부처는 일체를 다 아는 지혜를 갖추고 있다 하면서 멧돼지도 모른단 말이오?" 하였다. 그러자 부처님은 "알고 있어도 그래도 묻지 않으면 안 되는 것이다."라고 하였다 한다.

마조스님의 물음에 백장스님은 그저 고지식하게 "들오리입니다." 하고 대답했다. 정직하기는 하다 하겠으나, 우직하고 융통이 전혀 없는 멍청한 대답이 아닐 수가 없다. 왜냐하면, 선 수행자는 항상 지금 여기서의 자기 자신만을 철저하게 문제 삼을 뿐이기 때문이다. 천지 우주의 주체로서의 자기 자신을 떠난 객관적 존재로서의 들오리 따위에 대해서 물을 턱이 없는 것이다. 그러나 이후에 크게 깨달아 마조스님의 선법을 으뜸으로 전해 받고嫡傳, 대총림의 수행생활을 규정하는 청규淸規를 제정하여 수많은 눈푸른 납자들을 배출시킨 천하의 '백장스님'도 이때에는 아직 마음의 눈을 뜨지 못한 그야말로 한낱 박지범부薄知凡夫에 지나지 않았다. 그런 그에 대하여 마조스님은 사정없이 두 번째 화살을 쏘았다.

"어디에 갔느냐?" 하고 묻자 백장스님은 또 다시 그대로 "날아가 버렸습니다." 하고 말했다. 마조스님이 기대했던 대답은 어떤 것이었을까. 어디로 날아갔다고 하지 않은 것만은 다행이라고 할 것이지만, 그것도 지금 쓰고 있는 것을 도무지 알지 못하고 있으니 말에 전혀 힘이 없는 것을 어쩌랴.

견디다 못한 마조스님이 마침내 실력행사로 나왔다. 남달리 체구가 큰 마조스님이 힘껏 그의 코를 잡아 비틀어 놓았으니, 어찌 견딜쏘냐. 그만 "아이쿠, 아파라!" 하고 절규絶叫하였다.

룸비니 동산에서 탄생하시자마자 '천상천하天上天下 유아독존唯我獨尊'

247

하신 석가세존의 외치심과 어린 아기의 '으앙' 하는 울음소리가 같은가, 다른가. "할喝!"

들오리가 어디로 날아갔다는 말이냐. 지금 여기서 '아이쿠, 아파라'하고 울고 있지를 않느냐. 거기서 백장스님은 "앗!" 하고 깨닫는 바가 있었다. 참선수행자에게 있어서 눈에 보이고 귀에 들리는 것 그대로가 모두 자기 아닌 것이 없다. 그러니 날아간 들오리도 백장 자신이요, '아이쿠, 아파라!'라고 한 절규는 생각해서 지른 절규가 아니라 백장의 모든 것 그대로의 절규였다.

이제 바로 마조스님이 문제로 삼은 들오리가 무엇인지를 비로소 알게 되었다. 불교佛敎의 제일의第一義는 바로 반야지혜般若智慧이다. 바른 깨달음이다. 깨달음이란 자기라는 것이 따로 없기에 모든 것이 그대로 자기라는 것이다. 들오리가 문제 삼아질 때는 천지가 온통 들오리뿐인 것이다. 자신도 모르게 부르짖은 "아이쿠, 아파라!" 한 소리에 문득 천지에 가득한 '참사람'을 깨달았던 것이니, 이때의 백장스님, 얼마나 기쁘고 좋았을까.

51

온갖 모든 것이 다 마음에서 나오니,
마음이 온갖 모든 것의 근본이다
萬法皆從心生 心爲萬法之根本

馬祖道一禪師의 上堂說法 Ⅰ

독특한 언행으로 수행납자 제접提接한 마조스님. 그러나 많은 대중을 위한 상당설법에는 보편적 법문을 하고 있음을 볼 수 있다. 그 교학적 배경은?

옛날 뛰어난 선사들은 개개의 수행납자들을 맞이하여 지도할 때 그 근기에 맞게 활발발한 솜씨를 발휘하여 어둡던 안목을 밝혀주었다. 그러한 말과 행동言行을 후세에 전하는 선의 어록禪錄은 일반적으로 설법에서 경전 말씀을 법문의 증거로 인용하는經證 단계를 뛰어 넘음으로써 선사의 독창성을 보여주고 있다고 할 수 있다. 이런 측면에서 마조스님은 그야말로 어느 누구보다 한층 더 돋보이는 독창적인 언행을 보인 것으로도 유명하다. 그러나 여러 근기의 많은 대중들을 위하여 법상에 올라 설법上堂說法할 경우에는 마조스님도 역시 여러 가지 교리와 사상을 포함한 다양한 내용의 보편적 법문示衆說法을 하셨다. 여기서 우리는 마조스님의 중생을 제도하기 위한 양면성을 보는 동시에 특히 그의 교학적 배경, 그리고 선사상의 연관성을 알 수 있다. 몇 가지를 살펴보고자 한다. 마조스님이 어느 날, 법상에 올라 여러 대중에게 설법하시기를,

"온갖 모든 법이 다 마음에서 나온 것이니, 온갖 모든 이름은 다 마음의 다른 이름일 뿐이다. 온갖 모든 것이 다 마음에 생긴 것이므로 마음이 온갖 모든 것의 근본이 된다. 그러므로 경에 말하기를 '마음을 바로 알고 근원에 도달한 사람을 사문이라 한다'고 하였으니, 여러 이름이 같고, 그 뜻이 같고, 온갖 여러 가지 법이 모두 다 같아서 순수하여 어지러움이 없는 것이다. 一切法皆是心法　一切名皆是心名　萬法皆從心生　心爲萬法之根本　經云　識心達本源　故號爲沙門　名等義等　一切諸法皆等　純一無雜

만약 교리를 내세우는 입장에서 말한다면 때에 따라서 막힘없이 자재롭게 대응하여 작용해서 법계를 내세울 수가 있다면, 그 무엇이건 법계가 아닌 것이 없다. 또한 만약 진여를 내세운다면 그 무엇이든 모두가 다 진여로 돌아가며, 만약 진리를 내세운다면 온갖 법이 다 진리인 것이며, 만약 현상세계의 모양을 내세운다면 온갖 모든 법은 다 현상계의 모양 속에 들어있다. 若於敎門中得隨時自在　建立法界盡是法界　若立眞如盡是眞如　若立理一切法盡是理　若立事一切法盡是事

이렇게 해서 하나의 명제를 내세우게 되면 모든 것은 거기에 통일이 되는 것이니, 모두가 다 참으로 현묘한 작용인 것이다. 그러니 그것

이외에 또 무슨 이치가 필요하겠는가 모두가 다 마음의 자유자재로
운 원만무애한 작용에서 유래되는 것이다. 비유한다면 여러 물에
비친 달은 이것저것이 있겠으나 하늘의 달은 이것저것이 없고, 흐르
는 물의 근원은 이것저것이 있겠으나 물의 본질에는 이것저것이 없
으며, 갖가지 현상의 모양은 이것저것이 있으나 허공에는 이것저것
이 없듯이, 이론으로 까닭을 세우려 한다면 이것저것이 있겠지만 자
재로운 지혜에는 이것저것이 없는 것과 같은 것이다. 이처럼 갖가
지로 이루어지는 것은 그 모두가 다 한마음에서 나오는 것이다. 그
러므로 긍정하여 그러하다고 인정하는 것도 좋고, 다 부정하여 그렇
지 않다고 하여도 좋다. 어느 편이거나 그것이 다 참으로 현묘한 작
용인 것이니, 모든 것이 다 나 아님이 없기 때문이다. 그런데 진실을
떠나서 나의 존재 양상이 따로 있는 것이 아니라, 나의 존재양상 그
대로가 진실인 것이므로 모든 것이 다 그대로 나의 본체인 것이다.
만약 그렇지 않다면 그것은 도대체 무엇이란 말인가. 擧一千從 理事無
別　盡是妙用　更無別理　皆由心之廻轉　譬如月影有若干　眞月無若干　諸源水有若干
水性無若干　森羅萬象有若干　虛空無若干　說道理有若干　無礙慧無若干　種種成立皆
由一心也　建立亦得　掃蕩亦得　盡是妙用　盡是自家　非離眞而有立處立處卽眞　盡是自
家體　不然者　更是何人"

라고 했다. 위의 법문은 마조스님으로서는 매우 교리적 색채가 짙은 상
당설법이라고 할 수 있다. 이 가운데 '경에 이르기를 마음을 바로 알고
근원에 도달한 사람을 사문이라 한다. 經云　識心達本源　故號爲沙門'고 인용한
것은, 『중본기경中本起經』 권2(『大藏經』 4)에서 '식심달본원 고호위사문息心
達本源　故號爲沙門'이라고 한 것을 가져온 것이다. 또한 '비여월영유약간譬如
月影有若干'이라 운云한 것은, 『유마경維摩經』 「보살행품菩薩行品」의 '아난아,

네가 여러 부처님의 국토를 보아라. 땅은 이것저것이 있지만 허공은 이 것저것이 없으니, 이와 같이 여러 부처님을 본다면 그 색신이야 이것저 것이 있겠으나, 그 걸림 없는 지혜는 이것저것이 없느니라.阿難 汝見諸佛國 土 地有若干 虛空無若干 汝是見諸佛 色身有若干 無礙慧無若干'에서 인용하고 있다. 그리고 '입처즉진立處卽眞'이라 운云한 대목은, 마조스님보다 약 3백여 년 전에 유명한 역경 삼장법사인 구마라집鳩摩羅什(343~413)법사의 3천 명에 이르는 제자들 가운데서 불교의 교리를 가장 잘 아는 사람으로 꼽혔으 며 그 문하에서 으뜸 제자 넷을 꼽는 4철四哲의 하나로, 그리고 『반야무 지론般若無知論』·『열반무명론涅槃無名論』 등의 저술로 당시에 불교의 현 미玄微한 도리를 다하였다는 칭송을 받고 31세에 입적한 천재적인 인물 로도 유명한 승조僧肇(383~414)스님이 지은 또 하나의 명저 『부진공론不眞 空論』에서 말한 '움직임이 없는 진제不動眞際가 모든 법의 입처諸法立處가 된다. 그러나 진여를 떠나서 입처가 있는 것이 아니라非離眞而有立處 입처 가 곧 진立處卽眞으로 나타내고 있는 것이다' 이 같은 마조스님의 선지를 이어내려 받은 임제스님臨濟義玄(?~867)이 그의 어록 『임제록臨濟錄』에서 '곳곳에서마다 주가 된다면 있는 곳이 곧 진이니라.隨處作主 立處皆眞' 한 것 은 너무나 유명하다. 그리고 또 어느 날의 상당법문에서 말하기를, "도 는 닦고 익히고 할 필요가 없는 것이다. 다만 더러운 데에 물들지 말아야 할 뿐이다. 그러면 무엇을 더러운 데에 물들었다고 할 것인가. 그것은 만일 생사라는 생각이 있어서 특별한 행동을 한다거나 목적의식 같은 것을 가지게 된다면 그것을 가리켜 더러움에 물든다고 하는 것이다. 만 약 곧바로 도와 만나고 싶거든 평소에 쓰고 있는 마음이 도인 것이다.示 衆云 道不用修 但莫汚梁 何爲汚梁 但有生死心 造作趣何 皆是染 若欲直云其道 平常心是道" 라고 밝혔다. 이는 마조스님의 출신지인 촉蜀나라, 즉 사천성四川省 성도

成都의 정중사淨衆寺에서 선의 일파인 정중종淨衆宗을 세우고 마조스님의 출가 수행의 초기에 직접 영향을 끼친 바 있는 신라 출신의 무상無相스님, 그가 평소에 설법하던 바를 전한 『역대법보기歷代法寶記』 중 '도는 어떤 모양으로 닦아야 할 것 없으며, 또한 법은 어떤 모양으로 깨달아야 할 것 없는 것이니, 만약 다만 공연히 알거나 생각함이 없으면 어느 때 어느 곳 어느 것에서나 그것이 다 도이니라. 道無修形段 法無證形段 只沒閑不憶不念 一切時中 總是道'라고 한 것과 일맥상통한다. 즉 이를 마조스님의 평상심시도平常心是道와 놓고 볼 때 마조스님의 기본적인 입장이 정중종을 이룬 무상스님과 관련이 있음을 보여 주고 있다 하겠다. 그런데 평상심이 곧 도이니라 할 수 있게 되는 데는 어떠한 순경이나 또 역경에 있어서도 조금도 흔들림이 없는 경지가 되도록 밤낮을 가리지 않는 피나는 수행이 필요한 것임은 다시 말할 나위가 없을 것이다.

52

일체법이 그대로 다 불법이다

一切法皆佛法

馬祖道一禪師의 上堂說法 II

마조스님은 또 어느 날 법당에서 대중들을 향하여 다음과 같이 설법
하였다. 上堂示衆

"일체법은 모두 다 불법이며, 여러 가지의 법이 그대로가 해탈이다.
해탈은 곧 진여이니, 여러 가지 모든 법이 진여를 떠나서 따로 있는
것이 아니다. 그러므로 일상생활 가운데 행주좌와 어묵동정行住坐臥
語默動靜 등의 모든 것이 다 본래 사려와 분별을 떠난 부사의不思議한
작용인 것이지 특별한 시절인연이 따로 있음을 기다려야 하는 것은
아니다. 경전에서도 말하기를 '온갖 모든 곳에 부처님이 두루 가득

254

하여 계시다’고 하였으니, 부처님은 능인能仁이시며, 지혜와 거룩하신 본성을 지니시고 모든 중생들의 의심의 그물을 끊어주시니, 중생들은 그로 인하여 유有다 무無다하는 속박에서 벗어난다. 따라서 범부다 성인이다 하는 분별도 없어지게 되니, 인人과 법法까지도 다 공하여俱空마침내 견줄 바 없는 경계에 이르러서 개념이나 수량으로의 헤아림을 훨씬 뛰어넘었으니, 하는 바가 막히거나 걸림이 없어 드디어 현상과 진리事·理가 하나로 통함이 마치 하늘에 구름이 일 듯 홀연히 나타나는가 하면 또한 어느새 스러져 없어져서 그림자도 없고 자취도 남김이 없음과도 같고 또는 물에다 그림을 그려서 무늬를 이루는 것과 같아서 생함도 없고 멸함도 없으니 이런 것이 바로 대적멸이다. 一切法皆是佛法 諸法卽是解脫 解脫者卽是眞如 諸法不出於眞如 行住坐臥 悉是不思議用 不待時節 經云 在在處處 則爲有佛 佛是能仁 有智慧善機情 能破一切衆生疑網 衆生出離有無等縛 凡聖情盡 人法俱空 轉無等輪 超於數量 所作無礙 事理雙通 如天起雲 忽有還無 不留礙跡 猶如畵水成文 不生不滅 是大寂滅”

여기서 마조스님은 『유마경維摩經』의 「문질품問疾品」에 ‘만약 스스로 묶여 있으면서 남이 묶여있는 것을 풀어준다고 한다면 그럴 리가 있을 수 없으나, 만약 스스로가 묶인 바 없이 남의 묶여 있음을 풀어준다고 한다면 그것은 그럴 수가 있다’고 한 것을 인용하고 있음을 알겠고, 또 물에다 그림을 그려서 무늬를 이루는 것과 같다고 한 것은 『역대법보기歷代法寶記』에 ‘비단 천은 본래가 비단 실일 뿐이며, 현란한 천의 모양 같은 것은 본래 없는 것인데 비단 천을 짜는 사람의 솜씨에 따라 갖가지 모양이 나타나게 되지만, 그것을 풀어버리면 다시 비단실일 뿐이다. 그러므로 비단을 불성에 비유하고 무늬 모양은 망상에 비유한다’고 한 신라출신의 무상無相스님의 법문을 인용해 오고 있음을 알 수가 있다. 또

설하기를,

"번뇌가 얽혀 있음을 여래장如來藏이라 이름하며, 번뇌에서 벗어났음을 청정법신淸淨法身이라 이름한다. 법신에는 한계가 없으며, 본체는 더하고 덜함이 없지만 그러면서도 능히 크게도 되고 작게도 되며, 능히 모나게도 되고 둥글게도 되어서 인연에 따라서 갖가지 모양을 나눌 수가 있으니, 마치 물에 비친 달처럼 분명하면서도 움직이고 흔들려서 뿌리를 내리는 일 없음과도 같다. 在纏名如來藏 出纏名大法身 法身無窮 體無增減 能大能小 能方能圓 應物現形 如水中月 滔滔運用 不立根我"

현상세계를 부정하지도 않으며 절대의 경지에 안주하지도 않는다. 현상세계란 절대적 경지에서 작용이 나온 것이며, 절대는 상대적인 현상세계가 의지하는 곳이다. 그러나 의지하는 곳에 머물러 있지 않으므로 그래서 허공처럼 의지할 바가 없다고 하는 것이다. 不盡有爲 不住無爲 有爲是無爲家用 無爲是有爲家依 不住於依 故云 如空無所依"

또 어느 때 미함과 깨달음迷悟에 대하여 설하기를,

"성문은 불성을 귀로 들어서 알고, 보살은 불성을 눈으로 보고 취한다. 둘이 아닌 이치를 달관하면 그것을 평등성이라 이름한다. 본질은 다름이 없지만 작용은 같지 않다. 미迷했을 때는 식識이 되고 깨달으면 지혜智慧가 된다. 진리에 따르는 것이 깨달음이며, 모양事象에 따르는 것이 미한 것이다. 미하면 스스로의 본심을 모르고 잃어버리게 되나 깨달으면 스스로의 본성을 찾아 알게 된다. 한 번 깨달으면 영원토록 깨달아 있어서 다시 미하는 일이 없게 된다. 마치 해가 뜨면 그 빛을 어두움과 함께 하지 않는 것과 같이, 지혜의 밝음이 나타나면 그 빛은 번뇌의 어두움과 함께 하지 않는다. 聲聞聞見佛性 菩薩眼見佛性 了達無二 名平等性 性無有異 用則不同 在迷爲識 在悟爲智 順理爲悟 順事爲迷 迷卽迷自家本心 悟卽悟自家本性 一悟永悟 不復更迷 如日出時 不合於冥 智慧日出 不與煩惱暗俱"

그리고 무생법인에 대하여

"마음과 경계를 요달하면 망상은 바로 생기지 않는다. 망상이 이미 생기지 않으면 그것이 곧 무생법인이다. 了心及境界 妄想卽不生 妄想旣不生 卽是無生法忍"라고 밝히고 있다. 그리고 또 밝히기를 "본래 있는 것이 지금도 그대로 있는 것이기 때문에 특별히 수행하고 참선할 필요가 없는 것이다. 수행함도 없고 좌선하지도 않는 것, 이것이 바로 여래청정선이다. 本有今有 不假修道坐禪 不修不坐 卽是如來淸淨禪"

라고 하였다. 이것은 『열반경涅槃經』의 「사자후보살품獅子吼菩薩品」에 나오는 본유금무게本有今無偈를 의지한 것이다. 그 뜻은 번뇌란 본래 없는 것인데 현실은 갖은 번뇌에 얽혀 있고, 불성은 본래부터 갖추고 있는 것인데도 현재는 번뇌에 덮여 가려서 찾지 못하는 까닭에 지금은 없다고 하는 것이다. 마조스님의 '본래 있는 것이 지금도 그대로 있는 것이다.本有今有'라는 것은 『열반경』의 이러한 뜻을 계승하면서 현실을 절대적으로 긍정하는 입장을 드러낸 것이니, 이것은 참으로 획기적인 사상사적思想史的 의의意義를 지니고 있는 주장이라고 아니 할 수가 없다. 마조스님은 옷을 입고 밥을 먹는 등 평소의 일상생활 그 속에서 진정한 선을 발견하려 하였다. 즉 마조스님은 일상생활에서 그 어떤 작위作爲도 더할 것

없이, 걸림 없고 막힘없는 자유롭고 자연스러운 삶任運無作을 사는 것이야말로 그것이 곧 깨달음의 경지라고 보았다. 그러므로 마조스님이 노린 것은 평상심이 그대로 도平常心是道임을 행하는 것이었다. 무위자연無爲自然으로 사는 것은 중국의 전통사상인 노자와 장자의 사상老莊思想에서 나온 것이다. 이 노자·장자의 무위자연의 사상과 불교의 반야지혜의 사상이 제대로 결합되어 생겨난 것이 인도선과도 다른 중국선의 사상이다. 마조스님의 선은 그러한 사상적 흐름 위에 있으면서 거기에다 중국적인 토착성土着性과 일상성日常性을 부여했던 것이다. 토착성을 부여하였다는 것은 일상성을 얻었다는 것이니, 말하자면 중국 사람들의 일상생활에서 괴리되어 있는 존재가 아니라 밀착되어 있음을 뜻하는 것이다. 예나 지금이나 중국의 농민들은 광대한 땅을 경작하기에 매일 땀을 흘리며 산다. 농사 지은 것을 먹고 우물을 파서 물을 마시며 별다른 일 없이 일상생활을 그대로 살아가는 것이야말로 참으로 진정한 평화로운 삶이며, 최고의 행복인 것이니 이러한 중국사람들의 일상생활에 확실하게 뿌리를 내린 것이 마조스님의 선이었다. 그런데 '본래 불성을 갖추어 가지고 있으니 특별히 수행하고 좌선할 것 없다', 즉 더 이상 닦을 것도 새삼 깨칠 것도 없이 본래 그대로가 부처라는 것이 마조스님의 주장이요 그 뜻을 이은 조사선의 입장이지만 이러한 조사선의 경지에 들어가려면 반드시 조사관祖師關을 뚫는 일을 거쳐야만 하고, 밥 먹고 물 마시는 평상심이 도요, 깨달음의 경지라 하더라도 그냥 멍청하게 먹고 자는 것만이라면 그것은 참선수행자의 경계는 아니다. 어떠한 순경계에서나 또 어떤 역경계에서도 조금도 흔들림이 없는 경지에서의 평상심이 되기 위해서는, 그래서 번뇌망상을 일으키지 않고 밥 먹을 때는 오직 먹을 뿐이요 또 근심걱정을 놓아버리고 잠잘 때는 오직 잠잘 수 있게 되어 망념 없

음이 무생법인임을 체달하기 위해서는 참으로 기나긴 세월 동안 피를
흘리고 뼈를 깎는 자기단련과 끊임없이 이어지는 수행정진의 뒷받침이
있어야 함은 다시 더 말할 나위도 없는 것이다. 만일 이러한 뒷받침 없이
달리 없애야 할 번뇌도 없고 진리를 구할 것도 없다느니 평상심이 그대
로 도라느니 한다면 그것은 구두선口頭禪이요 고목사선枯木邪禪에 지나지
아니한 것이니, 그 구업으로 화살같이 빠르게 지옥에 들어감을 면치 못
하리라. 억噫!

53

초암은 작으나 법계를 포함한다

草庵雖小 包含法界

石頭希遷禪師의 禪風

6조 혜능스님 → 청원 행사스님의 법통을 이은 이가 석두 희천石頭希遷 (700~790)스님이다. 석두스님 밑으로 운암 담성스님 → 동산 양개스님 → 조산 본적스님에 이르러 조동종曹洞宗이 성립되었다. 또 한편으로는 역시 석두스님의 밑으로 천황 도오스님 → 용담 숭신스님 → 덕산 선감스님 → 설봉 의존스님 → 운문 문언스님에 이르러 운문종雲門宗이 성립되었다. 그리고 설봉스님에게서 나누어져 현사 사비스님 → 나한 계침스님 → 법안 문익스님에 이르러 법안종法眼宗이 성립되었으니, 사실상 그가 근간이 되는 스님이다. 석두스님에게 한 수행자가 와서 물었다.

수행자   "해탈解脫이란 어떤 것입니까?"

석두스님　"누가 그대를 얽어매었던가?"

수행자　　"정토淨土란 무엇입니까?"

석두스님　"누가 그대를 더럽혔던가?"

이같이 석두스님은 묻는 즉시 간단하고 명쾌하게, 또한 신속하고도 분명하게 대답하였다. 즉 석두스님의 경지에서 볼 때, 해탈·정토란 뭐냐고 묻는 그 자체가 벌써 분별사량에 떨어지는 것이라는 것이다. 다시 말해서 분별사량分別計較 思量知解이야말로 우리의 본래 모습을 얽어매고 덮어 가리는 것이다. 그러니 해탈의 방법을 가르쳐 달라고 하지만, 그대를 얽어매어 놓은 자가 도대체 누구란 말인가. 해탈을 원하도록 누군가 그대를 얽어매어 놓거나 덮어 가리워 놓거나 한 것이 있기라도 한단 말인가. 그런 것은 애당초 있지도 않고 본래 없는 것이다. 그런데도 얽매어 있으니 해탈하고 싶다고 하니 그렇다면 진짜로 자기를 얽어매고 있는 것은 무엇이겠는가. 그대를 얽어매고 있는 것은 다름 아니라 그런 생각에 빠져 있는 그대 자신이 아닌가. 속담에 '자승자박自繩自縛'이라는 말이 있는데, 우리가 본래 갖추고 있는 깨끗하고, 자유롭고, 얽매인 바 없는 이 마음을 칭칭 얽어매어 꼼짝 못하게 하고 있는 것은 바로 자기 자신이 허망하게 만들어낸 허상의 환영虛像幻影에 스스로 묶여 있는데 지나지 않은 것이며, 그러한 허상환영을 만들어내는 것이 바로 분별하는 알음알이이니, 사량하여 분별하는 악지악각惡知惡覺을 놓아버리고 현실세계를 속지 않고 바로 보는 마음의 눈이 열려서 그 안목으로 본다면 그대를 얽어매고 있는 것이란 그 어떤 것도 없다는 말이다. 참선수행자들은 이처럼 투철한 안목으로 온갖 것을 보는 까닭에 모든 것에 걸림이 없고 자유로우며無碍自在, 이것이 깨달음과 미함이 둘이 아니며迷悟不二, 성인과

범부가 한결같다凡聖—如는 경지인 것이다. 그러므로 참선 정진을 여일하게 수행하는 생활, 배고프면 밥먹고, 고단하면 잠자며, 추우면 옷을 입고, 더우면 옷을 벗는 등의 일상의 모든 행위가 그대로 부처님의 생활佛行이 될 수 있는 것은 바로 본래 지니고 있는 불성의 심지佛性心地에 입각해서 지내기 때문이다. 그렇지만 만일 이러한 투철한 경지는 실제로는 꿈에도 모르면서 말만으로 아는 체하거나, 그럴싸하게 흉내나 내는 짓을 한다면 그야말로 아무 힘 없고 겉과 속이 다른 허장성세虛張聲勢의 오뚝이 꼴을 면치 못할 뿐만 아니라 바로 그런 것이 그대로 자기 자신을 스스로 얽어 묶어버리고 덮어 가리우는 것이 되고 만다는 것이다. 이러한 석두 희천스님의 투철한 선사상을 그의 저서로 알려져 있는 『초암가草庵歌』에서 찾아볼 수가 있다. 석두스님이 말년에 주석하였던 곳은 남악南嶽에 있는 남대사南台寺 동쪽 큰 돌이 편편히 대를 이루고 있는 석대石台 위에 암자를 짓고 23년 동안 계시면서 제자들을 기르고 중생 교화에 진력함으로써 많은 인재들을 배출하였다. 이로 인하여 당시에 사람들은 희천스님을 석두石頭 화상和尚이라 불렀다고 한다. 석두스님은 자신이 거주하시는 초암이 비록 참으로 보잘 것 없는 아주 작은 암자이기는 하지만, 여기에는 전 우주법계를 포함하고 있다고 하였다. 즉 자기 자신이란 모양처럼 결코 작은 존재가 아닌 것이다. 그것은 우주 만물을 자기 속에다다 융회融會시켜서 포함하고도 남는 그런 엄청 거대한 존재인 것이다. 우주 만물을 자기 자신 속에다 융회시키려면 어떻게 하여야 할 것인가. 그것은 나와 남을 대립시켜서 보는 상대적인 생각을 지니고 사는 한에는 어림도 없는 일이다. 만약 주관과 객관을 따로 세워서 산다면 자기 자신이란 한도 끝도 없이 작아지기 마련인 것이다. 이러한 세간적인 대립의 세계, 분별하는 차별의 망상을 여지없이 타파한 곳에서 불성을 보게 되고, 법신이 나타나게 된다. 이 불성의 법신이야말로 이 작은 자기 자신의 근원이며, 따라서 여기에는 작다 하더라도 대우주법계를 융회하여 포함시킬 수 있는 것이 있음은 당연한 일이라는 것이다. 석두 스님은 속성이 진씨陣氏이며 단주端州의 고요현高要縣에서 출생하였다. 석두스님은 출가한 뒤 6조 혜능스님을 입적하시기 직전에 뵐 수가 있었다. 혜능스님이 입적하신 뒤에는 그 법을 받아 이은 청원 행사靑原行思스님을 스승으로 모시고 수행하였다. 청원산에 계시는 행사스님 밑에는 많은 참선수행자들이 마치 구름 모이듯 하여 그의 제접提接을 받고 있었으나, 청원 행사스님은 석두 희천스님을 지목하여 "뿔이 달린 것이 아무리 많다하더라도 기린麒麟 하나면 족하다." 하였다고 하니, 그야말로 청원행사 문하의 기린으로 지목받았던 것이다. 뒤에 석두 희천스님은 남악에서 23년만에 호남성湖南省의 장사長沙로 옮겨 크게 그 선지를 선양하고, 강서성 홍주에서는 마조 도일馬祖道一스님의 명성이 말년에 성대하여 드러났으므로 후세에 이때를 '강서의 마조·호남의 석두, 두 대사二大師의 시대'라 하였다. 당시에 이 두 대사에게 참선의 지도參禪提接를 받지 않았다면 그런 사람하고는 선에 대해서 같이 말해 볼 상대가 되지 못한다고까지 말하였다. 남종선南宗禪은 이들 석두와 마조 두 스님으로 해서 확고한 기반을 구축하게 되었다. 석두 희천스님은 91세(790)에 입적하였고, 남악南嶽의 동령東嶺에 견상탑見相塔이 세워지고, 무제대사無際大師의 시호諡號를 받았다.『참동계參同契』,『초암가草庵歌』 등의 글을 남겼는데,『참동계』는 후세인 오늘날까지 잘 알려져 있으며, 현재 일본의 조동종曹洞宗에서는 일용의 독송되는 글日用經典의 하나로써 늘 독송하고 있다. 많은 제자들 가운데 천황 도오天皇道悟(738~807)스님이 그 법을 이어받아 전해서 후세의 운문종·법안종의 근원이 되었다.

54

화상의 백년 뒤에 누구를 의지하리까
행사를 찾아 가거라

和尚百年後 希遷依止何人 尋思去

石頭希遷禪師 禪風의 萌芽

희천　　　"스님께서 입적하신 후 어느 분을 의지하여 공부해
　　　　　야 합니까?"
6조　　　"심사거. 尋思去"

그러나 희천은 '심사사유거 尋思思惟去'라 이해하고…

석두 희천스님이 처음 6조 혜능스님을 만나 뵙게 된 것이 어느 때인
지 분명치 않다. 다만 700년에 출생한 석두스님이 713년 입적하신 6조
스님을 그 이전에 찾아뵈었으니, 아마도 그의 나이 12세 무렵인 것으로

추산된다. 6조스님은 찾아온 어린 소년을 보시자 한 눈에 그 재목을 알아보시고 말씀하시기를 "만약 내 제자가 된다면 나를 닮아야 한다." 하셨다. 이에 소년은 분명하게 "네, 스님." 하고 대답하였다 하니, 이미 그 사이에는 통하는 바가 있었다고 아니할 수 없다. 곧 6조스님을 의지하여 득도해서 사미승으로써 제자가 되어 희천이라는 법명을 받고, 스승의 좌우에 있으면서 시봉을 하였다. 그러나 시봉하기를 얼마 안 되어서 당唐 선천先天 2년(713) 7월 1일 6조스님은 조계산에서 문인들을 모으시고 고하기를 "내가 이제 신주新州, 6조스님의 고향 땅로 돌아갈 것이니, 속히 뱃길 차비를 차려라." 하시고는 입적하신 뒤의 유촉을 남기시고, 대중들의 애통해 함을 위안해 주시면서 신주 땅으로 행하였다. 이때 희천사미도 일행의 한 사람으로써 수행하여 신주의 국은사國恩寺에 도착하였다. 이 절은 6조스님이 당신의 속가 집을 고쳐 절을 만들고 먼저 돌아가신 부모를 위하여 탑묘를 세운 곳이다. 어머니 곁을 떠나 5조스님이 계시는 곳으로 갈 때 어머니와 이별하였던 곳을 기념하는 '사모석辭母石'도 이 부근에 남아 있어 6조스님으로서는 가장 깊은 추억이 담긴 옛 터라고 할 만한 곳이었다. 그러므로 6조스님이 이곳을 입적 장소로 정한 것은 부모님이 생을 마치신 고장에서 함께 입적하심으로써 낳아 길러 주신 부모님의 은덕을 갚고자 하시는 간절한 뜻이 나타나 있는 것이다. 이에 신주에 도착한 6조스님은 부모와 조상을 위한 마지막 불사를 행하고 고향 사람들에게도 각각 인연 따라 인사를 베푸는 등 출세간적으로나 또한 세간적으로 유감없는 준비를 마쳤다. 그리고 마침내 8월 3일 신주 국은사에서 목욕한 후 결가부좌하시고 입적하시려 하자, 출가와 재가 사부대중들이 모두가 한결같이 형용할 수 없는 비감한 생각으로 눈물만 흘렸다. 그러한 말 한마디 없는 숙연한 분위기 속에서 약 14세 정도밖에 안 되는

사미승 희천이 제자리에서 일어나더니 6조스님 앞에 나가 물었다. "스님
께서 돌아가신 뒤에 이 희천은 앞으로 어느 분을 의지하여 공부하면 좋
겠습니까?" 이 물음은 참으로 이러한 때를 당하여 누구라도 묻지 않아서
는 안 될 가장 중대한 일대사이건만 아무도 묻는 이가 없으니, 만약 지금
이때에 여기서 묻지 않는다면 돌이킬 수 없는 한이 될 것이므로 그는 비
록 어린 사미이지만 공부가 미숙한 채 스승을 잃는다면 수행의 방침이
정해지지 않을 뿐만 아니라 일생일대에 참학할 명안종사를 결택할 안목
이 아직 분명하지 못하다고 생각하여 찰나에 주저 없이 나서서 물었던
것이다. 조숙하다고 하지만 열네 살의 사미승이 그러한 분위기에 눌리
는 일없이 당당하게 모두의 앞에서 물었다는 것은 대단히 용기 있는 행
동이었다. 여기에 벌써 후일 선종을 빛내는 큰 인물이 될 편린이 엿보인
다고 하겠다. 이러한 물음에 6조스님께서는 천천히 눈을 떠서 총애하던
어린 제자를 한 번 보시고 바로 대답을 주시기를 "심사거.尋思去"라고 하
셨다. 그리고 조용히 눈을 감으셨다. 희천사미는 그 말씀을 듣고는 절을
올리고 눈물을 뿌리면서 제자리로 돌아갔고, 이윽고 6조스님은 입적하
셨다. 그런데 나이 어린 사미승 희천은 스승의 '심사거하라'는 유언을 처
음에는 '심사사유거尋思思惟去', 즉 잘 생각하며 공부해 가라고 하신 것으
로 알았다고 한다. 그래서 그는 그 뒤로 스승의 유해가 조계산曹溪山 보림
사寶林寺, 현재의 韶州 南華寺에 모셔지고 갖가지 추모행사 등으로 지극히 번
잡한 상황에서도 시간만 나면 고요한 곳에 앉아서 밤낮을 가리지 않고,
잠자고 밥 먹는 일을 잊어가면서 오직 참선 정진에 힘쓰는 생활을 계속
하였다. 또 그렇게 하는 것이 스승의 유언을 제대로 받드는 일이라고 생
각하였다. 그러한 희천사미의 모습을 지켜보고 있던 6조스님 회상의 제
1좌第一上座로 있었던 남악 회양南嶽懷讓스님이 그에게 물었다.

남악 회양 "그대는 아직 어린 나이에 스승을 잃어 비감한 생각
을 품고 있음은 무리도 아니다만 지나치게 무리하
지 말고, 이제는 스승께서 남기신 말씀을 실행하도
록 하여야 하지 않겠느냐?"

희천사미 "친절하신 말씀 대단히 고맙습니다. 그러나 저는 지
금 스승님의 유언을 실행하고 있는 중입니다."

남악 회양 "호호. 그래, 유언을 실행하고 있다고? 그러면 그대
는 스승님의 유언을 어떻게 알아듣고 있다는 것인
가?"

희천사미 "네, 심사거尋思去하라 하셨기에 저는 지금 열심히 심
사사유尋思思惟하고 있습니다."

남악 회양 "그런가. 그러나 그것은 그대가 잘못 알고 있는 것이
다. 노승老僧의 말씀은 바로 그대로 일뿐인데도 알
아듣지를 못하였구나. 노승의 으뜸 제자로 길주吉州
여릉廬陵 청원산靑原山 정거사靜居寺에 행사行思 화상
이라고 하는 정법을 전해 받은 대선지식이 있는데
그가 그대의 스승이 될 사람이니라. 그래서 심사거
尋思去하라, 즉 행사를 찾아 가거라 하셨던 것이니
라."

희천사미 "네! 그렇습니까? 그런 줄을 몰랐습니다. 참으로 감
사합니다. 그렇다면, 이제 곧 바로 여릉의 청원산으
로 가겠습니다."

그는 제1좌 스님의 말씀을 듣고 놀라, 마치 꿈에서 깨어난 것처럼 안

도하는 마음으로 6조스님의 탑묘에 참배하고 조계산의 대중들에게 이별의 인사를 고한 후 조계를 떠나 여릉으로 향하였다. 드디어 여릉廬陵의 청원산에 도착한 희천스님은 위의를 갖추고 방장실에 들어가 예를 드렸다. 그를 본 청원스님이 대뜸 물었다.

청원스님　"너는 어디서 왔느냐?"

희천사미　"네, 조계에서 왔습니다."

청원스님　"그러면 무엇을 가지고 왔는가?"

희천사미　"조계의 길을 밟기 이전부터 잃지 않고 지니고 있습니다."

청원스님　"그렇다면 구태여 조계에까지 갈 것도 없었을 터인데 조계에 가서 무엇을 하였다는 말인가?"

희천사미　"만일 조계에 가지 않았더라면 어떻게 잃지 않고 지니고 있음을 알 수가 있었겠습니까?"

(『傳燈錄』 卷五　靑原章)

　청원스님은 희천사미가 조계에서 왔다고 하자, 곧 바로 '조계에 있었다면 거기서 무엇을 닦아 얻었는가, 단지 대중을 따라 좌선을 행한 정도인가, 아니면, 본래 무일물인 것쯤은 보고 왔다는 말인가. 조계에 있었다고 하는 자가 그래, 아무것도 가지고 오지 않았을 리가 없을 것이니, 그것이 무엇인지 내놓아 보아라' 하였더니, 척하고 대하기를 '조계를 가기 이전부터 이미 신령스러운 한 물건을 지니고 있습니다. 너무 깔보지 마십시오' 하는 것이 아닌가. 청원스님 다시 한 번 찔러 보기를 '허허! 꽤나 부자이군 그래. 그렇다면 굳이 조계산까지 가서 물 긷고 나무하고, 빨래

하고 시봉하는 따위를 할 것도 없지 않은가' 하고 다그치자, 서슴없이 답
하기를 '아니지오. 보물을 지니고 있었으면서도 까맣게 모르고 있었던
저에게 그것을 분명하게 알게 된 곳이 바로 조계이니 거기에 안 갈 수가
없는 것이지오' 하였다. 청원스님의 흔들어 보는 물음에 조금도 흔들림
없이 멋진 응대를 하였으니, 이렇게 첫 관문을 통과하였다.

55

뿔 달린 것이 아무리 많다 하더라도
나에게는 기린 하나면 족하다

雖多衆角 吾足麟矣

石頭希遷禪師의 傳法嗣承 Ⅰ

청원 행사靑原行思(?~740)스님은, 6조스님 밑에 있다가 스승이 돌아가시자 그 명을 의지하여 찾아온 희천사미가 비록 나이는 어리지만 그가 바로 큰 법을 이어 받아 능히 짊어지고 갈만한 인물임을 알아보고는 그 뒤로 남달리 편책을 가하였고, 그도 또한 그 기대에 어긋남이 없이 열심히 수행에 정진하였다. 그러던 어느 날 석두스님이 청원스님에게 물었다.

석두스님　“조계대사께서 스님을 아십니까?”

청원스님　“네가 지금 나를 아느냐?”

석두스님　“압니다만 어찌 능히 증득證得할 수 있겠습니까?”

 『전등록』에서는 두 스님의 문답을 이상과 같이 전하고 있다. 즉 "조계의 6조스님께서 스님을 잘 알고 계셨습니까?" 하고 물은 뜻은 바로 "청원스님께서는 6조스님의 법을 받아 이었습니까?" 하는 사승전법嗣承傳法에 관한 물음인 것이다. 이것은 일반 상식 차원에서는 스승을 향하여 법을 제대로 이어 받았느냐고 따져 묻는다는 것이 어찌 보면 매우 불경스럽고 당돌한 일이라 할 것이다. 그러나 선의 세계에선 사실 이 일이야말로 참선수행하는 데 있어 가장 중요한 일대사인 것이다. 그런데 흔히 '법을 전한다傳法', '스승의 법을 이어 받는다嗣承' 또는 '마음으로 마음에 전한다以心傳心'라고 표현하기도 하지만 실제로는 주고 받을 법이 따로 있는 것이 아니다. 다시 말해 제자가 스승의 지도에 따라 열심히 수행 정진하여 그 경지가 스승과 같게 되었을 때 스승이 제자의 경지를 인가하여 증명할 경우, 법을 전한다고 하는 것이다. 따라서 본래 법 없는 법本來無法之法을 이어 받는 것이기 때문에 스승과 제자가 서로 법 없는 법을 체험하여 체득體得한 바가 한 치도 틀림없이, 마치 한 그릇의 물을 다른 한 그릇에 그대로 남김 없이 들이부어 옮기듯 되어야 하는 것, 그리하여 오히려 수행의 막바지엔 이어 받을 것이 없게 되었을 때 이어 받았음을 인가하여 전법사승傳法嗣承이 이루어지는 것이다. 그래서 석두스님이 청원스님에게 물은 것은 그 같은 전해줄 것 없는 법을 어떻게 조계의 6조스님이 전해 주었으며, 스님께서 그 이어 받을 것 없는 법을 또한 어떻게 이어 받았는지에 대한 질문이었으니, 말하자면 청원스님의 목에다가 비수를 바짝 갖다 댄 것과 같은 물음이라고 할 수 있는 것이다. 이에 대하여 청원스님이 "네가 지금 나를 아느냐?"고 되물은 것은 "조계의 6조스님과 나 사이의 법을 주고받음은 저절로 알게 될 시절인연이 있을 것이다. 그런데 너는 어떠하냐. 지금 이 청원을 알고 있기는 하냐? 청원만이 아니라 희천을 알고는 있느냐? 희천을 알게 되면 청원도 알게 되고 또한 조계의 6조도 알게 된다.”는 뜻이다. 여기에 석두스님이 “압니다만 어찌 능히 증득할 수 있겠습니까?” 한 것은 “스님께서 청원을 아느냐고 말씀하십니다만 이 희천이 스님을 알고 있다고 한다면 그것은 벌써 알았다고 할 수가 없는 것입니다. 왜냐하면 진실로 서로 아는 사이에는 이미 안다느니 알지 못한다느니 하는 말조차 필요 없는 것이지오. 마치 흰 구름이 종일토록 산을 의지하고 있다 하더라도 그 푸른 산은 전혀 아는 바 없듯이 스님 밖에 희천이 없고 희천 밖에 스님이 없으니, 하나이면서 둘이요 둘이면서 하나이니, 희천도 희천을 아는 바 없고 스님도 스님을 아는 바 없는 것이나, 이러한 경지에 이르러서는 알았다는 말 따위는 벌써 그릇된 것이요.蹉過了 입을 열기만 하여도 이미 잘못되는 것開口即錯 아닙니까?” 하는 의미가 내포되어 있다. 이 말을 듣자 청원스님은 회심의 웃음을 지으면서, “뿔 달린 것이 아무리 많다 하더라도 나에게는 기린 하나면 족하다.” 하셨다고 한다. 이 대목에선 ‘허허! 용도 있고 뱀도 있고 말도 있고 사슴·소도 있어 뿔 있는 것, 뿔 없는 것 등 아무리 많다 하더라도 나에게는 기린麒麟의 뿔 가진 것 하나면 만족하니, 나도 오늘 이후에는 후사後嗣를 찾는 일을 잊어버려도 되겠구나’라며 기뻐하는 청원스님의 모습이 눈에 보이는 듯하다. 어느 날 석두스님이 청원스님에게 다시 물었다.

석두스님　“스님께서 조계를 떠나서 어느 때에 여기에 오셨습니까?”

청원스님　“나도 모르겠네. 그대는 언제 떠났던고?”

석두스님　“저는 조계에서 오지 않았습니다.”

청원스님　“나는 그대가 온 곳을 알고 있네.”

272

석두스님 　"스님은 큰 어른이신데, 그런 말씀 함부로 하시지 마시지오."

　　이러한 두 스님 사이의 문답 소식은 이러하다. 즉 이 문답은 이 산에 머문 것을 주제로 삼고 있으나, 거기에 함장되어 있는 뜻은 깊은 것이다. 어느 때 여기에 왔느냐는 것은 '선에서는 본래 동과 서가 따로 없고 남과 북이 또한 그러한데 그렇다면 구태여 조계산을 떠나서 여기에 왔다고 할 것도 없는 것 아닙니까. 설사 왔다고 하더라도 본래 올 곳도 또한 갈 곳도 없는데 도대체 그 무엇이 조계를 떠났으며 또한 그 무엇이 여기에 이르렀다는 것입니까. 그리고 시간적인 것 또한 무시겁 이래로 시작도 없고 끝도 없을 터인데 어째서 조계산을 떠나서 여기에 이르렀다든가, 어느 때 이 청원산의 주인이 되었다든가 하게 되는 것인지 말씀을 듣고 싶습니다'라는 질문이다. 이에 대답하는 청원스님 역시 대선지식의 면목이 뚜렷하고, 날카로운 물음을 던져 오는 제자를 다루는 솜씨가 여간 아니다. 말하자면 석두스님이 어떻게든 빠져나갈 수 없을 만한 질문을 던지건만 청원스님은 임의자재로 그 날카로운 기봉을 "나도 모르겠네." 하고는 살짝 피한다. 그러면서 '조계를 떠났다든가 여기에 이르렀다든가 또 언제 이 산에 머물었다든가 하는 따위는 벌써 잊어버렸고 전혀 기억하는 바가 없네. 그런데 나는 이미 늙어 망령이 나서 그렇다지만 그대는 아직 새파랗게 젊어 확실하게 기억하고 있을 것이니, 언제 조계를 떠났는지 알고 싶구만' 하고 역습을 한다. 그러나 젊지만 석두스님도 그렇게 호락호락하지 않다. "스님의 뜻대로 안되어 미안합니다만 저는 조계에서 오지도 않았고 뿐만 아니라 그 어디에서 왔다고 하는 기억도 없습니다." 하고 역시 슬쩍 비켜 선다. 그랬더니 청원스님이 '아니야, 희천 그

273

대가 함부로 온 데를 감추려 하지만 나는 그대가 오되 온 것이 없고, 가되 간 곳이 없음을 다 알고 있네' 하신다. 이 말씀에 석두스님은 말하기를 "스님, 스님은 6조스님의 뒤를 이은 선종의 제7조가 되시는 큰 어른이신데, 이 희천이 온 곳을 알고 계신다니 그런 말씀 함부로 하시지 마십시오." 하였으니, 그 뜻은 '제가 이제는 더 묻지 않을 것이니 서로 태어난 옛고향 이야기 같은 것은 그만 두십시다' 함이다. 두 스님의 문답 속에는 적어도 이만한 선의 깊은 뜻이 담겨져 있다 하겠으니, 그렇다면 이 두 분의 문답이야말로 마치 쌍용 즉 두 마리 용이 승천하면서 각자의 재능을 다하여 한 개의 밝은 여의주를 다투어 희롱하는 것 같지 않은가.

56

불자를 들고 조계에 이것이 있느냐
다 이 속에서 나와 모자람 없다

擧拂子 曹溪還有這箇 盡去這裏 終少他事

石頭希遷禪師의 傳法嗣承 II

어느 날 이번에는 청원스님이 석두스님을 점검하기 시작하였다.

청원스님　"그대는 어느 곳에서 왔는고?"
석두스님　"조계에서 왔습니다."

청원스님은 불자拂子를 들어 보이고,

청원스님　"조계에도 이것이 있느냐?"
석두스님　"조계뿐만 아니라 서천西天에도 없습니다."

청원스님　"그대가 서천에 간 일이 있었던가?"

석두스님　"만일 갔다고 해서 있겠습니까?"

청원스님　"아직 멀었다. 다시 한 마디 바로 일러라."

석두스님　"스님께서도 절반은 말씀 하셔야지오. 저에게만 책
　　　　　임의 전부를 지우시지 마십시오."

청원스님　"그대에게라면야 어느 정도 말을 할 수도 있겠네만,
　　　　　그런다면 아마도 이후에 이것을 알아차릴 사람이
　　　　　없어질까 두렵네."

　　두 스님의 이 같은 문답 속에는 다음과 같은 뜻이 들어 있다. 즉 청원
스님이 "그대는 어디서 왔느냐?" 하는 물음에 석두스님은 먼저와는 달리
"조계에서 왔습니다." 하고 솔직하게 사실대로 대답하였다. 그러자 불자
를 들어 보이면서 "그러면 조계에도 이것이 있더냐?" 하였다. 그런데 불
자를 들어 보였다고 해서 불자 그 자체를 문제 삼고 있는 것은 아니다.
실제는 '이것'이 문제인 것이다. 이것이란 '법신'이나 '진리', '조사서래의
祖師西來意', '정전백수자庭前柏樹子', '만법귀일萬法歸一의 바로 그 일'이라고
도 할 수 있는 것으로써, 여기에는 석가모니불, 달마대사 등 그 무엇이라
고도 이름 붙일 수가 없기에 다만 '이것'이라 한 것이다. 그와 같이 무어
라고도 이름 짓지 못하고 보여줄 수도 없는名不得 狀不得 이것을 조계에서
배워 얻었더냐 하고 물은 것이다. 이에 대하여

　　"'이것'은 제불보살과 역대조사들이 한결같이 보호하는 바입니다만,
　　이것은 또한 조계에도 없을 뿐만 아니라 서천 인도의 석가모니불의
　　고장에도 없는 것이지오. 있다고 한다면 이것은 제불보살 역대 조

사도 보호하는 바가 되지 못하는 것입니다. 이것은 그것이 있다고 한다면 도리어 없고, 없다고 한다면 도리어 있는 것이니, 따라서 이것은 유무, 즉 있다 없다를 떠난 것이기에 색도 아니요, 공도 아니요非色非空 염도 아니요 정도 아니요非染非淨 편도 아니요 정도 아니요非偏非正 그러면서 색이 공이요 공이 색이니色卽是空 空卽是色 유와 무에 걸림 없이 원만무애한 것입니다.”

하고 답하였다. 그 말을 듣자 청원스님은 “서천 인도에도 없다고 하였는데, 그대가 서천 인도에 갔다 오기라도 하였단 말인가?” 하고 거듭 물었다. 바꿔 말해 석가도 설한 것이 없다 하였고 달마도 동방 중국에 옴이 없다는 말도 있지만, 그래서 그대도 서천 인도에 갔어도 감이 없는 희천이라도 된다는 것인지 다그친, 그야말로 신랄하기 이를 데 없는 추궁이었다. 그러나 그도 이제는 그런 추궁에 밀릴 희천이 아니었다. 그는 답하기를 “스님, 저도 변함없이 실재하는 실상의 세계에 입각하여 서천에 가도 감이 없고 와도 옴이 없는 도리를 알고 있습니다만, 그러나 모양 있는 현상의 이 세계에 서서 설사 서천까지 갔다고 해서 요것이다라고 할 ‘이것這箇’이 있겠습니까?” 하고 오히려 스승인 청원스님의 다리 힘을 시험해 보려 하였다. 그러자 청원스님은 그런 말에 걸려들지 않고 ‘아직 멀었다. 다시 한 마디 바로 일러라’ 하고 한층 더 향상할 것을 재촉하면서, 어디까지나 ‘이것’을 바르게 제대로 알아 얻게 하고자 채찍질을 멈추지 않았다. 청원스님이 이렇게 마치 칼싸움에서 자유자재로 쳐들어오는 칼끝을 슬쩍슬쩍 피하면서 짬만 있으면 주저 없이 매섭게 치고 들어오는 기세에 절대절명의 처지로 몰리자, 마치 궁지에 몰린 쥐가 도리어 고양이에게 달려들고자 하듯 석두스님은 스승에게 최후의 일격을 가하려고 시도하였다. 즉 '이 도리는 말하고 말하지 않는데 아무런 관계가 없는 것입니다만, 그러나 만일 '이것'을 말할 수 있는 것이라면 그럼 스님께서 먼저 절반을 말씀하세요. 그러면 저도 또한 절반쯤은 동참하겠습니다. 헌데 스님이 지금 아무 말씀 없이 저에게만 다시 더 말하라고 짐을 전부 지우시는 것은 좀 무리한 일이 아닙니까?' 하고 역습하였다. 이 말을 들은 청원스님은 '그래, 나더러 말하라면 그대에게는 말해주는 것을 아끼지 않겠네만, 그러나 그렇게 한다면 아마도 후세에는 이것을 바로 알아차리려는 사람이 없어지게 될지도 모를 일이다. 까닭은 바로 스스로 아는 사람이 없어진다면 불조의 혜명이 끊어지게 될 것이기 때문이니라' 하였다. 다시 말해서 이 말은, '이것'은 지음知音하는 사람끼리하면 반을 말해 보라道取一半던가, 그대를 향해서 말하는 것을 아끼지 않는다던가 하더라도 서로 마음과 마음이 다 통하는 것以心傳心相通이지만, 그렇지 못한 뒷사람들이 그것을 듣고는 거기에 얽매여 진정한 깨달음을 얻고자 하지 않게 될 것을 염려해 스승과 제자가 서로 말 없는 말로 '이것'의 참소식을 서로 통하고 있는 것이다. 마지막으로 청원스님이 석두스님을 점검하는 선문답이 있으니 다음과 같다.

청원스님 "사람들이 전하기를 영남嶺南에 한 소식消息이 있다고 말하던데."

석두스님 "사람들이 있으니 여기서 떠나 있는 일이 아닙니다."

청원스님 "만일 그렇다면 대장 소장大藏小藏이 무엇 때문에 나왔는가?"

석두스님 "그것이 모두 다 '이것'에서 나와 모든 일에 있어서 조금도 모자람이 없고 걸림이 없습니다."

청원스님 "그 말이 옳다."

이상의 문답은 청원스님과 석두스님 사이에 이루어진 제불 제조사의 소식을 주고받는 祖業傳授 최후의 선문답이다. 거기에 담겨있는 소식은 이 러하다. 즉 영남에 소식이 있다고 하는 것은, 뒤에 6조 혜능스님이 되는 노행자가 5조 홍인스님을 처음 만나 뵈었을 때 홍인스님이 중국의 가장 남쪽에 위치해 있으며 문화 수준이 매우 낮은 영남지방에서 왔다고 하는 노행자에게 슬쩍 말을 던지기를 "영남지방 사람들은 민도가 낮기를 마치 원숭이와 진배가 없다고 하는데 어떻게 감히 불도를 닦겠다고 하느냐?" 함에 노행자가 답하기를 "사람이 사는 곳에는 북과 남의 다름이 있겠으나, 사람의 불성에는 어찌 북과 남의 다름이 있겠습니까?" 한 데 서 나온 말이다. 그런데 이때 청원스님이 "그대는 영남 사람이니 이 불성이 있다 없다 有佛性無佛性 하는 소식을 어떻게 듣느냐?" 하고 물었던 것이니, 여기서는 북이다 남이다가 아니라 요컨대 소식 消息이 문제인 것이다. 석두스님은 이 물음을 듣자 "스님, 그런 문제는 영남에만 있는 일이 아니라 영북에도 또 어디에라도 있는 것이며, 유다 무다 하는 데에 상관없이 시방과 삼세에 가득하여 없는 데가 없으니, 다 지금 여기를 떠나 있는 일이 아닙니다." 하고 답했다. 그러자 청원스님이 "만일 그렇다면 석가의 이 세상 출현도 필요 없고 달마가 서쪽에서 올 일도 없는 것인데 불교의 팔만대장경은 무슨 필요가 있어서 이 세상에 나왔겠는가." 하였다. 이에 대하여 석두스님이 답하기를

"스님, 제가 공연한 소리를 하는 것도 아니며, 유다 무다 하는 데 빠져 있는 것도 아닙니다. 스님이 말씀하시는 팔만대장경도 다 이 속

에서 나온 것이니, 자기 마음 밖에 따로 법이 없고 법 밖에 따로 자기 마음이 없으며 그와 같이 자기 마음 밖에 따로 부처가 없으며 부처 밖에 따로 자기 마음이 없으니, 여기에 이르러서는 마음과 경계가 여여해서 해탈문이 절로 열리니, 모든 것에 있어서 조금도 모자람이 없으며 어느 곳이라도 걸림이 없어 대자유로움이 있습니다.”

라고 하였던 것이다. 청원스님이 드디어 최후의 인가를 하셨으니 석두스님의 전법사승이 이러하였다.

57

나의 법문은 부처에게 전해 받은 것,
선정과 정진 등을 말하지 않는다
吾之法門 先佛傳受 不論禪定精進

石頭希遷禪師의 上堂法語

선종의 원조인 6조 혜능스님 밑으로 나누어지는 양대선맥兩大禪脈 한 쪽 줄기의 근원이 되는 청원 행사스님. 그에게서 확실하게 불조佛祖의 전등傳燈을 이어 받은 석두 희천스님은 이후 남악南嶽의 남대南臺 석두암石頭菴에 계셨다. 당시 남악에는 또 다른 한쪽 선맥의 근원이 되는 남악의 회양懷讓스님과 역시 6조스님의 제자인 견고堅固스님, 그리고 신수 대통神秀大通스님의 법을 이은 숭산嵩山의 보적普寂스님 제자인 명찬明瓚스님 등 당대의 대선지식들이 각각 수백 명 혹은 천여 명의 참선수행납자들을 거느리고 선풍을 선양하고 있었다. 그런데 그 분들은 모두가 석두스님에게는 법으로 사숙法叔이 되거나 스승인 청원스님과 동연배로써 대선배가

되는 어른들임에도 불구하고 한결 같이 젊은 석두스님의 법력을 칭찬했
다. "저 석두의 참 사자후야말로 반드시 그대들의 안목을 청량하게 해
줄 것이다."라고 그 문하의 제자들에게 말하면서 석두암에 찾아가서 법
문을 듣고 지도를 받도록 권장하였다고 전한다.(『宋高僧傳』 卷9) 이처럼 청
원스님의 법을 받은 석두스님은 중국의 명산 남악에 들어가서 홀로 커
다랗고 편편한 반석 위에 초암을 맺고 계시면서 언제나 종일토록 오직
좌선만을 계속하였고, 누가 와서 부르더라도 전혀 돌아다보는 일이 없
었고, 밤에도 잠자지 않고 앉아 정진하였다. 마치 큰 새가 멀리 크게 날
려 할 때에 먼저 나래를 접고 쉬듯, 깨달음을 얻은 뒤 세상에 나설 때까
지 그 깨달은 경지를 수용하며 유유자적하는 시기를 선문에서는 오후보
림悟後保任 또는 성체장양聖體長養이라 한다. 이러한 소문이 차츰 널리 알
려지자, 백 리 또는 천 리 밖에서도 가르침을 구하려는 수행납자들이 구
름 모이듯 몰려들게 되었다. 이렇게 되자 석두스님도 이제는 법을 열어
보이지 않을 수 없게 되었고, 마침내 남대사南臺寺에서 문호를 활짝 열고
대법고大法鼓를 울리고 대법라大法螺를 불어서 대법의大法義를 연설하여 인
천의 대도사로서 본격적으로 중생제도의 큰 임무를 다하게 되었다. 그
때의 개당보설開堂普說, 즉 조실祖室로서 처음 설법의 자리에 임하여 법을
듣는 사람들의 근기에 구애되는 바 없이 자신의 법력을 그대로 열어 보
인 그러한 법어法語로 짐작되는 것이 『전등록』에 수록되어 있다. 석두스
님의 상당법어上堂法語에는 매우 간단하면서도 분명하게 그 법이 불조정
종佛祖正宗의 전법傳法임을 밝혔다. 이 법은 계·정·혜의 삼학三學이나 육
바라밀 수행 등의 구애 받음이 없는 것임을 확실하게 보임으로써 중생
과 부처가 둘이 아니며 보리와 번뇌가 그 본체는 하나이며, 따라서 그 누
구나 이것을 본래부터 갖추어 가지고 있지 아니함이 없음을 즉설即說하

고 있다. 석두스님의 선사상을 알 수 있는 근본자료로서는『초암가草庵歌』·『참동계參同契』·『상당법어上堂法語』등 세 가지가 있다.『상당법어』는 다른 두 편과 비교할 적에 아주 간결하면서도 다른 두 편의 글에서의 가장 긴요한 점을 여지없이 갈파하고 있다. 이러한 석두스님의 선사상을 후세에 알게 하는 세 편의 글이 지금까지 남아있다고 하는 것은 후학들에게 있어선 너무나 다행스러운 일이 아닐 수 없다. 이제 석두스님의 상당법어를 들어보기로 하자.

법당의 설법상에 올라 말씀하시기를, "나의 법문은 '먼저 부처님先佛'에게서 전해 받은 것이므로 선정과 정진 등을 말하지 아니하며 오직 부처의 지견에 도달하였을 뿐이다. 마음이 곧 부처이니, 마음과 부처와 중생, 그리고 보리와 번뇌가 모두 이름만 다를 뿐이지 그 본체는 하나이니라. 그대들은 마땅히 자기 심령의 본체가 허무와 집착의 밖에 있으며, 그 성품이 더러운 것도 깨끗한 것도 아니요. 참으로 고요하고 또 원만해서 성인에게나 범부에게나 똑같이 본래부터 갖추어져 있으며, 그 작용이 한정 없고 망심이나 의식을 여읜 것이므로 삼계 육도의 중생 세계가 모두 오직 자기 마음의 나타남일 뿐임을 알아야 하느니라. 물에 비친 달이나 거울에 비친 모양들이 어찌 생하거나 멸함이 있을쏘냐. 그대들은 모두가 다 이것을 본래부터 갖추어 가지고 있지 아니함이 없는 것임을 알지니라. 上堂曰 吾之法門 先佛傳受 不論禪定精進 唯達佛之知見 卽心卽佛 心佛衆生 菩提煩惱 名異體一 汝等當知 自己心靈 體離斷常 性非垢淨 湛然圓滿 凡聖齊同 應用無方 離心意議 三界六道 唯自心現 水月鏡像豈有生滅 汝能知之 無所不備"

상당上堂이라는 것은 법당法堂에 오른다는 말인데, 선종의 가람배치에
서는 불전佛殿위에 법당이 있다. 법당이란 대방장大方丈 즉, 조실祖室이 현
재에 주지住持하는 정실正室이라는 뜻이다. 다시 말하자면 상당의 경우에
는 법상에 오른 현재의 방장 이외에는 불조佛祖가 따로 없는 것이다. 그
러므로 선종사원에서의 불상은 법당보다 한 단계 밑에 있는 불전佛殿에
모시게 되며, 그것은 선의 제일의禪之第一義를 알지 못하는 중근기·하근
기의 중생들을 위하여 마련하는 것이며, 법당에는 법상法床만을 둘 뿐이
다. 그러므로 상당법어야말로 선지禪旨의 본령本領을 유감없이 발휘하는
자리인 것이다. 석두스님의 법문이란 우리로 하여금 부처의 지견佛之知
見, 즉 본래부터 누구나 지니고 있는 신령스럽고 오묘하며 걸림 없이 크
고 넓으면서 적멸한從本己來靈妙廓徹廣大虛寂 자기의 자성을 확연하게 깨달
아 아는 자리에 능히 들어가게 하는 직통의 문을 이르는 말이다. 그리고
'먼저 부처님'에게 전해 받았다고 하나 불법에 선후先後의 법이 있는 것은
아니다. 먼저와 뒤를 보는 것은 범부중생들의 상식으로 보는 소견일 뿐
이다. 그러나 여기서 '먼저 부처先佛'라고 한 것은 부처의 지견에 이른 분
을 임시로 '먼저 부처'라고 하는 것일 뿐 불법에 선이다 후다 할 만한 법
은 따로 없는 것이다. 그야말로 시방과 삼세에 걸쳐서 얻을 것이 따로 없
는本來不可得 것이므로 전해 주고받을 것이 없는 가운데 이 법문을 체험하
고 체득한 사람이 똑같이 이것을 체달한 사람의 경지와 부합할 적에 그
것을 인증하여 증명하는 것을 전수傳受라 하는 것이다. 그러므로 사실은
전수할 필요가 없어졌을 때 비로소 전수하는 것이니, 말하자면 자기가
자기에게 전수한다고 할 수 있다. 그러니 이런 자리에 이르러서는 오직
직지인심 견성성불하는 길을 곧 바로 갈 뿐이지, 선정·정진 등 4선8정
四禪八定이나 예배·염불·참회·간경을 필요로 하지 않는다. 왜냐하면

이런 모든 것을 그 속에 다 포함하고도 남음이 있기 때문이다. 중생과 부처가 다르지 아니하며, 번뇌와 보리가 같은 뿌리임을 설파하여 자기가 본래 부처自己本來佛의 자리에 선다는 것은 참으로 진정한 자각이 이루어지지 않았다면 모든 수행납자들을 움직일 수 있는 말이 확고하게 나올 수가 없는 것이니, 석두스님이야말로 확고부동하게 일대진리를 철저하게 체득하여 종통宗通과 설통說通에 무애자재한 경지를 이루었음을 이 상당법어에서 보게 된다.

58

어떤 것이 열반입니까
누가 너에게 생사를 떠 안겨 주기라도
했더란 말이냐

如何是涅槃, 誰將生死與汝耶

石頭希遷禪師의 學人提接

석두 희천石頭希遷(700~790)선사는 속가의 성이 진씨陣氏이며, 단주端州 고요高要 현재의 광동성廣東省 월해현粤海縣에서 출생하였다. 6조 혜능선 사를 찾아뵌 후 시봉하다가 스님이 입적하신 뒤에는 나부산羅浮山에서 수 행하였다. 그곳에서 개원 16년(728)인 29세에 구족계를 받았다. 뒤에는 청원산의 행사스님에게 나아가 그곳에 운집하고 있던 수많은 수행자들 가운데서도, 청원 행사선사 문하의 기린아麒麟兒로 지목되어 마침내 그 의 전법 수제자傳法首弟子가 되었다. 청원스님이 입적하시자 그 밑에서 수 행하고 있었던 석두스님은 천보天寶 연초인 742년, 43세 때 남악南嶽에 올

286

라 남대사南臺寺에서 23년간 계시면서 수많은 제자들을 지도하여 교화시켰다. 문하에서 수행하는 제자들을 지도하는 석두스님의 태도는, 그야말로 인정사정 두는 일없이 아주 단도직입單刀直入적이며 직절근원直截根源적이라 할 만한 것이었으니, 누구라도 가르침을 청하는 사람으로 하여금 곧바로 안심입명安心立命의 경지에 들게끔 하였다. 그러나 그 높고 준엄한 가풍 앞에는 그릇이 작고 근기가 약한 무리들은, 마치 눈 앞에 절벽을 맞이하여 겁 먹고 물러나듯 순순히 친절하게 노파심을 보이는 일 없는 석두스님의 매서운 솜씨에 감히 나서지 못하고 지레 물러나는 자들 또한 많았다고 한다. 어찌 보면 석두스님은 매우 불친절하고 후학을 위함이 없다고不親切不爲人 할 수도 있겠다. 하지만 석두스님의 이 같은 교화법은 그의 기질과 무관치 않다. 그가 문명 정도는 낮고 야만스러운 풍속을 따르던 이 지방사람들이 귀신의 조화를 두려워하여 해마다 소와 곡식·술을 갖다 바치는 것을 보고, '어리석은 백성들을 홀리는 못된 습관淫祠邪敎은 없애야만 한다'고 생각하여 드디어 그러한 사당을 밤새 파괴해 버린 점, 또 거기에 바쳐졌던 소를 한 해도 빠지지 않고 수십 마리씩 빼앗아 왔다고 하는, 당시 다른 사람들이 생각하기에 귀신도 두려워할 줄 모르는 행위를 소신을 가지고 서슴없이 감행했다. 다시 말해 어름한 것은 가차 없이 때려 부수어 바로 잡는 강인한 기질, 적당히 타협할 줄을 모르는 대쪽같이 곧은 기상이 제자들의 교화에도 잘 나타나 있다고 하겠다. 그 무렵이 마침 중국에 선사상이 크게 높고 널리 선양되던 시기이니만큼 석두스님의 그같은 고준한 선풍을 듣고 오히려 각처에서 그야말로 사자새끼獅子兒 같은 걸출한 근기를 가진 수행자들이 끊임없이 뒤를 이어 그 문하에 들어왔던 까닭에, 거기서 천황 도오天皇道吾, 약산 유엄藥山惟儼, 단하 천연丹霞天然, 조주 대전潮州大顚, 등은봉鄧隱峰과 같은 선종사

사상 위대한 선사들이 배출되었다. 또 수제자인 천황 도오선사 밑으로
는 용담 숭신龍潭崇信—덕산 선감德山宣鑑—설봉 의존雪峰義存—운문 문언雲
門文偃, 그리고 설봉에게서 또 현사 사비玄沙師備—나한 계침羅漢桂琛—법안
문익法眼文益 등의 법류法流가 이어 흐르면서 운문종雲門宗과 법안종法眼宗
을 이루어 중국선종 양대선맥으로서 도도하게 천하를 석권하였으니, 그
흐름의 근원에 바로 석두스님이 자리 잡고 있었다. 석두스님이 교화한
대기선어對機禪語가 얼마나 간명하고도 적절하였던가를 『전등록傳燈錄』
권14, 「석두장石頭章」을 의지하여 몇 가지 예를 보기로 하자. 어느 수행
승이 석두스님에게 물었다.

　　　수행승　　"어떤 곳이 정토입니까?"
　　　석두스님　"어느 누구가 너를 더럽히기라도 했더냐?"

　이 내용은 이러하다. 수행승의 생각, 즉 자성을 보려고 수행하고 있
는 선승으로서는 자성이 미타요 유심이 정토自性彌陀 唯心淨土라는 선의 뜻
을 믿고 있습니다. 그러나 근래에 세속에서나 출가인 속에서도 열심히
나무아미타불 부르기口稱念佛를 권하여 서방 십만억국토를 지나 극락정
토에 왕생하기를 구해야 한다고들 하는데 그렇다면 그것은 자성미타·
유심정토의 선지와 모순되게 보입니다만, 이것을 "스님께서는 어떻게
생각하시는지오?"라고 질문한 것이다. 그러자 석두스님이 곧바로 "누가
그대를 더럽히기라도 하였더란 말인가?" 하신 말씀의 뜻은 '십만억 국토
라고 하는 것은 나는 범부이다라고 하는 중생들의 보통 상식을 기본으
로 해서 나오는 숫자이지만, 자성의 영원담적靈源湛寂한 데에 도달한 사
람은 십만억 국토가 지나감을 겪지 않고도 지금 여기 이 자리가 곧 청정

도량이요 불국정토인 것이다. 그런데 그대가 그 정토를 물을 때, 이미 예토穢土가 나타나게 되는 것이니라. 그러니 본래 더럽혀진 바가 없었는데 구태여 다시 깨끗한 것을 구해 무엇하랴. 그 무엇도 더럽히려 올 것이 없으며 또한 더럽혀질 턱도 없는 것이니, 오직 자기 자신이 본래 청정법신임을 바로 깨달아 알 뿐이니라' 하였던 것이다. 또 어느 때 이렇게 물어온 적도 있었다.

수행승　　"어떤 것이 해탈입니까?"
석두스님　"누가 그대를 묶어 버리기라도 하였더란 말인가?"

이처럼 물은 수행승의 뜻은 이러하다. '스님, 저는 그동안 열심히 참선수행한 끝에 삼계의 중생세계에서 나고 죽는 윤회에서의 생사事縛는 벗어났습니다만, 그러나 아직도 부처가 되겠다는 집착佛縛이나 진리를 깨치겠다는 집착法縛 등 이른바 금쇄金鎖의 현관玄關이라 일컬어지는 것理縛에서 벗어나지 못하고 있습니다. 부디 원하옵나니, 최후의 해탈을 얻도록 가르침을 드리워 주십시오' 하는 것이었다. 이에 대하여 석두스님은 "누가 그대를 묶어 버리기라도 하였더란 말인가?" 하셨으니, 그것은 범부중생의 분단생사分段生死를 해탈하였다 하더라도 그것만으로는 변역생사變易生死 또는 부사의변역생사不思議變易生死라고 하는 것은 면치 못한다는 것이다. 변역생사, 즉 중생세계인 삼계에서 생사하는 몸을 여읜 뒤로 성불하기까지의 성현聖賢이 받는 삼계 밖의 생사, 다시 말해서 그전 형상을 바꾸어서 딴 모양을 받는 것이며, 이 성자聖者들은 무루無漏의 비원력悲願力으로 말미암아 미세하고 오묘하며 한정없는細妙無限 몸을 받으며, 무루한 정원력定願力의 도움으로 묘용妙用이 헤아릴 수 없으므로 이를 변역생사라 하는데, 이것이 바로 이박理縛 그것이다. 진리라고 하는 것이 귀한 것임은 틀림없으나, 그 귀하다는 진리가 도리어 이박이 되어서 뜻밖에도 삼계에 생사하는 사박事縛보다도 더 난처한 존재인 것이다. 즉 이치에 맞다 하더라도 그것이 곧 깨달음은 아닌 것이며, 이것이야말로 진실하게 진리를 깨달은 지견이거나 한다면 그것이 바로 금쇄현관金鎖玄關이 되고 마는 것이다. 그러므로 석두스님은, "지견知見에 견見이 없으니, 한 법도 보는 지견이 없으면 그 자리가 바로 여래如來인데 거기에 금쇄현관이 붙을 데가 어디 있단 말이냐. 해탈 할 것 없는 데서 해탈을 구하니 누가 그대를 묶어 버리기라도 하였더란 말인가. 만약 있거든 그 놈을 데려 오너라. 그러면 단방에 없애 주리라." 한 것이다. 또 묻기를,

수행승　　"어떤 것이 열반입니까?"
석두스님　"누가 그대에게 생사를 가졌다가 떠 안겨 주기라도
　　　　　하였더란 말이냐?"

이렇게 말씀한 뜻을 살펴보면 다음과 같다. "열반涅槃이란 불생불멸不生不滅의 뜻인데, 그렇다면 스님, 열반에 어떻게 해야 이를 수가 있겠습니까?"라고 제자가 여쭈었다. 이에 대하여 석두스님의 대답은 "그대는 생사라는 것을 가지고 있는 것으로 알고 있는 모양인데 그것을 누구에게 받기라도 하였다는 것인가. 생사가 열반이요 번뇌가 보리이니, 생사와 열반이 다른 것이 아니라 그 본체는 하나임을 바로 안다면 생사열반이 다 지난 밤의 꿈과 같은 것이다. 그런데 생사다 열반이다 하는 두 견해二見에 막혀 있으니 참으로 딱하구나. 생사에 돌고 도는 중생계가 다함이 없기 때문에 중생을 위한 나의 서원도 다함이 없는 「보현행원품」의 대

원력을 어찌 보는가. 마치 위장胃腸이 건전한 사람은 위장의 존재를 잊고 살듯이, 그대도 중생제도하려는 대원력을 발하여 용맹스럽게 생사에 뛰어들면 벌써 생사의 존재를 잊게 될 것이고, 생사의 존재를 잊게 되면 그 때는 열반을 물을 필요도 없게 되리라.”는 것이다. 이와 같이 물어오는 문제들을 일도양단一刀兩斷하여 언하言下에 깨닫게 하는 것이 석두스님의 교화 방법이었다.

59

남악에 내 초암을 지으니 보배가 따로 없다
밥 먹고 조용히 기분 좋게 잠잘 뿐이네

吾結草庵無寶貝 飯了從容圖睡快

石頭希遷禪師의 家常寶貝

청원 행사靑原行思스님의 으뜸가는 전법제자가 된 석두 희천스님石頭希
遷은 스승인 청원스님이 입적하신 3년 뒤, 그러니까 그의 나이 43세 때
중국 남방의 명산인 남악南嶽으로 들어간다. 그리고 그 곳 석대石臺에 초
암草庵을 짓고 자리를 잡아서 그 초기에는 밤낮을 가리지 않고 오직 좌선
정진打坐精進 終日兀坐만을 했다. 그 모습이 마치 황야의 풀 속에서 잠시 잠
자고 있는 맹호와 같았으며, 장차 크게 날려 하는 큰 새가 먼저 잠시 나
래를 접고 있는 듯했다. 석두스님의 이러한 경지를 선문에서는 장차 크
게 수행납자들의 안목을 열고 널리 중생제도하는 데 모자람이 없는 법

의 양식을 비축하는 중에 있다 하여 선문의 휴량한禪門休糧漢이라고도 부른다. 이곳에 약 20여 년 계시는 동안 45세 때 같은 남악에 계시던 남악 회양南嶽懷讓스님이 입적하셨고, 그 밖의 선배 선지식들도 앞서거니 뒤서거니 입적하시거나 아주 노경老境에 들게 되니, 마침내 강서江西의 마조馬祖스님과 함께 호남湖南의 석두石頭스님의 선풍과 그 명성이 천하를 풍미하여 제방의 수행자들天下參學이 구름모이듯 하였다. 이에 남악 일대가 석두스님의 교화 전법의 근본도량이 되었다. 세상에 널리 알려진 천하의 명산인 남악의 경관과 불교와의 역사적 관계를 간략히 살펴보는 것은 중국의 선종사를 바르게 아는 데 도움이 될 것으로 생각된다. 남악산南嶽山은 중국대륙의 중앙부에서 약간 남쪽에 있는 호남성湖南省에 있으며, 그 지경은 1부 3현一府三縣에 걸쳐있는 일대 산맥一大山脈이다. 예로부터 중국의 최고 명산으로 꼽아오는 태산泰山·화산華山·항산恒山·숭산崇山 등과 함께 천하 5악天下五嶽의 하나로 꼽히는 명산 중의 명산으로서, 남악이라는 이름 외에도 남산南山·수산壽山·수악壽嶽·형산衡山·형악衡嶽 등의 별칭이 있다. 그 높이는 9천 7백 30장약 3,500m이며 주위가 8백여 리약 400km이다. 전체적으로 커다란 기러기와 같은 형상으로, 서남쪽 큰 봉우리를 회안봉回雁峰이라 하여 기러기의 머리 부분으로 보고 있다. 중앙의 가장 높은 봉우리인 축융봉祝融峰을 기러기의 등으로 하여, 산맥이 서남에서 동북으로 내려오므로 장사長沙 땅의 악록산嶽麓山이 기러기의 발이 되고 있다. 전체적인 산세가 동남향이므로 기후나 태양과의 관계, 그리고 풍치 경관 등이 대체로 매우 빼어난 까닭에 초목이 무성하고 가축이 잘 자라며 문물이 발달하여 훌륭한 인물들이 많이 배출되었다. 또한 산의 지세는 동쪽과 남쪽에 상강湘江이 감돌아 흐르면서 남악을 언제나 비추고 있다. 산에는 축융봉祝融峰·자개봉紫蓋峰·운밀봉雲密·석름봉石廩

峰·천주봉天柱峰 등의 5주봉五主峰을 비롯하여 모두 72봉이 있다. 그리고 산내에는 한 개의 신선이 사는 동천一洞天, 네 개의 복지四福地, 두 개의 영경二靈境, 세 계의 간수三澗, 여섯 개의 수원六源, 여섯 개의 명당六明, 아홉 개의 계곡九溪, 열다섯 개의 동굴十五洞, 서른여덟 개의 거대한 암석三十八巖, 스물다섯 개의 샛물二十五泉, 아홉 개의 못九池 등이 있다. 이같이 풍부하고 아름다운 자연의 경관 속에는 아홉 신을 모신 궁九宮, 열여덟 개의 도교 사원十八道觀, 쉰 네 개의 불교 사찰五十四寺과 아울러 이루 다 셀 수 없을 정도로 많은 작은 절과 암자無數堂庵들이 있다. 또 유교 관계로는 주자周子·장자張子·주자朱子와 연관된 유명한 염계서원廉溪書院·악록서원嶽麓書院 등을 비롯하여 마흔여덟 개의 서원四十八書院 등이 있다. 이렇게 천연의 자연미와 아울러 인공미를 모자람 없이 갖추고 있는 천하의 명산인 남악이기에 이곳을 의지하였던 도교와 유교, 그리고 불교도 여기서 아주 충분한 성장 발달을 이룰 수 있었던 것이다. 게다가 남악이 있는 호남성은 농업이 매우 성대하고 발달한 고장이므로, 예부터 일러오기를 '호남의 농사가 제대로 익으면 중국 천하가 굶주리는 일이 없어진다'고 할 정도로 풍요로운 옥토가 남악을 둘러서 펼쳐져 있으니 더 말할 나위도 없다고 할 것이다. 특히 남악에는 불교 관계 유물이 많이 남아 있다. 대표적인 것으로는, 역사적으로도 너무나 유명한 남악대사南嶽大師라고 불리워진 혜사慧思스님의 전신前身과 후신後身 3대의 영골靈骨을 모셨다고 하는 '삼생탑三生塔'이라는 5층 석탑 모양의 탑 세 개가 지금도 남악의 가장 높은 축융봉을 배경으로 하여 관음대觀音臺의 동남편 같은 곳에 나란히 세워져 있다. 스님의 전기에는 아홉 번이나 환생하여 이 남악에서 수행을 계속하였다고 기록되고 있다. 또 회양스님을 6조스님 밑의 선종 제7조로 모심을 나타내는 칠조도량 복엄사七祖道場福嚴寺가 있는데, 그 절의 뒤편 우리의 거리로 치면 약 5리쯤 되는 곳에 남악 회양선사의 **뼈**를 모신 '최승륜탑最勝輪塔'이 있다. 다시 그 탑의 동편으로 약 1마장쯤 되는 곳에 마조암馬祖菴이 있으며, 탑의 동남편으로 약 2마장 가서 마조암의 뒤편에 남악스님이 젊은 마조스님을 깨우쳐 주기 위해서 기왓장을 축대에다 대고 갈았다고 하는 마박대磨磚臺가 있다. 그 밖에도 목불을 불 태워 추위를 달랬던 일로 유명한 단하丹霞 천연天然스님의 단하사丹霞寺, 남대사南臺寺의 견상보탑見相寶塔, 석두 초암의 터石頭草庵基趾, 혜사스님이 창건한 축융봉의 상봉사上封寺 등 불교에 관계되는 것들이 도처에 가득하다. 남악은 아주 상고 때는 신선들이 살던 것으로 유명하다가 중고 무렵에는 도교와 유교의 근거지가 되었고, 수당隋唐 이후로는 불교의 최대 근거지 가운데 하나가 되었다. 중국의 여러 성 가운데八十省中서도 남악산南嶽山과 동정호洞庭湖가 있는 호남성湖南省이 산수와 기후가 좋고 인물과 인정이 훌륭함으로 유명하다. 이러한 남악에서 초암을 세우고 성체聖體를 장양長養하며 오후悟後의 보림保任을 행하던 석두스님은 이렇게 몇 해를 지낸 뒤, 정진에 매진하며 납자들을 제접提接하는 여가에 처음으로『초암가草庵歌』를 지어서 슬쩍 그의 살림살이의 한 자락本分家常寶貝을 내보였던 것이다. 이『초암가』에는 남악에 계시던 초기에 주로 스스로의 수행에 힘 쓰면서 자신의 경지의 일단을 토로하는 동시에, 처음으로 세상을 향하여 불조로부터 면면히 전해오는 선의 가풍을 밝히고 몸과 마음이 한결같음을 보이는 깊은 뜻佛祖正傳家風 身心一如玄旨을 알리는 내용이 담겨 있다.

"내 초암을 지으니 보배가 따로 없다. 그저 밥 먹고 조용히 기분 좋게 잠잘 뿐이네. 자랐을 때 비로소 띠풀이 쓸만한 줄을 알았으니, 집

낡으면 뒤에 다시 띠풀로 지붕을 이으리라. 吾結艸菴無寶貝　飯了從容圖
睡快　成時初見茅草新　破後還將茅艸蓋"

　　이 글은 석두스님의 매우 깊은 경지를 나툰 것으로써 말과 짐작으로
해석하거나 함은 바람직한 일이 아니지만 다만 무슨 소리인지 모르겠다
고 외면하거나 또는 겉 글귀 따라 쉽게 알아차리려고 하거나 하는 이들
에게 조금이라도 선게禪偈를 바로 보는 안목이 열리는데 도움이 되기를
바라는 노파심으로 감히 설명을 시도해 보고자 한다. 초암草庵이라고 하
였으나, 이것은 글자 그대로 나무·대같은 것을 엮어서 이루어 놓은 거
처를 말하는 것만은 아니다. 즉 우리의 사대오온四大五蘊으로 이루어진
몸이나 그것을 의지하여 일으키는 정신 작용도 다 초암에 지나지 않은
것이다. 요컨대 석두스님은 초암을 빌려서 우리의 몸과 마음이 돌아갈
경계를 바로 일러주려는 것이므로 시구를 읊거나 선적인 법문을 하려는
것이 아니며, 어디까지나 순수하게 자신의 경지를 보인 것이다. 이제 이
해를 돕기 위해서 현세의 철학적인 말을 좀 사용한다면, '초'는 본원실상
계를 표현하고 '암'은 사물현상계를 표현한다 하겠다. '초'와 '암'의 두 자
는, 평등일심의 본체平等一心本體와 차별만물의 현상差別萬物現象을 갈파하
여 '초'를 떠나서 '암'이 따로 없고 '암'을 떠나서 '초'가 따로 없으니, 평등
이 곧 차별이라면 그 어느 곳에 차별이 따로 있을 것인가, 오직 다 평등
함이니 평등이 곧 평등이여서 이러한 평등의 이치에서는 평등보다 더
존귀함이 없다는 것이다. 이는 바뀌어 차별이 곧 평등이라면 그 어느 곳
에 평등이 따로 있을 것인가, 오직 다 차별이니 차별이 곧 차별이여서 이
러한 차별의 경지에서는 차별보다 더 존귀함이 없다는 것이다. 현실의
예를 들어서 부부는 이신동체 이체동신異身同體　異體同身이라고들 하지만,

옛적에는 절친한 속에서도 예의를 지키는 것을 존중하여 남편이 앉는 방석자리에는 아내로서도 그 자리座位를 존중하여 그 곳에 앉지 않은 데서 오히려 부인의 높은 인격이 나타나곤 하였으니, 이러한 일 하나라도 제대로 이루어지지 않고 질서가 어지러운 가정은 만사가 바르게 돌아갈 수가 없는 것이다. 이러한 예에서도 볼 수 있듯이 평등과 차별, 사상과 원리事理二法의 어느 한편에 치우쳐서는 안 됨을 보이고 있으니, 석두스님의 이『초암가』가 반드시 고상하고 현묘한 뜻만을 표하고 있는 것이 아니라 잘 음미해 본다면 참으로 모두가 현실 문제를 떠나 있는 것이 아님을 알게 되는 것이다.

60

참 사람이 항상 있어서 어디에도 속하지 않고 크게 자유롭다

住菴人鎭常在 不屬中間與內外

石頭希遷禪師의 本分家事

　　석두스님이 초암을 세워 정착하여 깨달은 뒤의 정진에 힘썼다고 해서, 어디까지나 오직 홀로 높은 경지를 고집하거나 또는 언제까지나 향상의 한 길만을 치달은 것은 물론 아니다. 그의 경지는, 시방삼세의 제불제조사도 한 입으로 모두 삼켜버리는 동시에 또한 자기자신의 심령마저도 조금도 존중스러울 것이 없는 것이었다. 즉 특별히 닦아야할 아뇩다라삼먁삼보리가 따로 있는 것이 아니며 중생을 제도한다 하나 제도할 중생이 따로 또 있는 것이 아님을 분명히 알아서, 아상·인상·중생상·수자상이란 없는 것이지만, 외로운 산봉우리 꼭대기에 홀로 큰 소리 치고 있는 꼴이 되기보다는 차라리 육도윤회하는 중생들과 함께 한 배에

타서 같이 살고 같이 죽음을 피하지 않은 것이니, 나아가서는 물길이 다하는 데까지 갈 것이며 머물러서는 산봉우리에 구름이 일어나는 것을 볼 따름이라는 것이라고 하겠다. 또 '거기에는 보배가 없다'고 하니, 보배란 옛 적에 유통하던 보패寶貝를 가리키는 것으로, 즉 돈이 없다고 하는 것은 그야말로 가난하다는 말이다. 옛 분들이 항상 경계하시기를 '불도를 바로 배우는 데는 무엇보다 먼저 가난하게 사는 것을 배워야 하며, 가난하게 사는 것을 배워서 참으로 가난할 때 비로소 불도에 익숙해지는 것이다' 하였으니, 자신의 불도수행을 위해 정진할 때나 중생제도를 위해 매진할 때나, 불도를 이루어서 세상을 구제하는 데 필수적인 제일 조건이야말로 청빈이라는 것이다. 그래서 우리나라 신라의 원효스님도 유명한 그의 『발심수행장發心修行章』에서,

재물을 아끼고 탐하는 사람을 바로 악마의 권속이라 할 것이며慳貪於物 是魔眷屬, 도인이 탐하는 마음을 내는 것은 수행자들에게 부끄러운 일이며道人貪是行者羞恥, 출가한 사람이 재산을 모으는 것은 세간 군자들의 웃음거리 되리라. 出家富是君子所笑

라고 히였던 것이다. 그리고 '그저 밥 먹고 조용히 기분 좋게 잠잘 뿐이다飯了從容圖睡快'라고 하였는데, 이것이야말로 석두스님의 가상보배家常寶貝, 즉 진면목을 보여주는 경지이다. 글자 그대로 배불리 먹고 난 뒤에 기분 좋게 코골며 잠에 취함을 즐긴다는 뜻이 아님은 물론이다. 밥 먹어 마쳤다飯了는 것은, 밥그릇의 밥을 먹어치웠다는 것이 아니라 부처님과 조사들의 말이나 그 뜻佛祖語句宗意을 이제는 충분히 배워 알았다十分飽參는 의미이다. 선문에서 말하는 이른바 양식 걱정이 없는 사람禪門休糧漢이 되

어야만 비로소 배불리 먹었다飯了飽參고 할 수가 있는 것이다. 다시 말해서 이미 본래의 진면목 소식을 얻은 참 사람이 되었으니, 이제는 다시 시방삼세 천상인간十方三世天上人間에 의심될 바가 없다는 경계인 것이다. 이에 반하여 밥이 모자라는 사람飯未了은 밥을 먹어도 제대로 밥 먹은 것이 못되면서도喫飯未喫飯漢 착각하여 어디까지나 자기류로, 나는 이미 이만하면 양식 장만이 다 되었다 하여 아직 배는 고프면서도 아만만 높아지는空腹高心 사람을 가리킨다. 그러나 선문에서의 일없음이 진정 고귀한 사람無事人是高貴人이라는 것은 바로 밥 먹고 조용히 기분 좋게 잠잘 수 있는 경지에 이르러서야 그러한 사람이라고 지칭하는 것이다. 따라서 이 말은 석두스님이 직접 체험한 매우 높고도 깊은 선의 경지를 엿보게 하는 대목이다. '자랐을 때 비로소 띠풀이 쓸 만한 줄을 알았다'는 것은, 시절인연時節因緣이 모이면 언제 어떤 일이라도 이루어지지만, 그 시절인연이 흩어져 떠나가면 무슨 일이라도 깨어져 버리는 것이 법임을 뜻한다. 그러므로 일이 이루어지거나 없어지거나 함이 모두가 인연 따라 되는 것이다. 그런데 범부 중생들은 이러한 인연과 인연 따라 생기고 없어지는 것이 실체가 없어서 무상한 것임을 미처 모르고, 그러한 인연소생이요 인연소치임을 실체로 잘못 아는 까닭에 기뻐하거나 또 지나치게 슬퍼하기도 하여 항상 마음이 흔들려 불안하고 괴로움을 스스로 불러일으키고 있다. 그러나 불도를 수행하여 세상을 바로 보는 안목이 열린 성현과 조사들은 항용 인연이 모이고 흩어짐이 본래 공하여 실체가 없음을 밝게 보아서照見因緣皆空 일이 잘 이루어짐을 기뻐하고 무너지고 흩어짐을 슬퍼하는, 기뻐함 슬퍼함에 집착할 것이 조금도 없음을 가르친다. 따라서 석두스님 역시 세간의 희로애락과 생사에 매임이 없으며, 동시에 입적하여도 열반에 탐착하지 않고 사바세계에 다시 원력생사를 나투어

서 아낌없이 그리고 쉼 없이 중생제도를 하되, 다만 그러할 뿐인 무위無
爲의 경지를 수용하는 도안道眼이 있음을 알게 된다.

> 초암에 사는 사람 거기에 항상 있으나,
>
> 안에도 밖에도 또한 중간에도 매어 있지 않네.
>
> 세상 사람이 사는 곳에 나는 머물지 않고,
>
> 세상 사람이 좋아하는 곳을 나는 좋아하지 않네.
>
> 任菴人鎭常在　　　不屬中間與內外
>
> 世人住處我不住　　世人愛處我不愛

'초암에 사는 사람'이란 자신을 말함이 아니라 본래인本來人을 말함이
니, 즉 정신이다 생각이다 머리다 가슴이다 하는 데 있지 아니하고 우주
법계에 가득하여, 있지 아니한 곳이 없어서 나고 죽고 가고 옴이 자유 자
재로운 진실한 사람無位眞人을 말한다. 이 '참 사람이 항상 있다鎭常在'는
것은 나고 죽고 가고 다시 옴에 걸림이 없기에 날 때는 나는 것이 그대로
전체요, 더 다른 것이 없는 것이며 죽을 때는 오직 그대로 죽을 뿐이요,
죽음 밖에 또 다른 생이 없다는 것이다.生也全機現 死也全機現 이미 생生 밖
에 사死가 없으며 사 밖에 생이 없으니, 생 밖에 사가 없을 진대本無生死 영
원토록 생인 것이므로 진상鎭常하게 있다고 하였다. 생사 밖에 따로 열반
이 있음을 보지 않는 견지인 것이다. 즉 일체가 유심조이며 삼계가 유심
一切唯心造 三界唯心이니, 오직 마음 밖에 다시 다른 법이 있을 것이 없는 것
이다. 그러므로 우주법계가 바로 나의 몸과 마음이요, 나의 몸과 마음이
그대로 우주법계이다. 그래서 법신法身은 일정한 몸이 없어서 우주법계
삼라만상宇宙法界森羅萬象으로 몸을 삼으며, 대성인大聖은 내 마음이 따로

없어서 만인중생萬人衆生의 마음으로써 자기 마음으로 삼는다고 하게 되는 것이다. 천지인天地人과 우주만물宇宙萬物을 자기 자신으로 삼는다면, 그 존재는 안에도 밖에도 또한 중간에도 속해 있지 않으므로 그야말로 절대적이어서 공간에 가득하여 없는 데가 없으며, 시간에 가득하여 끊어짐 없어 영원무궁하다고 하였다. 이러한 경계에서 사는 터이므로 세간 사람들이 좋아하는 곳에 살지 않으며 세속에서 좋아하는 것은 좋아하지 않으니, 이런 경지의 도인에게는 산속 달빛 아래에서 경행徑行하며 거닐 때 그 마음이 아주 비어서 만 가지 인연이 다 공할 뿐이며, 나무 밑, 돌 위에서 좌선하며 정진할 때 일체의 법문이 남음 없이 절로 마음속에서 우러나는 별유천지가 있는 것이다. 그러기에 초연히 출세간의 세계에서 노닐며 편안히 초암에서 생활하여 걸림이 없으니, 이런 사람은 비록 부모라도 자식으로 삼지 못하며 군왕이라도 신하로 대하지 못하는 것이니, 천상이나 인간세계의 아무리 좋은 것이라 하더라도 어찌 감히 여기에다 견주어 볼 수가 있으리오. 현재의 출가 수행자들 모두가 다시금 자신들의 심신身心의 경지境地를 비추어 보는 거울로써, 발심한 초심으로 돌아가게 하는 힘을 석두스님의 게송 한 줄에서 느끼는 것은 필자 혼자만이 아닐 것이다.

61

초암 속에 죽지 않는 사람 있듯이 참 주인공은 사대오온의 색신을 여의고 따로 있는 것이 아니다

欲識菴中不死人 豈離而今遮皮袋

석두 희천石頭希遷선사禪師의 초암가草菴歌

초암이 비록 작으나 법계를 포함한다. 菴雖小含法界

방장의 노인이라면 서로 체달해 알 것이요, 方丈老人相體解

최상승의 보살은 믿어 의심치 않을 것이나 上乘菩薩信無疑

중근기·하근기가 이것을 듣는다면 반드시 괴이하다고 믿지 않을 것이다. 中下聞之必生怪

석두스님이 지어서 살던 초암은 비록 겉모양은 작고 보잘 것 없으나, 바로 여기서 중국의 선을 크게 진작 시킨 허다한 천하 용상대덕龍象大德

이 쏟아져 나와, 가히 헤아릴 수조차 없는 선풍의 선양이 펼쳐져 왔다. 그야말로 한 티끌속에 시방법계를 포함하며一微塵中含十方, 풀 한포기를 가지고 거대한 법왕궁을 세우고拈一莖草 建法王刹, 한 티끌 속에서 대장경을 끄집어내는破微塵出大經卷 도리가 여기에 있다. 이것이 바로 크다 작다 하는 계교사량이 없어지고亡大小量, 하나라든지 많다 등의 하는 허망한 망정이 끊어진盡一多情 경지이니, 여기에 이르러서는 작은 초암이 법계를 포함함이 너무나 당연한 일이 아니겠는가. 그래서 3조 승찬스님의『신심명信心銘』에 이르기를 '지극히 작은 것이 아주 큰 것과 같아서 경계가 없어지며, 지극히 큰 것은 아주 작은 것과 같아서 변두리가 없다極小同大 忘絶境界 極大同小不見邊表'고 하였다. 그러므로 십홀방장十笏方丈을 자재하게 나타내는 유마힐 거사나 최상상승의 문수보살이라면 서로 축대의 돌이 서로 아귀가 착착 맞듯이 화두와 하나 되어 화두삼매에 들어감으로築着 磕着 의심을 둘 바가 없을 것이지만, 우주법계의 편린만한 지식·학식이다는 것들을 머리에다 가득 채울 줄만 알았지 실참의 실행이 없는 중소의 근기들로서는 이러한 경지에 의심이 없을 수가 없을 것이다.

이 암자 무너지고 안 무너짐 묻지 말라. 問此菴壞不壞

무너지고 안 무너짐 그대로 맡겨둘 뿐, 壞與不壞主元在

동서다 남북이다에 매어있지 않으며, 不居南北與東西

그런 터에 서 있으니 가장 견고하도다. 基上堅牢以爲最

이 암자 무너지고 안 무너짐 묻지 말라고 한 것은 임시 내 집으로 삼고 있는 이 몸, 죽고 사는 것에 집착하지 말라는 것이다. 왜냐하면 생겼다 없어졌다 하며 살아 있는 동안에도 시시각각으로 변하고 늙어 병들어서 죽게 마련인 이 몸은 임시로 의지하는 것이기에, 따라서 가짜요 실체가 없어 무상하여 허망한 것이다. 그러나 모양 있는 이 몸 생멸하는 데 매이지 않고 항상 소소역력하게 모든 것의 근본이 되는 것이 있어, 이것은 우주법계에 가득하여 없는 데가 없는 것이다. 그러므로 당연히 동서다 남북이다 하는 방소에 구애됨이 없기에 이러한 데에 터전을 잡고 있는 이 초암은 가장 견고하여 무너지고 안 무너짐에 매임이 없으니 비록 작으나 범계를 포함한다는 것이다.

푸른 소나무 밑에서 마음 밝히는 青松下明窓裏

일, 세간의 부귀영화로는 상대가 되지 못하지. 玉殿朱樓未爲對

옛적 이름 구하던 꿈 모두 쉬어버리니, 納帔幪頭萬事休

이때 산승은 만사에 상관치 않네. 此時山僧都不會

배고프면 소찬으로, 목마르면 흐르는 물로 기갈을 달래며, 푸른 소나무 밑에서 밝은 달을 벗 삼아 마음 밝히는 일에 정진하는 생활이야 말로 악착같이 이익과 명예를 구하는 세간의 생활과는 비교가 안 되는 출세간의 풍류, 바로 향상의인 것이다. 이러한 경지에서는 이미 위로 제왕이 있음을 모르고 아래로 백성이 따로 있음을 모르니, 따라서 스스로가 출가인임을 잊고 나아가 인간임도 잊는다. 그러니 젊어서 품었던 푸른 꿈도, 이전에 지녔던 세상을 뒤덮고도 남는 장대한 기개도 이제는, 그 모든 것을 다 놓아 버려서 참으로 '쉬어가며, 놓아 버리고 가며, 한 생각이 1만 년 가게 하며, 찬 재와 같이 마른 나무와 같이 가노라休去歇去 一念萬年去 寒來枯木去' 하는 경계에 이르러, 겉모양이 다 떨어져 오직 하나의 진실만이 있을 뿐이며, 그 하나의 진실唯一眞實까지도 어디엔가 두고 잊어버린 깊고 깊은 소식深深海底行消息에 이른 것이다. 이때의 산승은 이 세상에 살아도 마치 흰 구름속의 푸른 산과 같아서 백운이 종일토록 의지하고 있어도 청산은 전혀 개의치 않듯白雪終日倚 靑山總不知 그러하다. 다시 말해서 흰구름 가고 오듯 제법 이 생멸하나, 푸른 산 아랑곳 않듯 나의 본래면목은 불생불멸 불구부정 부증불감 그대로 일 뿐이라고 하니, 여기에 이른 이에게는 생사거래도 감히 발붙일 곳이 없을 것임은 오히려 당연하다 하겠으니, 석두스님의 본분가사를 엿보고도 남음이 있게 하는 대목이라 하겠다.

이 초암에 머물러서는 알음알이지음을 쉴지어라 住此菴休作解
그 누가 점방에 앉아 물건자랑하며
남이 사주기를 바라듯 한듯 말인고 誰誇鋪席圖人買
대지혜 광명을 돌이켜 본집으로 돌아가
본래의 신령스러운 자성 통달한다면, 廻光返照便歸來
걸림 없는 경지에 진정 통달한다면
걸림 없는 경지에 맞음·안맞음 없도다. 廓達靈根非向背

불도는 유심으로도 얻을 수 없고 또한 무심으로도 얻을 수 없는 것이다. 오직 계교사량 지해분별計較思量 知解分別을 떠나야만 비로소 도에 들어갈 분이 있는 것이기에 알음알이를 짓지 말라는 것이다. 그러므로 선이다, 염불이다, 진언이다 서로 내세우고, 선에서도 내 계통이다, 네 계통이다, 내가 정통이라며 자랑하며, 현묘한 도리를 종횡무진으로 설하여 많은 사람들의 박수갈채를 받는다 하더라도 그것은 진정한 선의 세계에서의 본분은 아닌 것이며, 조사의 본업이 아니며, 진실한 구도자의 할 일이 아니라는 것이다. 회광반조廻光返照야말로 선문의 일대사이며, 종사의 안목이라 하겠다. 여섯 가지 감각기관을 통해 밖으로 갖가지 경계를 상대해서 끊임없이 분별하여 알음알이를 일으켜 쉴 새 없이 흔들리는 산란한 마음을 쉬고자 좌선을 해 보건만, 망상잡념을 쉬고자 하면 할수록 오히려 잡념망상이 번갈아 들고 일어남을 어찌하랴. 그러므로 이렇게 쉴 새 없이 다투어 일어나는 잡념망상을 따라가지 말며 안 하려고 하지도 말고, 그저 몇 천 만 번이라도 즉시즉시 숨 내쉬고 들어 쉬는 속으로 생각을 돌이키거나觀出息入息, 들고 있는 화두로 얼른얼른 옮겨서 화두에 대한 불 붙듯한 의심을 일으켜 나가면 이미 천 생각 만 생각 일어날 길 없는 것이다. 그래서 비록 팔만사천의 망념이 다투어 일어난다 하더라도 상관하지 않는다면 그것이 도리어 다 반야의 신통광명이 되는 것이다. 그러나 그런 것들을 내가 상관치 않는다는 것이 참으로 쉽지 않은 일이나, 만일 그리된다면 바로 대지혜광명을 돌이켜 본집으로 돌아가는 시절이 된다. 그런데 돌아간다고 하지만, 돌아 갈 곳이 또 따로 있는 것 아니니, 돌아간 곳이 곧 신령스러운 근원인 자성에 활연히 통달廓達靈根하는 것이다. 이것을 선종의 초조 달마스님은 '확연무성廓然無聖'이라 표현하였다. 여기에 시비是非가 붙을 것이 있겠는가. 말하자면 신령스러운 근원에 활연히 통달하였을 때는 위로 향해갈 부처가 없고 아래로 등질 중생이 없으니, 따라서 향할 열반이 없고 등질 생사가 없어서 일체에서 초월하였음을 비향배非向背라 하였다. 역대의 불조께서 말씀하신 일대사인연佛佛祖祖一大事因緣이란 바로 이것이요, 이것만이 오직 진실하다 하였다.

조사께서 친히 가르침 주심 만나니, 遇祖師親訓誨

초암 세워 살되 보리심 물러남이 없게 하라. 結草爲菴莫生退

백년 살던 몸이라도 버리고 갈 때

그대들에 맡겨 상관 않겠네. 百年拋却任縱橫

손 털고 그대로 갈 뿐 무슨 일 있겠는가. 擺手便行且無罪

위에서 이미 깊은 선의 경지를 밝힌 다음 여기서부터는 뒷사람들에게 남기는 말씀遺囑이 된다. 현대의 우리들은 조사에게서 직접 가르침 주심을 받는 것 같은 그런 경우가 아마도 거의 없다고 하겠다. 그런데 그러한 조사에게 받는 가르침祖承이란 것은 지난 몇 천 년의 선의 역사이며 몇 십대 조사스님들의 피땀 어린 단련에서 나온 그것인 것이다. 석두스님같은 이도 멀리는 과거 7불과 역대전등 제대조사에게서, 가깝게는 6조스님과 청원스님에게서 가르침 받은 기쁨을 이처럼 표현하고 있으니, 하물며 범상한 우리들이야말로 이런 스승들의 가르침 받음없이 어떻게 자리이타를 제대로 이룰 수가 있을 것인가. 초발신심 물러남이 없이, 구하는 바 없이 오직 모를 뿐인 마음無所得心을 끌고 나가야만 초암을 의지해서 위없는 보리도를 닦아 이룰 수 있는 것이다. 인연 다하여 이 몸 버릴 때는 그저 그대들 하는 대로 맡길 뿐, 그래서 손 털고 갈 뿐 더 무슨 다른 곡절이 있겠는가 하는 데서 선미진진禪味津津한 여유와 티끌만치도 걸림이 없는 외외낙락정나라磊磊落落淨裸裸한 소식을 느끼게 한다.

일천 가지 말, 일만 가지 알음알이. 千種言萬般解

오직 그대들로 하여금 오래도록

맛보지 않게 하려함이니라. 只要敎君長不昧

초암 가운데 죽지 않는 사람 있음을 알고자 한다면, 欲識菴中不死人

그것이 어찌 지금의 이 똥이 가득 담긴 가죽주머니 떠나서 따로 또 있겠는가. 豈離而今遮皮袋

팔만사천 대장경의 가르침이나, 역대 조사들의 1천 7백 공안의 글귀 등 엄청나게 많은 언어문자들은 다만 학인들로 하여금 자기의 자성을 찾고 이른바 회광반조迴光返照하여 확달영근廓達靈根케 하려함이니라. 그런데는 초암 가운데 불생불멸하는 것이 있음을 알아야할 것이다. 그것은 이 사대오온四大五蘊의 색신色身 가운데 색신이 무너져 없어져도 따라 죽지 않는 참 사람不死眞人이 있음을 만나야만 하는데, 그 삶은 먼 딴 데에 있는 것이 아니라 바로 지금 울고 웃으며 늘 똥을 가득 담고 있는 이 가죽포대야말로 불생불로불사不生不老不死의 금강무량수불金剛無量壽佛이므로 불법에는 죽음이라는 법은 아예 없는 것이니라 하고 일러주고 계신다. 여기서 석두스님의 가차 없는 매서운 직설 속에서도 마치 어린 손자에게 가려운 등을 긁어주는 듯한, 고구정녕苦口叮寧하여 노파심절老婆心切의 자비를 베풀고 있음을 보게 된다. 중생이란 나무에 법의 비法雨가 내리면 가지마다 부처와 보살이라는 열매가 주렁주렁 맺는 것이다. 이 도리를 알겠는가!會麼

62

"정혜를 떠나서 어떤 법을 보이시렵니까"
"내 살림살이에는 노비같은 것이 없는데, 그 무엇을 떼어놓을 것이 있겠는가"

離卻定慧 以何法示人, 我遮裏無奴婢 離箇什麼

석두石頭의 전법적자傳法嫡子 천황 도오天皇道悟선사 Ⅰ

석두스님의 법을 받은 많은 제자들 가운데 가장 으뜸으로 꼽히는 제자傳法嫡子가 천황산의 도오天皇道悟(738~807)스님이다. 도오스님은 무주婺州의 동양東陽 땅에서 출생하였다. 어려서부터 매우 영특하여 자랄수록 더욱 그 지혜가 남달리 뛰어났다. 14세 때 마침내 출가하여 불도 수행하기를 간절히 원하였다. 그러나 부모가 반대하여 허락하지 아니하자, 굳은 결심으로 하루에 겨우 한 끼 만의 식사로써 버티며 허락해 주기를 바랐다. 그러다 보니 자연히 몸은 극심하게 쇠약해져 갔다. 이렇게 되자 드디어 부모도 그의 결심을 꺾을 수 없음을 알고 출가를 허락하게 되었다. 그리하여 이웃 명주明州에 계시는 어느 큰스님을 의지하여 출가 삭발하여 스님이 되었다. 열심히 수행하다가 25세에 항주杭州의 죽림사竹林寺에서 구족계를 받고, 비구가 된 뒤에는 더욱 더 분발하여 참으로 용맹스럽게 참선 정진에 매진하였다. 그러던 어느 날 비바람이 몹시도 몰아치던 칠흑같이 어두운 밤에 묘지에서 좌선 정진하게 됐는데, 오히려 몸과 마음이 너무나 편안하여 모든 두려운 마음이 가시는 경계를 맛보게 되었다. 이런 경지를 얻은 뒤로는 선지식을 찾아다니다가, 드디어 제방으로 경산經山의 국일國一(?~792)스님을 만나 뵙고 그의 깊은 법心法을 받고는 5년 동안 그 곁에 있으면서 수행에 몰두하였다. 당唐 태력太曆 때(766~779)에 이곳을 떠나, 당시 종릉鍾陵에 계시던 마조스님馬大師을 뵙고 거듭 인가를 받았다. 여기에 2년을 머물면서 마조스님의 유명한 대기대용大機大用의 선풍禪風을 직접 보고 들으며 체험하게 되었다. 그러한 뒤에 도오스님은 남악으로 가서 석두스님을 뵙고 선문답을 하게 된다.(『傳燈錄』 卷14 天皇章)

도오스님　　“정과 혜의 두 가지를 다 떠나서 어떤 법을 가지고 보이시렵니까? 離卻定慧 以何法示人”

석두스님　　“내 살림살이에는 노비같은 것이 없는데, 그 무엇을 떼어놓을 것이 있겠는가. 我遮裏無奴婢 離箇什麼”

도오스님　　“그럼 그것을 어떻게 분명히 볼 수가 있습니까? 如何明得”

석두스님　　“그대 허공을 잡아 보았느냐? 汝還撮得空麼”

도오스님　　“그러시다면, 지금부터는 떠나지 않겠습니다. 恁麼卽不從今日去也”

석두스님 "그런데 이상하군. 그대가 언제 어디서 오기라도 했
더란 말인가? 夫審汝早晚從耶邊來"

도오스님 "저, 도오는 가고 옴이 없는 사람입니다. 道悟不是耶邊人"

석두스님 "나는 일찍부터 그대가 온 곳을 잘 알고 있네만.
我早知汝來處"

도오스님 "스님, 어째서 마치 제가 무엇인가를 감추고 있는 것
처럼 말씀하십니까? 師何以贓誣於人"

석두스님 "아무리 그래도 그대 몸이 지금 여기에 있는 데는 어
쩌겠는가? 汝身見在"

도오스님 "그렇습니다만, 그러나 필경에 그것을 어떻게 뒷사
람들에게 보여줄 수가 있겠습니까?
雖如是畢竟如何是於後人"

석두스님 "어허, 그대는 바로 말해야 하네. 도대체 누가 뒷사
람이란 말인가? 汝道阿誰是後人"

이 선문답에서 도오스님이 석두스님에게 물은 뜻은 이러하다. '저는
선정禪定·지혜智慧 등의 3학三學과 6도六度는 거의 다 수행하였습니다. 그
런데 스님께서는 조계 혜능스님의 으뜸가는 제자眞嫡子인 청원스님의 법
을 이은 기린一角麟 같은 분이라고 들었습니다만, 그러시다면 어디 한번
정과 혜를 떠나서 법을 가르쳐 주시기 바랍니다'하고 슬쩍 석두스님의
무게를 저울질하려는 물음을 던졌다. 이에 대한 석두스님의 대답은 조
금도 거침없었고 던져오는 그물에 걸려드는 바가 없으니, '내 살림살이
에는 쓸 데 없는 노비 같은 것은 아예 없네. 그런데 정과 혜를 떼어놓고
말하라고 하니, 도대체 그 정과 혜가 어디가 어떻게 나쁘기에 떼어놓으

라는 말인가. 한 마음이 생기지 아니하면, 일만 가지 법이 다 허물이 없는 것이다. 一心不生 萬法無咎 그렇다면 정과 혜를 마치 못쓸 물건처럼 떼어놓으라고 할 필요가 조금도 없는 것 아닌가' 하며 도리어 치고 나왔다. 그러자 도오스님은 한발 비켜서면서 하는 말이 '스님께서 쓸모없는 노비 같은 것은 본래 없다고 하시는 것은 우주법계에 두루 가득하여 없는 데 없으며 한 맛으로 평등한 비로자나毘盧遮那의 진법신眞法身을 보라는 가르침으로 압니다만, 그 비로자나 진법신인 주인공을 어떻게 분명하게 만나볼 수가 있겠습니까?' 하고 이번에는 공손히 다시 물었다. 석두스님은 거듭 되묻기를 '그대는 비로자나 진법신인 주인공 만나보기를 나에게 요구하지만, 그러나 그대 어디 허공을 잡을 수가 있겠는가. 만일 허공을 잡을 수 없으면서도 나에게 비로자나 진법신 만나보기를 요구한다면 그것은 그대 욕심이 좀 과한 것 아닌가' 하신다. 이때에서야 비로소 도오스님은 '잘 알았습니다. 그러면 저도 또한 비로자나 진법신인 주인공이 되어서 오늘부터는 다른 곳으로 떠나가지 않겠습니다' 하고 순순히 허리를 굽혔다. 그러자 석두스님께서 대뜸 이르시기를 '아니, 거 참 이상도 하다. 그대가 언제 어디서 오셨던가?' 하셨다. 즉 비로자나 진법신인 주인공은 가고 오는 모양이 없는 것인데, 그러한 가고 오는 모양이 없는 주인공이 구태여 오늘부터는 이곳을 떠나가지 않는다고 하는 것은 앞뒤가 안 맞는 소리自語相違가 아닌가 하는 뜻이다. 이에 도오스님이 서슴지 않고 답하기를 '저, 도오는 가고 오는 모양을 두고 오늘부터 여기를 떠나지 않겠다는 것은 아닙니다. 그러므로 이쪽저쪽으로 가고 오고 하는 데 매여 있는 그런 존재는 아닙니다. 그러니 매여서 있는 것이라면 그런 것은 비로자나 법신의 주인공이 아니지오' 하였다. 그러자 석두스님이 말씀하시길 '나는 벌써부터 이미 그대가 온 곳을 알고 있다. 그 곳은 본래부

터 이름과 모양을 여의었으며 천진 그대로 성性과 상相이 끊어진 것이니,
이쪽저쪽도 없으며 또한 가고 오거나 나고 없어짐도 없는 곳이지.從來離
名狀 天眞絶性相 無耶邊這邊 無去來出沒' 하시며, 처음부터 끝까지 여일하게 도
오스님의 주인공을 분명하게 일러 보이셨다. 그 말씀에 도오스님이 '스
님께서 일찍부터 그대가 온 곳을 잘 알고 있다고 말씀하시니, 마치 제가
무엇인가를 감추고 있는 것처럼 되어 버리고 말았습니다만 그러나 제가
온 곳을 모르거나 숨기거나 한 것은 아닙니다'라고 하니, 석두스님이 이
르시기를 '그대는 숨긴 것이 아니라고 하지만, 그대의 몸이 그대로 이곳
에 있지 아니한가. 그렇다면, 법신이란 일정하게 정해진 몸이 없노라고
하면서 숨겨 보려고 하지만, 만물로써 몸을 삼을 때는 당장에 나타나게
마련이므로 숨길 수가 없는 것이지' 하신다. 이렇게 되자 도오스님은 간
절히 청하기를 '이제까지 대목 대목마다 가르쳐 보여주신 바를 받자와,
노비가 없는無奴婢 소식을 분명히 알았습니다. 그런데 이 같은 소식을 어
떻게 후학들에게 보일 수가 있겠습니까?' 하였다. 그러자 석두스님은 대
뜸 따지시기를 '바로 말하게. 후학들이라고 하니 다시 따져 묻겠는데, 그
래 도대체 어떤 것이 후학이란 말인가. 만약 가르쳐 줄 후학이 있고, 그
래서 후학들에게 보일 법이 따로 있는 것이라면 역시 노비임을 면치 못
하리라' 하시는 마지막 한 말씀을 듣는 순간, 진실한 비로자나 진법신을
철저하게 깨달아 들어갈 수가大透過 있게 되었다. 여기서 전에 경산 국일
선사와 마조 도일선사 두 대선장大禪匠에게 인가받은 법에 대한 얻은 바
있다는 생각有所得心까지도 말끔히, 그 자취마저 쓸어버릴 수가 있게 되
었다.

63

조계의 뜻을 누가 얻었습니까
불법을 한 사람이 얻었지

曹溪意旨得誰人, 會佛法人得

석두石頭의 전법적자傳法嫡子 천황 도오天皇道悟선사 II

어느 날 도오스님이 석두스님에게 물었다.

도오스님 "조계의 뜻을 누가 얻었습니까? 曹溪意旨得誰人"

석두스님 "불법을 안 사람이 얻었지. 會佛法人得"

도오스님 "스님도 얻었습니까? 師還得也否"

석두스님 "나는 불법을 알지 못하네. 我不會佛法"

도오스님 "그러면 어떤 것이 그 불법의 큰 뜻입니까?

如何是佛法大意"

석두스님 "불법의 큰 뜻은 얻는 것 아니며 아는 것 아니다.

不得不知"

도오스님 "향상하여 더 나아갈 곳이 있습니까, 없습니까?

向上更有轉處也無"

석두스님 "저 하늘은 흰 구름 떠다님을 막지 아니하네.

長空不礙白雲飛"

불법佛法에 대한 높고 밝은 안목을 갖춘 눈 푸른 두 도인 사이에서 오고 가는 위와 같은 선문답의 속 깊은 뜻을 참으로 뉘라서 제대로 헤아리리오. 누구나 두 분의 문답을 그저 보고 들어 느끼는 대로 자신의 공부한 견지를 비추어 보는 거울로 삼을 것이나, 다만 그렇지도 못한 이들을 위해 쓸데없는 짓을 한다는 꾸지람을 각오하면서 잠시 문답의 뜻을 더듬어 보기로 한다.

조계의 뜻을 석두스님에게 여쭌 까닭

조계의 뜻이 바로 부처님 법의 뜻이라고들 하는데 어째서 그러하냐 하면, 불법의 뜻이 달마대사에 의해서 서쪽 인도에서 동쪽 중국에 전해졌고祖師西來意, 그 서래의 뜻이 이어져 조계의 제6조 혜능대사에 이르러 천하에 널리 펼쳐지는 근원이 되었다. 그리고 그 법을 남김없이 바로 받은 청원스님의 기린아가 석두스님이시니, 그야말로 불법의 모든 것이 석두스님에게 있어야 할 것이므로 그 근원이 되는 조계의 뜻을 얻은 석두스님에게 직접 물은 까닭이다. 이에 답하기를 '그야 불법 말고 또 다른

316

조계의 뜻이 있을 것이 없느니 만큼 그것은 불법을 아는 사람이 얻었겠지' 하셨다. 그러자 도오스님이 '그럼 스님께서도 얻은 것이 아니겠습니까?' 하고 불법을 안 사람이 얻는 것이라면 마땅히 스님께서도 얻지 않으셨냐며라고 반문한 것이다. 그랬더니 석두스님은 '음, 나 말인가. 그러나 나는 불법을 알지 못하네. 그러니 조계의 뜻 같은 것도 알지 못하지' 하고 서슴없이 말씀하신다. 석두스님이 불법을 모른다고 하는 뜻은 이러하다. 만일 불법을 알고 있다고 말한다면 거기에는 이미 안다고 하는 지견知見이 서게 되고, 지견이 있게 되면 그것은 바로 무명無明이다. 무명은 조계의 뜻曹溪意旨이 아니다. 물론 부처의 지견佛智見을 열어야 하지만 열어서 들어간 것으로는 초입에 지나지 않으므로, 아직 거기에 매이지 않고 그야말로 살활이 자재로운 출신의 활로出身活路가 없다. 다시 말해서 그 경지에 들어가는 것과 거기에 매이지 않고 나오며, 그래서 들고남이 자유로운 자재함과는 매우 엄청난 차이가 있다고 하겠다. 조계의 불법이란 본래무일물本來無一物이다. 그러므로 이 몸은 보리수와 같고身是菩提樹, 마음은 밝은 거울과 같다心如明鏡臺는 경지마저도 쓸어버리고 거기서 훨씬 벗어나 대자유 자재한 경지에서 노니는 이라야逍遙出身活路 비로소 그렇다 할 수 있을 것이다. 그렇다면 석두스님의 '나는 불법을 알지 못하네'라고 말씀하신 대목에서 무량한 깊은 뜻이 함축되어 있음을 엿보아야 할 것이다. 그래서 도오스님이 다시 '그러면 어떤 것이 그 불법의 큰 뜻입니까?' 하고 물으니, 석두스님은 답하기를 '불법은 얻는 것 아니며, 아는 것 아니다'라고 하신다. 그 무슨 뜻일까. 불법은 초발심에게 있어서나, 수행이 구경의 자리에 이르러서거나 공통의 큰 뜻이 있으니, 바로 얻을 바 없음不得이다. 발심하고 수행하여 깨달음을 취하는 일이 없지 않으나, 그러나 새로운 것을 새로 얻게 되는 것이 아니라 본래의 것을 다만 알지 못하고 있었을 뿐임을 아는 것이다. 그러므로 불법을 수행하여 깨닫는 것이 없지 않으나 얻을 것 아니며 알 것 아니요不得不知, 또한 불법은 수행하여 깨닫는 데 있지 아니하니 얻는 것 아니며 아는 것 아니다不得不知. 그래서 불법의 큰 뜻을 묻는 데에 대한 답으로써 불법의 큰 뜻은 얻는 것 아니며 아는 것 아니라 하였으니, 초심자나 수행중인 자로서는 감히 감당하기 어려운 물음이며 대답이라 하지 않을 수가 없다. 이에 도오스님이 다시 묻기를 '그러면 향상하여 더 나아갈 곳이 있는 것입니까?' 하였다. 석두스님이 답하기를 '저 하늘은 흰 구름 떠다님을 막지 아니한다' 하고 하였으니 걸림 없는 경지를 보여 주심이며, 참으로 의미심장한 말씀이라 아니할 수가 없다. 즉, 하늘이 하늘을 장애하지 않으니 만치 그 무엇도 장애하거나 장애받음이 없다.長空不礙長空 長空不礙長空飛 역시 흰 구름이 흰 구름을 장애하지 않으니, 하늘을 장애하거나 장애받음이 없다. 白雲不礙白雲 白雲不礙長空飛 그러므로 남에게 장애 되지 아니하는 것은 스스로에게도 장애되지 아니한다. 그러면서 각기의 낱낱이 다 장애되지 않기를 요구하거나 함이 없으니 그야말로 장애하거나 장애받음이 없다. 이에 이르러서야 더 나아갈 곳이라更有轉處 할 것이며, 향상이 이루어졌다向上現成고 할 것이다. 그러나 나아갈 곳 역시 방편方便이라 할 것이며, 방편이라 한다면 모든 부처님과 여러 조사들諸佛諸祖도 역시 그러하다. 그러므로 이 두 스님의 선문답이야말로 서로가 하나를 물으면 열을 답하는 도리를 보여주고 있다 하겠다.

베개를 들어 보이고 내던지며 입적

도오스님은 뒤에 형주荊州의 천황사天皇寺에 주지하면서 높이 선풍을 선양하여 널리 많은 사람들을 교화하였다. 당唐 원화元和 2년 정해년807 4월에 몸이 불편함을 보이다가 마침내 제자들에게 이제 열반에 들 것임을 예고하였다. 임종에 이르러 대중들이 모여들자 도오스님은 원주스님을 불렀고, 원주스님이 앞으로 다가오자 묻기를 "알겠느냐?" 하였다. 원주스님이 "모르겠습니다." 하고 대답하니, 도오스님은 베개를 손으로 들어 보이고는 방바닥에다 내던진 뒤에 바로 입적하였다. 세속 나이 60세, 법랍은 35세였다.

천황 도오와 천왕 도오에 대한 전법 쟁론

천황 도오天皇道悟—용담 숭신龍潭崇信—덕산 선감德山宣鑑—설봉 의존雪峰義存—운문 문언雲門文偃, 雲門宗開祖—현사 사비玄沙師備—나한 계침羅漢桂琛—법안 문익法眼文益, 法眼宗開祖.

이렇게 보면 선종禪宗의 5종 가운데 2종이 도오스님의 계통에서 나온 것을 알 수 있다. 그런데 이 전법계통이 후세에 이른 바 선종오가칠종법통쟁론禪宗五家七宗法統諍論이라고 하는 역사적인 논쟁의 주제가 되는 일이 일어났다. 즉 그 쟁론의 요점은 중국선종의 역사를 전하는 기본사료가 되는 『경덕전등록景德傳燈錄』이나 『송고승전宋高僧傳』 등에서는 모두 위의 도오스님의 법계도에서와 같이, 석두 희천스님의 전법제자는 천황 도오스님이며, 그를 이어 내려간 계통에서 운문종과 법안종이 나온 것으로

명기되어 있는데, 그럼에도 불구하고 『송고승전』이 세상에 나온 지 불과 60년쯤 되는 때에 윤주潤州의 금산 땅金山에 달관 담예達觀曇穎라는 스님이 있어서 그가 『오가종파五家宗派』라는 것을 집록集錄하여 주장하기를 "도오道悟가 두 사람이 있으니, 그 하나는 천황사天皇寺의 도오道悟요 또 하나는 천왕사天王寺의 도오道悟인데, 천황 도오는 석두의 법을 받았고, 천황 도오는 마조의 법을 받았으며, 운문종과 법안종은 마조의 법을 받은 천황 도오의 계통에서 나왔다."고 하여 그 증거로써 당唐 구현소丘玄素가 지은 비문碑文을 인용하면서 운문종과 법안종이 마조계통임을 강력하게 내세웠던 것이다. 이로 인하여 중국의 선종계에서는 후세에 두고두고 쟁론의 불씨가 되어 오다가 근대에 이르러 선종사의 학문적인 연구가 이루어지면서 그와 같은 논쟁은 종파적 편견에서 나온 것이며, 그 이전의 근본 사료 등에서 전하고 있듯이 석두 희천선사의 법을 이은 천황 도오선사의 계통에서 운문종과 법안종 두 종이 나온 것임이 밝혀져서 오랜 쟁론이 종식되었다.

좌선하는 그대는 거기서 무얼 하고 있는 겐가 아무것도 하는 것이 없습니다

汝在遮裏作什麼, 一切不爲

石頭希遷禪師의 受囑弟子 藥山惟儼禪師

석두스님의 문하에서 배출된 출중한 많은 제자들 가운데서도 그 덕망이 특히 뛰어났으며, 또한 그 법통이 이어져 내려가 선종 5가의 하나인 조동종이 성립되는데 있어 그 근원이 되는 조사曩祖로 추앙 받는 이가바로 유명한 약산 유엄藥山惟儼(751~834)선사이다. 약산스님의 속성은 한씨韓氏이며 산서성 강주絳州에서 출생하였다. 17세 때에 조주潮州의 서산西山에 계시는 혜조慧照스님을 의지하여 득도하였고, 당唐 대종代宗 대력大曆 8년773에 형악衡嶽으로 가서 희조希操스님에게 구족계를 받았다. 그리고이내 강서江西에서 크게 선풍을 떨치던 마조馬祖스님의 문하에 들어가,

참학參學하기를 20년을 정진하였다. 그런 뒤에 석두石頭스님의 회상으로 가서 참학하다가 마침내 석두스님과 기연이 서로 계합機錄相契하여 수법 제자受囑弟子가 되었다. 그리고는 그 곳을 떠나 풍주澧州의 약산藥山으로 가서 주지하기를 30년. 그 동안에 제방의 참학도參學道들이 구름같이 문하에 모여들었다. 이제 석두스님과 약산스님과의 선문답 일부를 엿보기로 하자. 약산 스님이 열심히 좌선에 힘쓰고 있던 어느 날 석두스님이 그를 보고 물었다.

석두스님　"그대는 거기서 무얼 하고 있는 겐가? 汝在遮裏作什麼"

약산스님　"아무것도 함이 없습니다. 一切不爲"

석두스님　"그렇다면 그건 공연히 앉아 있는 것이로군. 恁麼卽閑坐"

약산스님　"공연히 앉아 있는 것도 역시 함이 있는 것이지오.
　　　　　閑坐卽爲"

석두스님　"그대는 함이 없다고 하니, 대체 무엇을 함이 없다는
　　　　　겐가? 汝道不爲　且箇什麼不爲"

약산스님　"그건 일천 성현들도 또한 모르는 일일겝니다.
　　　　　千聖亦不識"

　석두스님께서 좌선하고 있는 약산스님에게 무얼하고 있느냐고 물은 것은, 물론 좌선하고 있는 줄은 알고 있지만 '그런데 좌선이란 무엇을 하는 것인가. 만일 좌선에 하는 일이 있다면 그것은 좌선이라 할 수가 없고, 뿐만 아니라 좌선에 하는 일이 없다면 그건 또 무엇 때문에 하는가' 하는 선문에서의 끝가는 물음禪門極則垂問인 것이다. 이런 물음에 대하여 약산스님이 '일체 아무 것도 하지 않는다'고 한 것은 좋은 대답이라고 할

만한 것이다. 왜냐하면 일체一切라고 하는 것은 여러 가지 외연과 모든 경계諸緣萬境를 말하는 것으로 그러한 속에서도 그 어디에도 반연攀緣함이 없다는 것이니, 그것은 바로 좌선을 하여온 공부가 순숙해졌다는 것이기도 하다. 그러자 석두스님이 말하기를 '그렇다면 공연히 앉아 있는 것 아니냐'하신 것은, 일체 아무것도 하지 않는다는 것은 매우 좋은 경지이지만 그러나 그것은 상근기의 수행이 제대로 된 사람에게 마땅한 경계이므로 만일 그렇지 못한 사람들이 함부로 아무 것도 않는다고 하는 등 마치 낮잠이나 즐기는 식으로 알아서 하는 말이라면 안 된다는 의미로 '공연히 앉아 있는 것閑坐이라면' 하고 한번 슬쩍 다루어 본 것이었다. 이에 대하여 약산스님이 '공연히 앉아 있는 것은 도리어 함이 있는 것입니다'라고 한 것은 즉 스님께서 '공연히 앉아 있다고 하는 것은 오히려 여러 가지 인연과 모든 경계에 반연하여 잠시도 조용하지 못한 것입니다'라고 하니, 석두스님이 다시 묻기를 '그렇다면 그대는 함이 없다고 하는데, 대체 무엇을 함이 없는가?' 하였다. 석두스님이 말씀하시는 뜻은, '앞서의 문답에서 그대의 경지를 대강은 알았으나 다시 한 번 확인하고자 하는데, 그대의 좌선은 함이 있는 것과 함이 없는 것을 둘 다 떠난 이른바 제2조 스님이 말씀하시는 것 같이 항상 분명하고 밝게 안다了了常知는 그런 것인가 아닌가, 어디 우선 그대의 그 함이 없다는 것의 내용을 말하여 보게' 하신 것이다. 그때에 약산스님은 서슴없이 '그 함이 없는 것의 내용은 아마도 일천 부처님 일만 조사스님들이라 하더라도 아시지 못할 것입니다. 아니 오히려 알지 못하는 것이야말로 함이 없는 것의 본래 면목일 것입니다. 왜냐하면 세존의 삼매를 가섭이 모르며, 가섭의 삼매를 아난이 알지 못함이니, 사실은 세존의 삼매를 세존이 모르시는 것이 저간의 소식이 아니겠습니까?' 하고 대답하였던 것이다. 석두스님은 '그건 일천 성현들도 또한 모르는 일입니다千聖亦不識' 하는 약산스님의 한마디를 듣고는 크게 감탄하면서 그를 위하여 게송을 지어서 그의 경지가 바름을 증명하였다. 즉,

이전부터 함께 살면서도 이름을 모르고 從來共住不知名

인연 따라 그저 함께 할 뿐이니 任運相將只麼行

옛 선현들도 아직 모르는 것을 從古上賢猶不識

박지범부가 어찌 가히 알 수 있으랴. 造次凡流豈可明

그 뜻은 이러하다. '만일 함이 없음을 손에 넣는다면, 그것은 비로자나 진법신과 범부중생이 본래부터 함께 있어 조금도 차별이 없다. 너무 차별이 없기 때문에 그 이름도 몰랐던 것이다. 그러니 인연에 맡겨 저절로 부처와 중생이 둘이 아닌 분상에서 함께 갈 뿐이다. 그러면 어디로 가나 가되 가는 곳이 없고, 오되 오는 곳이 없으니, 이곳에 이르러서야 비로소 함이 없음을 체험하게 된다고 하겠다. 이처럼 함이 없음을 체험하면 그 경지는 비록 일천 부처 일만 조사가 엿본다 한들 알 수가 없는 경지인데 하물며 아득한 범부로서는 어찌 감히 짐작이나 할 수가 있을 것이랴!' 하며 약산스님의 깊은 선의 경지를 칭찬하여 증명한 것이다. 이 게송은 석두스님이 남긴 유일한 게송으로 알려져 있는 것이며 후학들이 자신의 공부하는 경지를 비추어 볼 수 있는 좋은 거울이 될 것이다. 석두스님께서 어느 날 법상에 앉아 법어를 내리시기를 법을 거래하는데 있어서 '말하거나 몸짓하는 것 모두가 다 쓸모 없는 일이로다言語動用沒交涉' 하셨다. 즉 법거래에 말이 많거나 몸짓으로 쓸 데 없는 모양을 내보이거나 하는 따위는 모두가 제일이 못되는 제2·제3의 일이며 공연한 노파심

의 친절로 후학들의 눈을 멀게 함이 이보다 더 심함이 없는 것이니, 본분의 분상에서는 실제이기에 티끌 하나라도 세워서는 아니 된다는 것이니 實際理地 不立一塵, 이것은 석두스님이 오늘의 법어에서 철저히 모든 것을 쓸어버리는 법문掃蕩門을 보이신 것이다. 이때에 약산스님이 앞으로 나와서 대꾸하기를, '말하지 아니하고 몸짓하지 않는 것도 또한 쓸모없는 일입니다' 하였다. 그것은 '스님! 스님께서는 말과 몸짓하는 것만을 쓸모없다고 하십니다만, 본뜻은 말과 몸짓 하지 않는 것도 역시 쓸모없다고 하시는 것 아닙니까'하고 석두스님 법어의 속내를 들추어내면서 말이 있거나 없거나, 몸짓 있거나 없거나 간에語黙動靜 모두를 부정하고 나섰다. 이에 대하여 석두스님이 '거기에는 바늘 끝도 들어갈 만한 틈이 없는 것이지遮裏針不入' 하고 실제 분상에는 티끌만한 것도 용납하지 않음實際理地 纖毫不立을 보이셨다. 그 말을 들은 약산스님이 '거기는 돌 위에다 꽃을 심는 것과 같다 하겠습니다遮裏如石上栽華'라고 하였다. 말하자면 '스님께서 내리신 티끌도 세우지 아니하는 가르침도 필요합니다만, 저로서는 마치 돌 위에다 꽃을 심어 기르면 마르듯 말도 몸짓도 일으켰다가 말라 버리고, 세웠다가 꺼져 버림으로써 자취를 쓸고, 소식을 끊어가는 이른바 고요한 선정 가운데서 일어나지 아니하고도 모든 위의 나투는不起寂定 現諸威儀경지 즉 불사문중에는 하나도 버릴 것이 없다佛事門中 不捨一物는 경지도 결코 본분 분상本分境地에 저촉되는 것은 아니라고 봅니다만 어떠하신지오?' 하고 점검해 주기를 청하였다. 여기에서 석두스님은 '바로 그러하다石頭然之' 하고 약산스님의 견지見地를 긍정하고 그의 도처道處를 아주 크게 인정하였으니, 약산스님의 깊은 선의 경지가 그와 같았다.

65

추위에 떨던 단하 천연선사
"사리가 안 나올 바에야 나무토막이지…."

丹霞燒佛

단하 천연丹霞天然선사의 활발한 선기禪機 I

석두石頭스님의 법을 받은 사람 가운데 단하 천연丹霞天然(739~824)선사
가 있어, 그 격에서 벗어난 걸림 없는 행동으로 해서 매우 유명하다. 이
스님의 속세 본관이나 성씨 등은 알려지지 않았다. 젊어서는 열심히 유
교의 학문을 하였다. 당시 당나라 서울인 장안長安에 가서 과거에 응시하
려고 살던 곳 등주鄧州를 떠나 여행을 하는데, 어느 날 밤에 여관에서 잠
을 자다가 홀연히 흰 빛이 비추어 오더니 자기가 있는 방 안에 가득 차는
꿈을 꾸었다. 꿈이 하도 선명하고 신기하기에 해몽을 잘한다는 사람에
게 가서 물었더니, 그가 해몽하기를 '해공解空의 경지를 얻게 되는 매우

상서로운 꿈이다'라고 하였다. 그대로 여행을 계속하다가 어느 날 우연히 여관에서 한 방에 머물게 된 한 선객禪客과 만나 인사 끝에 밤을 지새워 가면서 여러 가지 이치를 서로 토론하였는데, 그때 선객이 묻기를 '그대는 어디로 가는 길인가요?' 하고 물었다. 그는 '네, 저는 과거에 응시하여 벼슬길에 오르려고 지금 장안으로 가는 길입니다' 하고 답하였다. 그러자 그 선객이 대뜸 말하기를 '그런 일 그만 두시오. 벼슬 오르는 길選官이 어찌 부처 되는 길選佛만 하리오' 하는 것이었다. 이 말이 탁 가슴에 와 닿는 것을 느끼자 전날 꾸었던 꿈을 생각하며 문득 마음을 바꾸고 선객에게 물었다. '부처 되는 길을 가려면 어느 곳으로 찾아가야 합니까?' 그 선객이 일러주기를 '지금 강서江西땅에 계시는 마조대사馬祖大師가 가장 뛰어난 분이시다. 그 분 계시는 곳이야말로 부처를 길러내는 곳選佛場이라 할 만한 곳이니, 그대는 그곳을 찾아감이 마땅할 것이오' 하는지라, 그 말을 따라 즉시 강서로 가서 마조스님의 회상을 찾게 되었다. 마조스님을 찾아가서 저쪽에 마조스님이 보이자 그는 두 손으로 복두건의 밑에 달린 부분을 잡아 펼쳐 보였다. 以兩手拓幞頭脚, 복두(幞頭)란 옛적 중국에서 과거에 급제한 사람이 급제한 증서를 수여받을 때 머리에 쓰는 관인데, 그 복두의 밑 부분 양쪽에 옆으로 뻗어서 붙어 있는 한 뼘 가량의 가랑이 장식 마조스님이 한참 동안 물끄러미 그를 보고 계시다가 말씀하시기를 '남악南嶽의 석두石頭가 그대의 스승이니라' 하였다. 그는 마조의 말씀을 듣자 곧 멀리 남악에까지 가서 석두스님을 뵙고는 역시 마조스님을 뵙고 하였던 것과 똑같은 모양을 해보였다. 그것을 본 석두스님이 이르시기를 '후원槽廠에 가서 일을 보아라' 하였다. 그는 인사를 올리고 행자방行者房으로 들어가서 공양주 소임을 3년 동안 하였다. 그렇게 3년을 보낸 어느 날, 석두스님이 대중에게 이르시기를 '내일은 법당 앞의 풀을 맬 것이니라' 하였다. 다음 날 아침, 대중 일동이 모두 각각 연장을 들고 나와서 경내 전체에 걸쳐 풀을 매며 도량 청소하는 일을 시작하였다. 그때 공양주하던 그는 길대로 길어진 머리털을 물로 적시고 세숫대야에다 물을 떠가지고 석두스님 앞에 가서 꿇어앉았다. 그것을 본 석두스님이 크게 웃으시고는 곧 그를 위해 손수 삭발해 주었고, 머리를 깎은 다음에 향로에다 향을 피우게 하고, 그에게 계를 설해 주려고 주장자를 울리고는 수계의식을 시작하였다. 그런데 계를 설하기 시작하는 것을 듣자, 그는 곧 귀를 막고 그 자리에서 떠나버리고 말았다고 한다. 여기서부터 보통의 범부중생들로는 도저히 상상도 못할 그의 파격적인 행동이 시작되게 된다. 이렇게 출가한 그는 이내 석두스님의 회상을 떠나 강서의 마조스님 회상으로 갔다. 그러나 다시 마조스님을 찾아뵙고 인사도 드리기 전에 먼저 선방으로 들어가서 선방에 본존으로 모신 문수보살 성상의 목을 잡고 그 어깨에 말을 타듯이 올라타고 앉아버렸다. 그것을 본 대중들이 너무 놀라 급히 마조스님에게 알리기를 '3년 전에 와서 출가하겠다던 젊은 중이 와서 글쎄 선방의 문수보살상의 목에 말 타듯 올라가 있습니다' 하고 알렸다. 마조스님이 선방에 가서 그를 보니 머리는 삭발하였으나, 그때 그 사람이 분명하므로 활짝 크게 웃으면서 '야! 너는 천연天然 그대로구나' 하였다. 그 말을 듣고는 바로 땅으로 내려와서 마조스님에게 절을 올리고는 말하기를 '저에게 법명을 내려 주셔서 대단히 감사합니다' 하였다. 마조스님이 묻기를 '그래, 이번에는 어느 곳에서 왔는가?' 하시니, 답하기를 '네, 남악의 석두스님 회상에서 3년 동안 벼를 찧고 밥 짓는 일을 하여 겨우 머리를 깎을 수가 있었습니다. 그래서 일단 다시 돌아왔습니다' 하였다. 마조스님은 그의 말을 듣고 물었다.

마조스님　"그랬던가. 그런데 어떻던가. 석두의 길이 꽤 미끄
　　　　　러운데, 그래 그대는 미끄러져 넘어지거나 하지는
　　　　　않았던가?"

천연스님　"네. 만일 미끄러져 넘어졌더라면 오늘 이렇게 여기
　　　　　로 올 수가 없지 않습니까?"

이러한 격에서 벗어난 행동과 문답에서, 출가 초기부터 벌써 범상치 않은 기질을 나투고 있음을 보게 된다. 그는 여행 중의 여관에서 동숙한 스님에게 한마디를 듣고 바로 마조스님을 찾아갔고, 마조스님의 한마디를 듣자 곧 석두스님에게 달려갔고, 석두스님의 한마디로 3년 동안 방아를 찧고 밥을 지었으며, 법당 앞의 풀을 맨다는 말에 머리카락을 축여서 내밀었고, 계를 설하는 소리를 듣게 되자 귀를 막고 떠났으며, 다시 간 마조스님 회상에서는 선방의 문수보살 성상에 올라타고 앉아서 법명 받음을 감사하는 등의 그야말로 기발하고 활발한 행동으로 사람들의 의표를 찌르는 일이 많았다. 이러한 천연스님이 어느 해 매우 추운 날 혜림사慧林寺라는 절에 들러 객실에서 하룻밤을 묵게 되었다. 그런데 이 절이 대체 살림살이가 가난해서 그런지 아니면 객대접을 부실하게 하는 것인지 방 안에는 온기가 없어 밤이 깊어갈수록 견디기 힘들도록 찬 기운이 더해만 갔다. 객실에서 정진하던 스님은 마침내 거기서 나와 부처님이 모셔진 불전佛殿으로 들어갔다. 전면 탁자 위에 계시는 불상과 좌우보처 양 보살은 목조로 된 상이었다. 그것을 보자 그는 '부처님, 오늘은 열반에 드시어 화장을 모셔드려야 하겠습니다' 하고는 목불상을 번쩍 들어 안고는 부엌으로 갔다. 그리고는 그곳에 있던 나무패는 도끼를 가지고 마치 장작 쪼개듯이 목불상을 좍좍 쪼개서 부엌 아궁이 앞에 가려 놓고는 불

을 붙였다. 바짝 마른 목불의 파편들은 활활 잘 타오르고 천연스님은 그 앞에 앉아서 불을 쪼이며 몸을 녹이고 있었다. 때마침 새벽 예불 모시러 불전에 들어갔던 원주院主가 불상이 없음을 보고 깜짝 놀라 밖으로 나와 부엌에서의 불빛을 보고는 달려갔다가, 그 광경을 보고 너무나 놀라서 '아니, 이 스님이 제 정신을 잃었는가. 이게 도대체 무슨 당치 않은 짓이란 말이오' 하고 야단을 치며 대들었다. 그러나 스님은 태연히 앉은 채 불이 잘 타도록 나무를 고르면서 하는 말이 '지금 부처님을 화장해서 사리를 얻으려고 하는 참이오' 하였다. 원주가 더욱 놀라면서 '아니, 나무 불상에서 어떻게 사리가 나온다는 말이오' 하자, 스님은 참으로 천연스럽게 대답하기를 '그렇다면 이 추운 날씨에 나무를 패서 불 태워 몸을 녹였다고 해서 그다지도 야단스럽게 사람을 질책할 것이야 없지 않소. 그런데 석가여래부처님의 몸은 화장하여 많은 사리가 나왔다기에 나도 이 부처님에게서 사리를 받아 보려고 하였는데 사리가 안 나올 바에야 나무토막이지 무슨 부처님이라 하겠나. 나머지 두 목불마저 가져다 태워 버릴까 보다!' 하였다. 그 말을 듣고 너무 놀란 나머지 원주의 눈썹이 저절로 쑥 빠져버렸다고 한다.『경덕전등록』권14, 단하장升霞章 이렇게 격외의 도리를 단적으로 보이는 천연스님의 서슴없는 행동은 참으로 전무후무한 일로써 선종 역사의 많은 조사들 가운데서도 특히 뛰어난 선기禪機를 발휘하였다고 할 수가 있겠다. 그러나 선의 세계에서 공부인들이 누구나 이러는 것은 아닐 뿐만 아니라, 명심하여야 할 것은 공부도 제대로 되지 않은 범승凡僧이나 범부들이 이러한 흉내를 내는 일이 있다면 그야말로 화살처럼 지옥에 들어가게 됨入地獄如箭矢을 면치 못하리라. 오직 천연스님 같은 발랄한 선기의 소유자라서, 비로소 보일 수 있을 뿐이니 공부 안 된 힘 없는 자의 허튼 짓은 금물이다.

66

"30년 뒤 이런 인물 만나기 어려우리"

去聖時遙人多懈怠 三十年後覓此漢也還難得

단하 천연丹霞天然선사의 활발한 선기禪機 II

천연天然스님이 하루는 당시 대선지식으로 도명道名이 높았던 남양 혜충국사南陽慧忠國師를 찾아가 뵙게 되었다. 혜충스님은 6조 혜능대사의 제자들 가운데서 5대 법제자오대신족로 꼽히는 으뜸가는 제자의 한 분이다. 그는 제왕의 스승이라는 높고 귀한 위치에 있었을 뿐만 아니라 그 선의 실력과 도덕이 매우 높은 위대한 인물이었다. 그러한 혜충스님을 찾아간 천연스님이 그곳 시자에게 물었다.

천연스님　"국사께서는 계시느냐?"

시자　　　"계십니다만 손님께서 만나실 수가 없습니다."

천연스님　"그래, 그것 참 매우 깊고 멀어서 쉽게 헤아리기 어렵구나. 太深達生"

시자　　　　"그렇습니다. 부처의 안목으로도 엿볼 수가 없을 것
　　　　　　입니다. 佛眼亦不見"

천연스님　"음, 용이 용 새끼를 낳고龍生龍子, 봉이 봉 새끼를 낳
　　　　　　는구나. 鳳生鳳兒"

하고는 그냥 돌아갔다. 혜충 스님이 낮잠午睡에서 깨어났을 적에 시자가,
객스님이 찾아와서 이러이러한 문답을 하였습니다하고 자랑스럽게 말
씀을 드리자, 그 말을 들은 스님이 대뜸 매 20대를 때려 내쫓아 버리고
말았다. 아마도 공부를 제대로 한 적이 없는 어린 것이 어른들의 법거래
하는 것을 옆에서 보고 듣고 한 나머지 자기 주제 파악도 못하는 주제에
원숭이처럼 선지식의 흉내로 모르는 사이에 아만을 키웠음을 엄히 경계
하기 위함이었으리라. 그런 소문을 들은 천연스님이 말하기를 '참으로
남양 혜충국사의 이름이 헛되지 아니 하구나' 하고는 다음날 바로 다시
혜충스님을 찾아가서 뵙게 되었다. 천연스님이 국사를 뵙고 인사를 드
리려 경배하기 위해서 절할 때 땅바닥에 까는 좌구坐具를 펼려고 하자,

국사　　　　"필요 없네. 필요 없네. 不用不用"

하였고, 천연스님은 그대로 한 발 물러섰다. 그러자,

국사　　　　"그래, 그래. 如是如是"

하였고, 천연스님은 이번에는 한 발 앞으로 나아갔다. 그러자,

국사　　　　"아니야, 아니야. 不是不是"

하였고, 천연스님은 국사가 앉아있는 자리를 오른편으로 한 차례 돌고右遶一帀, 그 앞에서 나왔다.

　그런 그를 보고 혜충스님이 탄복하여 말씀하기를 '대성 석가모니 부처님 가신지 오래된 시대에 게으른 수행자들이 많아 매우 걱정스러운데, 아마도 이만한 수행자를 찾아보기 어렵게 될 것이다' 하였다고 한다. 남양 혜충국사가 단하 천연선사를 한 번 보고는 30년 뒤에는 다시 얻어보기 어려운 인물이라고 평하였으니, 국사의 도안道眼과 천연스님의 선기를 알게 하는 일이라 하겠다. 천연스님이 또 어느 날, 당대의 유명한 대거사인 방거사龐居士댁을 찾아갔다. 그때에 집 앞 채원에서 나물을 뜯고 있는 방거사의 딸 영소靈昭女를 보고 '아가씨, 아버님은 계시는가요?' 하고 물었다. 그러자 영소는 아무 말 없이 다만 들고 있던 광우리를 놓고 손을 맞잡은 채 서 있기만 하였다. 그래서 다시 한 번 '아버님은 계시는가요?' 하고 물었더니, 영소는 곧 광우리를 가지고 가버리고 말았다. 천연스님과 방거사는 세속에 있을 때부터 막역한 친구로 지냈으며, 장안에 과거를 보러가는 도중, 선승을 만나 '과거에 뽑히는 것이 어찌 부처에 뽑히는 것만 하리오' 하는 가르침도 함께 받았었다. 그때 천연스님은 출가하는 길을 택했고 방거사는 선수행에 뜻을 두게 되었는데, 방거사의 딸 영소 또한 아버지에 못지않은 대단한 선의 높은 경지를 지닌 도인이었으니, 이처럼 천연스님과 영소와의 만남에서도 도인들의 활발한 선기禪機들 가운데는 일반적 격식에 얽매이지 않고 보통의 관념에서 훨씬 벗어난超邁獨脫 기질을 지니고 있어서 기발하고 거침없는 행동을 보이고 자유롭고 독특한 수행을 엮어간 인물이 적지 않았다. 특히 선사상이 크게 꽃을 피운 당나라 중기의 선승들이 그러한 특이한 기질을 발휘하여 그 당시의 세상 사람들을 매우 놀라게 하였다. 뿐만 아니라 이때 후세에까 지도 유명하게 일화逸話를 남긴 도인들이 많이 나왔는데, 단하 천연丹霞天然선사도 그런 사람 중 한 분이었다. 그러나 그 같은 참으로 보통으로는 감히 상상도 못할만한奇想天外 행동의 뒤에는 또한 범상한 무리들이 따라 갈 수 없는 각고刻苦의 수행 정진한 무서운 노력이 있었음을 잘 보아서, 그저 기발한 일화인 것쯤으로 보아 넘겨서는 안 될 것이다. 일을 마친 사람이 된了事凡夫 천연스님은 운수행각雲水行脚을 마음껏 즐기면서 가고 옴이 자재롭게 지내다가任運逍遙 마침내 낙경落京, 당나라 수도 낙양에 이르러서는 남양혜충국사를 찾아 뵈었고, 혜충스님이 그를 단 한 번 보고 '게으른 수행자들이 너무 많은 가운데서도, 이런 수행자를 30년 후에는 찾아보기 어렵겠구나.三十年後還難得'라는 탄사歎辭를 자아내게 한 다음에는, 수隋(581~604)에 천태종을 처음 연 천태 지의天台智顗(538~597)대사가 수행한 천태산天台山의 화정봉華頂峯에 올라가서 3년 동안 격렬한 수행에 몰두하였다. 그리고는 남악혜충스님의 후배이며, 항주杭州 경산徑山에 있으면서 당시에 마조·석두스님과 함께 이름이 높던 경산徑山의 도흠道欽 또는 法欽(714~792)화상을 찾아뵈었다. 그 당시 천하의 수선납자들 대부분이 선지식을 찾아 행각할 때에는 거의 예외 없이 경산·마조·석두의 회상 사이를 내왕하였으므로, 진지하게 구도의 열정을 불태우며 대선지식을 찾았던 그에게 있어서 경산을 찾아간 것은 당연한 일이었고, 이어서 용문龍門의 향산香山에 올라가서 혜충스님 제자인 복우伏牛自在스님과 절친한 도반으로 사귐을 가지기도 하였다. 당 원화 3년808에 천연스님이 수도 낙양洛陽의 천진교天津橋 다리 위 한복판에 누워 있었다. 때마침 그 곳을 지나던 그 고장의 유수로 있는 정공留守役 鄭公이 그 모양을 보고 '이 무슨 해 괴망측한 모양이냐' 하며 크게 꾸짖었으나 일어나지 않았다. 어처구니 없어서 수행하던 관리가 가까이 가서 누워 있는 까닭을 물었다. 누워 있던 천연스님이 이에 대하여 천천히 엄숙하게 대답하기를 '일 마친 중이 오.無事僧' 하였다. 그 말을 들은 정공이 도리어 존경하는 마음을 일으키게 되었다. 그래서 스님에게 옷 두벌表衣兩襲을 드렸고, 그 뒤로는 매일같이 일용할 식량을 시주하였으므로, 그것을 보고 들은 낙양성의 많은 사람들이 일제히 천연스님에게 귀의하였다고 한다. 원화15년820에 이미 노경老境에 접어든 천연스님이 하루는 그의 문인들에게 이르시기를 '내가 이제는 노후의 생을 마칠만한 숲과 샘이 좋은 곳이 있었으면 좋겠구나' 하였다. 그러자 문인들이 남양南陽 땅의 단하산丹霞山의 숲과 샘이 좋은 자리에다 스님이 계실 암자를 짓고 모시게 되었다. 그뒤 불과 3년 사이에 그곳으로 공부의 지도를 받으려는 수행자들이 모여 들어서 3백 명이 넘게 되었고, 드디어 큰 회상의 절을 이루게 되었다. 그래서 그의 제자들이나 세상 사람들이 모두 단하산에 계시는 큰스님이라고 불렀고, 후세에도 단하 천연선사라고 호칭하게 되었다. 당唐 장경長慶 4년824 6월 23일 문인들에게 이르기를 "목욕하도록 준비를 하여라. 내가 이제 가야 하겠다." 하시고는 곧 삿갓을 쓰고 지팡이를 짚고 신을 신으시고는 한 발을 내디디려 하였으나, 땅을 밟기도 전에 그대로 입적하였다. 세속 나이 86세였다. 후세에 이 스님을 평하기를 '단하 천연스님은 그 기이한 말과, 보통과는 아주 별다른 행동으로 뜻밖에 뛰어난 존재이다. 그러므로 누구나 그 문 안에는 들어갈 것이로되, 그 집 안에는 들어가지 말아야 할 것이다' 하고 하였으니, 이러한 평을 듣게 되는 천연스님의 가풍을 짐작케 하는 바가 있다고 하겠다.

67

말이나 표정·눈짓 따위를 쓰지 않고
그대의 마음을 내놓아 보아라

離言語文字 除揚眉動目 將來汝心

潮州 大顚寶通禪師의 嗣法

석두石頭스님의 법을 이어받은 이름 높은 제자法嗣들 가운데 손꼽히는 한 스님이 있으니, 그가 바로 조주潮州의 대전 보통大顚寶通선사이다. 이 대전스님에 관해서는 여러 『전등록』 등에도 기록되어 있지 않으므로, 세속에서의 본관本貫, 성씨姓氏 그리고 탄생·출가·입적 등이 모두 불분명하다. 그러나 오히려 당송팔대가의 한 사람으로서 그 문명文名이 일세를 풍미하였을 뿐만 아니라 선의 안목이 열렸던 것으로 유명한 한퇴지韓愈 退之의 참선을 지도한 스승으로 널리 알려져 있기도 하다. 그런데 대전스님의 법의 스승인 석두스님 어록 가운데, 대전스님의 깊은 선의 경지를 엿보게 하는 문답이 있어 주목할 만하다. 즉 출가하여 수행하던 차

에 석두스님의 높은 이름을 듣고 찾아가 처음으로 뵙던 때에,

석두스님　　"전수좌顚首座야, 그대는 마음이라는 것이 어떤 것인
　　　　　지 알고 있는가?"

대전스님　　"예, 그렇습니다. '마음이 무엇이냐'라고 한다면, '그
　　　　　건 말이다'하고 하겠지요?"

석두스님　　"이놈아, 말이 어떻게 마음이란 말이냐, 엉터리 같은
　　　　　소리를 하는 놈이로구나!"

하고 석두스님의 꾸중이 대단하여 다시 더 여쭈어 볼 여지도 없었다. 그
리고 약 열흘쯤이나 지나서 어느 날 슬며시 여쭈어 보았다.

대전스님　　"스승님, 지난번에는 제가 성의를 다하여 대답을 드
　　　　　린다고는 하였습니다만, 엄한 꾸중을 들었습니다.
　　　　　그러하온데 만일 '말이란 밖으로 나온 마음이다'라
　　　　　고 한다면 어떨런지요. 왜냐하면 말이야 말로 사람
　　　　　의 마음을 분명하게 나투는 것이니까요?"

석두스님　　"또 그런 멍청한 소리를 하는구나. 내가 너에게 묻는
　　　　　것은 그런 사량분별하는 마음을 말하는 것이 아니
　　　　　다. 그러니 말이나 표정이나 눈짓 따위言語處揚眉動目
　　　　　等를 쓰지 않고 그 마음을 내놓아 보아라."필자의 주
　　　　　 － 말소리를 담았다가 다시 들려주는 녹음기가 그러하리라.

대전스님　　"하 참, 내놓아 보여드릴만한 그런 마음이란 없습니
　　　　　다."

석두스님 "어째서 그러냐, 마음은 본래부터 가지고 있는 것인
데 왜 없다고 하는가. 없다고 하면 그것은 마음을
비방하는 일인 게야."

하시는 석두스님의 말씀을 듣고 그는 문득 깨우쳐지는 바가 있었다. '그
렇구나. 말과 문자를 떠나서 또 표정이나 눈짓도 말고離言語文字 除揚眉動目
마음을 내놓아라 하는 말머리에 끄달려서 들으니 굉장히 어렵게만 들리
지만, 산하대지·온 우주법계가 다 그대로 한 마음 그것이면盡山河大地宇
宙法界 皆是妙淨明心 거기에 무슨 사상이니 이치니 하고 구태여 들먹일 필요
가 조금도 없지 않은가不要事相妙理. 그러므로 말도 몸짓도 이 세상 그 모
든 것이 다 마음 아닌 것이 없다.言語動作 宇宙萬有 皆咸一心 그런 것을 내놓
을래야 내놓을 것이 없다고 한다면 그것이야말로 분명히 있는 것을 없
다고 비방하는 무지에 떨어질 수밖에 없는 것이라. 그렇다. 이처럼 현상
세계의 생멸하고 변화무쌍한 그 무상한 모습이 그대로 절대적 의의가
있는 것이어서, 사람들이 찾고 있는 진리라는 것도 사실은 모두가 경험
하고 있는 현실 세계의 그 자체인 것이다. 그러니 온갖 것 하나하나 일상
생활 전부가 마음의 드러남 그것인 것이며, 진리 자체의 체험 아닌 것이
없는 것이로구나' 하는 안목이 열리게 되었다. 그 뒤로는 말없이 석두스
님 회상에서 오랫동안 정진에 몰두하고 있었다. 그러한 그를 지켜보고
계시던 석두스님이 마침내 어느 날 그에게 그의 경지를 점검하는 물음
을 던지셨다.

석두스님 "전수좌, 그대는 참선승인가 아니면 도회지의 암자
를 빌려 있으면서 시주집 사이나 왔다 갔다 하는 화

주승인가, 어느 쪽이냐?"

대전스님　"아니 스승님, 그건 너무나 억울합니다. 그래도 제가 여러 해 동안 스님을 따라 모시면서 열심히 참선 정진에 힘쓰고 있지 않습니까. 그러니 거리의 땡초 중이 될 수는 없지요."

석두스님　"그런가. 그렇다면 어떤 것이 선인지 한번 말해 보게."

대전스님　"표정·눈짓 그것이 선입니다. 揚眉動目是卽禪"

석두스님　"너는 입만 열었다하면 그저 표정·눈짓을 들먹이곤 하는데, 어디 그 알량한 표정·눈짓 그런 것 말고 그대의 본래면목本來面目을 보여 보아라."

대전스님　"그러시면 스승님께서도 표정·눈짓 따위를 떠나서 저를 보아 주시지오."

석두스님　"그래 좋아, 나는 이미 그런 것 없네."

대전스님　"저도 이미 보여 드렸습니다."

석두스님　"그러면 그대가 이미 내놓아 보였다고 하는 마음이 도대체 어떤 것이란 말인가?"

대전스님　"그건 스승님의 마음과 똑같은 것이고, 터럭끝만치도 다르지 않은 것입니다."

석두스님　"그렇다면 그것은 그대의 것이라고 말할 수가 없지 않은가?"

대전스님　"하하, 스님께서도 참, 그것이야 본래 물건이 아닌 터에 마치 가사나 옷처럼 스승님의 것, 저의 것, 따위가 이미 없는 것 아닙니까?"

석두스님　"허허, 그러면 그대도 이제는 한 물건도 없는 것無一
　　　　　物이 되었다 그 말인가?"

대전스님　"그렇습니다. 그 한 물건도 없는 것이 바로 진짜이지
　　　　　오. 만일 부처라든가 법이라든가 또는 마음이라든
　　　　　가 하면서 그 무엇인가 한 물건이라도 있다고 하는
　　　　　동안은 그것 다 가짜에 지나지 않습니다."

석두스님　"음, 그래. 참된 것에는 한 물건도 없다眞物不可得 그
　　　　　말이지. 그것 참 좋은 말이로다. 그만하면 이제 그
　　　　　대의 견지와 근기를 확실하게 알게 되었네. 그러면
　　　　　지금 바로 부처님 조사스님들이 대대로 전하는 바
　　　　　법을 인가하노니認許佛祖之印譜, 앞으로 잘 보림保任하
　　　　　여 후학들의 안목이 되어주기를 바라는 바이네."

하시며 드디어 등불을 이어가듯이 정법을 전해가기를傳燈嗣法 부촉하였
다. 중국 당나라의 같은 시대에 선의 세계에서 후세 쌍벽으로 유명한 한
분으로 꼽혔던 호남湖南의 석두石頭스님은, 6조 혜능스님에게서 나온 청
원스님 계통靑原系의 으뜸으로 활약하였는데, 청원계통의 선사들이 널리
세상에 알려지게 된 것은 이 계통을 석두石頭(700~790)-약산藥山(751~834)-
운암雲岩(780~841)-동산洞山(807~869)-조산曹山(840~901)으로 이어가서 조동
종曹洞宗의 개조가 되는 동산 양개선사洞山良价 이후부터라고 한다. 그러
나 당시에 쌍벽의 또 한 분으로 꼽힌 강서江西의 마조馬祖스님은 그때 이
미 석두스님의 선풍을 잘 알고 있었을 뿐만 아니라 석두스님을 평소에
도 매우 의식하고 있었던 것을 엿볼 수가 있다. 즉 자신의 문하에 있던
수행자가 석두스님 회상에 가려고 할 때나 또는 석두스님의 회상을 거

340

쳐서 자기 문하에 왔을 때 마조스님은 가는 그들에게 자주 이르기를, 석두의 길이 미끄러우니 조심하라고 하였고 또는 오는 이들에게 석두의 길이 매우 미끄러웠을 터인데 미끄러져서 자빠지지나 않았더냐고 묻기도 하였기 때문이다. 그런데 석두의 길이 매우 미끄럽다고 하는 것은 석두스님이 참선수행자들을 다루는 솜씨가 그야말로 변화가 무쌍하고 자유 자재하며宛轉自在, 또 그 선지禪旨가 좁고 험해서孤危險絶 제자들이나 참문參問하는 운수납자들이 감히 발붙이기 어렵다는 뜻이니, 석두스님의 법이 학인들이 쉽게 가까이 하기가 힘들다는 비유인 것이다. 그런데 석두스님이 그 제자들이나 참문하는 학인들을 다룬 솜씨提接機緣나 일러 주신 말씀說問語句 등의 대부분이 이같이 빈틈없고 날카로왔음에도 불구하고, 이 대전스님에게 주신 가르침은 너무도 순순하고 친절하기諄諄苦口可寧 짝이 없음을 볼 때, 석두스님이 여러 많은 수행자들을 바른 길로 이끌어 가는 교화방편이 단지 험준하기만 하였던 것만은 아니며, 그들의 근기에 응하고 그릇에 따라서 아낌없이 법을 베푸는 노파심절老婆心切한 자비로운 일면이 또한 있었음을 알 수가 있다. 그렇게 석두스님의 법을 받은 대전스님이 참선 대중들에게 이렇게 일러주고 있다.大顚示衆 '불도를 수행하는 사람은 반드시 자기의 본심을 알아야만 하느니라.夫學道之人 須識自家本心 그리기 위해서는 마음의 모양을 분명하게 제시하여 거기에서 바야흐로 도를 보아야 한다.示心像 方見道 그럼에도 불구하고 요새의 법을 주고 받음을 보건데, 그저 단순하게 표정·눈짓 또는 한 말, 한 말 없음을 가지고 인정하여 곧 성급하게 인가함으로 그것으로써 마음의 근본으로 삼는 경향이 있으니, 이것은 참으로 아직도 바로 깨달아 알았다고 할 수가 없는 것이니라.只認揚眉動目 一語一黙 驀頭印可 以爲心要此實未了'

68

마음을 깨닫는데 요긴한 한 말씀 주십시오
선정과 지혜로 번뇌의 뿌리를 뽑는다
乞心要處 敲禪床三下 和尙門風高峻

대전 보통大顚寶通선사와 한퇴지韓退之

청원 계통 선맥淸原禪脈의 삼세가 되는 대전스님이 스승 석두스님의 가르침으로 심요心要를 얻어 법을 받은 뒤에는 조주潮州의 영산靈山에 계시면서 후학들을 지도하였으므로 '조주潮州의 대전大顚'으로 불리우게 되었다. 그 당시 당나라 조정에서 벼슬을 하면서 일세에 시문으로 문명文名이 높았던 인물이 한퇴지韓退之였다. 한퇴지의 이름은 유愈이며, 등주鄧州 남양南陽사람이었다. 문학의 역량이 출중하였다. 유교·도교에 해박하였고, 특히 육경六經에 통달하여 당조唐朝의 중신重臣 반열에 있었다. 당唐 헌종憲宗 원화元和 14년819에 불사리佛舍利를 궁중에 봉안하게 됨에 여러

342

신하들이 황제에게 축하하는 글들을 올려서 칭송하는 뜻을 표하는 분위기 가운데서도 오직 한퇴지만은 축하하는 글을 올리지 않았을 뿐만 아니라 오히려 황제에게 직접 '부처의 뼈를 궁중에 두는 것은 상서롭지 못한 일이오니, 그 일을 폐하여 주시옵소서'하고 강경한 반대 의견極諫을 주청하였다. 이 결과 황제의 큰 노여움震怒을 사게 되어 마침내 중앙의 관계官界에서 물러나 지방관리인 조주潮州의 자사刺史로 좌천을 당하게 되었다. 좌천되어 간 조주에 이르러 비로소 황제에게 탄원하는 글哀訴을 올렸으나, 오래도록 그 답을 얻지 못하자 울적한 심정을 가눌 길 없어서 즐겁지 못한 매일을 보내고 있었다. 그러하던 터에 우연히 그 고장에 고승 대전선사가 계시는 것을 알게 되자, 한퇴지는 정중한 글을 보내어 만나뵙기를 청하였다. 그러나 대전스님은 이에 응하지 않았다. 한퇴지가 세 번이나 청을 한 끝에 겨우 가서 만나게 되었다. 며칠 머무르는 동안 서로 담론을 나누는 가운데 한퇴지는 대전스님의 법력이 매우 수승함을 알았고, 또한 대전스님이 한번 선정에 들자 여러 날을 일어나는 일 없이 그대로 정진하신 뒤에 돌아가는 모습을 보고는 감탄을 금치 못하였다. 얼마 뒤에 한퇴지는 영산에 있는 대전스님이 계시는 절에 가서 다시 만나게 되었다. 그 때에 그를 맞은 대전스님의 말씀에 크게 느끼고 발심하여 대전스님을 스승으로 섬기고 참선을 하게 되었으니, 그 문답의 내용이 이러하다. 즉,

대전스님 "그대가 스스로를 돌아다 볼 적에 어떠한가. 세상의 여러 학문에 통달하였으며 또한 그 문장이 뛰어나다고 하지만, 그러나 그것을 역사적으로 세상이 다 인정하는 불교의 대역경삼장 요진姚秦의 구마라집

鳩摩羅什과 견주어서 어떠한가. 더 낮다고 할 수 있겠
는가?"

퇴지   "아닙니다. 감히 따라 갈 수가 없습니다."

대전스님   "또 그대의 마음을 씀이, 세상 만물이 온통 닥쳐온다
           하더라도 그 마음이 조금도 동요함이 없었던 불교
           의 대덕승 양梁의 보지공寶誌公과 견줘서 어떠한가.
           더 낮다고 할 수 있겠는가?"

퇴지   "아닙니다. 감히 같을 수가 없습니다."

이렇게 매섭게 추궁함으로써 평소에 그다지도 자기의 학문과 식견
그리고 문장력에 자신만만하고 오만하리만큼 도도하던 천하의 한퇴지
가 꼼짝도 못하고 '모두가 다 그만 못합니다' 하지 않을 수 없게 한 다음,

대전스님   "그렇다면, 그대가 지니고 있는 그 모든 것이 불교의
           그들보다 못함에도 불구하고 어째서 그들이 의지
           하는 바 불교를 도리어 비방하는 것은 무엇 때문인
           가?"

하고 따졌을 때, 본래 남달리 말수가 많았고 또한 그 언변이 매우 유창하
기로 이름이 높던 한퇴지도 이에 대하여 한 마디도 입을 열 수가 없었다.
이와 같은 대전스님의 날카로눈 선기禪機나 넉넉한 식견識見이 어디서 나
온 것인가 하면, 그 모두가 석두스님의 문하에 있으면서 오랜 세월 동안
갈고 닦으며 쌓아온 결실의 발현이라고 아니 할 수가 없는 것이다. 그 뒤
로는 조주 자사로서 업무에 충실하며, 여가에 꾸준히 참선 정진하던 한

344

퇴지가 어느 날 대전스님을 찾아뵙고는 "제자가 이 고장의 행정과 군무 등의 여러 가지 일을 살피기에 매우 분주한 매일을 보내고 있어서 참선 공부를 뜻대로 이루지 못하고 있습니다. 그러하오니 바라옵건대 스승님께서 마음을 깨닫는데 가장 요긴한 한 말씀을 주시기 바랍니다." 하고 간청하였다. 그런데 스승인 대전스님은 한참 동안이나 아무 말씀도 않으시고 그대로 가만히 계시기만 하니, 한퇴지는 어찌 할 바를 모르고 당황스러울 수밖에 없었다. 그때에 곁에 모시고 있던 시자스님 삼평三平侍者이 문득 선상을 세 번 소리나게 쳤다.敲禪床三下 그것을 본 대전스님이 '그것이 무엇인가是作麼' 하고 물으셨다. 이에 삼평스님이 대답하기를 '모든 번뇌망상의 뿌리를 먼저 선정禪定으로 흔들어 놓고, 그런 뒤에 지혜로써 뽑아 버리는 것입니다'하고 대답하였다. 이 말을 듣고 문득 한 생각 바로 돌이키게 된 한퇴지가 큰스님의 시자 삼평스님에게 합장 예배하여 말하기를 '대전 큰스님의 선풍이 매우 높고 험한데和尙門風高峻, 이제 이 유韓愈가 시자스님에게서 거기에 들어가는 길을 얻게 되었습니다' 하며 감사하였다. 이렇게 천하의 유명한 한퇴지로 하여금 한 소식 얻게 한 것으로 후세까지 알려지고 있는 삼평시자에 대한 자세한 기록은 알 수가 없으나, 대전보통선사의 법을 이은 삼평 의충三平義忠선사를 말함이다. 삼평스님은 복주福州 사람이니, 출가하여 처음에는 석공石鞏스님에게 나아가 공부하다가 뒤에 대전스님을 모시고 시봉하면서 참선 정진에 각고의 노력을 기울여 마침내 그 법을 인정받아 석두선맥石頭禪脈의 이세二世인 대전 보통大顚寶通선사의 법통을 이은 법제자가 되었다. 그러한 때에 대전스님에게 참선을 지도 받는 조주의 자사 한퇴지가 찾아와서 참선 공부하는 길을 묻자, 그에게 스승을 대신하여 심요心要에 들어가는 길을 바로 알게 한 인연을 맺게 되었다. 뒤에 한퇴지가 세속인이면서도 대전

스님의 인가를 받아 법제자가 됨으로 해서 삼평스님과 한퇴지는 한 스
승의 법을 받는 법형제가 되었고, 후세의 석두하 법류표石頭下法流表에도
석두 희천—대전 보통의 밑에 삼평 의충과 한퇴지韓愈가 법제자로 나란
히 표기되어 있음을 볼 수가 있다. 삼평스님은 그 뒤에 대전스님 밑을 떠
나서 장주의 삼평산漳州 三平山에 계시면서 많은 제자들을 제접하여 그들
의 안목을 열어 주기에 오랫동안 그 힘을 다하였다. 그러므로 당시에 삼
평산의 큰스님으로 세상의 추앙을 받았던 까닭에 후세에 '삼평 의충선사
三平義忠'라 불리우게 되었다. 전하는 바에 의하면 삼평스님이 대전스님
을 모시기 이전에 이미 그 서릿발같은 청정한 계율의 실천으로 천상 세
계에서 인천의 스승人天之師으로 존경을 받아 하늘 사람들이 가져다 드리
는 공양을 받고 있었는데受天廚送食, 뒤에 삼평스님이 대전스님에게 가서
그를 모시면서 자주 선정삼매에 들므로 해서, 공양을 받들던 천신天神들
이 아무리 삼평스님을 찾아도 그를 볼 수가 없게 되었음으로 해서 그 뒤
로는 천공天供을 드릴 수가 없게 되었다고 한다. 당대에 문명文名이 높았
던 퇴지 한유退之韓愈가 처음에는 불교를 반대하고 불사리 모시는 일을
비방하다가, 뒤에 대전스님을 만남으로 해서 참선에 눈을 뜨게 되었고
마침내 그 법을 받음으로 해서, 중국의 선종사 위에서 역사적으로 선에
밝은 안목을 지닌 대거사로 꼽히는 부대사傅大士·방거사·시인 거이 백
낙천居易 白樂天·재상 무진거사無盡居士 장상영張商英·재상 배휴宰相裵休 등
과 함께 후세에까지 그 이름이 선의 역사에 길이 전해지게 되었으니, 일
기 일회一期一會의 만남의 소중함을 다시 일깨워 주는 일이라 하겠다.

69

은봉 "스승님, 어떻게 하면 도와 합쳐져
상응할 수가 있습니까"
석두 "미안하네만, 나도 그 도란 것과
합체하지 못하고 있네"

如何與道合體相應 未審此方亦不合體與道

등은봉鄧隱峯선사의 신이神異와 도화倒化

　　당대의 두 대선장大禪匠인 호남의 석두스님과 강서의 마조스님. 이 사이를 두 번이나 왔다 갔다 하면서 가르침을 받다가 마침내 마조스님의 법을 받은 스님이 있으니, 그가 은봉隱峯스님이다. 은봉스님은 복건성福建省 소무邵武 땅에서 출생하였다. 속가의 성은 등씨鄧氏이니, 뒤에 드물게 속성과 아울러 등은봉鄧隱峯이라 불리게 되었다. 어려서는 겉모습이 마치 어리석은 듯하여 그의 부모에게도 인정을 받지 못하였다. 그러므로 어느 때 그가 출가하여 스님이 될 뜻을 말하자 부모가 이내 허락하였다고 한다. 은봉스님이 처음에 마조스님 밑에서의 공부가 별다른 진취가 없음을 한탄하고 석두스님 회상으로 가 보고자하여 어느 날 마조스님에게 나아가서 떠나는 인사를 드렸다. 그러자,

마조스님　"그대는 어디로 가려 하는가?"
은봉스님　"네, 남악에 계시는 석두화상을 가 뵙고자 합니다."
마조스님　"음, 그래. 그건 매우 좋은 생각이다. 그런데 석두의 길은 꽤나 미끄러워서 넘어지기가 쉬우니, 미리 그런 줄 알고 십분 조심해서 가도록 하여라."
은봉스님　"네, 스승님. 너무 걱정 마십시오. 저는 몸에 버팀나무를 지니고 있어서 좀체로 미끄러져 넘어지는 일은 없을 것입니다. 그러니 때와 경우에 따라서 멋지게 솜씨를 보일 것입니다."

하고는 곧 떠나서 남악의 석두스님이 계시는 곳에 이르러 석두스님을 뵙게 되자, 그는 석두스님이 앉아 계시는 자리의 주변을 한 바퀴 빙 돌고 나서는 짚고 있던 육환석장六環錫杖을 '탁' 하고 한 번 흔들고는 석두스님에게,

은봉스님　"이것이 무슨 종지宗旨인지 아시겠습니까?"
석두스님　"오호라嗚呼, 창천 창천蒼天 蒼天, 아아! 슬픈지고 하는 한탄하는 소리. 그런 걸음걸이 실력으로는 도저히 부처도 조사도 전하지 못하는, 깊고도 묘한 길佛祖不傳之妙道을 밟아 가기란 어림도 없네."

은봉스님　“…………．”

　　뜻밖에 예상치도 못한 말을 듣고 기고만장氣高萬丈하던 은봉스님이 한
마디도 입을 떼지 못하고 그대로 다시 마조스님에게로 돌아가서 그대로
를 말씀드렸다. 그 말을 들은 마조스님이 말씀하시기를,

마조스님　“글쎄, 그렇다니까. 내가 미리 주의를 준 것도 그 때
　　　　　　문이었는데, 역시 그대로 미끄러져 넘어지고 말았
　　　　　　구나. 그러나 어쩔 수 없는 일이지. 그러면 이제 한
　　　　　　번 더 가서 또 다시 '창천 창천' 하거든 이번에는 이
　　　　　　편에서 '아아! 저를 어쩌지' 하고 대꾸해보게.”

하고 훈수하였다. 마조스님의 훈수를 받은 은봉스님이 다시 기운을 차
려서 또 석두스님을 뵙고는 전에 하였던 것처럼 석두스님이 앉아 있는
것을 돌고 나서 석장을 탁하고 흔들고 나서는,

은봉스님　“이것이 무슨 종지입니까?”
석두스님　“아아! 저를 어쩌지?”

하고 은봉스님이 막 하려고 잔뜩 벼르던 것을 먼저 해버리는 것이 아닌
가. 은봉스님은 이번에도 선수를 빼앗기고 기선을 제압당한 채 실패하
고 또 다시 마조스님에게 되돌아가서 그대로 말씀드렸다. 이번에도 마
조스님이 말씀하시기를 “그러게 내가 뭐라 하던가. 내가 자주 일러 주었
듯이 석두의 길은 참으로 미끄러우니라.” 이런 일이 있은 뒤 은봉스님은

석두스님을 진심으로 존경하게 되었고, 그래서 다시 찾아가 오랫동안 그 밑에 있으면서 수행에 정진하였다. 어느 날 은봉스님이 석두스님에게 물었다.

은봉스님 "스승님, 어떻게 하면 도道와 합쳐져 상응할 수가 있습니까? 何與道合體相應"

석두스님 "미안하네만, 나도 그 도란 것과 합체하지 못하고 있네. 未審此方亦不合體與道"

은봉스님 "스승님, 그런 말씀마시고, 결국 이렇다하는 소식을 일러 주시지요."

석두스님 "그대는 그 도道 때문에 사로잡혀서 완전히 포로가 되어버렸군, 그래. 그것도 어제 오늘의 일이 아니고 말이야."

고 하셨다. 즉 이 말씀의 뜻은, 그대가 하고 있는 바 그 모든 것이 다 그대로 불도요 보살도가 아닌가. 그렇다면 오히려 거기에 완전히 사로잡혀서 그것이 되어버리게 된 것을 오히려 기뻐하여야 할 일이네. 왜냐하면, 만일 도와 합쳐져 보려고 생각하기만 하더라도 그 때는 이미 도에서 벌써 멀리 떨어져버리게 되는 까닭이다 하시는 말이다. 또 어느 날 석두스님이 큰 낫을 들고 무성한 풀을 베고 있는데, 은봉스님이 왼편에 와서 손을 맞잡고叉手 서 있는 것을 보고는 석두스님이 큰 낫을 휘둘러서 은봉스님 앞에 있는 풀을 베었다. 그러자 은봉스님이 말하기를 "스승님께서는 '이것'을 베느라 '저것'을 잊어버리고 있네요." 하였다. 그 말을 들은 석두스님이 큰 낫을 슬쩍 세워서 보였다. 은봉스님은 재빨리 그 큰 낫을 받아 들고 역시 풀을 베는 것 같은 몸짓을 하였다. 그러자 이번에는 석두 스님이 말하기를 "그대는 또 '저것'을 베느라 '이것'을 잊어버리고 있네. 그려." 하셨다. 이 무렵의 은봉스님은 수행의 경지가 상당히 익숙해 있어서 석두스님과 거의 동등하게 이 같은 법문의 거래가 이루어지고 있음同道唱和을 볼 수가 있다. 즉 '이것這箇'이란 모든 형상萬象을 가리키는 것이라면, '저것那箇'은 모든 것의 근원이 되는 본체本體를 가리키는 것이다. 여기서는 풀이 현상을, 풀을 베는 형세는 본체를 뜻하는 것이므로 두 분의 주고받은 법거래가 지닌 뜻은 바로 본체나 현상의 어느 한 편으로 치우쳐 떨어진다면 그것이야말로 딱지가 덜 떨어진 미친 병신 신세를擔板漢 면치 못한다는 의미심장한 선문답인 것이다. 뒤에 그 법을 인정받은 은봉스님이 당唐원화년간元和年間(806~820)에 북방의 오대산 문수도량을 찾아 참배한 다음 서방의 회서淮西 땅으로 가는 길 도중에, 반란을 일으켜서 국왕의 명을 거역하는 적군賊軍과 이를 토벌하려는 관군官軍이 날카롭게 대치하여 좀체로 승부를 가리지 못하고 있는 상황을 직접 보게 되었다. 이때에 은봉스님이 말씀하기를 "내가 마땅히 그 현장에 가서 나라의 환란을 풀어 주리라." 하고는 곧 바로 짚고 다니던 육환석장六環錫杖을 공중으로 날리면서 양군이 마주 대하고 있는 사이를 뚫고 나아갔다. 그러자 양군의 장병들이 모두가 그것을 쳐다보느라 정신이 없었고, 그 신통스러운 모양에 놀라워하면서 어느새 서로 전투하려는 마음이 수그러져서 마침내 수많은 인명이 살상되는 참변을 미연에 방지 할 수가 있게 되었다. 이 일을 계기로 등은봉의 명성이 천하에 드날려지게 되었으나, 오히려 은봉스님은 자기가 보인 모양이 비록 많은 인명들을 구원하기 위한 일이었지만 함부로 나투어서는 안 되는 신통변이를 이미 나투게 된 것을 깊이 뉘우치고는, 드디어 다시 오대산으로 들어가서 문수보살이 그 진신眞身을 나투신다는 금강굴金剛窟 앞에서 입적하려 하면서 주변에 모인 대중들에게 물었다.

은봉스님　"제방의 선지식들이 돌아가실 때 누워서 가거나, 혹은 앉아서 가는 것은 많이 보았노라. 그런데 서서 입적한 예가 있었던가, 아니면 전혀 없었던가 어떠하냐?"

대중　"서서 가신 예는 있었습니다."

은봉스님　"그러면, 거꾸로 서서 입적한 예는 있었더냐?"

대중　"아마도 거꾸로 서서 간 예는 없었던 것 같습니다."

하고 답하자, 은봉스님은 바로 그 자리에서 거꾸로 서서 입적하였다. 거꾸로 꼿꼿하게 서 있는 몸과 입고 있던 옷자락까지도 변함없이 그대로였다. 그런데 그 몸을 다비茶毘하려 하였으나 여전히 거꾸로 우뚝 선 채 아무리 흔들어도 움직이지 않음을 보이자 소문을 듣고 멀고 가까운 곳에서 구름 모이듯 한 사람들이 모두 경탄하기를 마지 않았다. 은봉스님 속가의 누이동생이 역시 출가하여 비구니로 수행하고 있다가 소식을 듣고 달려와서 그 앞에서 나무라며 타일렀다. "오라버니께서는 이전부터도 세상의 흔한 일을 따르지 아니하는 성미이시더니, 글쎄 죽어서까지도 이렇게 사람들을 놀라게 하며 곤혹스럽게 만드시네요." 하고는 거꾸로 서서 꿈쩍도 하지 않고 있던 시체를 손으로 건드리자 그제야 옆으로 넘어갔다. 이렇게 해서 드디어 화장을 할 수가 있게 되었고, 화장 끝에 사리舍利를 걷었다고 한다. 역사적으로 매우 특이한 모양으로 입적한 예가 여러 가지 있는 가운데, 등운봉스님은 거꾸로 서서 입적倒化한 것으로 유명하다.

70

나서 죽을 때까지 오직 이것뿐인데
그래, 목 돌리고 머리 굴려서 어쩌자는 겐가
從生至死 秪是這箇 廻頭轉腦 作什麽耶

오설영묵선사五洩靈默禪師를 일주이십년一住二十年하게 한 심기상계心機相契

법을 받아 전해가는 법계法系로는 강서의 마조문하에 속하지만, 호남의 석두문하에서 20년을 시자로 시봉하며 공부해서 석두스님의 지도로 마침내 크게 깨달음을 이룬 보기 드문 경력의 스님이 있으니, 뒤에 무주務州의 오예산五洩山에서 선풍을 선양한 까닭에 오예 영묵선사五洩靈默라고 불리운 스님이다. 영묵스님은 비릉毗陵 사람이며, 속가의 성이 선씨宣氏이다. 처음 출가할 때에 마조스님의 회상에 나아가서 삭발하고 득도하여 사미로서 수행하다가, 성년하여 구족계를 받은 뒤에 마조스님의 회상을 떠나 남악南嶽으로 가서 소문을 듣고 있던 석두스님의 회상으로 갔다. 그곳에 이르자 영묵스님은 잠시 쉬는 일도 없이 걸망을 지고 여행하던 모습 그대로 석두스님 계시는 앞에 서서 대뜸 말하기를 "스님의 한 말씀이 저의 심기에 계합하는 바가心機相契 있다면 오래도록 모시고 시봉하면서 공부를 하겠습니다만 그러나 계합되는 바가 없다면, 이대로 바로 떠나가겠습니다." 하였다. 그러한 행동을 보고 그 말을 들은 석두스님이 속으로 생각하기를 '하하, 이놈 보자 하니, 좀 깨달았다고 하는 생각을 잔뜩 크게 덮어 쓰고 있어서, 어지간히 콧대가 세구나'하면서 우선 의자에 앉으셨다. 그랬더니 영묵스님이 그대로 밖으로 나가 버리는 것이 아닌가. 그러자 석두스님은 속으로 '선기가 활발禪機活潑 하면서도 꽤나 성미가 급한 놈이로군'하면서 그 뒤를 따라 나가다가 대문에 이르러서 "장로 장로長老長老!" 하고 크게 불렀다. 그를 부르는 소리를 듣고 문득 머리를 돌려서 뒤를 보았더니, 석두스님의 날카로운 말씀이 비수처럼 날아왔다. "나서부터 죽을 때까지 오직 이것뿐인데, 목을 돌리고 머리를 굴려서 어쩌자는겐가?" 그 말을 듣는 순간 영묵스님이 홀연히 깨닫는 바가 있었다忽然省悟. 그때 영묵스님은 행각하면서 짚고 다니던 지팡이柱杖를 무릎에 대고 꺾어 버리고는 그곳에 머무르게 된 것이, 결국은 20년 동안 석두스님을 직접 시봉하는 시자의 역할을 다하게 되었다. 이때에 석두스님이 '나서부터 죽을 때까지 오직 이것뿐'이라고 한 것은, 모양現象에 매이지 않는 본질本體에 입각하는 본분의 분상에 있어서는本分田地 이미 간다거나 머문다거나 하는 등의 가고 오고 하는 모양去來相이 없는데도 아직 소리에 따라 머리를 돌리고 잔머리를 굴리는 등으로 끌려다니는 것을 면치 못하는 정도에서는 본분진리에 입각하는 힘이 없지 않느냐고 하는 뜻이 담긴 강력한 훈계의 말씀인 것이다. 영묵스님은 석두스님의 이 한 말씀에 아직 자신의 공부경계가 미숙함을 깨우치고 마침내 20년의 세월을 혼신의 힘을 다하여 석두스님을 시봉하며 정진에 매진하여 드디어 큰 법의 그릇法器을 이루었으니, 그 근기가 참으로 대단하여 후대 수행자들의 분발심을 격발시키는데 이보다 더할 수 없다 하겠으며, 영묵스님에게 그 같은 철저한 신심과 존경심을 일으키게 해서 20년간의 시봉을 다하게 할 수 있었던 석두스님이야말로 천하의 대선지식이라 아니할 수가 없다. 石頭一句 喪盡生涯 一住南嶽 給侍先師 영묵스님은 법의 계통으로는 마조스님 문하에 속해 있지만 석두스님을 만나 크게 깨달아 그 밑에서 20년 동안을 시봉하였으니 사실로 본다면 석두스님의 문하라 해도 과언이 아닐 것이다. 석두스님 문하를 떠나서 처음에는 백사도량白沙道場에 머물렀으나 뒤에 무주務州 오예산五洩山에 있으면서 크게 선풍을 드날리고 많은 참선수행자들을 지도하였다. 영묵스님은 뒤에 석두―약산―운암의 법계통을 받아서 중국 선종의 5가7종 가운데 하나인 조동종曹洞宗을 일으킨 종조宗祖인 동산洞山良价스님이 어렸을 때 의지하여 지도받던 스승受業師이 되기도 함으로써, 마조스님 법계에서 나온 임제종臨濟宗만이 아니라 석두스님 법계에서 나온 조동종에도 가장 인연이 깊은 분이 되었다. 조동의 가풍에는 학인들의 수행하는 진로를 5왕자五王子가 발생發生하는 차례에 따라서 명시하는 법機關이 있는데, 다섯 왕자란 탄생왕자誕生王子·조생왕자朝生王子·말생왕자末生王子·화생왕자化生王子·내생왕자內生王子를 말한다. 여기서 탄생왕자란 왕위를 정통으로 이어받게 되는 정실에서 태어난 적자를 가리키는 것이니, 이것은 불도를 수행하는 단계에 있어서 정위의 근본지正位根本智를 말하는 것이며, 초발심의 대보살에다 비유하는 것이다. 조생왕자란 비빈이 낳은 서출의 왕자를 가리키는 것이니, 왕실의 밖에 있어서 신하의 자리를 받아야 하므로 이것은 크게 수행의 공덕을 쌓아야 하는 데에다 비유한 것이다. 말생왕자란 왕자들 가운데 막내 왕자를 가리키는 것이니, 수행의 공덕을 쌓는데 있어서

는 스스로 본래면목을 찾아서 항상 본래자리를 떠나지 않아야 하는 데
에다 비유한 것이다. 화생왕자란 본래는 왕자였지만 지금은 장군의 자
리에 있어서 왕조의 교화를 돕는 것과 같은 자리에 비유되는 수행자를
가리키는 것이며, 내생왕자란 탄생왕자가 왕위에 올라서 사방을 널리
크게 바르게 다스리는 것을 가리키는 것이니, 수행자 즉 인인 개개의 당
체가 크게 기용機用을 발휘하는 데에다 비유한 것이다. 이것은 같은 석두
법계를 이어받은 석상 경제石霜慶諸스님이 세운 바이지만, 법계는 마조법
계에 속하면서도 실질적으로는 석두법계에 속하는 이들 석상스님이나
동산스님 등에게 큰 영향을 주었을 것으로 여겨진다. 오예산에서 많은
후학들을 제접하던 영묵스님이 당唐 원화元和 13년818 3월 23일 목욕을
하시고, 향을 사룬 뒤에 단정히 앉아서 모인 대중들에게 최후의 유게遺偈
를 설하시기를,

> "법신은 원적하나 또한 가고 오는
>
> 모양을 보이기도 한다. 法身圓寂 示有去來
>
> 천성이 그 근원을 함께 하며,
>
> 만령이 하나로 돌아감이라. 千聖同源 萬靈歸一
>
> 나 또한 이제 흩어져 없어질 것이니
>
> 어찌 슬퍼할 것이 있겠는가. 吾今漚散 胡假興哀
>
> 부질없이 스스로 마음을 수고롭게 하지 말지니,
>
> 분명하게 정념을 끌고 가야 하느니라. 無勞自神 須存正念
>
> 만일 나의 이 말을 따르는 사람은
>
> 진실로 은혜에 보답할 수 있을 것이나, 若遵此命 眞報吾恩
>
> 만약에 말대로 따르지 않는다면
>
> 나의 제자가 아니니라. 儻固違言 非吾子"

하였다. 이때에 대중가운데 한 스님이 물었다.

수행승　　　“스님께서는 어느 곳으로 향해 가시렵니까?
　　　　　　和尙向什麼去”

영묵　　　　“가되 가는 곳이 없느니라.無去處”

수행승　　　“제가 알 수 없습니까.某甲何不見”

영묵　　　　“그것은 눈으로 볼 바가 아니니라.非所覩眼”

　　이 말씀을 마치고는 앉은 그대로 조용히 입적하였다. 세수 72세 법랍 41세였다. 이 당시에 12세의 어린 나이로 장차 출가하기 위하여 오예산에서 아직 삭발하지 않고 세속 어린이의 복장童服을 하고 있으면서 영묵스님의 시봉을 몇 해 동안 하며 가르침을 받다가 스승이受業師 입적하시는 모양을 처음부터 끝까지 확실하게 보고 있던 소년이 있었으니, 그가 바로 뒤에 조동종曹洞宗의 종조宗祖가 되는 동산 양개洞山良价스님이다. 동산스님은 후에 이 오예산의 영묵스님이 처음 석두스님 회상에 나아가서 석두스님이 뒤에서 부르는 소리에 머리를 돌려서 보았다가 "나서부터 죽을 때까지 오직 이것뿐인데 목을 돌리고 머리를 굴려서 어쩌자는겐가." 하는 말을 듣는 순간 홀연히 깨닫는 바가省悟있었다고 하는 데에 대해서 평가하기를 "이 일은 만약 오예의 큰스님五洩先師이 아니었다면 그와 같이 크게 알아차릴 수가 없었을 것이다. 그러나 그렇다하더라도 그때는 아직도 도중에 걸림이 없지 않았다.雖猶涉途路"라 하였다. 또한 입적할 때 하신 유언의 마지막 말씀末後句인 "그것은 눈으로 볼 바가 아니니라非所覩眼"에 대해서 "스님이야말로 작가作家이다." 하였으니 즉 바른 스승正師家, 다시 말해서 진정한 납승衲僧이라 하였다. 즉 오예산의 영묵 정도가 석두스님의 매서운 한 말씀에 일생을 걸었고 20년 동안이나 시봉을 하였던 것이다. 그런데 영묵스님은 그때만 해도 아직 경계가 충분히 익숙치 않았다고 보겠으니 왜냐하면, 향상일로向上一路에서 다시 본분가사本分家舍로 돌아오는 소식却來消息이 보이지 않았는데 석두문하의 20년 동안에 본분경지의 대성을 이루었다大成本分境地고 본 것이다. 그렇다면 동산스님은 어려서부터 영묵스님을 시봉하며 가르침을 받고 정진하는 동안, 영묵스님이 입적할 당시 나이 12세 때에 이미 스승의 골수活骨髓를 받았던 것이라고 하리라.

71

시리 "스승님, 저의 본분사란 어떤 것입니까"
석두 "그대는 언제 본분사를 잃어버렸던가"

如何是學人本分事 何時汝失本分事

석두 희천石頭希遷선사의 법사法嗣가 되는 스님들

석두스님의 법을 받은 제자法嗣들 중 후세에까지 널리 알려진 스님들을 대강 꼽아 본다면, 다음 같은 분들이 있다. (＊는 선리참구에서 다룬 분들)

① 형주荊州 천황사天皇寺 도오道悟스님＊

② 풍주澧州 약산 유엄藥山惟儼스님＊

③ 남양南陽 단하산丹霞山 천연天然스님＊

④ 조주 대전潮州大顚스님＊

⑤ 장사長沙 홍국사興國寺 진랑振朗스님＊

⑥ 담주潭州 초제사招提寺 혜랑慧朗스님*

⑦ 담주潭州 유현攸縣 장자광長髭曠스님

⑧ 경조京兆 시리尸利스님*

⑨ 봉상법문鳳翔法門 불타佛陀스님

⑩ 해릉 대변海陵大辯스님

⑪ 담주 대천潭州大川스님

⑫ 분주 석루汾州石樓스님

⑬ 담주 화림潭州華林스님

⑭ 형주 도설衡州道說스님

⑮ 한주 상청漢州常淸스님

⑯ 복주 쇄석福州碎石스님

⑰ 상주 상령商州商嶺스님

⑱ 상주 의흥商州義興스님

⑲ 수공水空스님

⑳ 보통寶通스님

㉑ 저경渚涇스님

그리고 법맥으로는 이어지지 않지만 다른 누구보다도 석두스님의 법은法恩을 입은 스님으로는 무주務州 오예산五洩山 영묵靈默스님·등은봉鄧隱峯스님, 그리고 양주襄州 방온龐蘊거사 등이 있다. 그 가운데서 이미 거론한 바 있는 천황 도오스님·약산 유엄스님·단하 천연스님·조주 대전스님 이외에 석두스님과의 선문답 거래가 남아 있는 몇 분 스님들을 살펴보기로 하자. 담주 초제의 혜랑慧朗스님은 시흥始興 곡강曲江에서 출생하였다. 속가의 성은 구양씨歐陽氏이다. 13세 때에 등림사鄧林寺에서 모模스님을 은사스님으로 모시고 출가 득도 하였다. 그 밑에서 공부하다가 17세에 먼저 남악南嶽으로 가서 수행하고, 20세가 되자 남악의 절에서 구족계를 받은 뒤에 건주虔州 공공산䂵空山으로 가서 그 곳에 계시는 마조스님을 뵙게 되었다.

마조	"그대가 와서 무엇을 구하려고 하는가?"
혜랑	"부처의 지견佛知見을 구합니다."
마조	"부처에게 지견이란 없다. 지견이란 곧 마군의 세계魔界이니라. 그대가 남악에서 왔다고 하지만 아직도 조계의 법을 이은 석두의 심요石頭曹溪之心要를 보지 못한 모양인데, 그렇다면 지금 바로 그곳으로 돌아가도록 하게."

하고 타일렀다. 마조스님의 말씀을 듣고 그대로 남악으로 가서 석두스님을 뵙고 물었다.

혜랑	"스님, 부처란 무엇입니까?"
석두	"그대는 불성佛性이 없구만 그려."
혜랑	"저 고물거리는 것들蠢動含靈에게는 불성이 있습니까?"
석두	"음, 저 고물거리는 것들에게는 오히려 불성이 다 있지."
혜랑	"그런데 왜 저에게는 불성이 없다는 것입니까?"
석두	"그거야 남을 원망할 것이 조금도 없네. 그대가 도리

361

어 불성이 있음을 알지 못하고 있는 것뿐이니까?
汝不肯承當"

하시는 석두스님의 말씀을 듣자 혜랑스님은 바로 맹렬히 반성하여 크게
깨닫는 바가 있었다. "단지 네가 그것을 인정하지 못하고 있을 뿐이지
다른 이유가 없는 것이다."라고 하신 석두스님의 말씀이야말로 참으로
너무나 고마운 말씀인 동시에, 혜랑스님 역시 겨우 이 한 말씀 끝에 맹렬
히 반성하여 깨달음을 얻을 수 있었던 것은 그만치 깨달을 기연이 순숙
淳熟機緣하였기 때문일 것이다. 혜랑스님은 그러한 뒤에 담주潭州의 양단
梁端에 있는 초제사招提寺에 계시면서 30년을 넘는 세월 동안 절문밖에 나
가는 일없이 깨달은 뒤의 공부悟後保任에 정진하는 생활을 계속하였다.
그러면서 찾아와 법을 묻는 수행자들에 대해서 누구에게나 항상 한결같
이 응대하기를 "어서 가게, 어서 가게. 그대에게는 불성이 없네 그려."
하며 제접提接하였다고 한다. 또 한 분은 경조京兆의 시리尸利스님인데, 이
분의 출신과 경력 등은 알려져 있지 않다. 이 시리스님이 석두스님에게
참배하고는 물었다.

시리   "스승님, 저의 본분사學人本分事란 어떤 것입니까?"

석두   "아니, 너는 그것을 내게 구해서 어쩌자는 겐가?"

시리   "그러나 저로서는 스승님에게 그것을 구하지 않는
         다면 또 어디서 얻을 수가 있겠습니까?"

석두   "그러면 그대는 언제부터 그 본분사를 잃어버리기
         라도 하였더란 말인가?"

이때에 시리스님은 '확' 하고 닫혔던 마음의 문이 열리는 것을 느꼈다. 본분本分이란 사람마다 누구나 본래부터 모자람 없이 갖추어 가지고 있는 그것本來具有分際, 즉 미하였거나 깨달았거나에 구애되지 않는 절대의 경지를 말하는 것이니, 참선수행은 사람으로 하여금 곧바로 그 심지心地를 밝혀내서 본래의 본분에 안주安住本分하는 일이다. 이러한 일대사인연一大事因緣을 직관적으로 깨닫는 본분사本分事는 그것을 스승이라고 해서 줄 수도 없는 것이며, 또한 부처님이나 조사스님들이라도 이것을 전해줄 방법은 없는師匠不授 佛祖不傳 것이다. 그러므로 모든 부처님과 역대전등 제대조사의 법인法印을 전한다고 해서 무엇인가 주고받을 것이 따로 있는 것이 아니라, 어디까지나 자기 자신이 스스로 그것을 깨닫는 시절인연이 있을 때 이심전심以心傳心이 이루어지는 것일 뿐이다. 이러한 본분사를 먼저 체달體達하였을 뿐만 아니라 그것을 제자들로 하여금 체득體得케 하는 진정한 스승이 본분종사本分宗師이니, 그러한 석두스님에게서 나온 또 한 분이 장사 홍국사 진랑스님이다. 이 스님의 내력은 분명치 않다. 그가 석두스님을 처음 찾아뵙고 물었다.

진랑   "스님, 달마대사가 인도에서 멀리 이곳까지 오신 것은 어떤 뜻이 있는 것입니까?"

석두   "그래, 그것은 저 법당 앞 한 데에 서있는 기둥法堂前露柱에게라도 물어 보게나."

진랑   "아니 스님, 한데 있는 기둥에게 물어보라 하시다니오. 그런데 한데에 있는 기둥이 어떻게 말을 한답니까. 그런 대답으로는 도통 알 수가 없습니다."

석두   "그대가 모른다면 나는 더더욱 모르네."

진랑스님은 이 말씀을 듣는 순간 '뜻밖에도 갑자기 스스로의 본분에 눈뜨는 바回光返照'가 있었다. "법당 앞 기둥에게 물어라問取露柱" 하니 그냥 듣자면 어찌 이다지도 불친절할 수가 있을까 하거나, 또는 어찌 보면 오히려 사람을 조롱하는 듯한 말투 같기도 하지만 그 말의 속마음은 결코 그렇지가 않다. 말하자면, 예컨대 "달마대사가 서쪽에서 오신 뜻이 무엇입니까?如何是祖師西來意" 하는 물음에 "뜰 앞에 잣나무니라庭前栢樹子" 한 대답과 같은 것이다. 정전의 백수자는 조사의 서래의가 유有도 아니고 무無도 아니며, 색色도 아니고 공空도 아니며, 부처佛도 아니고 중생衆生도 아니며, 만상萬象이 유심唯心도 아니고 유심이 만상도 아니며, 세상世相이 상주常住함도 아니고, 만법萬法이 공적空寂함도 아님을 보이고 있으니, 법당전 노주도 또한 그러하다. 그런데 "그 대답으로는 알 수가 없습니다." 하니까 "그대가 모른다면 나는 더욱 모른다." 하였으니, 이 자리에 이르러서는 이미 티끌만치도 더할 것이 없고 또한 터럭 끝만치도 덜할 것이 없는 경지인 것이다. 그러면서도 여기서 이것저것 선뜻 다 놓아버리고 몸과 목숨마저 돌보지 않고 한 걸음 바로 내딛는다면百尺竿頭進一步, 거기에는 이제 모든 보고 듣는見色聞聲 어느 것 하나 불조의 뜻佛祖師意 아님이 없으며, 푸른 산 흐르는 물靑山流水 어느 곳 하나 달마스님의 면목達磨眞面目 아님이 없으니, 이런 소식 속에 이르러서는 무어라 말이나 글로써 표현할 길이 없으며到這裡 言語道斷, 지식이나 학식이나 생각으로써 헤아릴 수 없는 것이니非思量測度 心行處滅, 따라서 "나는 더욱 모른다."라는 것이야말로 참으로 가장 친절한 자비심 넘치는 가르침이요, 바른 대답인 것이다. 이러한 가르침을 접하자 묻는 진랑스님의 공부경계가 오랜 참선수행 끝에 그 경지가 순숙해져 있어서淳熟境地 다만 여러 관문을 자력으로 뚫고 들어가서 마지막 관문의 열쇠를 찾지 못하고 있는 형편과

도 같다가只跌団地一聲 석두스님의 이 한 말씀으로 맹렬히 스스로를 돌이
킴으로써猛烈自省 본분에 눈뜨게廻光返照되었던 것이니, 여기서 우리는 '하
늘 위나 하늘 아래에서 오직 나 홀로 존귀하다天上天下 唯我獨尊'는 석가세
존 탄생게의 선언이 무아 무상의 본분사를 실현시키는 그 일을 바로 보
는 것이며, 이것을 실현시킨 이가 부처님이요, 역대 조사들이요, 그것을
우리들에게도 실현시키고자 함이 이 세상에 부처님이 오신 참뜻임을 바
로 알아야 하겠다.

72

호남 석두는 진금포요
강서 마조는 잡화포라

湖南石頭是眞金鋪 江西馬祖是雜貨鋪

석두선사石頭禪師와 마조선사馬祖禪師의 도교道交

같은 시대에 살면서 선풍을 크게 선양하여 중국 선종의 두 선맥의 근원으로써 쌍벽을 이룬 석두石頭(700~790)스님과 마조馬祖(709~788)스님. 두분은 요새 식으로 말하자면 대단한 라이벌 관계, 즉 선의 세계에 있어 경쟁 상대자인 호적수의 입장으로 서로가 있으면서도 적대시하거나 자신을 더 내세우거나 하는 일이 없었다고 한다. 오히려 천하의 대선지식인 두 분의 사이는 도를 통한 교분道交이 갈수록 더욱 더 두터워져 갔으며, 항상 문하에 있는 제자들이 그들 사이를 오가면서 차별 없이 선수행의 지도를 받을 수 있도록 배려하고 성의를 다하여 경책하며 격려하는 참으로 아름다운 모습을 후세에까지 여지없이 보여 주셨다. 이러한 선사들의 아름다운 자취를 볼 때, 오늘 날의 우리들은 어쩌다가 만사에 그저 사사건건 나와 남을 가리고 법의 높고 낮음을 따지고 패당을 모아 세력을 다투고 하는 거친 풍조 속에 살고 있는지 돌아보고 참회해야 할 일이 참으로 많고 또 많다. 사실 어리석은 짓들은 고금이 따로 없고 동서남북이 다름이 없다. 하지만 이러한 진정한 선지식들은 사람의 근기에는 날카롭거나 둔함人根利鈍이 있으나, 도에는 호남이다 강서다 할 것이 없음祖道本無湖南江西을 밝혀 제자들의 근기가 날카롭고 둔함에 따라서 상황과 기연에 맞추어서 혹은 꾸짖어 물리침으로써 수행에 분심을 일으키게도 하며, 혹은 다독거려 거두어줌으로써 자신감을 갖고 수행케 하여, 조그만치라도 법을 베푸는데 있어서 편협하거나 집착됨이 없었으니 과연 후세에까지 길이 남는 대종사의 면목이 두 분 다 뚜렷하다고 할 수 있다. 이제 두 분 조사스님의 그같은 도교의 도타움을 보여주는 예를 몇 가지 보기로 하자. 호남에 계시는 석두스님의 회상에 어느 날 새로이 방부를 드리러 온 수행승이 스님에게 인사를 올렸다. 그때에 석두스님이 물었다.

석두	"그대는 어디서 오셨는가?"
수행승	"네, 강서에서 왔습니다."
석두	"음. 그래, 그런데 강서에서 왔다면 이미 강서의 마대스님은 친견하였겠지."
수행승	"네, 배알한 바가 있습니다."

그러자 석두스님은 마당에 보이는 큰 말뚝을 가리키면서 물었다.

석두   "마대사가 어떠하더냐. 마대사와 저것 중 어느 것이
           더 크던가?"
수행승   "…………."

이 수행승이 뒤에 다시 강서로 돌아가 마조스님을 뵙고는 그대로 말씀을 드렸다. 그 말을 들은 마조스님은,

마조   "그래, 그대는 그 말뚝이 얼마나 큰지 보았는가?"
수행승   "네, 보았지오. 그런데 굉장히 커다란 것이었습니
           다."
마조   "하하, 그렇다면 그대야말로 굉장한 장사일세."
수행승   "어째서 그렇습니까?"
마조   "생각해 보게나. 그대는 호남의 남악에서부터 여기
           까지 그 굉장한 말뚝을 짊어지고 왔지 않은가. 그러
           니 대단한 장사라고 하였네."

라고 하셨다. 이렇듯 두 분은 말하자면, 한 사람의 수행승을 통해서 자연스럽게 서로의 경지를 주고받는 대화를 하신 것이다. 여기서 말뚝은 그저 말뚝일 뿐이요, 전혀 중요한 것이 아니다. 이런 경우 일반적으로는 "감히 나를 말뚝에다 빗댔냐?"는 말이나 하고 거기에 발끈하여 앞뒤가 안보이게 어두워지는 것이 보통이겠으나, 두 분의 사이에 있어서는 '저것'으로 표현되는 이름을 붙일 수도 없고 모양으로도 나툴 수가 없는 '이 한 물건那─物이 실로 문제인 것이며, 공안인 것이다. 그것을 수행승을 매개로하여 자유자재로 주고받으며, 오가고 있는 그 자리에 두 분 조사스

님의 걸림 없는 진면목이 거침없이 생생하게 나타나 있다고 하겠으니, 양대 조사의 선풍이 천리만리를 함께 한다고 하지 않을 수 있겠는가. 또 한 가지 예가 있다. 담주潭州 유현攸縣 장자광長髭曠스님이 수행시절에 처음 조계산에 나아가서 6조 혜능스님의 조사탑에 참배하고 돌아오는 길에 호남의 남악에 가서 석두스님을 친견하고 예배하였다.

석두	"어디서 오셨는가?"
장자광	"네, 영남에서 왔습니다."
석두	"음. 영남이라고 하니, 영남에는 한분의 거룩한 부처가 나올 터인데嶺南出來一尊如來…. 어떤가, 공덕장엄이 다 이루어졌는가 아니면 아직 멀었는가? 未審成功德莊嚴否"
장자광	"이미 공덕장엄을 이룬 지는 오래 되었습니다만, 아직 점안이 끝나지 않았을 따름입니다."
석두	"그렇다면 점안을 하였으면 좋겠다는 말이로군, 그러한가?"
장자광	"네, 그렇습니다. 부디 꼭 점안해 주시기 바랍니다."

그러자 석두스님이 한 발을 들어 올렸다. 그것을 보자 장자광스님은 곧바로 그 발에 엎드려 예배를 드렸다.

석두	"그런데 그대는 무슨 도리를 보았기에 그같이 예배를 하는 건가?"
장자광	"네, 저의 소견을 말씀드리자면, 이글거리는 커다란

화로에 떨어지는 한 송이 눈입니다. 洪爐上一點雪"

여기서 홍로상일점설紅爐上一點雪, 즉 커다란 화로에 떨어지는 눈송이 한 점이라는 것은 말하자면 본분의 경지에는 아주 가는 티끌만한 것이라도 남겨두지 않는다는 뜻이니, 영남의 거룩한 부처嶺南一尊라는 것은 그러한 티끌만한 것도 세울 것이 없는 여래如來, 즉 본래 구족한 밝은 심성心性을 말하는實際理地不立一塵之本尊 것이다. 이것은 벌써 오래전에 이루어져 있음久遠劫前早已成就을 분명히 깨달았으나, 다만 아직 스승의 인가를 얻지 못하였을 뿐이라는 말이었다. 그러자 석두스님이 그에게 한 발을 들어 보인 것이야말로 바로 가장 훌륭한 점안불사 그것이었으니, 장자광스님의 오랫동안 공부의 결과를 그대로 인가한 것이기에 그 발에 예배를 들인 것이었다. 그의 예배를 받고 석두스님이 "그대는 무슨 도리를 보았기에 그와 같이 절을 하느냐?" 하신 것은 그러한 본분의 경지를 앞으로 잘 보호해 가도록 하라는 깊은 뜻이 담겨있다. 장자광스님은 이에 말없이 응답하였다. 그 뒤에 이 스님은 활발히 선풍을 선양하였고, 그가 참선수행자들을 제접하여 안목을 열게 한 공안들이 『선림유취禪林類聚』와 같은 선가의 어록을 모은 문헌에 상당히 많이 수록되어 있다. 중국의 선은 실질적으로 석두스님과 마조스님에서 시작되었다고 할 수 있다. 왜냐하면, 불교에서 구경의 목적으로 하는 이념究竟理念은 선을 통하여 명확하게 자각하여 남음이 없음을 분명히 밝혔기 때문이다. 그러면서도 그러한 자각이 불교의 교리 해석이라든가 교학의 연구라든가 하는 형태가 아니라, 아주 직접적이고도 구체적인 일상의 생활이 살아가는 가운데서 실천적으로 형성되었고 그것이 직접 체험을 통해서 이루어진 것이었으며, 그러한 선사상과 실천이 이 두 조사에게서 비롯되었으므로 그렇게 보는 것이다. 이러한 양대 조사의 특성을 잘 나타내는 말이 전해지고 있으니 석두스님은 진금포眞金鋪요, 마조스님은 잡화포雜貨鋪의 주인이라는 표현이다. 석두스님이 말하기를, "나의 법문은 먼저의 석가모니불이 직접 전수하는 바이니, 오직 부처의 지견에 이른다면 마음이 곧 부처이므로 마음과 부처와 중생, 그리고 보리와 번뇌가 모두 이름이 다를 뿐 그 근본 체는 하나인 것이다."라고 했다. 이러한 설법 자체는 마조스님의 설법과 조금도 다를 것이 없다. 그러나 석두스님이 항상 간단하고 명쾌한 아름다운 진실의 세계에 머물러 있어서 협잡물이 섞이지 않은 진금만을 취급하듯 하여 많은 대중을 아무나 거느리기를 거부하였다는 점이다. 이에 비하면 마조스님은, 모든 것이 다 큰 도를 이루게 하기 위한 방편 아닌 것이 없기에 그러기 위해서는 수백 가지의 물건을 한 점포에 갖추어 가지고 있으면서, 만일 쥐똥을 와서 구하는 사람이 있으면 그것 또한 얼마든지 내어주므로, 많은 수행자들을 끄는 매력이 있어서 이윽고 8백 내지 1천이 넘는 커다란 교단을 형성하여 마침내 잡화포의 이름을 얻게 되었다. 말하자면 누가 와서 잡화뿐만 아니라 진금을 구한다면 진금도 파는 백화점의 주인이 바로 마조스님이라면, 진금포의 이름을 얻게 된 석두스님은 최고급의 보석이나 귀금속만을 취급하는 전문 보석·귀금속 상회의 주인이라 할 것이며, 그는 소수의 정예를 눈뜨게 하는 일에 전력했다. 그러므로 석두스님 계통의 선맥이 형성되어 선종의 종파로써 서게 되는 것은 뒤에 그 제자들이 산에서 도시 가까이 나와서 신도들의 경제적 제공을 받아 여러 많은 자질과 근기가 다른 수행자들이 모인 집단 즉 잡화포의 성격을 띠면서부터였다.

73

"시내에 흐르는 물소리는 부처님 법문이니,
산과 대자연이 어찌 법신 아니리오"

溪聲便是廣長舌 山色豈非淸淨身

소동파蘇東坡거사의 여산삼절廬山三絕의 게송

인도에서의 석가모니불 회상에 베살리 성의 유마 대거사가 세간에 있으면서 부처님의 크고 거룩한 법을 바르게 펴기에 진력하였으며 그것을 생활 속에서 바로 보여주었다. 중국에서는 조사선의 근원을 이룬 호남과 강서의 양대조사 회상에는 양주의 방거사가 있었다. 그는 두 선지식의 법은을 함께 입어 불교 안에서는 불제자들을 교화하고 밖으로 나아가서는 사회적으로 불법을 옹호하는 일에 온 힘을 기울였던 것으로 유명하다. 방거사(?~808)의 이름諱은 온蘊, 부르는 이름字은 도현道玄, 호북성 형양衡陽, 지금의 湖北省에서 출생하였다. 가문은 조상 대대로 유학을 전공하였으며, 결혼하여 아내와 1남 1녀를 두었다. 그 역시 유교를 공부하여 젊었을 때 뜻을 함께 하는 친구와 더불어 당시의 수도인 장안長安으로 과거시험을 보려고 가는 도중에, 어느 여관에서 참선수행을 하며 행각하는 선객禪客을 만나서 인사를 나눈 후, 밤을 새워 가면서 여러 가지 이치를 서로 토론하게 되었다. 그러한 끝에 그 선객이 둘에게 "그대들은 어디로 가는 길인가?" 하고 물었다. 그들은 "장차 벼슬길에 오르기 위하여 과거에 응시하고자 장안으로 가는 길이지오." 하였더니, 그 선객이 불쑥 말하기를 "그런 일이랑 그만 두시오. 벼슬에 오르는 길選官이 어찌 부처되는 길選佛만 하리오." 하는 것이었다. 그 말이 선뜩 가슴에 와닿은 두 사람은 "부처 되는 길을 가려면 어느 곳을 찾아가야 합니까?" 하고 물으니, 선객이 일러주기를 "지금 강서江西에 계시는 마조馬祖대사가 당대의 가장 뛰어난 선사이시며, 그 분이 계시는 곳이야 말로 부처를 가려내는 도량選佛場이라 할 만한 곳이오. 그러니 그대들은 마땅히 그곳으로 가서 그 분을 찾도록 하시오." 하는 것이었다. 두 사람은 그 말을 따라 바로 강서의 마조스님 회상을 찾아 출가한 후 참선수행하게 되는데, 그 중 한 사람이 후일의 단하 천연丹霞天然스님이며, 출가하지 아니하고 참선수행한 또 한 사람이 바로 방거사龐居士이다. 방거사는 정원 원년貞元元年(785) 무렵에 호남의 석두스님과 강서의 마조스님에게 참학參學하여 크게 깨달음大悟을 얻었다. 2년 동안 마조스님 문하에 머물러 있으면서 깨달음을 얻은 뒤 수행悟後修行을 쌓아 대선지식大善知識이 되었으나, 어디까지나 '일을 마친 보통사람了事凡夫'으로서 세간에 사는 재가의 거사在家居士로 일생을 지냈다. 당나라 시대의 재가거사로서 후세에까지 유명한 백낙천白樂天이나 소동파蘇東坡, 그리고 이태백李太白 등과 방거사를 견주어 본다면, 다른 거사들은 모두가 한 세상을 덮을 만한 굉장한 학문과 시재詩才를 지녔음에도 불구하고, 때를 만나지 못하여 뜻을 이루지 못해 평생토록 매우 불행하고 불우한 신세轗軻不遇를 면치 못했다. 그러기에 그들은 자연의 산수 속에 몸을 두어 시를 읊고 글을 짓는 경우詩趣的境遇를 즐기면서 자연스럽게 선객들과 벗삼아 사귀며 참선하는 생활 가운데 선지식의 지도로 매우 높은 선의 경지를 얻게 되었던 것이다. 예컨대, 소동파 거사는 예부의 시험禮部試에서 춘추대책의 제1등春秋大册第一度에 오르고, 뒤에 왕안석王安石과 재주와 학문을 겨루기도 하였고, 항주抗州·밀주密州·서주徐州 등지의 지사知事를 거치기도 했다. 그러나 뒤에는 참소를 입어 영주永州에 유배되는 등 불우함 속에서 동림 상총東林常總스님을 만나 참선 정진하여 심요心要를 얻고 난 후에 『여명게黎明偈』의 게송을 지어서 바쳤다.

> 시내에 흐르는 저 물소리는 바로 부처님의 거룩하신 법문이니,
> 溪聲便是廣長舌
> 산의 모양인들 어찌 그것이 청정법신이 아니겠는가. 山色豈非淸淨身
> 밤새 들은 바 팔만사천의 게송들을, 夜來八萬四千偈
> 다른 날에 어떻게 그 깊은 뜻을 남에게 일러줄 수가 있을까.
> 他日如何擧似人

중국의 강서성江西省 번양호鄱陽湖의 서쪽 기슭에 천하의 명산으로 알려진 여산廬山이 있으니, 혹은 광산匡山이라고도 부른다. 이 산 중에 동림사東林寺가 있으며, 동진東晋 효무제孝武帝(372~396) 때 혜원慧遠스님이 이 산에 들어간 뒤로는 일생동안 산에서 나오지 않고, 많은 신도들과 함께 백련사白蓮社를 결사하여 전적으로 염불을 수행한 곳으로 유명하다. 그 뒤에 북송시대의 신종神宗(1067~1085) 때 황룡 혜남黃龍慧南스님의 법을 이은法

嗣 동림 상총스님이 이곳에 계시면서 성대하게 선풍을 선양하였고, 그 시기에 동파거사東坡居士(1036~1101), 姓은 蘇氏, 字는 子瞻, 名은 軾, 眉山 사람, 父는 蘇老泉 : 보통 蘇東坡라 불렀다가 이곳에 와서 동림 상총스님을 친견하고 난 뒤로는 깨달은 경지를 여산의 풍광에 빗대어 선의 공부工夫, 깨달음을 얻은 기연投機, 깨달은 뒤의 경지宗趣 등을 읊었던 까닭에 참선수행하는 세계禪林에서도 여산의 이름이 널리 알려지게 되었다. 깨닫기 전에 지은 여산의 게송廬山偈에서는,

옆에서 보면 고개도 되고 또한 뫼뿌리도 되나, 橫看成嶺側成峯
멀리서 보면 보는대로, 가까이서 보면 그런대로 높고 낮음이
같지 아니하여, 다 그 산모양이 달리 보이는구나. 達近高低各不同
전체로서의 여산의 참 모습 알기 어려운 것은, 不識廬山眞面目
다만 자기 몸이 그 산중에 있기 때문일 것이다. 只緣身在此山中

이것은 여산의 풍광에 빗대어서 그의 참선수행에 관한 회포懷抱를 피력한 깨달음 전의 게송이다. 즉, 위에서 본다면 미한 범부가 보이나 아래서 우러러 쳐다본다면 깨달은 부처가 보이게 되는, 자기가 처해 있는 경지自己立脚地에 따라서 하나도 같은 것이 없다. 자기의 본래면목을 철저하게 바로 보지 못하는 것은, 자기 자신이 아직도 미했다 깨달았다, 범부다 성현이다 하는 분별의 상대적 경지에서 벗어나지 못하고 있기 때문이라는 뜻을 말하고 있다. 이것을 깨달았을 때의 『여명게』 게송이 하늘과 땅을 철저하게 아우르고 있는通天徹地 기상이나, 깨달음을 얻은 뒤의 경지를 읊은 게송, 쇄쇄낙락洒洒落落하여 크게 자유로운 경지에다 비교할 때 깨달음 전의 경지에서 읊은 「여산게」는 아직도 생각으로 헤아리는 경계

를 면치 못하고 있다고 할 것이다. 그런데 깨달은 경지에서 여산을 보고 읊은 게송은 다음과 같은 것이니, 이 깨달은 뒤의 게송, 깨달았을 때의 게송, 깨닫기 전의 게송 셋을 후세에 소동파가 여산삼절廬山三絶이라고 지었다. '여산삼절'은 여산의 풍광에 빗대어서 선의 진수를 남김없이 잘 말해준 것道破으로 선승들에게 애송되고 있다.

> 여산의 안개같은 이슬비 속의 풍광은 참으로 천하의 절경이며,
> 절강에 들어오는 밀물의 광경은 또한 희한하구나. 廬山烟雨浙江潮
> 한번 이곳에 와 실제로 그러한 경치를 직접 관상하지 못한다면
> 오랜 한을 풀 길이 없으리라. 未到千般恨不消
> 그러나 한 번 몸소 와서 보고 돌아가면 그만이요
> 다시 아무런 별일이 없는 것이니 到得還來無別事
> 그대로 여산의 안개같은 이슬비 속의 풍광은 참으로 천하의 절경이요,
> 절강에 들어오는 밀물의 광경 또한 희한하도다. 廬山烟雨浙江潮

이것은 진짜로 본지풍광本地風光을 보고 접하는 일이 없다면 망념분별妄念分別의 계교복탁計較卜度에서 벗어날 수가 없다. 그러나 한 번 견성하여 본래면목見性本來面目을 확실하게 보고 난 다음이라고 해도 내가 특별히 달라질 것 없이 옛 그대로일 뿐이다. 마치 종소리 들으면 법당에 올라가 예불하고, 죽비 치면 참선정진하고, 북치면 식당에 가서 공양하고, 목탁치면 빗자루 들고 마당을 쓰는 등 조금도 달라질 것이 없다고 하는 깨달음을 얻은 뒤나 깨닫지 못했을 때나 달라짐 없는悟了同未悟 상태인 종취宗趣를 소동파가 매우 멋지게 읊어낸 활구悟後風光頌出活句로써 유명한 게송이다.

　그런데 이러한 소동파나 백낙천 등의 대거사들은 몸을 관로에 두어 세속의 정과 인연을 끊지 못해 일생동안 인륜의 굴레를 벗지 못했으나, 여기에 비하여 방거사는 그들과 크게 다른 바가 있었다. 즉 방거사는 석두스님과 마조스님을 뵙고 세간사의 진로를 벗어난 후擺脫世間塵勞 수많은 보물과 가재도구 등 모든 재산을 큰 배에다 싣고 바다로 나가 그것들을 바다 속으로 던져 버렸다.

　그때에 어느 사람이 따져 묻기를 "아니, 그것이 모두 세상의 귀한 보화인데, 만일 자신이 지니기 싫거든 필요로 하는 남에게 나누어 주면 될 것이지 어째서 바다에 버린단 말이요?" 했다. 방거사는 "이 보화가 다 나의 번뇌거리가 되었던 터에 그런 애물단지를 남에게 준다는 것은 그를 위하는 소이가 되지 않을 것이기 때문에 이러는 것이네." 하고 대답했다.

74

"신통과 묘용이 따로 없네
물 긷고 나무하는 그것"

神通倂妙用 運水及搬柴

방온거사龐蘊居士의 오도송悟道頌

방거사가 처음에 거처하던 집에서 그리 멀지 않은 곳에 석두스님의 초암이 있었다. 그래서 방거사는 천하의 두 선지식 가운데, 먼저 석두스님을 찾아 뵙고 심요心要를 물었고, 열심히 정진하여 마침내 말에 걸리지 않고 참 뜻을 얻게超言得旨 되었다. 어느 날 석두스님을 뵙게 되었을 때, 석두스님이 조용하게 방거사에게 물었다.

석두   "방거사, 그대가 나를 만난 뒤로 평소의 마음 씀日用事이 어떠한가. 조금은 안정된 소식이라도 있는 건가?"

방거사　　"평소의 마음 씀씀이를 물으시는 것이겠지요. 평소
　　　　　의 마음 씀을 입을 열어 말씀드릴 바가 없습니다만,
　　　　　이왕에 물으시는 것이니 게송 한 수로써 일용의 경
　　　　　지를 감히 나투어 보겠습니다."

평소에 날마다 하는 일 별로 다를 것이 없네

오직 나 스스로 모든 것과 들어맞을 뿐이로다. 日用事無別　唯吾自偶諧

낱낱 것마다 취할 것 아니요 또한 버릴 것 아니며

곳곳마다 과장하여 위세를 펼 것 없고

또한 반대하여 어긋날 것도 없다. 頭頭非取捨　處處勿張乖

붉다거나 푸르다 함을 누가 이름 지었던고

거대한 산이다 미세한 티끌이다 하는 차별이 끊어져 없어짐이로다.

朱紫誰爲號　丘山絶點埃

신통과 아울러 묘용이여, 물 긷고 또한 땔 나무 옮기는 일이로다.神

通併妙用　運水及搬柴

석두스님이 이 게송을 보시고는,

석두　　　"그러하군, 이 늙은 중의 마음老懷도 이제는 걱정을
　　　　　놓았네. 그런데 그대는 앞으로 출가하여 승려가 되
　　　　　어서 중생 교화의 문을 열어 크게 선법을 펼 것인
　　　　　가, 아니면 거사의 몸으로 세간에 있으면서 큰 법을
　　　　　능히 짊어질荷擔大法 것인가, 어느 쪽인가?"

방거사　　"네, 저는 승복을 입지 않고 세상에서 광주리 만들어

파는 영감노릇이나 할까합니다만, 스승님께서는
어떻게 생각하시는지요?"

석두　　　"허허, 그것 또한 재미있겠네 그려. 그런데, 요새 세
　　　　　상이 매우 선에 관심을 기울이고 있는 만큼 아주 착
　　　　　실하게 해주어야 하겠네."

하고 방거사를 인가하고 격려하였다. 뒤에 강서로 가서 출가한 도반인
단하 천연스님을 찾아보고, 또 한분의 대 선지식 마조스님을 뵙게 되어
물었다. 參問

방거사　　　"만법과 더불어 관계하지 않는 사람은 과연 어떤 사
　　　　　　람인가요? 不與萬法爲侶者 是甚麼人"
마조　　　　"그대가 한 입에 서강의 물을 다 마셔버리는 것을 기다
　　　　　　려서 곧바로 일러 주겠네. 待汝一口吸盡西江水 卽向汝道"

이 한 마디에 방거사는 현요玄要를 알아차렸다. 領得 그러므로 후세에
서는 마조스님의 법 계통에다 방거사를 두게 되었으나 방거사에게 있어
서 양대 종사에게 입은 법은法恩은 아마도 어느 편이 더 중하고 경한 것
이 없다함이 진실일 것이다. 이때에 방거사는 그 깨달은 경지를 이렇게
표현하였다. 悟道頌

시방이 다 함께 한 자리에 모여서 十方同共聚
저마다 무위법을 배우고 있으니 個個學無爲
여기가 바로 부처 뽑는 자리이지 此是選佛場

위의 문답에서 만법과 더불어 짝하지 않는 사람이란 것은 온갖 것과 관계하지 않는 자, 즉 일체의 존재와 같은 차원에 서 있지 않는 존재를 뜻하는 것이다. 여기에는 이것을 묻는 자기 자신이 먼저 허공같이 마음을 비워서 온갖 존재에서 벗어나 관계하지 않는 동시에, 또한 어떠한 뜻으로서도 절대적이고 추월적인 존재로써 특정 지워지지 않는 것, 그래서 거기에는 부처도 서로 모르고佛佛不相識, 어떠한 말로서도 표현할 수 없고言語道斷 도저히 생각으로 헤아려 알 수가 없는心行處滅 것을 그렇게 말한 것이다. 그러한 것을 "어떤 사람입니까?" 하고 물은 것은 애당초 그 문제 자체가 어떤 대답이라도 용납 할 수 없음을 전제로 내세우고 있는 그런 물음인 것이다. 이에 대하여 천하의 마조스님답게 대뜸 한 마디로 "그대가 한 입에 서강의 물을 다 마셔버리는 것을 기다려서 곧바로 일러 주겠네" 하셨으니 참으로 문제의 핵심을 꿰뚫어 보시고 한 치의 군더더기를 허용치 않는 서릿발 같은 대답이라 할 것이다. 그 스승에 그 제자라, 스승의 한 마디에 활연히 크게 깨달음을 얻어 그 같은 오도송이 나왔으니, 과연 중국 선종사에 길이 전하게 되는 대거사의 깨달은 기연機緣이라 할 수 있다. 그런데 방거사는 석두스님에게도 똑같은 물음을 하였고, 석두스님은 방거사의 질문하는 말이 나오자 곧 바로 그의 입을 손으로 막아 버렸다. 즉 말 나오는 입을 틀어막음으로써 온갖 것과의 관계가 끊어져 없음을 곧 바로 보인 것이다.道示遮斷萬法 역시 여기서도 석두스님의 진금포 주인다운 면목이 단적으로 드러나 있다고 하겠다. 그런가 하면 방거사보다 약간 뒤에 활약한 조주 종심趙州從諗(778~897)스님은 찾아온 어느 수행승이 역시 그와 같은 질문을 하자 바로 "사람 아니다.非人" 하고 답하였다고 한다. 이것은 "사람 아닌 그 어떤 것이다." 하는 뜻은 결코 아니다. 그것은 오히려 "사람 아닌 그런 따위의 것을 문제로 삼아서 도대체 무엇을 어떻게 하자는 게냐?" 하는 매서운 반문인 것이니, 마치 석가세존 당시에 불도수행과 무관한 형이상학적 문제에만 집착하여 집요하게 물어보는 제자에게 "독화살에 맞은 사람이 즉시 독화살을 빼내고 독기를 제거하여 목숨을 구하는 데에는 관심을 두지 않고 그 독화살을 어디서 누가 무엇 때문에 쏘았는지를 밝히기 전에는 그 독화살을 뽑아낼 수 없다고 고집하여 독기가 온몸에 돌아서 마침내 목숨을 잃게 되는 어리석은 사람."이라는 비유를 들어서 당면의 가장 시급한 일이 무엇인 줄을 바로 알아야 함을 깨우치게 한 석존의 가르침과 같은 것이라 할 수 있다. 이와 같이 무어라 말로 표현할 길이 없고 생각으로 헤아려 알 수 없는 것言語道斷 心行處滅을 물어오면 선지식들이 단적으로 주는 대답의 모양은 각양각색이다. 그런 가운데서도 방거사의 그 같은 물음에 "그대가 한 입에 서강의 물을 다 마셔버리는 것을 기다려서 곧 바로 일러 주겠네."라고 한 마조스님의 대답이 옛부터 가장 유명하게 알려져 있다. 이에 대하여 여러 선사들의 논평이나 해설이 많이 나와 있다. 한두 가지 예를 들어 본다면, 후세에 특출한 선기禪機로 도의 높음이 소문난 투자 의청投子義靑(靑原下 10世)스님이 평하기를 "마조의 입은 무쇠보다 억세지만 그 마음은 오히려 솜보다도 더 부드럽다."고 하였다. 또한 중국에서 선가의 선어禪家之禪語를 해설評唱한 것으로 유명한 다섯 평가五評家의 한 사람으로 꼽히는 임천 종륜林泉從倫(1281~?, 靑原下 22世)스님은 그의 평창에서 이 방거사와 마조스님간의 선문답에 대하여 "방거사가 질문한 방법은 무를 유라 해놓고 그 모양새를 끝까지 똑똑히 확인해 보려는 것이었는데, 이에 대하는 마조스님의 방식은 상대편의 말의 근원부터 막아버리고 마는 것이었다. 그러나 두 사람 사이의 마음의 물꼬는 은연중에 터놓고 있구나." 하며 꽤나 노파심절한 해설을 하고 있기도 하다. 또 어느 날 방거사가 마조스님에게 물었다.

방거사　"뚜렷하고 밝게 모든 것을 인식하는 본래의 인간으로서 감히 스님에게 청하오니, 부디 눈을 높게 떠 주시지요. 不昧本來人 請師高著眼"

마조스님이 곧 바로 밑을 보았다. 祖直下覷

방거사　"같이 지니고 있는 줄 없는 거문고를 스님만은 너무나 훌륭하고 멋지게 연주하시는군요. 一種沒絃琴 唯師彈得妙"

마조스님 곧 바로 위를 보았고師直上覷, 방거사가 그에게 절을 하였다. 士乃作禮 그러자 마조스님이 바로 방장실方丈室로 돌아가시니, 방거사가 대뜸 말하기를 "아까는 너무 잘해 보려고 하다가 그만 실수를 하고 말았습니다. 適來弄巧成拙" 여기서 방거사는 스스로를 소소역력하게 일체를 인식하는 본성을 갖춘 존재不昧本來人임을 마조스님 앞에서 당당하게 정면으로 과시하면서 마조스님도 "그것을 여기에 내보이시오."라고 하면서 감히 마조스님의 그것本來人을 검증하려는 자부심에 찬 말을 들고 나왔다. 그러자 마조스님은 그가 눈을 크고 높게 뜨라는 의미로 슬쩍 밑을 봄으로써 그의 건방을 눌렀고, 같이 지니고 있는 줄 없는 거문고를 잘도 연주한다는 말에 슬쩍 위를 봄으로써 그의 객기를 꺾었던 것이다. 이에 방거사도 즉시 자기의 패기가 지나쳤던 것을 솔직하게 시인하였으니, 천하의 선지식과 재가 법제자 사이의 기탄없는 법문거래의 활발발한 모습이 이와 같았다.

<h1 style="text-align:center">75</h1>

"거사가 얻은 도리를 남에게 말한 적이 있는가"
"이 방거사에게 말한 적이 있지"

居士得力句 還曾擧向人也無 士以手自指曰 龐公

백령百靈선사와 방龐거사의 문답 Ⅰ

어느 날, 방거사가 마조스님에게 물었다.

방거사　　"근육도 뼈도 없는 물이, 능히 만석萬石을 싣는 무겁
　　　　　고 큰 배라도 거뜬히 떠받치는 것과 같은 것은 어떠
　　　　　한 도리인지요?"

마조스님　"아니, 여기는 물도 없고 또한 배도 없는데, 근육이
　　　　　니 뼈니 하는 것은 도대체 무슨 소리인가?"

방거사가 이렇게 물었던 속뜻은 아마도 물이란 모든 물질 가운데 가

385

장 연약한 것이 물인데도 불구하고, 어떤 가장 강건한 것이라도 물을 능히 제압할 수가 없는 것은 그 무엇으로서도 물의 본래 지닌 성질을 바꾸어 변화시킬 수가 없기 때문이라 할 것이다. 그와 같이 비록『금강경』에서 '일체의 물질로 이루어진 모양 있는 세계는 다 꿈과 같으며, 꼭두각시·물거품·그림자와 같은 것이다一切有爲法 如夢幻泡影'라 말하였듯이, 참으로 덧없는 이 몸이요, 이 마음이요 또한 연약한 중생이라 하지만 그렇더라도 변하지 않는 본성을 확실하게 파악하여 활발발하게 모자람없이 쓰고 산다는 확고부동한 신념을 방거사 나름대로의 방법으로 송두리째 마조스님에게 내어 보인 물음이며, 여기에는 아직도 방거사의 약간의 자부심 같은 것이 엿보이는 대목이라 하겠다. 방거사의 게송 가운데에는 이러한 뜻과 통하는 것이 있다. '바른 삶을 온전히 지키려면 반드시 모든 번뇌망상이 죽어야만 하며, 다 죽어 없어져야 비로소 안거할 수가 있다. 이 뜻―일체의 것에 매이지 않는 구경의 절대적인 세계―을 바로 깨달아 알 때에 쇠배가 물위를 떠다니게 된다護生須是殺 盡殺殆安居 曾得個中意 鐵船浮水上' 즉 쇠는 물보다 무거우니 쇠를 그대로 물에 넣어서는 물에 뜰 수가 없다. 그런데 쇠로 배를 만들어 놓으면 물위에 떠서 다니게 되며 많은 물건을 싣고 자유롭게 움직인다. 그와 같이 중생 그대로는 번뇌망상으로 지은 무거운 업장의 짐을 싣고 고해 바다에 빠지고 뜨고 하면서 한없이 표류하여 육도윤회를 벗어나지 못하지만, 불도수행을 의지하여 번뇌망상을 반야지혜의 배로 만들면 무변중생들을 싣고 자유자재로 다니게 되니, 죽이고 살리고 하는 권한을 주체적으로 사용할 수 있는 자야말로 세상의 보배로운 배가 아니겠습니까하여 신통묘용神通妙用이 바로 여기에 있음을 들어낸 물음이었다. 그런데 이에 대한 마조스님의 대답은 한마디로 방거사의 입장을 아예 송두리째 쓸어버리는 답이었으니, 이런 것을 선문禪門에서 소탕문掃蕩門이라 한다. 즉 도道에 계합하여 하나가 된 사람에게 있어서는 내가 도와 합일이 되어 있느냐 아니냐 하는 것조차도 의식하지 않는다. 그러니 도리를 묻는 것 자체가 벌써 도를 밖에 있는 것外在的價値으로 알고 그것을 추구하여 얻을 대상으로 삼음으로써 나의 밖에서 찾을 상대적 가치로 전락시키는 방거사의 잘못을 마조스님이 여지없이 쓸어버린 것이다. 마조스님의 법제자인 남전南泉普願(748~834)스님이 이에 대하여 평하기를 "마조스님의 추상같은 대답으로 방거사가 꼼짝 못하는 지경에 몰리고 말았지만, 한 말씀을 바로 들은 덕에 곧 깨달음의 경지에 이르게 되었으니, 이 때문에 그가 오랜 수행을 해야 할 수고를 단번에 덜어 버렸구나." 하였다. 방거사에 관해 기록하고 있는 글 가운데 『대광명장 방거사장大光明藏 龐居士章』은 이 일을 다음과 같이 적고 있다.

방거사가 석두스님을 만났을 때 이미 마음의 경지가 통하는 바가 있었다. 방거사는 그와 같이 석두스님과의 만남에서 얻은 경지를 하나의 질문으로 집약해서 마조스님에게 물었던 것이다. 그러나 마조스님의 힘도 들이지 않은 대답 한 마디를 듣는 순간 거사의 기고만장하던 자부심이 마치 얼음 녹듯, 기왓장이 박살나듯 그가 그제까지 잔뜩 마음속에 지니고 있던 그 무엇인가가 마조스님을 만난 기연機緣으로 해서 한꺼번에 구름과 안개가 걷히듯 날아가 버렸다고 전하고 있다. 이후 방거사가 행한 선사들과의 대화對話는 그가 지니게 된 거침없고 자유자재로운 활발발한 선기禪機가 엿보인다. 어느 날, 방거사가 길에서 백령百靈, 마조스님의 法嗣의 한 분스님을 만나게 되어 즉시 선문답이 오고 갔다.

백령스님　"이전에 거사님이 남악의 석두스님에게서 얻은바
　　　　　　소식을 혹시 이제까지 남에게 말씀하신 적이 있으
　　　　　　신가요? 昔日居士南嶽得意句還曾擧向人未"

방거사　　　"네, 말한 적이 있지요? 曾擧來"

백령스님　"누구에게 말하였나요? 擧向什麽人"

방거사　　　"이 방거사에게. 士以手自指云 龐公"

하고 거사 자신을 가리켰다. 그러자 백령스님이 참으로 감탄한 듯 말하
였다.

백령스님　"그것 참, 아마도 문수보살이나 수보리존자라 하더
　　　　　　라도 이를 더 이상 찬탄해 내기 어렵겠는걸요." 이
　　　　　　말이 떨어지자 곧 바로 이번에는 방거사가 백령스
　　　　　　님에게 물었다.

방거사　　　"그런데 스님께서 얻은바 소식은 대체 누가 알고 있
　　　　　　는가요?"

그러자 백령스님은 벗었던 삿갓을 다시 쓰고는 아무 말 없이 갑자기
걸어가기 시작하였다. 그러는 그를 향하여 방거사가 "조심해서 안녕히
가십시오." 하고 인사를 건넸으나, 백령스님은 아예 돌아다보지도 않았
다. 이 문답에서 백령스님이 물은 뜻은 방거사가 석두스님에게서 그의
깨달은 경지를 인정받음으로써 석두스님과 깊이 계합하는 바가 있었음
을 알고 있었기에 방거사를 길에서 만나자 바로 그런 질문을 던졌던 것
인데, 거기에는 현재의 방거사의 마음 경계가 석두스님에게서 무엇인가

터득한 것을 이제 남에게 활용할 수 있도록 순숙해지고 있는지 여부를 검증檢證해 보려는 것이었다고 하겠다. 그러자 방거사는 자기가 깨달아 얻은 바를 스스로 자신이 검증할 수 있게 되어있음을 보여 주었으니, 그것만으로도 그는 다른 사람이 검증하여 줄 것을 기다릴 것도 없이 그의 깨달은 경지悟境는 온전하며 충족해 있었음을 보여 주었던 것이다. 그것을 본 백령스님이 그야말로 최대한의 찬사로 방거사의 경지를 칭찬하기를 "가령 경전에서 부처님의 설법을 찬탄하며 해설하기로 유명한 저 문수보살이나 수보리존자 같은 분들이라도 아마 그대 방거사의 수승한 깨달음의 지혜를 찬탄하기를 다하지 못할 것이다.直是妙德空生也歎居士不及" 하고 인정하였다. 그러자 이번에는 주객이 바뀌어서 방거사가 백령스님을 검증하려 하면서 똑같은 질문을 하였다. "스님께서 깨달음을 얻은 소식을 누가 알고 있는가요?士却問 師得力句是誰知" 한 것은 상대가 찬탄하는 말을 들은 척도 아니하고, 오히려 백령스님의 물음을 그대로 바로 되돌려 주면서 역시 똑같이 물었으니, 마치 권투선수가 링 안에서 저쪽에서 내뻗는 카운터 펀치를 묘하게 피하면서 즉시에 같은 카운터 펀치를 날렸다고 비유할만한 거래이다. 이에 대하여 백령스님도 군더더기 말없이 단적인 행동으로써 응하였으니, 그가 벗었던 삿갓을 다시 쓰고는 아무 말 없이 갑자기 걸어 간 것은靈載笠子而去, 그가 얻은바 소식 그것이 즉시 그 자리에서 저절로 나타난 것이다. 그것을 본 방거사가 "길 조심하여 안녕히 가시오.士曰善爲道路" 한 것은 백령스님의 꾸밈없고 걸림 없이 선의 소식을 거침없이 시행하는 것을百靈之天衣無縫的機用 찬탄함으로써 그를 장엄해 주는 것이었지만, 방거사의 이러한 인사말은 이미 한 수 늦은 짓이라 할 것이다. 왜냐하면 백령스님에게 있어서는 그것마저도 전혀 불필요한 것이었으니, 그러기에 그가 전혀 뒤돌아보지도 않고 간 것은 오히려 너무나 당연한 일이었다고 할 수 있을 것이기 때문이다. 그런데 이와 같은 방거사와 백령스님간의 대화에 대하여 후세의 선하는 사람들의 평가가 엇갈리게 나와 있는 것이 주목된다. 예컨대, 중국 송대의 임제종 계통의 맹장이며 간화선을 대성한 대혜徑山大慧(1088~1163)스님은 이 대화에 대한 평창評唱에서 평하기를 『지월록指月錄』 '이 대화這箇話端는 그것이 만일 방거사와의 대화가 아니었던들 거의 많은 사람들이 자칫 잘못알기 쉽다. 그러나 그렇다 하더라도 백령은 방거사에게 한 수 밑진 것이다. 왜냐하면 그때에 만일 삿갓으로 얼굴을 가리지 못하였다면 무슨 면목으로 방거사를 볼 수가 있었겠는가' 하여 백령스님이 방거사에게 한 수 뒤져있다고 보았으며, 그래서 뒤도 돌아보지 않고 갔다고 하였으나, 그와 반대로 앞에서 말한 바와 같이 오히려 백령스님이 방거사의 인사말에도 뒤돌아 보지 않고 감으로써 방거사로 하여금 한 수 뒤졌다고 보는 평도 있으니, 그렇다면 이 판정은 이 글을 보는 여러분들의 몫이라 할 것이다.

76

백령선사 "말을 해도 안 해도 안 된다.
어디 한마디 바로 일러라"
방거사, 눈을 깜박하다
道得不道得俱未免 汝且道箇什麼・士以目瞬之

백령百靈선사와 방龐거사의 문답 Ⅱ

방거사는 중국의 유마거사라는 이름을 얻기도 하였다. 그것은 『유마경』에서 유마거사를 말하기를 그는 곧은 마음直心을 일으켜서 바르게 선한 일善行을 행하였다고 하였듯 방거사는 항상 티끌만한 거짓이나 허풍을 떨며 과시하는 따위란 조금도 없었다. 오직 곧고 바른 마음으로 꾸밈없고 거침없이 행동하면서, 마치 유마거사가 부처님의 으뜸가는 제자들을 깊고 높은 법담法談으로 차례로 꼼짝 못하도록 만들어 놓은 것처럼 방거사 역시 그 당시의 이름 높은 선사들을 상대로 법 거래를 자주 행하여 그들과 대등하게 겨루어 조금도 뒤지거나 물러남이 없었다. 뿐만 아니라 혹은 선사들의 날카로운 기개를 아주 상쾌하게 꺾어 놓기도 하였다. 방거사의 선문답은 언제나 주저 없이 매우 즉설적이며, 그야말로 단도 직입적이었다. 그래서 때로는 그러한 것이 자기를 드러내려고自己顯示的 하는 것 같이 보이기도 하였고, 너무나 직설적인 성미와 행동 때문에 도 리어 파탄을 드러내기도 하지만, 그와 같은 경우라도 스스로 억지로 꾸 며대는 짓은 결코 하지 않았다. 뿐만 아니라 오히려 솔직하게 파탄된 상 황을 인식함으로써 상쾌하게 패배를 인정할 줄을 아는 아주 투명한 인 격의 소유자였다. 일반적으로는 세상에 잘 알려져 있거나 역사에 전해 지고 있는 사람에 비해서 이름이 높지 않거나 기록이 별로 없는 사람은 알려져 있지 않은 것으로 치부해 버리기가 쉽다. 그러나 세상의 뒤쪽에 는, 그리고 역사의 그늘에는 세상에 알려지거나 역사에 나타나 있는 사 람들보다도 오히려 더 실력 있고 훌륭한 사람들이 얼마든지 많았다. 그 렇게 볼 때 방거사는 출가한 수행의 경력과 자격을 갖춘 선사가 아닌 세 속의 거사이며, 또한 여기에 나오는 법담의 상대인 백령스님 역시 기록 에 들어 있지 않은 스님이지만 이 두 분이 그야말로 서로 허식 없이 불꽃 튀는 듯한 치열하고도 높은 법문거래를 통해서 서로의 경지를 점검하면 서도 상대의 잘하는 점은 인정하고 자신의 모자라거나 실수한 점은 솔 직히 시인하며 절차탁마하는 모습을 보여주고 있으니, 그 백령스님과의 거래를 한번 더 눈여겨보기로 하자. 어느 날, 백령스님이 방장실에 앉아 계시는데 마침 방거사가 들어오자 백령스님은 와락 방거사를 잡고 다짜 고짜 물었다.

백령스님　"지금의 사람도 말하고, 옛 사람도 말했다. 자, 거사
　　　　　님은 어떻게 말하겠는가? 今人道 古人道 居士作麽生道"

방거사가 손바닥으로 그냥 백령스님의 뺨을 한 대 갈겼다. 士打靈一掌

백령스님　　“아무리 그래도 말하지 않고는 못 배길 것이다.
不得不道”

방거사　　　“말하면 허물을 짓게 된다. 道卽有過”

백령스님　　“그러면 뺨에 한 대 먹인 보상을 해야 하겠소.
還我一掌來”

그러자 방거사가 가까이 가면서,

방거사　　　“자, 어서 한방 먹여주시지. 誠不手看”

백령스님　　“그럼 이만 실례하겠소. 靈使珍重”

하고 그만 두었다. 여기서 백령스님이 물은 뜻은, 옛적이다 지금이다 하는 등의 역사적·시간적 틀 같은 것에 매이지 말고, 고금의 남들이 말한 바에 의지하지 말고 당신 자신만의 독자적인 것, 그래서 그대의 전인격과 전존재가 담겨있는 한마디를 바로 일러보아라 하는 질문을 역시 백령스님의 전인격과 전존재를 걸고 던졌던 것이다. 그러자 방거사는 주저 없이 그의 단적인 대답直道을 담아 백령스님의 뺨을 한 대 갈겼던 것이다. 그러나 백령스님은 말없이 한 대 갈긴 대답을 수긍하지 않고 역시 말로써 내보이기를 요구한다. 방거사가 "말하면 허물을 짓게 된다."고 한 그 허물이란, 다시 말해서 "말하거나 말하지 않거나 간에 다 허물을 면치 못한다." 하는 그런 허물을 뜻하는 것이다. 그런데 백령스님이 한 대 맞은 보상을 요구한 속뜻을 살펴본다면, 백령스님은 방거사가 허물

을 짓게 된다는 이유로 말하는 것을 거부한데 대하여 그러면 방거사가
자기를 한 대 때린 것은 아무리 하여도 진실한 대답眞實道得이 아니라 하
여 상환償還해 주기를 구했던 것이니, 말하자면 방거사가 한 대 뺨을 갈
길 때 이미 허물을 지었다고 보기 때문이다. 그래서 방거사가 가까이 가
면서 "자, 어서 한방 먹여 주시오." 한 것은 자신의 허물을 인정하지 않을
수 없는 궁지에 스스로 몰리게 된 선문禪門에서 말하는 선기에 떨어진落
機 상황이 되었다. 이에 방거사 스스로 선기에 떨어진 것을 본 백령스님
은 더 말할 것 없이 "실례하겠소." 하고 선선히 선문답을 끝내기로 하였
던 것이다. 또한 어느 날, 이번에는 방거사가 백령스님에게 물었다.

방거사　　"대체 안목眼目이라는 것이 남의 비판을 면할 수가
　　　　　있는 것일까요? 是箇眼目 免得人口麽"

백령스님　"어떻게 면할 수가 있겠어요? 作麽免得"

방거사　　"아무렴 그렇고 말고. 情知情知"

백령스님　"이 방망이는 할 일 없는 사람은 때리지 않소.
　　　　　棒不打無事人"

그러자 방거사가 등을 돌려대고 외쳤다.

방거사　　"자, 어서 쳐라. 어서 쳐." 하더니, 백령스님이 방망
　　　　　이를 드는 것을 보고는 대뜸 그를 붙잡고,

방거사　　"어디 면해지는가 봅시다. 與我免看"

백령스님　"……." 대답이 없었다. 靈無對

　이 문답에서 말하는 바 '안목'이란 선문의 종지에 대한 안목宗眼을 말하는 것이다. 이 두 사람은 서로 문답을 주고받고 하면서 그 문답이 전개됨에 따라서 문제의 안목에 대해 서로 자기의 눈을 주체적으로 사용하면서 상대의 경지를 검증해 가면서 차츰 대결하는 강도를 높여가고 있다. 그러므로 처음에 "안목이라는 것이 사람들의 비판을 면할 수가 있는가?" 하고 물은 데에는 이미 그것을 면할만한 안목을 갖추고 있는지 여부를 시험해 보려는 자세가 엿보인다. 이에 대한 대답으로 "어떻게 면할 수가 있겠느냐" 하고 오히려 반문하고 있는 것은 누구나 자기가 지닌 안목이란 세상 사람들의 입에 오르내려서 비판받는 것이 오히려 당연 한 것인데도 불구하고 사람들의 구설에서 면할 수가 있느냐 없느냐 하는 등을 문제 삼는 일 자체가 이상한 일 아니냐 하는 뜻을 지닌 반문이라 하겠다. 또 어느 날, 이번에는 백령스님이 방거사에게 물었다.

백령스님	"만약 말을 한다하더라도 또한 말을 안 한다하더라도, 어떻든 간에 어느 편도 모두 면할 수가 없다. 그런데 도대체 그 무엇으로부터 면할 수가 없단 말인가. 어디 한번 말해 보시게. 道得　道不得具未免　汝且道未免箇什麽" 방거사가 눈을 깜박거렸다. 士以目瞬之
백령스님	"어허, 신통하군. 더할 나위 없구만. 奇特更無此也"
방거사	"스님, 잘못 치켜세우지 마시오. 師錯許人"
백령스님	"누가 그렇지 않을 사람이 있겠는가, 누가 그렇지 않을 사람이 있겠는가? 誰不恁麽　誰不恁麽"
방거사	"그러면 실례하겠습니다." 하고 그 자리를 떠나갔다. 士珍重而去

백령스님이 물은 뜻은, 불법의 도리道理, 즉 선의 이법理法은 말로 표현할 수가 없고言語道斷 그래서 말을 벗어난 것超越言詮이라고 하는 것만을 이유로 삼아서 만약 그저 입을 다물고 있기만 한다면道不得 그것은 진실하게 도를 구하는 태도가 아니며, 또한 참된 깨달음이란 그 깨달음의 당체當體가 동시에 언어로써 정착되어져야만 한다고 하여서 만약 입을 연다고 한다면道得, 아는 사람은 말하지 않고 말하는 사람은 알지 못한다知者不言 言者不知는 데에 어긋나게 된다. 다시 말해서 말해도 허물이 되고, 말을 안 해도 허물이 됨을 면치 못할 것이니, 말이 있고 말이 없음을 어떻게 회통하여야 어디에도 걸림이 없게 될 것인지 말해보라는 것이다. 이것은 분명히 함정이다. 왜냐하면 어찌해도 면치 못한다고 규정지은 그것을 말로써 묻는 것은 묻는 사람 자신이 벌써 그것을 면치 못한다는 것을 스스로 규정짓고 있는 것이 되기 때문이다. 이에 대해 방거사가 눈을 깜박거린 것은 바로 일러주는 것道得을 보여주는 동시에 말할 수 없는 道不得 소식을 또한 그대로 보여준 것이어서 면치 못한다는 규정을 그대로 넘어서고 말았다. 그것을 본 백령스님이 방거사의 답이 너무 멋지게 자연스럽게 나온 것이기에 칭찬을 아끼지 않았는데, 방거사 자신의 입장에서는 눈을 깜박거린 것쯤이야 지극히 자연스러운 아무 것도 기특할 것이 없는 데도 칭찬을 받게 되니 아마도 뜻밖의 평가였을 것이다. 그래서 공연히 잘못 치켜세우지 말라고 하였으나, 백령스님은 이런 경우에 있어서는 누구라도 그렇게 감탄하지 않을 수가 없을 것이다 하였다. 그러자 방거사는 "이만 실례하겠소." 하고 그 자리를 떠나버렸다. 이 자리는 남이 엿볼 수 없는 자리이지만, 두드리면 소리 나듯 경지가 서로 통하는 두 도인의 꾸밈없고 자유자재로우며 활발발하게 법문을 주고받으며 검증하는法去來商量 모양이 그와 같았다. 『신심명信心銘』에 '조금이라도 시

비是非가 있으면 분연紛然히 마음을 잃는다'즉 잠시라도 조금이라도 긍정
하거나 부정하거나 하는 생각肯定與否定之思念이 있으면 벌써 진정하고 자
유로운 밝은 본마음을 잃게 된다고 하였으니, 말을 해도 삼십방 말을 안
해도 삼십방道得三十棒 不道得三十棒이라고 하는 이 지극히 어려운 이율배반
二律背反을 어떻게 극복할 것인가 하는 과제를 우리에게 제기하고 있는
백령스님과 방거사의 진지한 모습에서 우리는 과연 무엇을 보아야 할
것인가. 한마디 일러라. 할喝!

77

본계선사 "달마대사가 서쪽에서 왔을 때
그 말씀이 어떤 것이었던가"
방거사 "그런 것을 누가 기억하고 있겠나"

達磨西來第一句作麼生道 誰記得

방龐거사와 본계本谿선사의 법담거래法談去来

방거사가 활약하였던 시대는 A.D. 800년을 전후하는 당나라 중기라고 부르는 시기에 해당된다. 이 시기는 중국불교의 역사에 있어서 매우 커다란 본질적인 변화를 가져왔던 시기라고 지적될 정도로 불교사상의 변천을 가져왔으며, 특히 중국의 선사상이 비약적인 발전을 이룩하였던 그러한 시기였다. 다시 말하자면, 당나라 초기의 문물이 번성하던 때의 불교는 그 당시에 두 서울兩京이라고 불리었던 장안長安과 낙양洛陽을 중심으로 해서 왕후·장상·귀족 등 상류계층의 외호를 받으면서 심오한 불교의 교리를 탐구하는데 치중 하였던 까닭에 중생을 제도한다고 하는 본래의 종교적 교화활동이 거의 등한시되는 형편에 놓여 있었다. 마치 인도에서의 부파불교部派佛敎시대에 약 380년 동안에 걸쳐 교리연구에 치우쳐서 불교교리를 정밀하게 체계화는 공을 세웠으면서도 중생제도 하는 일을 등한히 하였던 까닭에 사회에서 존재가치를 잃어가게 되자 그에 대한 반성이 불교 속에서 일어나 마침내 자리이타自利利他를 함께 하는 대승불교사상이 일어나서 불교사상의 본질적인 일대 혁신이 일어 난 것과 같은 상황에 중국불교가 처하게 되었던 것이다. 그러나 당 현종 천보唐玄宗 天寶年間(742~756) 때 안록산의 반란安史之亂이 일어나면서 정치·경제·사상 등 제반의 정세에 일대변화를 일으키고 말았다. 즉 장안과 낙양의 두 중심 도성은 황폐화하고, 현종은 서쪽 변경지대인 서천성의 성도에 파천하지 않을 수 없게 되었다. 겨우 난리가 수습된 뒤에는 귀족계급이 아예 몰락해 버리고, 그것을 대신하는 신흥세력인 관료계급이 세력을 잡게 됨에 따라 그런 정세 속에서 불교도 귀족계급의 비호아래 교리의 연구 발전에만 치중하던 체질을 바꾸지 않을 수가 없게 되었다. 그러므로 이제까지 나라의 모든 것의 중심을 이루고 있던 장안과 낙양 에서 주로 활동하며 영향을 주어왔던 귀족적 불교의 형태는 저절로 분 해되어 지방으로 교화활동을 전개하면서 널리 전국적으로 분산하게 되 었다. 그러자 불교의 활동 무대가 각 지방으로 옮겨지면서 각 고장의 기 후풍토와 민중들의 생활습관에 적응하면서 중생 교화의 뿌리를 깊이 내 리게 되었다. 그런 가운데서도 특히 눈부신 발전을 이룩한 것이 선종禪宗 이었다. 선종에서도 역사적인 대선지식으로 꼽히는 마조 도일선사가 강 서지방江西省에, 석두 희천선사가 호남지방湖南省에 대법당大法幢을 높이 세워서 선의 새로운 기반을 확고히 구축함으로써 선종 발전의 기틀을

마련하게 되었다. 거기에서도 이른바 강서의 마조로 알려진 마조스님馬
祖道一禪師(709~788)의 지도를 받는 회상에는 항상 약 800명 내외의 참선수
행자가 제방에서 구름같이 모여서 참선수행에 매진하였다. 마조스님이
수행자들을 제접하는 이른바 대기대용大機大用으로 불리우는 선기禪機에
촉발되어, 개안開眼한 우수한 선객禪客들이 가장 많이 배출됨으로써 그
뒤로는 당나라 불교를 대표하는 것은 바로 선종이라고 할 만큼 대단한
활약을 나타냈다. 방거사는 바로 이런 때에 당시의 두 대선지식인 호남
의 석두스님에게서 심요心要를 얻고, 아울러 강서의 마조스님의 법맥을
세간의 거사로서 이어받은 한 사람이 되었다. 그러나 그는 생각하는 바
가 있어서 출가하여 승려가 되지 않고, 재가의 거사로서 청빈한 일생을
보내면서도 끊임없는 정진과 선객들과의 법거래를 통해서 절차탁마를
게을리 하지 않은 매우 이색적인 존재로서 널리 오래도록 알려져 왔다.
이러한 방거사가 여러 저명한 선사들과 스스럼없이 행한 법거래 하는
모양을 좀 더 눈 여겨 보도록 하자. 어느 날 방거사가 절에 가서 본계스
님本谿禪師을 만나게 되었고, 거기서 선문답을 거래하였다.

본계스님 "달마대사가 서쪽 인도에서 왔을 때 그 말씀이 어떤
　　　　　것이었던가요? 達磨西來 第一句作麼生道"

방거사 "그런 걸 누가 기억하고 있는가요? 誰記得"

본계스님 "허참. 기억력이 아주 형편없구먼. 可謂無記性"

방거사 "지난 옛 일일랑 이러쿵저러쿵 들먹일 것 없는 것이
　　　　　지요. 舊日事 不可東道西說"

본계스님 "그러면 지금 일은 어떠한가요? 卽今事作麼生"

방거사 "한 마디도 말로 할 것이 없소. 一辭不措"

본계스님	"지혜 있는 사람 앞에서 그렇게 말했더라면, 얼마나 더 빛이 났을 것을. 有智人前說 添他多少光彩"
방거사	"스님께서는 굉장히 큰 눈을 지니셨군요. 阿師眼能大"
본계스님	"그래야지만, 비로소 말길이 아주 끊어진 말이라고 하겠지요. 須是恁麽 始得爲絶朕之說"
방거사	"눈에는 그 어떤 것이라도 들어가서는 안 될 터인데. 眼裏著一物不得"
본계스님	"대낮이 너무 밝아서 도저히 눈을 뜰 수가 없구려. 日正盛 難爲與目"
방거사	"해골바가지를 뚫어버리고 말았도다. 穿過髑髏去在"

본계스님이 손가락을 소리 내어 퉁기면서

본계스님	"그것을 누가 안다는 말인가? 彈指云 誰辨得伊"
방거사	"야, 이 남자도 별 수 없군. 그래. 這漢有甚麽奇特"

본계스님이 그대로 거실로 돌아갔다. 師便歸方丈

여기서 달마스님이 서쪽 인도에서 동쪽 중국으로 와서 하신 제1구第一句가 무엇이냐한 것은 저 유명한 공안公案인 '어떤 것이 달마조사가 서쪽에서 오신 뜻이냐如何是祖師西來意' 하는 바로 그것이다. 즉 선의 근본요지禪旨要諦를 한 마디로 말해 보라는 물음을 본계스님이 방거사에게 던졌던 것이다. 그러자 그런 지나간 일을 두고 무엇 때문에 이래저래 구차스럽게 말해 무엇 한단 말인가 하니, 본계스님이 그것도 기억하지 못하는

머리가 시원치 않다고 하는 말로 슬쩍 능쳐 버렸다. 그러자 본계스님이
말고삐를 늦추지 않고 또 묻기를 '그렇다면 지난 일일랑 그만 두고, 지금
현재의 그대 존재는 어떠하다 하겠느냐' 하였다. 이에 대하여 방거사는
현재 나의 존재는 티끌 하나 붙을 것 없는 완벽한 상태이기 때문에 그것
을 표현할만한 말이란 전혀 없다고 자신감을 내보였다. 그것을 본 본계
스님이 '지혜 있는 사람 앞에서 그렇게 말했더라면, 얼마나 더 빛이 났을
것인가'한 것은 그 말을 긍정하는 것이 아니라 '나는 유감스럽게도 지혜
있는 사람이 못되기 때문에 그대의 그 같은 멋진 대답이 전혀 통용하지
않네'하고 완곡하게 거부하였다. 그러자 방거사는 슬쩍 함정을 만들기
를 '스님은 지혜가 없다고 하시지만 웬걸 참으로 커다란 훌륭한 눈을 지
니고 계시지 않습니까' 하고 치켜세워 보았다. 이에 대하여 본계스님이
'거사님의 한 마디도 말할 것이 없소 하는 그 말이야말로 오히려 크고 훌
륭한 눈을 지니지 않고서는 안 될 것 아니요' 하고 방거사가 던져온 공을
다시 던져 보냈다. 즉 말이란, 말이 나타낼 수 있는 작용에서 벗어난 말,
언어라고 하는 차원을 뛰어넘은 언어표현이야말로 진정한 말絶朕之說일
진대 그저 한 마디 말도 할 것이 없소一辭不措 하는 것은 납득이 가지 않는
대목이요라는 것이다. 그 말을 듣자 방거사는 곧 바로 본계스님이 사용
한 눈이라는 말을 거꾸로 꼬집어 비틀어댔다. "대체 눈이라는 것은 거기
에 다른 것이 일체 들어가서는 안 되는 것이니 아무리 보물인 금가루라
하더라도 눈에 들어가기만 한다면 당장에 눈병이 나는 법인데, 어째서
스님께서는 표현작용을 뛰어넘은 언설인가 무엇인가를 스스로 자기 눈
속에다 집어넣고 계시는 것인가요?" 하고 본계스님의 복장을 지르는 소
리를 한다. 그러자 본계스님이 끔쩍 놀라면서 "그 한 마디에 내 눈이 부
서서 내 커다란 눈을 뜨고 있을 수가 없구려." 하였다. 방거사가 대번에

대꾸하기를 "내 한 방이 그대의 해골을 뚫어 버렸구나." 하니 "그걸 누구 안다는 말인가." 함을 듣고는 내뱉기를 "이 스님이 무엇인가 독자적 안목이라도 있는가 여겼더니, 그런 것 저런 것 전혀 없는 별 수 없는 화상이로구나." 하는 독설을 듣고는 본계스님은 거실로 돌아가고 말았다. 방거사에게 모처럼 법담의 거래를 걸어본 본계스님의 기개는 가상했으나, 어찌하리오! 안목이 모자라고 기량이 딸리는 것을. 마침내 해골바가지가 뚫리면서, 속담에 뼈도 못 추리는 판세가 되고 말았으니, 방거사의 매서운 선기禪機가 이러하였다.

78

밝고 밝게 백초 끝에 밝고 밝은 조사의 마음
明明百草頭 明明祖師意

방龐거사와 영조靈照의 문답

방거사의 일생동안 행적에 관해서는 몇 가지 단편적인 기록이 있을 뿐 자세한 것은 알 수가 없다. 그럼에도 불구하고 당 이후 송·원으로 세월이 흐르면서 그의 간단한 전기에 여러 가지가 가미되어 이른바 전기적 윤색傳記的潤色이 증대增大되어진 것을 보게 된다. 그러나 이 가운데 방거사에 관한 가장 오래된 문헌자료라고 할 수 있는 『조당집祖堂集』 권15, 무명자無名子가 쓴 방거사어록시송龐居士語錄詩頌의 서문 등을 중심으로 하면서 기타의 전설도 아울러 그의 행적을 몇 번에 나누어 보기로 한다.

방거사는 중국 중부지역 장강長江, 즉 楊子江의 중류中流의 중심지인 강릉부江陵府의 북쪽에 있는 형양衡陽에서 출생하였다. 그 가문은 대대로 유교를 전공하는 가계이며, 아버지가 형양태수衡陽太守로 있다가 그 재임

중에 이곳으로 돌아갔기 때문에 그도 여기서 출생하였으며, 부친의 사후에도 일가는 이곳에서 정주하게 되었다고 한다. 그러므로 장성하여 세간의 지위와 명예를 탐하지 않는 생활을 하는 그를 학사學士라 불렀다. 또한 그는 막대한 재산을 이어 받아서 처음에는 재산가로서 재물을 짬지게 관리하여 인색하다고 할 정도였으나, 어느 날 꿈에 집에서 기르고 있는 소, 말, 나귀 등이 서로 말하기를 "나는 전생에 방거사에게 돈을 차용하고도 갚지를 못했기 때문에 그 과보로 금생에 이런 모습으로 태어나서 그 빚을 갚고 있는 것이다." 하는 것을 듣고 잠을 깬 뒤에 심각하게 자신의 잘못을 깨달은 후 자기의 전 재산을 배에다 싣고 가 강물 속에 배채로 침몰시키고 말았다. 당 정원貞元(785~805) 년간의 일이라 이것을 후세에서 평하기를, '불도를 닦는 사람은 무엇보다도 청빈하게 살아야 한다. 예컨대 방거사가 속인이지만 출가 수행자 못지않게 참선의 세계에서 이름이 드높았던 것은 그가 참선을 하는 초기에 모든 재산을 물속에 넣어버리려고 할 때, 사람들이 만류하기를 "남에게 나누어 주고 또한 불사에도 쓰면 좋지 않은가." 하자 그들에게 대답하기를, "내 자신이 이미 재물이 나에게 원수와 같음을 알고 이것을 버리려 하는데, 그런 것을 어떻게 남에게 주어서야 되겠는가. 재물이란 사람의 몸과 마음을 병들게 하며, 걱정 근심을 일으키게 하는 원수와 같은 것이다." 하고 드디어 물속에 집어넣었으니, 여기서 천하의 방거사가 있게 된 것이다'라고 전하고 있다. 방거사 자신도 금전에 관하여 "세상 사람들 모두가 금전을 귀중하게 여기지만, 나는 잠시라도 맑고 조용함을 귀히 여기네, 금전이 많으면 반드시 사람의 마음을 어지럽게 하지만, 맑고 조용한 마음에는 진여의 본성이 나타난다." 하는 게송을 남기고 있다. 이런 뒤에 양양襄陽, 지금의 湖北省에 살면서 처, 아들, 딸의 일가족 4인이 마치 흐르는 물 위에 떠가는 나뭇잎과 같은 아무 것도 지닌 것 없는 참으로 맑고 깨끗하게 가난한 삶으로 일생을 보냈다. 양양성 밖 동암東巖에 허술하고 작은 집을 임시로 마련하여 가족이 같이 살면서 집 서편에 불도수행 할 곳을 마련하여 함께 불도수행에 정진하면서, 살아가는 일은 작은 밭에 채소 심고, 광주리 등 대나무로 만든 물건을 만들면, 딸이 그것을 양양의 장에 나가 팔아서 일가가 근근히 입에 풀칠하는 생활을 하였다. 그러면서 서로 절차탁마하며 정진하기에 힘쓴 끝에 몇 해 안 되어서 가족 모두가 깨달음을 얻게 되었다. 이러한 사정을 방거사는 뒤에 게송으로 다음같이 읊고 있다. 즉 "아들은 있으나 장가가지 아니하고, 딸도 있으나 시집가지 아니하네. 온 가족이 모여서 단란하게 살면서, 불법의 진리를 서로 이야기하며 지내지.有男不婚 有女不嫁 大家團圞頭 共說無生話" 방거사는 앞에서 본 바와 같이 처음 석두스님을 찾아뵙고, "일체의 존재와 관계하지 않는 사람이란 어떤 사람입니까?" 하고 묻자 석두스님이 바로 손으로 그의 입을 틀어막았다. 그러자 그는 활연히 깨달음을 얻었으니, 방거사의 행적에 대해서는 이 석두스님과의 만남을 기록하고 있는 것이 최초이며, 그 이전의 일에 대해서는 일체 알 수가 없다. 하지만 젊었을 때부터 진지하게 인생의 근본문제에 대하여 고민하였고, 그것을 해결할 수 있는 가장 높은 진정한 도리를 구하고자 노력했다. 그는 혼자서 독학하고 수행獨學獨修을 쌓아가다가 마침내 천하의 대선지식 석두스님을 만나고 비로소 바른 눈을 뜨게 되었는데, 다만 그 이전의 구도에 관한 소식求道消息을 알 수 없는 것이 큰 유감이다. 그리고 다시 천하 대선지식 마조스님을 뵙고, 역시 같은 물음에 대하여 "그대가 한 입으로 저 서강의 물을 남김없이 다 들여 마시기를 기다려서 그 때에 그대에게 일러 주리라." 하는 한 마디에 몰록 현묘한 도리를 크게 깨닫고는 그 자리에서 깨달은 소식을 "시방이 다 함께 한 자리에 모여서, 저마다 무위법을 배우고 있네. 여기가 바로 부처 뽑는 자리이니, 허공같이 마음 비워서 합격하여 돌아가네.” 하는 오도송悟道頌을 지어 바치고, 마조스님 밑에서 2년 동안 그 지도를 받으면서 깨달은 뒤의 수행悟後保任을 착실히 하였다. 이렇게 해서 마조스님의 대기대용의 선기를 나름대로 개성적으로 확립한 뒤에도 여전히 세속에 사는 재가 수행자로서 지극히 검소한 생활을 하면서 깨달은 경지를 순숙히 하는 일을 끊이지 않았다. 그런데 석두스님이 그에게 “먹물 옷을 입을 것인가, 흰 속인 옷을 입을 것인가?” 하고 물었을 때 그는 그저 “저의 생각하는 바대로 하겠습니다.” 하고, 그 속마음을 들어내는 일 없이, 그대로 세속생활을 계속하여 끝내 출가하여 승려가 되는 길에 들어서지 않았다. 아마도 짐작컨대, 그에게는 아주 가난한 생활을 마다하지 않고 함께 수행정진 할 수 있는 최상의 도반들, 즉 처자가 있으므로 구태여 세간의 인정사정을 끊어야 할 이유가 없었던 까닭에 그는 과감하게 오히려 더 어려울 수 있는 세속의 범부로서 사는 길을 선택하였을 것이다. 다시 말해서 그는 세속에서 사는 범부의 삶을 계속하면서도 오히려 일체사一切事를 마친 범부了事凡夫로서 자기 자신의 길을 온전히 하는 방향으로 길을 택하여 그것을 아주 멋지게 해내고만 참으로 드문 존재였다. 이른바 그는 근본자리에 안주하는 것을 거부하였던 것이다. 거기에는 출가하여 승려가 되는 것, 즉 불교승단의 틀 속에서 불법을 구하는 존재로서 자신을 잠시라도 틀에 박히게 하거나, 자기의 생활을 규정지우게 하는 것이 자칫 잘못하면 그대로 법에 집착法執하여 진리를 보는 눈이 가리워지게理障 되는 일이 생길 수 있음을 너무나 잘 알고 있는 까닭에 무엇보다도 구도자로서도 아주 자유로운 자연인으로 남아 있고 싶었던 것으로 생각된다. 방거사가 어느 날 모처럼 집에 머물러 있을 때,

딸 영조靈照에게 묻기를, "옛 사람들이 말하기를 '밝고 밝게 백초 끝에 밝고 밝은 조사의 마음이라'고 하였으니, 그 뜻이 어떠하다고 보느냐?古人道 明明百草頭 明明祖師意 如何會" 하였다. 영조가 이에 답하되 "아니, 이제 어지간히 점잖으신 나이에 무슨 그런 말씀을 하시나요?老老大大 作這箇語話" 하였다. 그러자 방거사가 "그럼 너라면 어떨거냐?作作麼生" 하자, 영조는 대뜸 "밝고 밝게 백초 끝에 밝고 밝은 조사의 마음."이라 하니, 방거사가 크게 웃었다. 방거사가 물은 뜻은 이러하다. 밝고 밝게明明라 함은 눈앞에 분명하게 나타나 있는 모양을 말하며, 백초의 끝百草頭이라 함은 천차만별의 차별을 보이고 있는 모양 있는 세계現象界를 말하는 것이며, 조사의 마음祖師意이라함은 달마조사가 서쪽에서 오신 뜻祖師西來意, 즉 달마대사가 전한 불법의 근본도리達磨嫡傳意旨를 말하는 것이다. 다시 말해서 '이 세상의 눈앞에 분명하게 벌어져 나타나는 일체 삼라만상의 현상은 그것 그대로 달마대사가 서쪽에서 와서 전해 준 불법의 근본도리를 그대로 나타내 보이고 있는 바로 그것現成公案이다'라는 것이다. 마치 진리를 보고 싶으냐, 진리는 신성한 딴 세계에 따로 있는 것이 아니라 우리 눈앞에 벌어지고 소용돌이 치고 있는 이 세상의 모양이 그대로 진리의 모습 바로 그것인 것이니, 이 세상 말고 따로 진리를 구한다면 진리를 구할 수가 없다고 한 옛 조사들의 말에 방거사도 깊이 공감함을 딸에게 알리고 싶어서 옛 사람의 말을 들어서 물었으나, 딸이 '그것은 어디까지나 옛 사람의 말이요 방거사 말은 아니다'라고 하자 그러면 "너라면 어떻다 하겠느냐?" 하는 물음에 영조가 대답한 것은 역시 같은 말을 그대로 되풀이 한 것이 아니라, 옛 사람은 조금도 상관없이 완전히 그녀 자신의 말로 나온 대답이며, 영조는 방거사의 물음을 오히려 '머리는 희고 이빨 빠진 나이에 아는 것이 고작 그 정도이냐?' 하는 듯한 대답에, 방거사의 딸 영조의 선기禪機가 어떠함을 잘 보여주는 선수행자간의 선문답의 거래라고 하겠다.

79

나는야 시골 촌 늙은이 세상에서 가장 가난하여

집 안에는 물건 하나 없어 입을 열면 공을 말해줄 뿐

余田舍翁也 世上最貧窮 家中無一物 啓口說空空

방거사龐居士의 경지를 읊은 시게詩偈

방거사는 먼저 호남의 석두스님에게 나아가 그 가르침을 받자 단번에 그제까지의 미흡했던 마음경지를, 마치 겨울동안의 굳었던 얼음이 봄바람을 만나자 여지없이 녹아버리듯 녹여버릴 수가 있었다.從前心境 永消瓦解 그 뒤에 다시 강서의 마조스님을 찾아뵙고 그 대기대용의 선기에 접하자 몰록 본래의 참 마음을 스스로 깨닫기에 이르렀다.改達自覺 本來心性 이렇게 해서 모든 사리에 통달하여通達事理 깊은 이치를 구명함으로써究明玄奧 불도의 자체에 계합하지 못하는 바가 없게 되었다.契合其道 그래서 대지 문수보살과 같은 위대한 변재를 갖추었고具智慧文殊之偉大辯舌, 원만하여 걸림 없는 대승의 진실한 가르침과 그 행동이 합치하고 있다圓滿無碍言行 合致大乘眞實는 칭송을 들었고, 인도 유마거사가 다시 출현한 것 같다는 소문이 돌았다. 그러한 그가 그 뒤로는 일정한 처소에 머무르는 바 없이 각지의 선림禪林을 찾아다니면서, 안목 있는 선사들과 지극히 차원 높은 선문답을 겨루면서 지내게 되었다. 방거사는 당 원화년간元和年間(806~820)의 초기에 양양襄陽 땅에서 살게 되었는데, 그 고장 녹문산鹿門山 남쪽 약 20리쯤 되는 곳에 있는 암굴에다 거처를 정하였다.이 암굴은 그로부터 居士岩이라 불리웠다. 그 당시 이 지방을 다스리던 사람은, 태수太守 즉 양주자사襄州刺史 우적于頔(?~818)이 절도사節度使로서 중앙에서 부임하여 양주에서 재임하고 있었다. 여기서 양주 땅에 옮겨 살게 된 방거사와 각별한 인연을 맺게 되는 우적이라는 인물에 대하여 좀 더 자세히 살펴 볼 필요가 있을 것 같다. 그는 공식 직함이 산남동도절도사山南東道節度使 겸 양주자사兼襄州刺史로 임명되어 정원 14년貞元十四年(798) 9월에 양주에 부임하여 원화 3년元和3年(808) 9월에 수사공守司空·동중서문하평장사同中書門下平章事로 영전되어 중앙관부로 돌아갈 때까지 만 10년 동안 이 지방의 최고 관리로 있었다. 그의 조상은 본래 중국 한민족 사람이 아니었고, 아마도 서방 터키계통의 유목민족인 척발씨拓拔氏에 속하는 부족으로서 중국 산서성 북부山西北部에 옮겨와 살았던 부족의 후예였다고 한다. 그래서 그런지 당나라 시대에 기록된 각 역사서 자료에서는 그에 대한 평가가 매우 부정적이다. 그런 그가 정원 년간에 일어났던 오소성의 반란吳少誠叛亂을 진압하여 정세를 평정시킨 공로를 세움으로부터 당나라 정부에서 중요하게 등용하게 되었다. 그러나 전쟁에서는 탁월한 능력을 발휘한 무인의 기질이었으나 일상에서는 난폭하고 교양이 별로 없는 인물이었던 모양인지, 갑자기 높은 자리에 앉은 권세를 믿고 불손스러운 행동이 잦아 정부의 정의감 있는 관리들로부터 탄핵을 당하는 일이 발생하면서 지방으로 가게 되었다. 그럼에도 불구하고 그 임지에서도 강압적인 통치를 행하여 민초들의 원성을 사는 일이 많았다. 그러던 그가 마침내 어떤 사건을 계기로 해서 그가 다스리는 지방에 있는 떠돌이 승려行脚僧들을 잡아다가 모두 죽이는 일이 벌어졌다. 그 소문을 들은 자옥화상紫玉和尙이라고 하는 걸출한 스님이 일부러 그 고장으로 갔고, 곧 체포되어 자사인 우적의 면전에 끌려가게 되었다. 끌려온 스님을 보고는 칼을 뽑아들고 크게 호통을 치는 우적을 정면으로 대하여 두려워하는 바 없이, 생사를 개의치 않고 당당하게 대응하면서도 상대의 마음을 꽉 잡는 법력으로써 굴복케 하였다.

이 일은 그로 하여금 당시 세상을 풍미하던 선사상에 관심을 갖게 하는 동기가 되었다고 한다. 이 지방의 절도사인 태수 우적于頓은 그가 하여야 할 일 가운데 한가지로써 그 지방에서 전해져 불리고 있는 민요民謠를 채집하다가, 우연히 방거사의 시편詩篇을 입수하여 그 내용을 보고는 존경심이 일어났다. 그 가운데 시 한 수가 다음과 같다.

나의 집은 오래도록 산속에 있어서
일찍부터 도시를 떠나서 살았네.
사는 초가는 달랑 세 칸뿐이며
한 칸이라야 경 열두 자 길이.

자식에게 물려줄 가산도 없고
비고 비어 앉을 곳조차도 없네.

집 안에도 비우고 비워서 없어

아주 비고 또 비어 아무 것 없다.

밝은 날에는 공속에서 살고

해진 밤에도 공속에서 잔다.

공속에서 앉아 있고

공속에서 시를 읊네.

나는야 시골 촌 늙은이

세상에 가장 가난하여

집 안에는 물건 하나 없어

입을 열면 공을 말해줄 뿐.

이렇게 철두철미하게 공한 시를 접한 우적 태수는 놀랍고도 신기하게 여긴 나머지 어느 날 기회를 만들어 직접 찾아가게 되었다. 그렇게 한 번 만나 서로 말을 나누게 되자, 마치 예부터 인연이 두터웠던 백년지기 百年親友같이 서로 깊이 마음으로 통하는 바가 있어서 그 뒤로는 친근한 교제가 오래 지속되었다고 한다. 방거사의 이러한 시는, 절저하게 가난하여 아무 것도 없는 형편赤貧無一物境涯을 일체가 다 공한 이치를 바로 깨달은 마음의 경지悟一切皆空心境에다 견주어서 읊은 것임을 알 수가 있다. 이것은 마치 한산시寒山詩에

한산에 한 집이 있으니

집에는 칸막이 없다네.

동쪽 벽이 서쪽 벽에 기대고
그 가운데 한 물건도 없어라.

누가 와서 빌려 달라 하지 않으니
이 아니 편안하지 아니한가.

한 것과 한 쌍을 이룬다 할 만하니 거기에 숨겨져 있는 선적禪的인 비유隱喩는 잠시 두고라도 그 시에는 그들의 생활상을 여실하게 표현하고 있음을 눈여겨보아야 할 것이다. 그런데 방거사다운 특성의 하나로서 저명한 선지식들 또는 수행자들과의 서슴없는 선문답을 거래하는데 있어서 여러 가지 어려운 문제점을 배후에다 덫처럼 숨겨놓고도 묻는 방식은 매우 단순하게 묻는 형식이 많으며, 거기에 대해 주고받는 전개應酬展開 과정에 있어서는 어떤 경우에서도 항상 세심한 긴장을 늦추는 일 없이 참으로 진솔하게 선문답을 전개시키고 있는 점이다. 즉 그가 문답을 거는 그 저변에는 항상 말로 표현할 수 없는 불법의 이치, 즉 이법의 당체理法當體를 어긋남이 없이 그것을 어떻게 말할 수 있을 것인가 하는 것을 과제로 삼고 있다고 하는 것이다. 물론 여기에는 언어 이외의 어떤 다른 방편도 끼어드는 것을 허용하지 않는다. 이것을 다시 간단명료하게 말한다면, 즉 방거사가 언제나 선문답에서 묻고 있는 것은 '당신의 깨달은 것을 그대 자신의 말로써 정리해 말해보라' 하는 것이다. 그러므로 방거사만큼 선문답에 있어서 그 경지를 말로써 내놓을 것을 집요하게 추구한 예를 다른데서는 볼 수가 없을 정도이다. 그러니 선의 세계에서 저 유명한 '말없이 마음에서 마음으로 전하여 언어문자를 세우지 않는다以心傳心 不立文字'라고 하는 기본적 입지立地는 방거사에게 있어서 조금도 거기에 얽매일 것 없는 무관한 것이었다고 하겠다. 그러나 일체의 언어나 문자를 뛰어 넘어 있는 그것 자체의 소식을 또 그 언어와 문자로 표현하는 일이란 얼마나 어려운 일이겠는가. 그래서 당나라 때의 경청스님鏡淸道怤, 생몰 미상, 법을 雪峰義存禪師에게 받음. 啐啄之機의 活手段으로 應機說法이 탁월함으로 유명하다.은 다음과 같이 토로하였다. 즉 "수행의 결과로 번뇌의 얽매임에서 벗어나 온 몸과 마음이 해탈한 경지를 체험하는 것은 오히려 쉽다 하겠으나, 그 경지를 그대로 말하는 것은 참으로 쉽지 않다.得出身猶易道脫體還難"라 하였다. 다시 말해서 경청스님은 깨달은 경지를 그대로 말로 할 수 있으려면 그야말로 철저한 수행으로 심신을 단련한 끝에 가능한 것인데도, 오히려 많은 수행자들이 안이하게 '이심전심 불립문자以心傳心 不立文字'라고 하는 구호에 매달려 있음을 은연중에 꾸짖고 있다고 할 것이다. 물의 차고 더움은 스스로 마셔보아야 제대로 아는 것如人飮水 冷暖自知이다. 그러나 그냥 알기만 할 것이 아니라, 그렇게 안 것을 스스로 먼저 말로써 바르게 표현함으로써 아는 것을 객관시 할 수 있는 성찰과정을 겪어 한층 단련된 자기검증을 지나지 않고는 그 깨달음이 진정으로 나의 것이며, 또한 남에게 보일 수 있는 것이 되지 못한다는 것이다. 그래서 방거사는 '도는 본래 말이 없지만, 말을 의지해서 도를 나투게 된다. 그러나 도를 보게 되면 곧 말이 없게 된다.道本無言 因言顯道 見道卽忘言' 함을 스스로 체험하고 누구보다도 잘 아는 터이지만, 그는 어디까지나 "진정하게 깨달았다면 그 깨달은 당처를 말로 나타낼 수 있어야 한다." 는 것이므로 '말이 없다.忘言'는 데에 안이하게 주저앉음을 준엄하게 거부하면서 누가 도를 보았다면 그것을 검증하기 위하여 "깨달은 것을 말하라." 하고 서슴없이 선문답을 이끌어 가는 것이 방거사의 선풍禪風이었다. 마치 시인이 시를 창작하는 데 있어서 '나는 진실한 아름다움을 보았노라'하고 혼자 뇌까리는 것으로는 시가 아니요, 그것을 깊고 통찰 넘치는 정감, 유려한 필치로 아름답고 진솔하게 읊어 내야 비로소 훌륭한 시가 되듯, 선에서도 자기검증의 단련이 없이는 그 깨달음도 진정한 자기 것이 될 수가 없고 또한 남에게 보일 수 없다는 것이 방거사의 생각이다.

80

『금강경』에 무아·무인이라 하였으니, 그러면 경을 누가 설하고 누가 듣는가

旣無我無人 是誰講誰聽

방거사龐居士의 선기禪機

방거사의 높은 선의 경지는 생존 당시부터 중국 각지 선림禪林에서 예외없이 높이 평가되었다. 따라서 당나라 시대의 거사로서는 오직 한 사람, 방거사만이 당시 쟁쟁한 제일급의 대선사들과 동등하게 대우를 받았다. 언제나 누구에게나 서슴없이 건네는 그의 날카롭고 매서운 선문답은 후세 선문禪門에서 고칙古則, 話頭, 公案으로써 널리 회자되고 제창되었다. 특히 송대에 간화선看話禪을 강력히 주장하여 유명한 대혜 종고大慧宗杲(1089~1163)스님 같은 이는 방거사의 가장 열렬한 찬양자의 대표적 인물이라고 할 수 있다. 방거사의 선풍은 마조스님의 '작용이 곧 본성作用卽

417

性'이라는 대기 대용大機大用의 선풍을 이어가는 것으로써, 방거사의 선풍의 핵심은 단적으로 말해서 '평범한 일용사가 그대로 신통묘용日用卽妙用이다' 하는데 있다. 그런데 이러한 선사상을 후세 송나라 유학자들이 선을 비판하고 공격하는 표적이 되기도 하였다. 그것은 그만큼 그들에게 방거사가 선문의 대표적인 것처럼 비쳐졌다는 것을 엿보게 하는 것이라 하겠다. 이제 방거사가 활발한 선문답의 거래를 통해서 쟁쟁한 대선사들의 경지를 검증하기도 하며, 한 수 얻기도 하고, 진실한 실력을 갖추지 못하고 허명 허세에 안주하는 선사들을 여지없이 박살내기도 하는가 하면, 참으로 아무 꾸밈없는 동자에게 오히려 한 방 당하는 등의 활구소식活句消息의 현장을 몇 가지 보도록 하자. 방거사가 어느 날 홍주 장洪州市場에서 광주리를 팔면서, 보아하니 어떤 스님이 탁발하고 있는 것이 눈에 띄었다. 그 스님이 마침 방거사가 있는 곳에 이르자, 방거사는 동전 한 푼을 손에 들고 문답을 걸기를 "스님, 보시하는 정신에 어긋나지 않는 도리를 한 마디 하신다면 이 돈을 시주하지오." 하였다. 탁발하는 스님은 답을 못하였다. 그러자 방거사가 "만약 답을 못하겠거든, 그대가 나에게 물어보시게. 그러면 내가 그것을 일러 드리지." 하였다. 탁발승이 방거사에게 물었다. "보시하는 정신에 어긋나지 않는 도리란 어떤 것인가요?" 이에 방거사가 답하였다. "그 도리를 알아들을 수 있는 사람이란 좀처럼 없지." 하고는 이내 묻기를 "어디 아시겠는가?" 하였다. 탁발승이 어리둥절하여 "모르겠습니다." 하니, 대뜸 방거사가 이르기를 "아니, 도대체 누가 모른다는 겐가?" 옛적 부처님 당시에 출가제자 수보리가 비샤리 성중에서 탁발하다가 마침 유마거사를 만나게 되었다. 그때 유마거사는 수보리의 발우를 가져다가 음식을 가득 담아 가지고는 돌려주지 않고 자기 손에 든 채 수보리에게 말하기를 "대덕 수보리여, 만약 음식물의 평등성에 의하여 만물의 평등성을 깨달으며, 또 만물의 평등성에 의하여 부처님 법의 평등성을 깨닫는다면 이 보시하는 음식을 받으시오. 욕심내고 성내고 어리석음을 버리지도 않고 또한 지니지도 않으며, 아집을 초월하지도 않으며, 무지와 생사에 대한 집착을 그대로 지니고 있으면서 깨닫기도 하고 해탈하기도 하는 것이요……그렇다면 이 발우를 돌려 드리겠소." 하였다. 즉 음식물에 대하여 평등함을 터득하려하면, 모든 법이 다 평등함을 통달할 것이다. 또한 모든 것이 평등하다면 음식물도 그대로 평등할 터, 그러니 그러한 마음가짐으로 탁발을 할 수가 있다면 음식 담은 발우를 돌려주겠노라고 하는 수보리와 유마거사의 문답이『유마경』에 나온다. 이때 수보리는 유마에게 무엇을 어떻게 대답해야할 지 꽉 막혀서 앞이 캄캄해지는 것 같은 느낌으로 발우를 두고 도망가려고 하였다. 그러자 유마거사가 불러 세우고는 말하기를 "대덕 수보리여, 말에 겁먹을 것은 조금도 없으니, 자 이 발우를 가지고 가시오." 한 것이 떠오른다. 방거사가 묻는 "보시의 정신에 어긋나지 않는 도리를 말해 보라. 不辜負信施道理"라는 물음에 대답을 못하는 탁발승에게 "이런 도리를 제대로 들을 수 있는 사람은 아마도 거의 없을 것이다. 왜냐하면 그것은 귀가 있다하더라도 듣지 못하기 때문이다." 이것을 모르겠다고 하는 탁발승에게 방거사는 대뜸 반문하기를 "그것도 모르는 그대는 도대체 누구인가? 是誰不會" 하였다. 그것은 적어도 "모르겠다."고 말하는 그 놈이 바로 자기 자신인 줄 자각한다면, 자각하는 거기에 새로운 안목이 열리는 계기를 잡을 수가 있다는 간절한 노파심이 나타나 있다고 하겠다. 또 어느 때 경전을 공부하는 강원에 들러서 마침『금강경』을 강의하고 있는 자리에 머물러서 강설을 듣다가 '무아·무인 無我無人'을 말하는 대목에 이르러서 강주에게 질문을 던졌다.

방거사   "강주스님, 아我도 없고, 인人도 없다고 한다면 대체
          누가 강설을 하며 또 누가 듣는가요."

강주   "……."

방거사   "저는 속인이지만 조금은 알고 있지요."

강주   "그러시다면, 거사님의 생각은 어떠하신가요?" 이에
          방거사가 게송으로 답하였다.

아도 없고 또 인도 없는데, 無我復無人

멀다 가깝다가 있을소냐. 作麼有疎親

강의하러 다님 그만두소, 勸君休歷座

진실 구하는 일 제일이지. 不似直求眞

금강반야의 진리야말로, 金剛般苦性

티끌 하나도 붙지 않는 것. 外絶一纖塵

여시아문 신수봉행까지, 我聞幷信受

모두 가짜 글 늘어놓은 것. 總是假名陳

강주가 이 게송을 듣고 환희하면서 거듭거듭 찬탄하였다고 한다. '무
아상無我相 무인상無人相 무중생상無衆生相 무수자상無壽者相'을 선禪에서는
간략하게 '무아·무인無我無人'이라고 인용하는 것이 보통이다. 예컨대 '다
만 자기의 마음을 안다면 아도 없고 인도 없어서 본래부터 부처인 것을'
하는 등이다. 『법화경法華經』의 「방편품方便品」에서 설하기를 '오직 일승
의 법이 있을 뿐 이승도 없고 삼승도 없도다. 부처님께서 중생을 인도하
기 위하여 방편으로 임시 언어 문자를 사용하실 따름이니라'하였듯이 방
거사의 경지에서 본다면 마음을 깨닫지 못하고 문자 경전을 강의한다는

420

것은, 진실한 법을 전하지 못하는 공허한 말과 글에 지나지 않음을 지적
하여 준엄하게 일체의 방편을 거부하면서 어디까지나 선의 근본의^{根本義}
에 입각하고 있음을 보여주고 있다고 하겠다. 이와 같이 애매하고 어름
하게 선지식 노릇하는 사람들의 도금을 가차없이 벗겨내기에 주저함이
없었던 방거사도 꾸밈 없는 천진난만한 소치는 동자에게는 보기 좋게
당하여 웃음을 금치 못하는 경우도 있었다. 방거사가 어느 날 길을 가다
가 목동을 만나자 길을 물었다.

<table>
<tr><td>방거사</td><td>"얘야, 이 길은 어디로 가는 길이야? 路從什麼處去"</td></tr>
<tr><td>목동</td><td>"길도 모르세요? 路也不識"</td></tr>
<tr><td>방거사</td><td>"야, 요놈. 소나 치는 주제에. 這看牛兒"</td></tr>
<tr><td>목동</td><td>"햐, 축생 같은 양반이구먼. 這畜生"</td></tr>
<tr><td>방거사</td><td>"지금 어느 때나 되었냐? 今日什麼時也"</td></tr>
<tr><td>목동</td><td>"밭갈이 할 때지요. 揷田時也"</td></tr>
</table>

방거사가 엉겁결에 크게 웃고 말았다. 士大笑

방거사가 목동에게 무심히 "이 길이 어디로 통하는 길이냐?" 하고 물
었던 바, 뜻밖에도 목동의 대답이 "아니, 나이 살이나 간수한 길 가는 도
인^{道人}이 그래, 긴요한 갈 길도 모르신다니. 웬, 쯧쯧." 하고 의식함이 없
이 저절로 나오는 말에 방거사가 멋지게 한 방망이 얻어맞은 격이 되었
다. 그래서 "야, 요놈. 주제 넘게시리." 하였더니, 목동이 축생 같다고 한
것은 "가는 길도 모른다니 그야말로 인간 이하다." 하는 뜻이다. 생각지
도 않게 초야의 목동과의 사이에 '소나 치는 주제에', '인간 이하로군'하

는 꼴사나운 대화를 주고받음을 끊어버리기 위해, 방거사는 슬쩍 "지금 몇 시나 되었을까?" 하고 말머리를 돌려서 이에 대한 목동의 대답 여하에 따라 한 대 갚아 주려고 하였다. 그런데 목동은 그런 속셈엔 상관없이 평소 하는 대로 스스럼없이 "소 방목하는 일 끝나고 이제부터 밭갈이하러 나갈 시간이다." 하였다. 의식함이 없이 멋지게 방거사의 다리를 걸어서 넘어뜨린 격이 되었다. 천진한 목동의 꾸밈없고 허점 없는, 너무나 자연스러운 한 마디에 내로라하는 선지식들도 선문답에 두려워하는 존재인 방거사가 소치는 목동에게 어이없게도 너무나 멋지게 당하여 두말할 것 없는 패배를 인정하여 "야, 졌구나!" 하고 터뜨린 큰 웃음이었으니, 때로는 이렇게 상쾌하게 패배를 인정하기도 하였다.

81

"부디 모양으로 있는 모든 것은
일체가 다 공한 것임을 관하시오.
본래 없는 모든 것을
행여나 있는 것으로 착각하지 마시오"

但願空諸所有 愼勿實諸所無

방거사의 입적

매우 높고 깨끗한 인품의 빛남은 아마 동서고금이 따로 없을 성싶다.
옛 인도의 대거사 유마힐이 활약하는 『유마경維摩經』의 「보살품菩薩品」에
서 유마거사가 갈파하기를 '곧은 마음이 도량이니 거짓이 없는 까닭이다
直心是道場 無虛假故'라 하였다. 또 「불국품佛國品」에서는 유마거사의 인품
을 말하기를 '그는 올곧은 바른 마음을 일으켜서 착한 일을 행하였다.起
質直心正行善行 …… 그 곧은 마음에 따라서 능히 바른 행을 이루었다隨直心
則能發行' 하였듯이 유마거사는 거짓됨이 없는 곧고 깨끗한 마음 그대로

보살행을 행하였다. 그러면서 부처님 제자 가운데 속좁고 소승적인 마음의 경지를 벗어나지 못하는 제자들을 닥치는 대로 크고 넓은 대승의 법문으로 골탕을 먹여 깨우쳤던 것처럼, 중국의 방거사 역시 티끌만큼의 거짓이나 허세 부리는 일없이 특유의 올곧은 바른 마음으로 당시 내로라하는 대선사들과의 선문답 거래에서 대등한 기량을 보여 그 선기의 활발발함이 조금도 손색이 없었다. 그러다가 상대가 자칫 한 치의 허점이라도 들어냈을 때는 가차없이 그 예봉을 꺾어버려서 법을 쓰는데 어름함이 없었다. 방거사의 그러한 선문답 거래에는 상쾌함마저 감돌았다. 그것은 함께 발심하여 참선 정진 생활을 하는 가족들도 다를 바가 없었다. 단련을 철저하게 겪은 방거사의 가족들도 개개인이 한결같이 그들의 일상생활 가운데 매우 높은 선의 경지를 단적으로 보여 주고 있다. 방거사는 자기 혼자만이 아니라, 아내 그리고 아들, 딸과 함께 도시 밖 시골에 아주 보잘 것 없는 임시로 얽어놓은 집에서 가난하지만 맑고 깨끗하게 삶을 꾸려가면서 가족과 함께 끊임없이 참선 정진하는 생활을 즐김으로써 한 가족이 그대로 도인의 회상을 이루고 있었으니, 중국선의 오랜 역사 가운데서도 이러한 예는 찾아보기 어려울 정도로 희유한 일이었다. 방거사가 어느 날 그의 초가집에서 가족과 함께 앉아 있다가 갑자기 말하기를,

방거사	"아아! 참으로 어렵고 또 어렵구나. 마치 열섬 참깨를 나무 위에다 널어 말리는 것처럼 어려워라. 難難難 十碩油麻樹上攤" 그 말을 옆에서 들은 아내龐婆가 즉시 화답하기를,
아내	"어어! 참으로 쉽고 또 쉽기도 해라. 마치 침대에서

내려 발로 땅을 딛는 것처럼 쉽기도 하여라. 易易易 如下眠床脚踏地" 함께 있던 딸 영조靈照가 회통해 말하기를,

딸 "어렵지도 않고, 쉽지도 않네. 천만 가지 모든 것에 조사의 뜻이 그대로 분명하네. 也不難 也不易 百草頭上 祖師意"

우리 민요에 '고추 당추 맵다한들 시집살이만치 매울손가'하였듯이, 중국의 민초들은 6조시대六朝時代(222~589), 삼국시대의 오, 동진·남북조시대의 송·제·양·진 등이다. 건강, 즉 지금의 남경에다 도읍을 정한 육왕조를 일컬음 이래로 불러온 '행로난行路難'이라는 민요 속에서 인생행로人生行路의 어려움을 고되고 힘겨운 나그네 길에다 견주어서 노래하는 말 가운데 그 어려움을 '난난난 십석유마수상탄難難難 十碩油麻樹上攤'이라 하였다. 즉, '아이고 아이고! 어렵구 어렵구 또 어려워라 마치 열섬이나 되는 참깨를 나무 위에다 널어서 건조시키려는 것처럼 어렵기 그지없다'고 노래한 수심곡의 가사를 인용하면서 참으로 어렵다고 그 심중을 토로하고 있다. 아마도 그러한 그의 마음을 헤아려 보건대 열섬 참깨 알은, 저 헤아릴 수 없이 많은 항하사의 모래같이 무수하게 널리 흩어져 있는 일체 만법一切萬法, 즉, 모든 개별적 존재을 마치 햇볕이 참깨 알들을 쪼여 말려서 기름을 짜내게 하듯, 일체 중생들이 남김없이 모두가 평등하게 부처님 법의 광명을 받아서 부처님 지혜광명의 빛을 발할 수 있도록 보다 높은 경지로 이끌어 준다는 것이 그 얼마나 곤란한 일인가함을 뼈저리게 느꼈을 때, 자신도 모르게 갑자기 입에서 이같은 말이 튀어 나왔을 것이다. 옆에서 그것을 듣자 아내가 서슴없이 받아 넘기기를 "이이이 역하면상각답지易易易

如下眠床脚踏地"라 하였다. 즉, "뭘 그래요. 당신은 너무 위만을 바라보니까
向上 그토록 어렵게 느끼는 것이지요. 나를 좀 보세요. 분에 맞게 아래를
보고向下 있으니 얼마나 편안한가. 그런 거 제대로 펼쳐놓을 땅도 있고
요." 하면서 늙은 아내는 영감님을 슬쩍 농쳐 버리고 있다. 여기서 방거
사의 말이一句 끝없는 향상을 지향向上指向하고 있음에 대하여 방보살의
말은 착실하게 향하를 취하여 지향하는 한 마디一句임이 선명한 대조를
이루고 있으니, 두 사람의 면목이 약연하다 하겠다. 그런데 이 같은 모양
을 보고 있던 딸 영조가 말하기를 "야불난 야불이 백초두상조사의也不難
也不易 百草頭上祖師意"라 하여, 그것은 어렵지도 않고 쉽지도 않다고 두 사
람을 눌렀다. 마치 『신심명信心銘』에서 진리를 행하는 길大道은 그 자체
가 넓어서 쉬울 것도 없고 또한 어려울 것도 없다고 한 뜻을 방불케 한
말이다. 그러면서 "명명백초두 명명조사의明明白草頭 明明祖師意"라고 하여
주변에 지천으로 무성한 잡초의 풀잎새까지 그 모든 것에 부처님으로부
터 역대 조사들이 면면히 전해온佛祖密傳之禪心 선의 마음이 소소 역력하
게 살아있지 않느냐 하는 것이다. 영조의 이 한마디 말은 후세의 선가에
서 즐겨 인용하는 바가 되었다. 명나라 때의 저명한 사상가 이탁오李卓吾
는 그의 시 가운데서 방거사 일가의 이러한 법 거래에 대하여 다음과 같
이 한 수 읊었다.

　　방거사의 어렵고 어렵고 또 어렵다함이여 龐公難難難
　　방보살의 쉽고 쉽고 또 쉽다함이여 龐婆易易易
　　어렵다 쉽다함이 없음을 터득한다면 會得無難易
　　나와 더불어 가고 옴을 함께 하리라. 與吾同居止

　어느 날 가족들이 함께 작업하여 만든 대나무로 엮은 바구니 등 속을 장날에 내다 팔려고 방거사가 딸 영조와 같이 길을 나섰다. 도중에 있는 반달모양 다리를 지나면서 중앙의 높은데서 내리막에 이르자 방거사가 그만 발을 헛디디면서 다리바닥에 넘어지고 말았다. 뒤따르던 딸 영조가 그것을 보자 넘어져 있는 아버지 곁에 가서 자기도 아버지처럼 넘어졌다. 그것을 본 방거사가 물었다.

방거사	"애야, 어떻게 된 거냐? 汝作什麼"
영조	"아버지가 넘어진 것을 보고 제가 도와서 일으켜 드리려고요. 見爺倒地 某甲相扶"
방거사	"누가 보지 않아서 다행이로구나. 賴是無人見"

　여기서 영조가 아버지를 일으켜 세우기 위해서 자신이 넘어졌다고 하는 데에 영조의 묘용妙用이 있다고 하겠다. 즉 "중생이 병들어 앓기 때문에 나 또한 병들어 앓는다."라고 한 유마거사의 마음 그것인 것이다. 다시 말해서 중생들과 고통을 함께 함으로 해서 중생들을 제도하기 위하여 감히 먼저 보리를 깨닫기를 거부하여 몸소 고통의 중생세계에 머물며, 더 나아가서는 지옥에까지 들어가서 괴로움에 시달리는 지옥 중생들까지 남김없이 제도하려는, 열반세계에 머물지 않은不住涅槃 원력의 보살을 대비천제大悲闡提라고 한다. 영조가 넘어진 아버지 곁에 같이 넘어진 것이야말로 바로 아버지를 일으켜 세워서 살려내기 위하여 스스로의 몸을 버리는 행위捨身慈悲行였었던 것이다. 그러자 방거사가 "멋지게 나를 일으켜 세워 주었구나. 고맙다." 하고 일어나 걸어갔다. 방거사가 임종시에 입적하기에 앞서 방에 있다가 영조를 불러 이르기를 "밖에 나

가서 해높이를 보다가 한낮이 되거든 곧 알려다오." 하였다. 영조가 밖
으로 나가서 곧 고하기를 "아버지, 해가 벌써 한 가운데中天 있네요. 그런
데 어쩌면 일식日蝕까지 생겼는데요." 한다. 그 말을 따라 문 밖에 나가서
하늘을 보고 있는 사이에 방으로 들어간 영조는 아버지가 앉았던 자리
에 앉아서 합장한 채 가고 말았다.坐亡 다시 방에 들어와 그 모양을 본 방
거사가 껄껄 웃으면서 "그 애가 참으로 잽싸기도 하구나." 하고는 자기
의 입적을 7일간 늦추고 딸의 장례를 치루었다. 그런 소문을 듣고 친교
가 두텁던 양주자사襄州刺史 우적于頔이 문안차 찾아왔다. 그를 보고 방거
사가 마지막 말을 남기기를 "부디 모양으로 있는 모든 것은 일체가 다 공
한 것임을 관하도록 하시오. 본래 없는 모든 것을 행여나 있는 것인 줄
착각하지 마시기를. 그러면 잘 지내세요. 온갖 것이 다 그림자 같고 메
아리 같은 것에 지나지 않소.但願空諸所有 愼勿實諸所無 好住世間 皆如影響"하고
말을 마치자마자 우적공의 무릎을 베개 삼아 베고는 그대로 입적하였
다. 자사 우적이 그의 유언에 따라 화장하여 재를 강물에 뿌리는 한편 곧
사람을 보내어 아내인 방보살에게 알렸다. 딸과 영감이 먼저 간 소식을
들은 방보살이 "저 못난 딸년과 속없는 영감이 글쎄, 나에게 말도 없이
가버리고 말았구나. 어이고! 못 참을 일이여." 하더니, 아들 방대가 밭일
하고 있는 곳으로 달려가서 "네 아버지와 영조가 먼저 가버렸다는구나."
말했다. 마침 괭이로 밭 흙을 일구고 있던 아들이 연장을 손에서 놓으면
서 "어허, 그래요?" 하더니 얼마 있어 선 채 입적하고 말았다. 그것을 본
방보살이 "못난 자식 같으니, 어쩌면 하는 짓이 이다지도 똑같단 말이
냐?" 하고는 또한 그를 화장하여 장례를 지내니, 사람들이 모두 신기하
게 여기지 않음이 없었다. 얼마 뒤에 방보살이 이 고장 사람들에게 작별
인사를 고하고 어디론가 떠난 뒤로는 그 소식을 알 길이 없었다. 방거사

428

와 그의 일가의 죽음을 승속이 다 함께 깊이 애도하여 마지않았고, 선문 禪門에서 "방거사는 인도 비야리성 유마거사의 다시 나타남이다.謂禪門龐居士卽毘耶淨名矣" 하며 평가하였다. 특히 방거사뿐만 아니라 일가족 모두가 깊은 경지를 보인 것은 다시 한번 참으로 희유한 일이라 하지 않을 수 없다.

82

하루 일하지 않으면 하루 먹지 않는다

一日不作 一日不食

백장회해百丈懷海선사의 백장청규百丈淸規 정신

달마達磨스님은 인도에서 약 3년이라는 세월에 걸쳐 남쪽의 바닷길을 통해 서기 527년 무렵에 중국 남부의 광동廣東지방에 도착하였다. 당시 나이가 많음에도 불구하고 중국 북부의 숭산嵩山 소림사少林寺에 있으면서 9년 동안 몸소 면벽관심面壁觀心하는 참선수행 정진을 보임으로써, 중국에 선의 씨앗을 뿌려 중국 선종禪宗의 초조初祖가 되었다. 그 뒤 세월이 약 2백년 쯤 지나 중국 선을 대성시킨 마조 도일馬祖道一(709~788)스님의 수많은 법제자 가운데 서당 지장西堂智藏(735~814)스님과 함께 또 한 분의 스님이 입실하여 전법入室傳法하였다. 이 두 스님을 마조스님의 두 뿌리二師角立라고 불리웠으며, 후세에 마조의 법을 정통으로 받은 선종의 제9대

조사로嫡子傳法第九代祖師 추앙받은 이는 바로 백장 회해百丈懷海(720~814)스님이었다. 백장스님은 중국 복주福州 장락현長樂縣에서 출생하였으며, 세속의 성씨는 왕씨王氏였다. 일찍 출가하여 경·율·론 삼학을 모두 배우고 마조스님의 교화가 성대함을 듣고 찾아 가서 6년 동안 섬기고 지도를 받아 전법의 인가를 얻었다. 그 후에 홍주洪州 대웅산大雄山, 그 산이 매우 험준한 까닭에 백장산百丈山이라 부르게 됨에 있으면서 선풍을 크게 선양하였다. 참선수행자衲子들이 그의 이름을 따라 사방에서 구름같이 모여들어서 마침내 1천명이상의 대중들이 수행하게 됨으로써 일대 총림을 이루게 되었다. 그러자 절을 백장산百丈山 대지성수선사大智聖壽禪寺라 했는데, 스님도 백장선사라 하였다. 백장스님은 중국 선종 총림에서의 수행생활의 제반 규범을 최초로 제정한 것으로 유명하다. 곧 그가 제정한 총림의 청규를 백장고청규百丈古淸規라고 한다. 이 최초의 청규는 대중이 많이 모여서 큰 회상을 형성하기 시작한 선종의 제4조 도신道信스님 때 혹은 그 보다 이전부터 행해져 오던 승단의 여러 규칙 등을 집대성하여 참선수행하는 데 맞도록 한 것이다. 이 일은 바로 선종이 종단적으로 독립할 수 있는 새로운 역사를 만들어 가게 되는 가장 큰 뜻을 지니는 것이었다. 그런 까닭에 청규를 최초로 제정하여 선종이 독립하는 기초를 다진 백장스님의 공적은 선법을 중국에 처음 전한 달마스님의 공적과 맞먹는다고까지 후세에 높이 평가되고 있기도 하다. 즉, 불교가 전해진 초기부터 대승과 소승을 함께 받아들이게 되었던 중국불교에서는 대승불교사상을 알고 행하면서도 한편으로는 소승 비구계를 받아 율장을 의지하게 되는 모순을 가지고 있다. 이러한 계율상의 전통을 과감하게 깨고, 참선 정진하는 수도생활에 맞지 않고 북방의 기후풍토와 생활습관에도 적합지 않은 인도에서 정해진 종래의 규칙을 개혁하는데 있어서 대승과 소승의 계율을 다 참조하여 그 어느 편에도 치우치는 일없이 필요한 것들을 서슴없이 취하여 중국불교에서 나온 독자적인 계율이라고 할 수 있는 것을 만들었으니, 이것이 바로 최초의 청규인 것이다. 이것이야말로 종래의 전통적 계율을 바꾸어 버리는 뜻을 지니는 사건이라 아니할 수 없는 것이다. 그리고 백장스님의 회상은 자급자족하는 적극적인 생활 형태로써, 참선수행하는 승려대중들이 다 농업생산에 종사하는 것을 청규에서 규정하였다. 인도불교에서는 승려가 농사짓는 일이 없었으며, 중국불교의 일반 사원에서도 농사를 짓는다하더라도 고용인 혹은 행자나 사미승들이 그 일을 하도록 하였으니, 이는 농사짓는 일에서 벌레들을 살생하여 계율을 범하는 죄를 짓게 됨을 꺼렸기 때문이었다. 그러나 농사를 지어서 자급자족하는 일을 승단의 생활 속에 집어 넣은 백장스님은 그러한 파계하는 죄를 사미나 행자들에게 돌리는 일없이 직접 자신들이 행함으로써 죄의 과보마저도 피하지 않고 스스로 달게 받는 강인한 정신적 자유를 선승들의 수행하는 안목으로 삼게 하였다. 오직 죄악을 짓지 않도록 하는 종래의 계율정신에서 적극적으로 선을 행하려는 중국불교 선종의 독자적인 계율이라 할 수 있는 청규를 제정한 것은 불교계율의 역사상 가장 획기적인 뜻을 가지는 일이다. 이로써 종래의 전통적 계율을 중시한 타 종파 불교승단에서 선종이 독립하는 계기가 되었던 것이다. 이러한 백장스님의 회상에는 항상 수백 명의 대중이 모여서 참선수행생활을 하고 있었는데 참선의 여가에 작업을 할 때는 백장스님이 언제나 대중들의 앞장에 서서 일을 하였고, 그러하기를 하루도 거르는 일이 없었다. 그런데 이미 연로하신 백장스님의 모습을 주위의 제자들이 안쓰럽게 여긴 나머지 이제는 나이를 생각하여 작업에 나오지 마시기를 여러 번 간권하였으나, 받아들일 기미가 보이지 않았다. 그래서 제자들은 하는 수 없이 백장스님이 작업에 사용하던 연장들을 모두 숨겨버렸다. 다음날 백장스님은 전과 같이 작업을 하러 나갔다가 당신이 쓰실 농사도구가 없음을 알고는 할 수 없이 그 날의 작업을 쉬게 되었으나, 그 대신 그 날 하루 동안 공양을 들지 않았다. 그리고 제자들에게 말하기를 "하루 일하지 않으면, 하루 먹지 않겠노라."라고 하였다. 이것은 참으로 유명한 말로 널리 오래도록 전해지고 잘 알려져 있으니, 이 세상 사람들 가운데 하루도 제대로 일하지 않고 무위도식하는 사람들, 일하지 아니하고도 보수만을 바라는 사람들에게는 실로 귀가 따가운 말씀이 아닐 수가 없다. 어느 날 한 수행승이 백장스님에게 "요새 무엇인가 좀 별다른 일이라도 없으신지요?" 하고 물었다. 그에게 백장스님이 "아니. 별다른 일이란 없네. 나는 변함없이 홀로 좌선하고 있을 뿐이지." 하고 대답하였더니, 그 수행승이 이내 일어나 백장스님에게 정중히 절을 올렸다. 그러자 백장스님이 대뜸 그 수행승의 뺨을 한 대 멋지게 후려갈겼다. 이 것이 백장의 '홀로 앉은 대웅봉獨坐大雄峰'이라는 유명한 공안으로 알려져 있다. 그런데 이것은 실은 별다른 이상할 것 없는 일이라 하겠다. 왜냐하면 누구라도 참선수행하는 수행승이라면 으레 그 절에서 좌선하는 것은 너무나 당연한 일이 아닌가. 도대체 이 세상에 무언가 별다른 일이라는 게 그리도 있는 건가. 그저 꽃은 붉고 버들잎은 푸르고花紅柳綠, 까마귀는 '까-까' 하고, 닭은 '꼬끼오' 하고 운다. 산은 높고 물은 낮은 데로 흐른다. 아침에는 해가 동쪽에서 솟고 밤이면 달이 뜬다. 봄에는 갖가지 꽃이 피고 가을에는 나무에 단풍이 든다. 천지 자연의 대도大道에는 어긋남이 없어 사람 또한 태어나서 늙어가며 병들다가 죽게 마련이니 별다른 일이란 없다. 그런데 만일 이런 일들이 잘못되어 어긋나게 돌아간다면 과연 어떤 일이 벌어지게 될 것인가. 아침이 되어도 해가 뜨지 않는다면

433

어떻게 되나. 천지에 대이변이 일어나면 사람인들 어찌 살 수 있을 것이며, 산이 낮아지고 물이 높은 데로 거꾸로 흐른다면 이 세상은 끝장나는 게 아닌가. 그러나 우리들은 언제나 그런 일이란 절대로 일어나지 않는다고 아주 안심하고 평상시의 생활을 살아가고 있지 않은가. 그러니 아무리 어떤 종교를 믿는다고 해서 우주의 진리에 어긋나는 일이 일어날 리가 없고, 신앙을 하였다고 해서 이 세상에 별다른 일이란 일어나지 않는다. 아무리 큰 일이거나 작은 일이거나 간에 우연이 없고 기적 같은 것은 없다. 반드시 원인이 있어 결과가 있게 되는 것이지, 콩 심어서 팥 나는 일없고 무 심어서 당근 되지 않는다. 이와 같은 아주 평범한 일상의 일들이 바로 그대로 우주의 진리라는 것이지 이 밖에 별다른 일이란 도무지 없는 것이다. 그런데 사람들은 자꾸 별다른 것을 찾고 있다. 얼마 전, 어느 일간지에 이런 기사가 있었다. 서울 동대문 경찰서는 서울 시내 유명 백화점을 돌며 명품 의류, 골프용품, 고급 안경 등 1천 여 만원 어치의 물건을 훔친 혐의로 50대 여인에 대하여 구속영장을 신청하였다. 경찰에 따르면 이 여인은 L백화점 이탈리아 용품 수입매장에서 고급 실크 스카프를 훔치는 등 지난 해부터 1년여 간 서울 시내 유명 백화점들에서 수십 차례에 걸쳐 물건을 훔친 혐의를 받고 있다. 서울 성동구 구의동에 60여 평짜리 고급아파트와 수십억 원대의 부동산을 소유한 모 건설회사 사장 부인인 이 여인은 경찰에서 "세상 살기가 재미없을 때마다 고급 물건을 훔치면 위안이 되곤 했다."고 진술한 것으로 알려졌다. 이 여인은 아마도 별다른 것을 너무 찾았던 모양이다. 아주 평범한 일상생활이 얼마나 고마운 것인지를 모르고 있었으니 참으로 딱한 일이다. 각설하고, 백장스님이 모든 것을 놓아 버리고 오직 좌선 속에서 온 우주와 하나가 되어 있음을 보게 된 수행승은 엉겁결에 넙죽 절을 하였다가 한 방을 먹었던 것이다. 백장스님이 왜 그랬을까. 월급쟁이가 사장에게서 사령장을 받으면 감사하다고 머리를 숙인다. 그러면서도 내심으로는 자기가 능력이 있어서 사장이 쓸모 있는 사원으로 보고 있음이 틀림없다고 잘난 체 하지만, 그러나 사장이 보기에는 이 사원이 아직 능력이 모자라지만 달리 더 나은 사원도 보이지 않으니 하는 수 없이 사령장을 주면서도 "열심히 하게." 하고 훈시를 주지 않을 수 없다. 그것을 바로 선의 세계에서는 "노파심의 친절老婆心切"이라고 한다. 그렇다면 백장스님의 한방은 아직도 친절함이 모자란다고 할 것이니, 아무래도 이런 경우 30방이 필요한 대목이라 하겠다.

83

목도 입도 입술도 쓰지 않고
빨리 바로 한 마디 일러보게

倂却咽喉唇吻 速道將來

백장 회해百丈懷海선사의 선승禪僧 점검

중국에서 선종 초기시대의 선승들은 당시 혹독하게 불어 닥쳐온 불법사태佛法沙汰의 회오리바람 속에서, 승려들의 옷을 벗겨서 세속으로 나오게 하는 기가 막히는 법난法難을 피하여 깊은 산 속에서 홀로 지내기도 하였다. 이후 일단 정상적인 사원생활이 회복되었지만 아직 집단적 선수행 생활의 법도와 질서가 정립되지 못하였던 시기에는 대개가 율종의 사원律院에서 계율을 실천하는 율승律僧들과 함께 수행생활을 하였던 관계로 계율을 존중하는 율승들의 영향을 많이 받았다. 따라서 선종승단禪宗僧團의 규칙인 청규淸規가 성립되는데 있어서 규칙을 구성하는 근본을 인도에서 성립된 율장律藏과 중국에서 시행된 율행律行에다 기초를 두게 되었다. 특히 중국의 도선道宣(596~667)율사가 인도에서 전해진 여러 가지 율장 가운데서도 「사분율四分律」을 의지해서 세운 남산율종南山律宗에서 시행하는 「사분율행사초四分律行事鈔」와 「교계율의教誡律儀」 등을 주로 의지하였다. 이밖에 동진東晋의 도안道安(314~385)법사나 혜원慧遠(335~417)법사가 제정한 중국불교 초기의 승제僧制와 천태天台의 지의智顗(538~597)선사가 지은 『천태소지관天台小止觀』·『국청백록國淸百錄』 등에서 밝힌 규칙規矩·제도制度·위의威儀와, 또한 화엄과 선을 겸한 규봉 종밀圭峰宗密(780~841)선사가 그의 『원각경도량수증의圓覺經道場修證儀』에 규정한 규칙, 그리고 이전의 각 선사들의 어록語錄에 나타나는 선승禪僧들의 일상생활日用事에 관한 독자적인 견해와 각 사원에서 전통적으로 행하던 관행慣行 등 많은 영향이 여기에 결집되어서 참선수행 생활과 선문화禪文化의 토대를 이루게 된 것이 바로 청규였다. 이와 같이 집대성된 최초의 고청규古淸規를 제정한 이가 백장 회해선사였다. 그래서 그것을 세상에서 〈백장청규百丈淸規〉라 부르게 되었다. 그러나 이와 같이 선종의 역사에서 커다란 뜻을 지니고 있는 백장스님의 고청규는 일찍 없어져서 전해지지 않았기 때문에 그 전체적인 내용을 알 길이 없게 되었다. 이에 이것을 안타깝게 생각하여 약 3백년 뒤인 북송北宋의 숭녕2년崇寧二年(1103) 진주眞州 장로산長蘆山 자각 종색慈覺宗賾스님이 옛 청규의 모습을 다시 찾아서 『선원청규禪苑淸規』 10권을 만들었으니 이것이 오늘날까지 남아서 전해오는 청규들 가운데 가장 오래 된 것이다. 이렇게 이루어진 『선원청규』도 최초로 된 고청규의 모습을 다 담아서 전할 수가 없었던 것이며, 이미 3백 년의 세월이 지난 북송 때의 시대적인 변천과 사회적인 영향 등으로 인해 내용이 변했다. 그래도 옛 고청규의 모습을 그 뒤에 원元의 지원4년至元四年(1338) 때 백장산百丈山의 주지 덕휘德輝스님이 칙명勅命에 의하여 편집한

『칙수백장청규勅修百丈淸規』보다 더 많이 전하고 있는 것임이 틀림없으며, 따라서 이것이 후세에 중국·한국·일본 등에서 만들어진 각종 청규의 근본 토대가 되었던 것이다. 그런 가운데서도 백장스님의 고청규의 대강 중요한 것을 어느 정도 후세에 전해주고 있는 것으로 알려져 있는 『경덕전등록景德傳燈錄』 제6권의 백장전기에 부록으로 들어 있는 「선문규식禪門規式」에서 대표적인 사례를 들어보고자 한다. 참선대중이 모여서 집단적인 참선수행을 함으로써 실질적으로 청규가 행해지게 되는 근본도량인 선종사찰의 가람구성에 있어서 일반의 사원과는 달리 불상佛像을 모시는 불전佛殿을 세우지 않고, 오직 산중의 어른인 주지住持 대화상大和尙이 상단하여 설법上壇說法하는 법당法堂을 선종도량의 중심건물로 삼게 한 것은 선의 정신을 유감없이 발휘하는 실로 괄목할만한 일이라 하겠다. 왜냐하면, 백장스님이 뜻하는 바는 산중의 주지스님은 부처님을 대신해서 설법하는 것이며, 법을 설한는 곳이 바로 법당인 까닭에 법당이야말로 선종사찰에서 가장 중요한 곳이다. 이같이 부처님 대신으로 몸을 나투신 주지스님이 상주하고 있는 터에 특별히 불상을 모시는 전당은 필요가 없음을 뚜렷하게 청규에서 보여주고 있다. 그러므로 산중의 대중을 통솔하고, 참선수행을 지도하는 주지는 개당보설開堂普說, 상당설법上堂說法, 시중示衆, 소참小參, 만참晚參 등의 법좌法座를 통하여 매일같이 아침 저녁으로 대중에게 설법하고, 대중은 이 설법을 들으면서 참선공부에 힘을 기울였다. 의심나는 것은 대중이 언제든지 입실入室해서 스승에게 묻는參師問法 일을 게을리 하지 않게 하였으니, 백장스님은 이처럼 선종의 수행법을 정립한 선각자이기도 했다. 백장스님은 백장산에 계시면서 그의 높은 이름을 듣고 사방에서 구름 모이듯 하는 참선대중들을 지도하면서 일대 총림을 경영하였다. 그러면서 열심히 수행정진하는 제자들의 공부를 점검하는 일 역시 꾸준히 행하였다. 어느 날, 백장스님은 촉망하는 제자 가운데 한 사람인 운암 담성雲巖曇晟(780~841)스님을 보자 대뜸 어려운 문제를 들이댔다.

> 백장스님　"목도 입도 입술도 쓰지 않고 한 마디 말하게."
> 운암스님　"스님, 그러면 스님께서 지금 그렇게 말씀하시는 것도 역시 목도 입도 입술도 쓰지 않고 말하신 것인가요?"
> 백장스님　"아니, 그런 짓을 했다가는 나의 법을 이어 받을 사람이 끊기고 말거야."

　　운암 스님은 백장스님의 문하에서 20년 동안이나 열심히 수행하였으나, 당시에는 아직 깨달음을 얻지 못하고 있었다. 후세에 원오 극근圓悟克勤(1063~135)스님은 『벽암록碧巖錄』에서 운암스님의 이같은 대답에 대하여 평하기를 "운암의 이 대답은 마치 갈아입을 옷도 없는 여자 거렁뱅이가 갑자기 소낙비를 맞은 꼴을 보는 것 같아 차마 눈뜨고 볼 수 없는 몰골이다. 백장스님이 '그런 짓을 했다가는 나의 법을 이어 받을 사람이 끊기고 말 것이다' 하면서 마음속으로 울고 있었을 것이다."라고 평을 하고 있다. 운암스님은 어려서 출가하여 처음에 백장스님 문하에서 약 20여 년 동안 백장스님을 시봉하면서 공부하였으나 깨달음을 얻지 못하였다가 백장스님이 입적하신 뒤에 청원-석두 계통의 법을 이은 약산 유엄藥山惟儼(750~834)스님을 만나 뵙고, 문답하는 가운데 약산스님의 한 마디에서 크게 깨달음을 얻었다.謁藥山言下得大悟 뒤에 담주현潭州縣 운암산雲巖山에 있으면서 선법을 선양하였으므로 운암이라 불렸고, 이 스님의 법을 받

은 스님으로 동산 양개洞山良价(807~869)스님이 있다. 그런데 또 어느 날 백
장스님은 옆에 있던 오봉 상관五峰常觀스님에게 같은 물음을 던졌다.

> 백장스님　"목도 입도 입술도 쓰지 않고 한 마디 말하게."
> 오봉스님　"아니, 그런 짓은 싫습니다. 스님이 먼저 목도 입도
> 　　　　　입술도 쓰지 않고 한 마디 하셔야 지오."
> 백장스님　"허허, 그대는 사람이 없는 먼 곳으로 가버리고 말았
> 　　　　　구면. 그러면 나는 그곳으로 먼저 가서 그대가 오기
> 　　　　　를 기다리고 있겠네."

　　오봉스님은 '그런 쓸데없는 문답에는 상관하기 싫습니다' 하고 뻗대
었다. 그러자 백장스님이 '그렇다면 목도 입도 입술도 쓰지 않는 곳에서
차분히 말을 나누세나' 하고 슬쩍 어루만져 주었다. 무슨 뜻인가 하고 어
리둥절하지 마시라. 후세에 백장회해-황벽 희운의 법맥을 이어 임제종
의 초조가 된 임제 의현臨濟義玄(?~867)스님은 말하기를 "그대가 입을 열자
마자 이미 불법과는 아무 상관이 없는 일이 되고 말리라開口卽錯" 하였다.
또 "내가 선을 안다거나, 도를 안다고 하지 말라 언변이 설사 거침없이
쏟아져 흐르는 물처럼 아무리 유창하다 하더라도 그런 것은 다 지옥 갈
업을 지을 뿐이다."라 하면서 말솜씨가 아무리 훌륭하다 하더라도 그 구
업으로 다 스스로 지옥가는 길을 면치 못할 것이니 그런 짓이란 아예 하
지도 말라고 했다. 왜냐하면 입으로 말하는 순간 그것은 벌써 '거짓말'이
될 뿐이다. 그렇다면 백장스님이 제자들을 하나씩 붙들고 "자, 목도 입
도 입술도 쓰지 않고 한 마디 말하라." 한 깊은 속뜻이 과연 무엇이겠는
가.

여기서 옛날 영산회상에서 석가세존이 꽃 한 송이를 들어 보이시자 가섭이 파안미소한 염화미소拈華微笑의 소식과 비야리성 유마거사가 입을 다물고 묵연하였던維摩一默소식이 새삼 떠올려진다. 동시에 석가세존께서 자신이 40여 년 동안 쉼 없이 법을 설하였으나 아직 한자도 설함이 없었다고 하셨으니, 진실한 바는 도저히 입으로 말할 수가 없는 모양이다.

84

"어떤 것이 부처입니까"
"그대는 누구냐, 나를 아는가"

如何是佛 汝是何誰 汝識某甲不

백장 회해百丈懷海선사의 제접提接

백장스님이 제정하신 청규清規의 정신은 어디까지나 총림의 운영과 대중생활의 질서유지에 있어서 가장 평등주의적인 정신을 구현하고 있는 점이라 하겠다. 제방에 모인 대중들은 신분이나 지위의 높낮음을 가리지 않고, 다만 불교의 제도에 따라서 승당에서 앉는 차례를 정할 뿐이다. 총림을 운영해 가는데 필요한 직책을 대중들의 공의에 의해 각각 고루 나누어 맡아 행하되, 번갈아 1년씩 교대했다. 현대 우리 한국 불교의 선방에서 음력 4월 15일 여름 안거 결제結制를 하기 전날, 그리고 음력 10월 15일 겨울 안거 결제하기 전날에는 대중이 빠짐없이 전부가 큰 방에

442

모여서 결제동안에 각기 맡을 소임을 정하기 위하여, 이른바 방짜는 대
중공사가 열려서 중요하고 어려운 소임은 대중의 추천과 뜻을 따르는
형식으로 정해지며, 나머지 여러 가지 가벼운 소임들은 각자의 자원에
의하여 맡게 된다. 이렇게 타천 또는 자천에 의하여 모든 소임이 정해지
면 선원의 큰 방에 걸리게 되는 용상방龍象榜, 소임의 명목이 나열된 지방에 좌
우로 나누어서 오른편에는 백운白雲에 속하는 선원의 수행대중이 맡게
되는 소임이 걸린다. 선원의 으뜸이신 조실스님으로부터 왼쪽으로 조실
祖室·회주會主·선덕禪德·입승立繩·유나維那·한주閑住·병법秉法·지장知藏
·노전爐殿·지전持殿·종두鐘頭·헌식獻食·다각茶角·정통淨桶·화대火臺·소
지掃地 등이 차례로 걸린다. 그리고 왼쪽에는 청산靑山에 속하는 사중의
사무를 보는 대중의 직책이 걸린다. 사원의 책임을 맡은 주지스님으로
부터 오른쪽으로 주지住持·총무總務·재무財務·교무教務·서기書記·원주
院主·도감都監·별좌別座·반두飯頭, 또는 供養主라고도 부름·채두菜頭;또는 供養
主라고도 부름·갱두羹頭·원두園頭·산감山監 등의 이름이 나붙게 된다. 선
원의 규모와 대중 인원의 다소에 따라 소임의 명목에 증감이 있지만 대
개는 비슷하다. 현재 한국에서의 총림·선원에서 행하는 수행생활의 관
행과 질서가 대개 이 청규에서 나왔다고 할 수 있다. 매일의 일상생활에
필요한 일들은 누구나 다 같이 힘을 합쳐서 공동으로 작업하는 대중울
력大衆運役을 행하여 자급자족하는 적극적인 생활형식인 보청普請의 법을
청규에 규정하여 실천함으로써 승가생활僧伽生活의 정신과 형태를 새롭
게 마련하여 후세에서도 이러한 법도를 따르게 했다. 이것이야말로 선
종의 교단사적禪宗教團史的인 측면에서의 큰 뜻을 지니는 일이다. 그리고
백장스님이 처음으로 「백장고청규」를 제정하였던 당시에는 대부분의
사원이 상류 귀족층들의 보호를 받으며, 여러 가지 사업을 활발하게 경

영하였다. 또한 거기에서 얻어지는 경제적 이윤으로 다시 금융사업을 운영하여 사원의 재산을 증식시켰다. 그런데 「고청규」에서는 이와 같은 형태의 사원운영 방식을 단연 거부하고, "하루 일하지 않으면, 하루 먹지 않는다."는 정신으로 참선수행 대중이 필요로 하는 식량이나 생활물자를 확보하기 위하여 스스로 일하여 확보하는 자급자족하는 생활방식을 택하여 경제적으로 독립할 수 있는 경영방법을 총림의 「청규」에 규정하여 이를 당당하게 실천하였으니, 이것은 경제적인 측면에서도 큰 뜻을 지니는 일이라 아니할 수 없다. 이러한 총림의 기초를 마련하고, 선수행의 기틀을 세워서 진정한 선의 안목을 지닌 활안납자活眼衲子들을 길러내기 위해서 꾸준히 노력하면서 기회만 있으면 그럴만한 제자들에게 그 본분의 경지本分境地를 점검하기 위하여 선문禪問을 던졌다. 백장스님이 한번은 총림의 살림살이를 맡은 위산 영우潙山靈祐(771~853)스님이 어느 날 밤늦게 뵈러 왔을 때 그를 보자 곧바로 물었다.

백장스님　"화로에 불을 피워주게. 你爲我撥開火"
위산스님　"불씨가 없습니다. 無火"
백장스님　"좀 전에 불씨가 있는 것을 보았는데. 我適來見有"

하고는 스스로 일어나 화롯가에 가서 손수 재를 헤치고 불씨 하나를 집어들고 말했다. 師自起來 撥開見一星火 來起來云

백장스님　"이게 불이 아니고 무엇인가? 這个不是火 是什麼"

위산스님이 그 한마디에 문득 깨달았다. 潙山便悟 이렇게 해서 깨달음

을 얻은 뒤로 위산스님이 사뭇 달라졌다. 백장스님이 위산스님과 일을
하시다가 물었다.

백장스님　“불이 있는가? 師問有火也無”

위산스님　“있습니다. 對云有”

백장스님　“어디에 있는가? 師云在什摩處”

위산스님이 나뭇가지 하나를 들고 후—후— 하고 서너 번 불고는 백
장스님에게 드렸다. 潙山把一枝木　吹兩三下遇與師 그러자 백장스님이 말하기
를,

백장스님　“벌레 먹은 나무 같구나. 如蟲蝕木”

하셨다. 이번에는 위산스님이 물었다.

위산스님　“어떤 것이 부처입니까? 汝何是佛”

백장스님　“그대는 누구인가? 汝是阿誰”

위산스님　“저는 아무개입니다. 對云某甲”

백장스님　“그대는 나를 아는가? 師云 汝識某甲否”

위산스님　“분명합니다. 對云 分明箇”

스님께서 불자를 세워들고 물었다.

백장스님　“그대는 이 불자를 보는가? 師竪起拂子問 汝見拂子否”

위산스님 "봅니다. 對曰 見"

백장스님께서 문득 말을 그치셨다. 師乃不語

"어떤 것이 부처입니까?" 하는 물음은 선문답에서 가장 많이 나오는 것이며, 그래서 어느 누구라도 내놓게 되는 질문이다. 말하자면 불교에 처음으로 들어간 사람이라면 반드시 이러한 물음이 마음속에 떠오르는 것은 당연한 일이거니와 나아가 수행이 상당히 향상된 수행자 역시 가지게 되는 의문이기도 한 것이다. 그리고 이에 대한 대답 또한 그야말로 각양각색이며 천차만별이다. 왜냐하면 이 문제에 대한 대답들은 보통의 상식·지식·학식 등을 동원해서 알아보려고 해보았자 무슨 소리인지 도무지 알 수가 없을 뿐더러 도대체 해석해 볼 단서조차도 잡기가 어렵기 때문이다. "어떤 것이 부처입니까?" 하는 물음에 대한 여러 대답 가운데 옛부터 잘 알려져 있는 몇 가지를 예로 들어보더라도 "법당 안을 보아라. 殿裏底", "32상 이니라. 三十二相", "마른 똥막대기니라. 乾屎厥" "장림산에 생겨난 대나무뿌리 회초리니라. 杖林山下竹筋鞭", "삼서근이나라. 麻三斤" 하는 따위이다. 여기서도 운문雲門文偃(864~929)스님의 법을 이어 받은 동산洞山 守初(910~990)스님이 "어떤 것이 부처입니까?" 하는 물음에 '삼서근麻三斤'이라 한 것이 가장 유명하다. 이 말이야 말로 여러 선지식들의 대답을 뛰어넘는 것으로 여기에 더 이상 입을 댈것을 허용하지 않는다는 평가를 듣고 있다. 그럼에도 불구하고 후세의 세상 사람들은 이에 대하여 오히려 여러 가지를 동원해서 천착하고 있음을 보는데 조금 품격있게 평하는 것으로는 '이것은 동산 수초스님이 마삼근麻三斤을 의지해서 부처는 온세계盡大地를 나투고現成 있다는 뜻을 주고 받은 것商量이다. 그러므로 부처

446

의 당체堂體를 알고자 하거나 삼麻의 근량斤量을 알아야 함을 알게拈起하고, 곧 바로 온세계에 나타나 있는盡大地現成부처를 제시함으로써 분별하는 망상과 관념적으로 이해解了함을 떠난 그 당처에 바로 나를 던져 들어가야 함參熟堂體을 선문답商量한 것이다'라고 한 것으로부터 '동산스님이 그때 후원에 계시면서 삼베를 저울로 달아보고 있었기에 납자의 그와 같은 물음에 그대로 마삼근麻三斤이라고 대답한 것이다', '동산스님은 원래가 동쪽을 물으면 서쪽이라고 동떨어진 대답하는 스님이었기에 그 같은 물음에 대해서 부처와 삼은 상반하는 것이기에 그러한 상반되는相違 말로 답한 것이다', '본래 그대 자신이 부처임에도 불구하고 그 부처를 모르고 새삼스레 부처를 묻고 있으니, 그래서 동산스님은 곧바로 답하지 않고 빙 둘러서 마삼근이라 대답한 것이다', '이 마삼근이 그대로 부처이기 때문이다' 등 여러 가지 소리를 하고 있지만, 이러한 것들은 그 어느 것이나 모두 다 마삼근麻三斤 하고는 아무 관계도 없고, 가당치도 않은 말들에 지나지 않은 말이다. 왜냐하면 언제까지나 마삼근麻三斤이라는 말에 휘둘려 뱅뱅 그 언저리를 맴돌고 있는 동안에도 56억 7천만년 지난 뒤에 당래하생 미륵부처님이 이 세상에 출현하신다하더라도 역시 부처 보기란 꿈조차 꾸지도 못할 것이며, 그야말로 부처와 멀기가 10만 8천리일 것이기 때문이다. 그렇다. 언어 문자란 어차피 불법을 담는 그릇에 지나지 않는 것이기에 가령 '마삼근'에 대해서 우리가 생각해 낼 수 있는 말을 모두 다 말한다 하더라도 그것은 다 이것도 아니요, 저것도 아니다 하고 싹 물리쳐 버리겠다고 설두雪竇重顯스님은 평하고 있다. 그렇다면, "어떤 것이 부처입니까?" "마삼근麻三斤이니라." 함은 무엇이란 말인가. 이에 대하여 역시 '마삼근'이라고 할 수밖에 없다. 요는 몸소 진실하게 참선 정진하여 스스로 깨달아 알아야 하는 방법 외엔 딴 도리가 없으니까. 그래서 백장스님은 위산스님에게도 "입과 목과 입술을 쓰지 않고 한 마디 일러라." 하고, 위산스님이 "그런 식으로 하지 마시고, 먼저 스님께서 그렇게 한마디 하시지오." 하자 백장스님은 "나더러 하면 못할 바 아니지만, 그런 짓 하면 내 법을 받아 이어갈 사람이 끊어질 것이다." 하였다. 또 위산스님이 "어떤 것이 부처입니까?" 하고 물은데 대하여 "그대는 누구인가?", "그대는 나를 아는가?", "그대는 불자拂子를 보는가?" 하시고 이에 대하여 위산스님이 "위산입니다.", "분명합니다.", "봅니다." 하자, 백장스님이 문득 말을 그치셨다. 자! 이 도리를 아시겠는가, 아니면 아직도 그대로 어리둥절할 뿐인가. 할喝! 요새 아파트 분양에서 그 모양과 규모를 보고 와! 하고, 엄청 오른 분양가 듣고 억! 한다 하던데, 이 소식은 어떠한고.

85

"그대는 경을 강의할 때 어떻게 하나"
"마치 금쟁반 위에 구슬 굴리듯 합니다"
"금쟁반 치워버리면 구슬은 어디 있는가"
講時作麼生 如金盤上弄珠 拈却金盤時 珠在什麼處

백장 회해百丈懷海선사의 수행修行

백장스님이 처음으로 제정한 역사적이며 획기적인 '청규'의 규정에
의하여 선종의 승단이 자급자족한 생활을 하였다고 하는 것이 특별하게
세속사회와 동떨어진 별다른 사회를 건설하여 살았다는 것은 아니며,
오히려 당시의 일반 서민들의 생활 형태였다고 하겠다. 당나라 시대의
사회는 농업을 중심으로 하는 물물교환의 경제에서 차츰 상업·무역을
중시하는 금전 화폐의 유통경제로 옮겨가는 과도기에 접어들고 있었다.
따라서 소수의 귀족층들은 상업중심의 경제생활을 하였으나, 대다수의 일반 서민들은 그대로 물물교환에 의하여 필요한 생활물자를 구하는 방식으로 살며, 기본적인 것은 어디까지나 스스로 생산해서 자급자족하는 생활을 했다. 이런 시대적·사회적 환경 속에서 일반적으로 중국의 불교사원이나 각종의 교단에서는 대개가 소수 귀족층들의 보호를 받으면서, 그들의 상업중심의 화폐경제 양식을 본받아서 경영해 갔다. 그런데 이것과는 반대로 선종의 승단에서는 대다수 사회의 저변을 차지하는 일반 서민들과 생활형태를 함께 하는 자급자족의 생활양식을 취하였다는 것은 선종의 발전 역사에 매우 큰 뜻을 지니는 일이었다. 왜냐하면, 귀족층에 영합하여 그들의 후원을 받으며 그러한 생활양식을 모방하였던 일반 불교 교단들은 한때는 번영하였지만, 곧 쇠멸하는 길을 걷게 된다. 이에 비해 일반 서민들과 같은 생활 형태를 취하였던 선종승단은 중국사회에 굳건하게 뿌리를 박고, 중국 불교계에서 오래토록 중심세력으로 남게 되었다. 그리고 선종의 승단에서 적극적이며 생산적으로 일해야 함을 규정해서 실행한 것을 결과적으로 볼 때, 불교가 발생한 인도 사회에서와는 달리 중국의 사회에서는 유교를 중심으로 생산적인 활동을 하지 않는 승려들을 무위도식하는 무리로 보아 비난의 대상으로 삼았다. 청규에서 일하며 자급자족하는 생산적인 생활을 선종승단의 생활양식으로 삼은 것은 이와 같은 비난과 공격을 잠재웠을 뿐만 아니라, 오히려 이에 반격을 가하는 역할을 하기도 하였으니, 이것은 사회적으로 큰 뜻을 지니는 일이다. 그런데 이상과 같은 뜻들을 지니는 청규淸規가 제정되었다는 것은 사상적으로 선종의 수행관禪宗修行觀이 그야말로 일대 전환을 가져왔다는 것을 말해준다. 다시 말해서 인도에서 중국으로 전해진 선법禪法은 좌선坐禪하는 것만이 유일한 수행법이며, 중국 초기 선종에 있어서도 동일한 수행방법이었다. 그러나 인도와는 기후·풍토·생활관습이 다른 중국에서 수많은 수행대중들이 한 곳에 모여서 총림을 형성하여 자급자족하는 집단적 공동생활을 할 경우, 이들 중 농장의 일을 맡은 대중은 종일 농사일에 종사해야 하며, 후원의 일을 맡은 대중은 새벽부터 저녁까지 모두의 음식을 만드는 일에 매달려야 하는 등 많은 대중들의 노고와 협력이 있어야만 되는 것이다. 그럼에도 불구하고 선종승단인 총림叢林에 앉아서 하는 좌선수행만이 선종의 유일무이한 수행법이요, 좌선이 아니면 불도를 이룰 수 없다고 하게 된다면 총림을 유지하기 위해서 열심히 일하며 노력하는 그 많은 수행승들은 불법의 진리에 참여하지 못하는 것이며, 불도의 수행에서 소외될 수밖에 없게 된다. 그러나 백장스님은 일하는 것이야말로 누가 대신해 줄 수 없는 자기 자신을 살리는 수행길임을 깨우쳐 주었다. 또 청규속에 명확하게 규정해 실행함으로써 일하는 것도 좌선하는 것과 같은 불도수행임을 분명하게 보여주었던 것이다. 이렇게 일하는 뜻이 좌선하는 것과 같은 차원까지 높여짐으로서 총림에서의 온갖 일은 모두 불법의 진리에 참여하는 수행이며 어떠한 일이라도 그 뜻에 있어서는 좌선하는 것과 조금도 다름이 없는 수행이 된 것이다. 그러므로 총림이나 선원에 있어서의 모든 생활이 바로 수행일진대, 청규 역시 단순히 총림선원의 규칙을 정한 것이 아니라, 더 널리 크게 총림 선원에서의 모든 생활이 어느 것 할 것 없이 모두가 다 불도 수행 그 자체라는 매우 큰 뜻을 백장스님이 밝힌 것이다. 백장스님이 젊었을 때 걸망을 짊어지고 행각하다가 대장경이 보전되어 있는 선권사禪勸寺라는 절에서 한동안 머물러 있으면서 경을 열람하고자 허락을 구했다. 그 절의 주지스님이 허락할 수 없다면서 그 이유를 말하기를 "참선수행한다는 행각승行脚僧의 의복이 청결하지 못하니 경전을 더럽힐까 두렵기 때문이다."라고 하는 것이었다. 백장스님이 그래도 경을 보고

자 간청하자 사주寺主도 하는 수 없이 마침내 허락했다. 백장스님이 경을 다 본 후 대웅산大雄山으로 가서 크게 선풍을 드날려 이름을 세상에 널리 알렸다. 백장스님이 출세한 뒤, 그 밑으로 공양주供養主를 하던 스님이 선 권사에 가서 사주寺主스님을 만나게 되었다. 사주, 즉 주지스님이 그에게 물었다.

"어디서 떠났습니까?"
"대웅산에서 떠나 왔습니다."
"그곳은 어느 분이 주지로 계시는가요?"
"아마도 우리 큰스님께서 행각하실 때 이 절에서 경을 보신 것 같습 니다."
"그러면 혹시 해상좌海上座, 백장 회해선사가 아니신가?"
"그렇습니다."
그러자 사주가 합장하면서 말하였다
"나야말로 참으로 범부凡夫로구나. 그 당시에는 그 스님이 인천의 선 지식임을 알지 못하였구나.當時不識他人天善知識"

하며 한탄하였다. 그리고 다시 물었다.

"그런데 여기에는 무슨 일로 왔는가요?"
"네, 소를 지으려고著疏, 글을 쓰 왔습니다."

그러자 사주가 스스로 소 짓는 일을 도우며, 모든 것을 가르쳐 주고는 공양주와 함께 대웅산으로 갔다. 백장스님이 이러한 소식을 듣자 곧 산

을 내려가서 맞이하여 절에 돌아갔다. 모든 인사를 마친 뒤에 백장스님
은 사주에게 선상禪床에 오르기를 청하면서 말하기를

"내가 사주에게 한 가지 꼭 물어 볼 것이 있습니다."

사주가 사양하였으나 마지 못하여 자리에 오르자, 백장스님이 물었
다.

"사주께서는 강의하실 때 어떻게 합니까?"
"마치 금쟁반 위에 구슬을 굴리듯이 하지요."
"금쟁반을 집어 치워버리면 구슬은 어디에 있는가요?"

사주가 대답을 못하였다. 또 물었다.

"경교經敎에 말하기를 '분명하게 불성을 보면了了見佛性 문수보살 등과
같다' 하였는데, 이미 분명하게 불성을 보았으면 마땅히 부처님과 같
아야지 어떻게 문수보살과 같다고 하겠는가."

역시 사주가 대답하지 못하였다. 이 일로 해서 자신의 수행이 부족함
을 크게 느끼고 분발한 사주는 바로 백장스님의 문하에서 열심히 참선
정진하여 드디어 백장스님의 법을 받아 호를 열반화상涅槃和尙이라 하였
다. 또는 법정法正선사라고도 불렀다. 항상 백장산에서 살면서 총림에서
백장스님의 다음인 서당西堂자리에 있으면서 밭을 새로이 만드는데 힘썼
고, 또한 불법의 큰 뜻을 『열반경』을 가지고 설법하였던 까닭에 열반화

상이라는 칭호를 받았다. 백장스님이 열반하신 뒤에는 그 뒤를 이어서 제2세 백장이 되어 총림을 이끌고 천하의 참선대중을 지도한 이가 바로 이 스님이었다. 백장스님이 어느 날, 밤 깊은 잠에서 문득 깨어났는데 갑자기 더운 물이 마시고 싶었다. 그러나 시봉하는 시자도 역시 잠들어 있어서 불러도 대답이 없었다. 그런데 조금 있다가 누군가 시자의 방문을 두드리면서 시자를 불렀다. "큰스님께서 더운 물을 찾으시오." 시자가 벌떡 일어나서 물을 끓여 가지고 스님에게로 갔더니 스님께서 놀라시며, 시봉에게 물었다. "누가 이렇게 물을 끓여오라 하더냐?" 시자가 자세히 앞서 있던 일을 말씀드리니, 백장스님이 손가락을 퉁기면서 탄식해 말하였다. '노승老僧이 여태까지 제대로 수행할 줄을 모르고 있었구나. 만약 수행할 줄 아는 사람이라면, 사람도 모르게 하고 귀신도 알지 못하게 해야 하는 것인데 오늘 나는 토지신에게 내 마음을 엿보여 이런 일이 있게 되었구나. 師便彈指云 老僧終不解修行 若是解修行人 人不覺鬼不知 今日之被土地覰我 心識造無摩次第'

　　이렇듯 백장스님의 수행하는 마음이 세심하고 철저하였으니, 이와 같은 천하 백장산 총림 대화상의 수행하는 평소의 마음가짐에 후세의 참선수행하는 사람들이 참으로 경탄하지 않을 수가 없다.

86

“큰 도에 들어가 대번에 깨닫는 법은
어떤 것입니까”
“부처님은 구함이 없는 사람이다”

如何是大乘入道 頓悟法　佛是無求人

백장 회해百丈懷海선사의 설법說法

중국에서의 선종은 철학적인 이론을 단지 관념적으로만 이야기하는
데 그치기 쉬웠던 일반 불교의 잘못을 되풀이하지 않고, 실천 불교의 대
표로써 꼽히게 된 것은 〈청규淸規〉에서의 규정과 뜻에 따라 선을 선종승
단의 생활 속에서 살릴 수 있었기 때문이다. 백장스님이 처음 세우신
〈청규〉가 지니고 있는 여러 가지 뜻들을 시간과 공간을 초월하여 오늘
날의 한국불교에서도 거울로 삼아야 할 부분이 많다. 앞으로 〈청규〉에
대한 연구가 더 활발하게 이루어져서 누구나 그 내용을 쉽게 읽고 알게

됨으로써 우리 불교계에 마치 흐린 물을 맑히는 청정한 구슬 같은 역할
이 되기를 바라 마지않는다. 백장스님은 대총림을 이끌어 가는 법주法主,
즉 방장답게 항상 자기수행에 철저하였고, 또 한편으로는 회상에서 참선
정진하는 수행자들의 공부를 세밀하게 점검하는 일 또한 늦추는 일이
없었다. 그리고 때로는 수행대중 모두에게, 더 나아가 만인에게 주는 설
법도 아끼지 않았다. 백장스님의 그러한 설법을 몇 가지 보기로 하자.
어떤 이가 물었다.

"큰 도에 들어가 대번에 깨달음을 얻는 법은 어떤 것입니까?如何是大乘
入道頓悟法"

백장스님이 이에 대하여 다음과 같이 그 법을 설하였다.

"그대들은 무엇보다도 먼저 관계되는 여러 인연을 끊어 버리고 모든
일을 다 쉬어 버려서 착한 일이거나 착하지 못한 일이거나 세간의 온갖
일들을 아울러 모두 다 놓아 버리고 그것을 기억하지도 말고 생각하지
도 말라. 몸과 마음을 다 놓아 버려서 얽매임 없이 자유로워지면, 마음이
망념에 흔들림 없기가 마치 목석과 같이 되어 입으로 말할 것 없고 마음
을 쓸 곳이 없어지게 된다. 이렇게 되면 마음의 경지가 허공과 같아지는
곳에 지혜의 해가 저절로 나타남이, 마치 구름이 열리면 해가 나오듯 할
것이다.

일체의 반연되는 것들, 탐욕하며 성내며 애착함이 쉬어져서 더럽다
거나 깨끗하다거나 하는 분별하는 생각이 아주 다하여 오욕과 팔풍五慾
八風을 대하더라도 보고 듣고 느끼고 아는 데에 속박됨을 입지 않으며,
모든 경계에 의혹하지 않게 되면 자연히 신통묘용을 구족하게 되는 것

이니, 이러함을 바로 해탈한 사람이라 한다. 汝等先歇諸綠 休息萬事 善與不善 世間一切諸法 並皆放却 莫記憶莫緣念 放捨身心 令其自在 心如木石 無所辨別 心無所行 心地若空 慧日自現 如雲開日出相似 俱歇一切攀綠貪嗔愛 取垢淨情盡 對五慾八風 不被聞覺知所縛 不被諸境惑 自然具足神通妙用 是解脫人

일체의 경계를 대하면서도 마음에 조금도 조용하다거나 흔들린다거나 함이 없고, 거두어 드릴 것도 흩어서 없애버릴 것도 없어서 일체의 소리나 모양을 꿰뚫어 거기에 걸리는 바 없다면 이를 이름하여 도인이라 한다. 對一切境 心無靜亂 不攝不散 透一切聲色 無有滯着 名爲道人 그리고 다만 일체의 선과 악, 더럽고 깨끗함 같은 유위의 세계에서의 복이나 지혜에 얽매이지만 않는다면, 그것을 곧 부처의 지혜라 이름한다. 但不彼一切善惡 垢淨有爲世間福智枸繫 卽名爲佛慧

또한 '옳다 그르다, 밉다 곱다, 바른 도리다 그릇된 이치다' 하는 등의 모든 소견들을 몽땅 비워 거기에 얽매이지 않고 가는 곳마다 자재하면 그것을 이름 하여, 처음 발심한 보살이 곧바로 부처의 지위에 올랐다고 한다. 是非好醜 是理非理 諸知見總盡 不被繫縛 處處自在 名爲初發心菩便登佛地

일체의 모든 법은 본래 스스로가 말함이 없으니, 공空도 스스로를 공이라 말하지 않으며, 색도 스스로를 색이라 말하지 않는다. 옳거나 그르거나 더럽거나 깨끗하거나 간에 그것들 또한 본래 무심해서 사람을 속박함이 없는데도, 다만 사람들이 스스로 공연히 함부로 헤아리고 집착하여 갖가지 견해를 짓고 갖가지 지견을 일으키고 있을 뿐이다. 만약 '더럽다, 깨끗하다' 하는 마음이 다하여 얽매임에도 머무르지 않고 해탈에도 머물지 않아서 일체 유위·무위 등의 견해가 없어서 평등한 마음으로 생사에 처한다면 그 마음은 자재롭다. 필경에 허망된 번뇌망상과 오온과 십팔계五蘊十八界, 생사와 모든 감각기관生死諸入과 어우르지 않고 초월하여 그 어디에도 의지함이 없어 가고 머물음에 구애됨이 없으며, 오고 감에 걸림이 없으므로 생사가 마치 문을 열고 닫는 것과 같으리라. 만약 갖가지 괴로움과 즐거움 등이 내 마음에 맞지 않는 일을 만나더라도 물러서는 마음이 없어야 하며, 명예나 의식 등을 생각하지 말고, 일체 공덕이나 이익 등을 탐내지 말며, 세상 법에 집착하는 마음을 두지 말아야 한다. 비록 친애하고 고락을 함께 하였더라도 생각에 걸리게 하지 말며, 거친 음식으로 생명을 이어가고, 입은 옷은 다만 추위와 더위를 막음으로 족할 뿐이다. 이와 같이 마치 우두커니 어리석은 듯 귀머거리인 듯 되어야 비로소 법에 가까워질 여지가 있는 것이다. 그러므로 저 생사의 길 가운데서는 알음알이를 널리 배우거나 복덕을 구하고 지혜를 구하여도 진리에 나아감에는 아무런 이익이 없고, 도리어 알음알이가 경계를 일으키는 바람에 생사의 바다 속으로 되돌아가게 될 것이다. 부처는 바로 구하는 것이 없는 사람이다.佛是無求人 구하면 이치에 어긋나고, 진리는 구할 것이 없는 이치이니 구하면 곧 잃게 된다. 그러나 만약 구함이 없는데에 집착한다면 도리어 구하는 것과 같다. 이 법은 진실도 없고 허망도 없으니, 만약 능히 일생동안 마음이 나무같이, 돌같이 오음·십팔계·오욕·팔풍 등에 흔들려 빠져 들지 않으면 거기서 생사의 원인이 끊어져 가고 머물음이 자유로워 일체의 유위법의 인과에 얽매이지 않을 것이다. 그런 뒤에는 얽매임 없는 몸으로 중생과 동화하여 그들을 이익하게 하며, 얽매임 없는 마음으로 일체 것에 응하며, 얽매임 없는 지혜로 일체의 얽매어 있음을 풀어서 능히 중생들의 병에 맞추어 약을 줄 수 있게 될 것이다. (『祖堂集』의 「百丈錄」에서)

백장스님에게 어느 날 제자가 물었다.

제자 　　 "지금 계를 받아 몸과 입이 청정해지고 모든 선한 것을 다 갖추면 해탈을 얻겠습니까?"

백장스님 　 "조금少分은 해탈할 수 있겠으나, 마음의 해탈을 얻지 못한다면 일체 해탈은 얻지 못한다.

제자 　　 "어떤 것이 마음의 해탈입니까?"

백장스님 　 "부처도 구하지 않고, 알음알이도 구하지 않으며, 더럽다거나 깨끗하다거나 하는 생각이 다하여 없어진 뒤에도 구함이 없는 것이야말로 옳다고 고집하지 말아야 한다. 그리고 이러한 것이 다한 경지에도 머무르지 않으며, 또한 지옥의 속박도 두려워하지 않고 천당의 즐거움도 좋아하지 않음으로써 일체 법에 구애되지 않아야 비로소 해탈이라 할 것이다. 이렇게 몸과 마음과 아울러 일체 것에 걸림이 없음을 다 해탈이라 하느리라. 그러니 그대들은 조그마한 계행이나 선행함을 가지고 다 되었다고 말하지 말라. 항하의 모래와 같이 이루 다 말할 수 없이 많은 무루無漏의 계·정·혜戒定慧의 법문을 지녔다하더라도 도무지 한 터럭만치도 소용이 없으니 일찍부터 힘써 용맹스럽게 정진하라. 그러니 이제 귀가 멀어지고 눈이 어두워지고 머리털은 희어지고 살같이 주름져서 늙음의 괴로움이 몸에 다가오기까지를 기다리지 말라. 눈에서 때 없이 눈물이 흘러나

오고 마음이 두려움에 떨게 되면 참으로 갈 곳이 없
으니, 이런 지경에 이르게 되면 손발을 써보려 해도
어쩔 수가 없다. 설사 복과 지혜와 아는 것이 많다
하더라도 이에 당해서는 아무 도움도 되지 못하는
것이니, 그것은 마음의 눈이 열리지 못하여 오직 밖
으로의 여러 경계에만 반연하여 안으로 돌이켜 볼
줄을 모르기 때문이다. 또 일생동안 지은 악업이 모
두 다 앞에 나타나서, 혹은 반갑게 혹은 두렵게 육
도와 오온六道五蘊이 나타나면, 그 모두가 훌륭한 저
택·배·수레로 보이고 찬란하게 빛난다는 것을 듣
지 못하였는가. 자기의 마음이 탐욕과 애착을 따랐
기에 보이는 것이 다 좋은 경계로만 보이는 것이니,
보이는 바에 따라서 인연이 무거운 곳으로 태어나
는 데는 자유가 없어서 용이 될지, 축생이 될지, 귀
하게 될지, 천하게 될지, 전혀 기약이 없다.”

제자　　　“그러면 어찌하여야 자유로움을 얻을 수가 있습니
까?”

백장스님　“이제 오욕과 팔풍을 대하더라도 마음에 취하거나
버리거나 함이 없고, 더럽다거나 깨끗하다거나 함
이 모두 없어져서 마치 하늘의 해와 달이 아무 걸림
없이 비추는 것처럼 마음이 목석과 같이 흔들림 없
다. 또한 으뜸가는 큰 코끼리가 물을 건너가되 조금
도 의심하거나 머뭇거림이 없이 물속 땅을 착실히
밟고 건너 가듯하면, 이 사람은 천당이나 지옥에도

걸리지 않을 것이다. 此人天堂地獄不能攝也"

하였다. 현대의 우리들은 이러한 생사해탈의 경지에는 발밑에도 다가가기 어렵다. 그러나 어느 시대 어느 곳에 있어서라도 불교의 이러한 도리를 의심 없이 믿고 오직 참선에 힘써 노력하는 용맹정진으로 마음을 비워 구함이 없으면, 이러한 해탈의 경지가 다름 아니라 바로 나의 것임을 백장스님은 분명히 일러주고 계신다.

87

"대수행인도 인과에 떨어집니까"
전 백장 "인과에 떨어지지 않는다"
현백장 "인과에 어둡지 않다"

大修行底人 還落因果也無 不落因果 不昧因果

백장 회해百丈懷海선사의 백장야호설百丈野狐說 Ⅰ

백장스님이 그 회상에서 참선 정진하는 대중들에게 직접 제시한 〈백
장야호百丈野狐〉는 너무나 유명한 공안이다. 백장스님께서 법당에 나아
가 대중들에게 상당설법上堂說法할 때마다 한 노인이 항상 대중들의 뒷자
리에 앉아 설법을 들은 후 어디론가 가버리곤 하였다. 그런데 어느 날 설
법이 끝나고 대중들이 흩어졌는데도 그 노인이 돌아가지 않고 남아 있
는 것을 보고 백장스님이 그의 곁으로 가서 "내 앞에 서 있는 사람은 누
구인가?" 하고 물었다. 그러자 그 노인이 말하기를

"네, 사실은 저는 사람이 아닙니다. 옛 가섭 부처님 시대에 스님처럼 이 산에서 대중을 거느리고 살았습니다. 어느 날 한 학인이 묻기를 '훌륭하게 수행을 이룬 사람도 인과에 떨어집니까? 大修行底人 還落因果也無' 하고 묻기에 그에게 '인과에 떨어지지 않는다. 不落因果' 하고 대답하여 마침내 여우 몸을 받는 과보로 5백생 동안 겪고 있습니다. 이제 간절히 청하오니 스님께서 미함을 바꾸어 깨달음에 들어가게 하는 한 말씀을 대신해 주시어 저로 하여금 여우의 몸에서 벗어나게 하여 주십시오. 老人云 諾 某甲非人也於過去迦葉佛時 僧住此山 因學人問 大修行底人 還落因果也無 某甲對云 不落因果 五百生墮野狐身 今請和尚代一轉語 貴脫野狐

하고 간청하였다. 백장스님이 "그럼 물어 보시게." 하자 그 노인이 소리를 가다듬어 "훌륭하게 수행을 이룬 사람도 인과에 떨어집니까?" 하고 다시 물었다. 백장스님이 곧 바로 대답하시기를 "인과에 어둡지 않다. 不昧因果, 즉 인과에 어긋나지 않는다" 하였다. 노인은 그 한 말씀에 그 자리에서 큰 절을 하고서 말하기를 "제가 이제는 여우 몸을 벗게 되었습니다. 그 허물은 뒷산에 있을 것입니다. 감히 스님에게 말씀드리오니, 불법에서 죽은 스님을 장례지내는 예에 따라서 처리해 주시기 바랍니다. 乞依亡僧事例" 하고 돌아갔다. 백장스님은 그것을 승낙하고, 산 중의 기강을 다스리는 소임을 맡은 유나維那스님에게 이르기를 "대중에게 백추白錘, 중요한 일이 있을 적에 대중들이 모이게 하는 나무판를 쳐서 낮 공양 뒤에 죽은 스님의 장례를 지낼 것이다."라고 알렸다. 그것을 전해들은 대중들이 서로 의아해하며 말하기를 아니, 대중이 모두 변함없이 편안하고 또한 병실인 열반당涅槃堂에도 병들어 누워 있는 사람이 없는 터인데도 대체 어찌된 일인가 하였다. 낮 공양이 끝나자 백장스님이 앞장서 대중을 거느리고 뒷산의 큰 바위 밑에 이르러서 지팡이로 죽은 여우 시체 하나를 끄집어 내서 법도대로 화장하였다. 백장스님이 저녁의 상당법문晚參 때에 오늘 일의 내력을 대중들에게 밝혔다. 그러자 대중 가운데서 황벽黃壁希運(?~850)스님이 대뜸 물었다.

"옛 사람은 깨닫게 해주는 한마디─轉語를 잘못 대답하여 5백생 동안 여우 몸을 받는 데 떨어져 있었다고 합니다만, 만일 오는 질문마다 한마디 한마디 잘못되지 않게 대답한다면 어떻습니까? 古人錯祇對一轉語 墮五百生野狐身 轉轉不錯合作箇甚麼"

백장스님이 "가까이 오게. 그대에게 일러주겠네.師云近前來與伊道" 하시자 황벽스님이 앞으로 가까이 다가가서 스승의 따귀를 한 대 때렸다. 그러자 백장스님이 손뼉을 치면서 웃으며 말하기를 "아하하! 오랑캐 두목의 수염이 붉다 하려 하였더니, 더 수염이 붉은 오랑캐 두목이 여기 있었구나!師拍手笑云 將謂胡鬚赤 更有赤鬚胡" 하며 매우 흡족해 했다고 한다.

이상의 〈백장야호百丈野狐〉 화두는 옛 부터 선의 세계에서 매우 널리 알려져 있는 것이며 백장스님의 전기에는 어디에나 나와 있는 것인데 그 출처는 『오등회원五燈會元』 제3권에 있으며 이를 바탕으로 「종용록從容錄」 제8칙, 그리고 「무문관無門關」 제2칙 등에 제창提唱되었다. 이것을 상식적으로 본다면 가섭불 시대의 먼저 있었던 백장이라느니, 오백생 야호의 몸을 받았느니 하는 등 도무지 마치 여우에게 홀린 것 같은 이야기로 밖에 이해되지 않는다. 그러나 선의 세계에서는 여기에 대한 역사적이거나 지리적인 천착 같은 것은 불필요하다. 왜냐하면 이 일은 옛적 가섭불 때나 백장스님 시대에 일어난 일로만 보는 것이 아니라 바로 현재 내 앞에 닥친 문제로 보는 것이 선의 입장이기 때문에 오백생 야호의 몸을 받았건, 여우의 몸을 받았건 그건 문제가 아니다. 문제는 이 화두가 선의 세계에 견성한 경지에서 인과와의 관계가 어떠한가를 알리려고 하는 데에 주안을 두고 있다. 따라서 이 이야기의 줄거리는 어쩌면 사실이라기보다는 아마도 백장스님이 대중에게 보인 창작일지도 모른다. 그러나 중요한 것은 훌륭하게 수행을 이룬 이大修行底人도 이 세상 인과율因果律의 지배를 받느냐 아니냐에 있으니, 왜 인과에 떨어지지 않는다고 하면 야호의 몸을 받는데 떨어지고, 인과의 법칙이 엄연하여 분명하다고 하면 야호의 몸을 벗어날 수가 있었단 말인가. 인과의 법칙은 다시 말해서 영원히 변함 없는 우주의 진리 그것이니, 만일 시공을 초월하여 항상 존재하는 법칙因果法則이 인정사정에 따라서 변하듯 어긋남이 있다면 그야말로 이 세상은 뒤죽박죽 귀신 도깨비가 난무하는 기막히는 세상이 되고 말 것이 아니겠는가. 하지만 선에서는 그 누구라도 일단 견성하여 바른 깨달음을 얻으면 이 세상의 온갖 속박에서 벗어나서 자유롭게 된다고 했다. 그래서 임제 의현臨濟義玄(?~867)스님은 갈파하기를 "만일 진정한 선의 안목을 얻는다면 생사에 물들지 않으며, 머무름이 자재하다.若得眞正見解 不染生死去住自在"라고 하였다. 또 한편 영가 현각永嘉玄覺(647~713)스님은 그의 『증도가證道歌』에서 '아무것도 없어서 오직 공할 뿐이다 하여 인과를 무시하는 것은 마치 안개 속에서 어두워 제대로 못보고 법 없이 어지러운 것과 같아서 마침내 크게 재앙을 부르는 것이다豁達空撥因果 莽莽蕩蕩招殃禍'라고 경계하고 있다. 인과에 떨어지지 않는다는 것은 인과를 무시하는 것이니, 인과법을 근본원리로 삼는 불제자로서는 있을 수 없는 망언이라 하겠다. 이 화두의 중점은 훌륭하게 수행을 이룬 대선지식이라도 인과의 지배를 받는다면 그 언어와 행동의 여하에 따라 지옥에도 가야할 것이다. 또한 그런 경지에서는 절대로 인과율에 매이지 않는다면 어떠한 언행을 하여도 상관이 없다는 것인가. 여기에서 선의 윤리성에 관한 분명한 안목이 없어서는 안 된다. 그래서 이 〈백장야호〉화두에는 인과 인연의 이치가 남김 없이 들어있기 때문에 분명한 안목을 열어보지 않으면 그 진실한 뜻을 놓치게 되기가 쉬운 것이다. 만일 불법의 근본인 인과의 법칙을 제대로 알지 못한다면 아예 불법을 말할 자격이 없다. 불법의 진리를 실구실참實究實參하는 선종에서 이 화두처럼 중요한 공안이 없다고 하겠다. 그래서 고래로 많은 참선수행자들이 이 화두타파에 심혈을 기울여 왔던 것이다. 중국 원나라 시대 중봉 명본中峰明本(1263~1323)스님은 참선하는 세계에서 잘 알려져 있는 명안종사明眼宗師이며, 수행시절에 〈백장야호〉의 화두를 참구하기 20여 년 동안 참으로 고심참담 분골쇄신苦心慘憺 粉骨碎身하는 대단한 정진 끝에 드디어 이 화두에서 확철대오廓徹大悟한 것으로 유명하다. 이러한 중봉스님이 〈백장야호〉의 화두에 대하여 그의 감회를 말하기를 "이제 20년 동안이나 참구하여도 이것을 분명히 밝혔다고 할 수가 없으니, 만일 누구라도 이것을 바로 깨닫는 사람이 있다면 내가 곧 이 몸을 가지고 그의 참선 정진하는 자리禪床가 되어서라도 그를 공양하리라 하였다." 하니, 여기에는 이에 대하여 그저 관념적인 소리나, 조금 아는 것 따위로는 이 〈백장야호〉의 화두에는 이도 들어가지 않는다는 것이다. 10년, 20년 아니 일생을 거는 피땀어린 꾸준한 참구를 통해서만이 진정한 '불매인과不昧因果'를 깨닫게 되며, 깨달은 뒤의 끊임없는 수행悟後保任을 통해서 향상하기에 힘쓸 때 비로소 진정하게 '불락인과不落因果'의 밝은 안목明眼 또는 一雙眼을 열 수가 있다고 술회한 것이다. 그러므로 '불락인과'라고 대답하여 왜 야호에 떨어졌으며, '불매인과'라고 대답하여 어째서 야호에서 벗어났는가. 그래서

'불락인과'는 잘못이고, '불매인과'는 옳다는 등의 분별하는 소견으로 본다면 그것은 선의 안목과는 십만팔천리나 멀고 멀다고 할 수밖에 없다.

“잘못 대답하여 5백생 야호의 몸을 받았다면,
만일 한 마디 한마디 잘못되지 않게
대답한다면 어떻습니까”
“가까이 오게. 그대에게 일러주겠네”

古人錯祇對一轉語 墮五百生野狐身
轉轉不錯合作箇甚麼 近前來與伊道

백장 회해百丈懷海선사의 백장야호설百丈野狐說 II

참선수행하는 사람들 가운데 무엇인가 좀 보고 아는 바가 있다하여 툭하면 ‘불락이나 불매나 동일한 것이다’고 한다. 그리하여 ‘타야호신墮夜狐身’이나 ‘탈야호신脫野狐身’이나 일여一如한 것처럼 말해 참으로 피나는 실참실구實參實究하여 몸소 얻은 진정한 견처도 없이 구두선口頭禪을 일삼는 경향이 없지 않다. 이러한 데에 주저 앉아 있으면 어쩔 수 없는 이른바 야호선野狐禪에 떨어지게 되는 것이니, 바로 이러한 선을 가리키는 야

호선이란 말도 여기서 나온 것이다. 영가스님은 『증도가』에서

> "바로 깨달으면 죄업장이란 본래가 공한 것이나, 아직 견처가 분명
> 히 밝지 못할진대 반드시 묵은 빚을 갚아야만 한다. 了卽業障本來空　未
> 了還須償宿債"

라고 밝히고 있다. 즉 진정하게 깨달으면 모든 죄업장이란 본래가 공한
성품인 것을 분명하게 알게 되는데, 이것이 바로 '불락인과'로 표현되는
진공무상의 평등세계眞空無相　平等境地이다. 그러나 깨달았다고 해서 손이
밖으로 굽어지거나, 허공을 거꾸로 걸어가게 되지는 않는다. 깨달았다
하더라도 만일 갚아야 할 과거의 빚이 있다면 그것은 어디까지나 갚아
야 한다. 그렇다고 아직 제대로 깨닫지 못해서 그런 것은 아니다. 깨달
았다 하더라도 아니 깨달았기 때문에 갚아야 할 빚을 갚지 않을 수가 없
게 되는 것이라 할 수가 있다. 그래서 실제로는 '불락'과 '불매'는 '공空'이
라는 세계의 두 가지 면이며, 또한 오직 하나인 '반야'의 안과 밖이요. 손
의 손바닥과 손등 등과도 같다고나 할 것이다. 그러므로 참선수행자는
누구라도 언젠가 한 번은 반드시 인과의 지배 같은 것을 절대로 받지 않
는 '불락인과'의 경지에 들어가야만 한다. 그렇다고 거기에 머물러 있으
면, 인과를 무시하는 '발무인과撥無因果'에 빠져서 거기서 벗어나기가 참
으로 어렵게 되기 쉽다. 견성見性에 의하여 심성心性은 상대성을 벗어난
절대의 경지임을 분명히 깨닫고, 평등성지平等性智에 자타의 분별이 없음
을 수용하게 되면 여기에서 비로소 생사에 매임이 없는 참 생명을 자재
하게 쓰게 되는데, 이것이 바로 '불매인과'로 표현되는 진공묘유의 차별
세계眞空妙有差別途中이다. 그러나 생사에 매이지 않는다는 것은 생사가 아주

469

없다는 것이 아니다. 생사에 있으면서도 오히려 생사를 뛰어넘고 있다는 것이니, 그것을 모르고서는 생사에서 자유로울 수가 없는 것이다. 인간은 누구나 얽매임 없는 자유를 원한다. 그러므로 생활에 있어서도, 생사에 있어서도 속박되는 부자유를 벗어나려고 한다. 특히 선에서는 사상이나 행위의 자유뿐만 아니라 생사로부터의 자유까지를 포함한 생사일대사를 해결한 대자유를 추구한다. 그런데 대수행인의 견성을 통한 생사의 자유와 인과의 지배로부터의 자유는 결코 둘이 아니다. 생사에 매이지 않는다고 하면 역시 인과에 매이지 않는 것은 당연하기 때문이다. 그러면 '불락인과'라고 대답한 전 백장은 왜 야호로 떨어졌을까. 그것은 겉보기에는 그 견해가 비슷한 것 같아도 그 경지에 진실로 이르렀느냐 아니냐에 따라 그 내용에 하늘과 땅의 차이가 있게 되는 것이다. 전 백장의 '불락인과'는 그야말로 말로만 그냥 하는 '불락인과'였다고 하겠으니, 그는 반드시 한번 현백장과 같은 '불매인과'의 경지를 겪었어야 했던 것이다. 즉 '불매인과'의 경지에 들어서야만 비로소 진정한 '불락인과'가 될 수 있기 때문이다. 생사를 초월한다고 하는 것은 바로 생사와 하나가 되는 것超越生死卽一如生死이므로 인과를 초월한다고 하는 것, 다시 말해서 인과에 떨어지지 않는다는 것은 인과에서 벗어나는 것이 아니라 바로 인과와 하나가 되는 것不落因果卽不昧因果이다. 그런데 인과에 떨어진다한들 사실은 그 어디에 따로 떨어지거나 벗어나거나 하는 것이 있겠는가. 즉 생生도 한 때의 절대적인 존재요. 사死도 한 때의 절대적인 존재이며 또한 인因도, 그리고 과果도 역시 한 때 절대적 존재이니, 그렇게 세상의 모든 것은 항상 그대로一切世間常住相이다. 이와 같이 인과 과가 이어지는 모습因果常續相을 있는 그대로 보면서도 가장 엄중하게 한 티끌 한 법이라도 분명하게 바로 밝게 보는不昧一塵一法 세계야말로 현 백장의 '불매인과'의 세계인 것이다. 그런 까닭에 인과법 밖에 따로 어떤 상주하는 법이 있거나, 그래서 떨어지거나 떨어지지 아니하는 그 어떤 것이 있는 줄로 보게 되는 견해를 지니고 있는 한에는 아무리 애쓴다 하더라도 그것은 벌써 근본이 잘못되어 있기 때문에 진정한 안목이 열릴 턱이 없다. 그러니 과거의 백장이 야호로 떨어진 것이 불행한 것이 아니라, 인과를 초월한 세계가 있는 것으로 착각하여 야호를 뛰어 넘으려고 몸부림 친 거기에 바로 불행이 있던 것이다. 그러나 현재의 백장에게서 받은 '불매인과'라고 하는 한 마디에 홀연히 야호는 '야호' 그대로 절대적인 존재이며, 그것이 그대로 '천상천하유아독존天上天下唯我獨尊'인 것을 깨닫는 순간 5백생 야호의 굴레를 버릴 수가 있었던 것이다. 그러니 인과를 뛰어 넘는다거나 없다거나 하는 등의 망상을 놓아버리고, 엄연하여 그야말로 인정사정이 개입 할 수도 없는 인과의 세계에서 터럭 끝만치도 어름함이 없이 가장 엄숙하고 분명한 인과, 거기에 의심 없이 모든 것을 아주 맡겨버리고 오로지 게으름 없이 꾸준히 정진하여 가면 이미 들어가야 할 열반의 세계도, 떨어져야 할 지옥도 있을 것이 없이 다한다는 〈백장야호〉의 참뜻이라 하겠다.

백장스님은 이날 낮에 있었던 사건의 전말을 저녁 법석晩參에서 참선 대중들에게 자세히 들려주었다. 당시에 백장산에는 백장스님의 법화法化를 따라 사방에서 수행대중들이 구름같이 모여 그야말로 용사혼잡龍蛇混雜의 큰 회상을 이루고 있었다. 그 가운데는 눈 푸른 용상대덕龍象大德들도 많이 있었다.

아마도 백장스님은 이때에 대중들의 법력을 점검해 보는 좋은 재료로서 〈백장야호〉를 가지고 이것을 미끼로 삼아 대어大魚를 낚아 보려는, 즉 눈 밝은 종사감을 찾으려고 하였을 것이다. 그러자 과연 대중 가운데

서 백장스님 회상에서도 그 이름이 널리 알려져 있던 황벽黃蘗希運스님
이 나서서 물었다.

"옛 사람은 미함을 깨닫게 해주는 한마디를 잘못하였기 때문에 5백
생이란 긴 세월동안 야호의 몸을 받는데 떨어져 있었다고 합니다만,
만일에 한마디도 그릇되지 않게 물어오는 대로 말로 대답한다면 어
떻습니까. 한 말씀해 주십시오?"

황벽스님의 이 같은 말을 들은 백장스님은 마치 화살이 과녁의 중심
을 꿰뚫음을 보는 듯, 가려운 곳을 싹 긁어주는 손을 느끼듯 아마도 마음
속으로 너무나 기뻤을 것이다. 그러나 짐짓 황벽스님에게 이르기를 가
까이 오게. 그대에게 일러주겠네 하였다.

황벽스님은 바짝 가까이 다가가자마자, 마치 그 소리 들어볼 것 없고
오히려 '제 소리 들려? 들리지오?' 하듯 스승인 백장스님의 따귀를 찰싹
하고 한 대 쳤다.

왜 이런 일이 있을 수 있는가. 이것이야말로 선기에 임하여臨禪機 스
승에게 뒤질새라 활발발한 솜씨를 내보인 것이니, 참으로 그 스승에 그
제자라 두 스님의 법거래 하는 모습이 너무나도 멋지다. 그러기에 한 대
맞은 백장스님이 오히려 손뼉을 치면서 크게 웃으며 말하기를, "아하하!
나는 오랑캐의 수염이 붉은 줄만 알았더니, 여기 바로 더한 붉은 수염의
오랑캐가 있었군 그래." 하고 오히려 흡족해 하였다.

이에 대해서는 옛부터 여러 가지 견해가 엇갈리고 있음을 보게 되지
만, 백장스님의 이 말은 나도 상당히 수염이 붉은 편인 줄 알았더니, 그
대는 한 수 더 위를 가는 붉은 수염이로구나將謂胡鬚赤 更有赤鬚胡 하여 백

장스님이 보인 대기大機에 대한 황벽스님의 거침없는 대용大用의 솜씨를 인정하여 칭찬한 것이라고 해석하는 것이 타당하다. 『무문관無門關』에서 무문無門스님은 이에 대하여 그 문하의 참선수행자들에게 염롱하기를 "어째서 인과에 떨어지지 않는다不落因果 해서 야호에 떨어졌고, 어째서 인과에 어둡지 않다不昧因果하여 야호에서 벗어났느냐?" 하고 닦달하였다. 참선수행으로 확실하게 견성한 수행자라면 이런 질문쯤은 끄떡 없을 터이지만 착실한 참선 정진을 통한 힘得力處을 얻지 못하고, 아직도 분별하는 견해의 분상에서는 이래도 걸리고 저래도 떨러질 수밖에 없다.

그러나 견성한 바른 안목一雙眼이 있으면 야호 즉 육도중생六道衆生의 세계에 떨어졌다 하더라도 그것은 업력業力으로 떨어진 것이 아니라, 중생제도를 위한 원력願力의 그 세계에 들어간 것이니 같은 육도에 떨어졌다 하더라도 박지범부가 떨어진 것과는 하늘과 땅의 차이라 하겠다.

대수행인의 본분은 어디까지나 중생제도에 있다. 그곳이 어디이거나 간에 뛰어들어서 중생을 교화하여야만 한다. 그렇다면 중생들이 있는 곳이 바로 대수행인이 활약할 곳이 아니겠는가.

대수행인이 견성하여 얻는 눈은 진리가 하나임을 바로 보는 눈一雙眼이다. 범부중생은 두 눈이 있어서 무엇이든 상대적 입장에서 대립시켜서 보는 분별망상의 세계에서 벗어나지 못하고 있으나, 선의 입장에서는 둘로 나누어보는 것이 미혹의 근원이므로 자타할 것 없이 모두가 진여의 실제와 하나라고 보는 눈을 마음의 눈心眼, 즉 一雙眼이라 한다. 마음의 눈이 열리면 분별이 없어지며 번뇌망상도 사라진다. 거기에는 불락인과도 없고 불매인과도 없다. 따라서 야호로 떨어질 것도 없고, 야호에서 벗어날 것도 없는 것이다.

후에 백장스님의 전법을 받게 되는 대근기 황벽스님이 그런 점을 간파하고 문제로 제기된 〈백장야호〉의 급소를 찔러 물었을 뿐만 아니라 스승인 백장스님에게 한 방을 멋지게 먹였던 것이다. 마침내 인천의 안목이 될 대근기를 낚을 수가 있었기에 과연 황벽은 "내 수제자로구나." 하고 너무 기뻐서 박장대소하였다고 하는데에 이 〈백장야호〉의 공안公案이 지니고 있는 묘미가 있다고 하겠다.

인과는 불교에서 가장 중요한 기본적인 요소이며, 바로 진리이다. 진실하게 진리를 추구하는 자에게 참된 진리가 보인다, 참선수행하는 선의 세계에도 실천하여야 할 윤리가 있다. 이 우주법계는 그야말로 인과의 양이 동등한因果等量 세계이다. 어떤 경우라도 여기에서 예외는 없다. 그런데도 착각하여 예외적인 비약이 있는 것으로 생각하는 것이 바로 야호野狐이며, 흔히 불매인과不昧因果의 경지를 겪지 않고 대번에 불락인과不落因果의 경지로 뛰어 들어가려고 하는데서 야호선野狐禪이 나오게 된다.

89

"그 작용이 그대로 입니까?
그 작용을 떠난 것입니까?"
"그것을 그대는 어떻게 보이겠는가", "할!"

即此用 離此用. 將何爲人 取拂子竪起 喝

백장 회해百丈懷海 선사의 득오得悟

백장百丈懷海(720~814)스님은 중국 복주福州 장락현長樂縣에서 출생하였으니, 현제의 복건성福建省사람이며, 속가의 성은 왕씨王氏이다. 그러나『조당집祖堂集』에는 황씨黃氏라고 기록하고 있다.

어릴 때부터 이미 종교적 기질이 있었음을 보여주는 백장스님의 일화가 있다. 백장스님이 어머니를 따라 절에 가서 함께 불상에 예배를 드리고는 "어머니 저분은 누구세요?" 하고 불상을 가리키며 물었다. 어머니가 "저분은 세상에 바른 가르침을 주시고, 모든 사람들을 바른 길로 이끌어 주시는 거룩하신 부처님이시란다" 하고 대답해 주자 그 아이는 바로 "저 모습과 모양이 사람과 같아서 나와 다르지 않으니, 나도 저렇게 될 수 있겠네." 하며 좋아했다고 전해지고 있다. 그 뒤로는 출가하여 스님이 되려는 뜻이 날로 깊어지더니, 마침내 득도하여 처음에는 대장경을 열심히 공부하여 일찍이 불교의 교리에도 정통하였고, 그 뒤 당시에 가장 선계에서 이름이 높았던 대적선사大寂禪師 마조 도일馬祖道一(709~788) 스님을 찾아 대오했다.

당시 마조스님은 63세로 대력大歷 4년에 강서성江西省 홍주洪州 개원사開元寺에 계시면서 큰 법을 드날리고 있었는데, 20세 안팎의 백장스님이 곧바로 마조스님을 찾아가 뵙고는 물었다.

회해	"부처님의 참뜻이 무엇입니까?"
마조	"그것은 그대의 몸과 목숨까지 모두 다 내던져야만 알 수 있는 것이지."

이렇게 대답한 마조스님은 한번 보자 그가 큰 법의 그릇大法器임을 알아 보셨고, 백장스님 또한 마조스님의 깊은 뜻을 알게 되자, 그때부터 다른 곳에 가는 일없이 오직 일편성심으로 마조스님의 시자로서 곁에서 시봉하면서 뼈를 깎는 정진으로 수행에 매진하였다.

이와 같이 시봉한 지 3년이 지난 어느 날 백장스님이 마조스님을 모시고 길을 가는 도중에 갑자기 가까이에서 들오리가 푸드륵하고 하늘 높이 날아가는 일이 있었다. 이때 마조스님이 곧 뒤에 오는 백장스님을 돌아보며 물었다.

마조	"저것은 무슨 소리냐?"

<table>
<tr><td>백장</td><td>"아마도 들오리 같습니다. 野鴨子"</td></tr>
</table>

잠시 뒤에

<table>
<tr><td>마조</td><td>"아까 그 들오리는 어디로 갔느냐? 甚處去也"</td></tr>
<tr><td>백장</td><td>"어디론가 날아가 버린 모양입니다. 飛過去也"</td></tr>
</table>

하고 대답하자 마조스님이 바로 뒤를 돌아보면서 느닷없이 백장스님의 코를 손가락 사이에 끼워 잡고 사정없이 힘껏 비틀어 버렸다. 祖遂回頭將師 鼻一負 백장스님은 갑작스러운 일을 당하여 너무나 코가 아픈지라 자신도 모르게 "아이고 아파라" 하고 비통한 소리를 지르고 말았다. 通失聲

그러자 마조스님이 "아니, 그래도 또 날아가 버렸다고 하겠느냐? 祖曰 又道飛 過去也" 하는 말을 듣는 순간 백장스님은 크게 깨닫는 바가 있었다. 師於言下有省 그는 절에 돌아와서 시자들이 머물고 있는 방으로 들어가자 큰 소리로 울고 말았다. 歸侍者寮哀哀大哭

함께 시자로 있던 스님이 물었다. "부모가 그리운가?" "아니야." "그러면 누군가 심하게 너를 욕하더냐?" "아니야." "그런데 왜 그렇게 우는 거야?" "스승님이 내 코를 비틀어 주셨는데도 깨닫지를 못하였던 것이 못내 슬퍼서 우는 겁니다." "그건 또 어째서?" "그것은 스승님에게 물어 보시게." 그래서 그 도반스님이 마조스님에게 그 연유를 물어 보았다. 마조스님은 "회해 그 놈이 다 알고 있느니라." 하신다. 그래서 백장스님에게 가서 그 말을 전했더니 그 말을 듣자 이번에는 크게 웃는 것이 아닌가. 어리둥절한 도반스님이 "아니 아까는 울고 있던 그대가 이번에는 또 웃어대니 도대체 어떻게 된 일이야?" 하고 의아해하자 그는 대뜸 "아까는 울었고 지금은 웃는 것뿐이야.” 하니 그 도반스님은 그저 멍할 뿐이었다.

그 다음날 마조스님이 설법하시기 위하여 법당의 법상에 오르자 백장스님이 아무 말 없이 법석으로 펴놓은 자리를 둘둘 말아서 치워버리고 말았다. 그것을 본 마조스님 역시 설법함이 없이 법상에서 내려와 방장실로 돌아가시고 말았다. 그 후에 백장스님을 보자 마조스님이 물었다.

마조　　　“어째서 그런 짓을 하였는고? 汝爲甚便卷席”

백장　　　“예, 어제 비틀린 코가 너무 아팠습니다.

　　　　　　昨日被和尙得鼻頭痛”

마조　　　“그런 너는 어제 무얼 생각했더란 말이냐?

　　　　　　汝昨日向甚處留心”

백장　　　“네, 오늘은 코가 아프지 않습니다. 鼻頭今日又不痛也”

마조　　　“그래, 그러면 너는 어제 일을 잘 안 것이다.

　　　　　　汝深明昨日事”

그 말을 듣자 백장스님이 스승 마조스님에게 정성스럽게 절을 올리고 물러갔다.

또 어느 날 백장스님이 마조스님을 뵈러 갔더니, 앉아계시는 선상繩禪床에 걸려 있는 불자를 보았다. 그것을 본 백장스님이 물었다.

백장　　　“그 작용 그대로 입니까. 그 작용을 떠난 것입니까?

　　　　　　卽此用 離此用”

<table>
<tr><td>마조</td><td>"그대는 이후에 그것을 어떻게 남에게 일러주려느
냐? 汝向後開兩片皮　將何爲人"</td></tr>
</table>

하자 백장스님은 그 불자를 잡고 세워서 보았다. 取拂子竪起

<table>
<tr><td>마조</td><td>"그 작용 그대로인가, 그 작용을 떠난 것인가?
卽此用　離此用"</td></tr>
</table>

하고 역시 똑같이 물으니 백장스님이 잡았던 불자를 그대로 제자리에다 걸었다. 拂子於舊處 그러자 마조스님이 벼락같은 '할喝'을 한번 하였다.

후일 마조스님이 입적하시자 백장스님은 그곳을 떠나서 홍주 대웅산에다 총림을 세우고 참선 대중들을 맞아 그의 선풍을 드날리게 되었는데, 그 산이 매우 험준한 것을 따서 스스로의 호를 백장百丈이라고 하였다. 곧 참선 납자들이 마치 구름같이 모여들었고, 거기에 후일 백장스님의 법을 전해 받게 되는 황벽黃蘗希運스님이 찾아 왔다.

그리고 어느 날

<table>
<tr><td>황벽</td><td>"이제 마조스님을 친견하러 가고자 합니다.
欲禮拜馬祖去"</td></tr>
<tr><td>백장</td><td>"마조스님은 벌써 입적하셨네. 馬祖己遷化也"</td></tr>
<tr><td>황벽</td><td>"마조스님의 가르침은 어떤 것이었습니까?
未審馬祖有何言句"</td></tr>
</table>

이에 백장스님은 황벽스님에게 "예전에 마조스님이 내 코를 힘껏 비

틀어 아파서 비명을 지르는 나에게 '아니 그래도 또 날아가 버렸다고 하
겠느냐?' 하시는 순간에 문득 천지에 가득한 참 나를 깨달았고 다음날 다
시 뵈었을再參馬祖 때 불자를 들고 놓으면서 그 용用을 보이라는, 마치 벽
력같은 일할一喝을 받고는 사흘 동안 귀가 멀었더니라." 하고 옛 일을 들
려주었다. 백장스님의 제자가 된 황벽스님은 그 이야기를 듣기만 하고
도 몸서리치면서 혀를 내둘렀다. 그 모양을 본 백장스님이 물었다.

| 백장 | "그대는 이후에라도 마조스님의 법을 이어 받으려 하는가?子己後承馬祖去" |

백장　　　"그대는 이후에라도 마조스님의 법을 이어 받으려
　　　　　하는가? 子己後承馬祖去"

황벽　　　"아닙니다. 오늘 스님께서 하신 말씀으로 마조스님
　　　　　의 대기에서 나오는 작용을 알 수 있었습니다. 그러
　　　　　나 아직 마조스님을 모릅니다. 그런데도 만일 마조
　　　　　스님의 법을 잇는다면 앞으로 나의 법손을 잃을 것
　　　　　입니다."

백장　　　"그래 그래, 견처가 스승과 함께 같다면 스승의 덕을
　　　　　반은 감할 것이나 그 견처가 스승보다 뛰어나야만
　　　　　비로소 법의 전수를 감당할 만한 것인데, 그대가 그
　　　　　렇다면 능히 스승의 견지를 능히 뛰어넘을만한 견
　　　　　처가 있다고 하겠네."라고 하였다.

　　백장스님의 이 같은 말씀이야말로 현대세계의 오늘날의 수행과 교육
에 있어서도 변함 없이 큰 뜻을 보이는 말이라 아니할 수 없으며 불도 수
행에 있어서 진리를 전수하는 대원칙이라 하겠다.
　　어느 날 황벽스님이 밖에 다녀온 것을 보고 백장스님이 물었다.

백장	"어디 갔다 오느냐? 甚處來"
황벽	"산 아래서 버섯을 따옵니다. 山下採菌子來"
백장	"산 아래 호랑이 한 마리가 있다는데 너도 보았느냐? 山下有一虎子 汝還見"

황벽 스님이 호랑이 소리를 내자 백장스님이 허리춤에서 도끼를 들고 찍을 기세를 보였다. 그러자 황벽스님이 백장스님을 잡아 세우면서 얼른 따귀를 때렸다. 백장스님께서 그날 상당上堂하여 말씀하시기를 "대중들이여, 이 산 아래 호랑이 한 마리가 있으니 그대들 모두가 출입할 때는 잘 살피도록 하여라. 이 노승도 오늘 아침 마주쳤다가 한 입 물렸느니라." 하였다.

뒤에 백장스님의 제자인 위산潙山靈祐스님이 그의 제자 앙산仰山慧寂스님에게 물었다.

위산	"황벽스님의 호랑이 화두를 어떻게 보는가? 黃蘗虎話作麼生"
앙산	"스님께서는 어떻게 보십니까? 和尙如何"
위산	"백장스님이 그 때에 그냥 도끼로 단 한방에 죽여 버렸어야 했는데 무엇 때문에 이 지경에 이르렀을까. 百丈當時便合一斧斫殺 因什麼到如此"
앙산	"저는 그렇게 보지 않습니다. 仰山云 不然"
위산	"그럼 그대는 또 어떻게 본다는 말인가? 子又作生"
앙산	"그 호랑이 머리에 올라탔을 뿐만 아니라 호랑이 꼬리까지도 붙들 줄 알았습니다. 不唯騎虎頭 亦解把虎尾"

481

위산   "혜적아, 너는 어쩌면 그리도 험한 말을 하는 게냐?
　　　　寂子甚有險崖之句"

그리고 다시 물었다.

위산   "백장스님이 재차 마조스님을 뵙고 불자를 세웠던
　　　　인연에서 두 분의 경지가 어떠하다고 하겠는가?
　　　　百丈再參馬祖拂因綠　此二尊宿意旨如何"

앙산   "그것은 큰 기틀의 작용을 분명하게 나타낸 것이지
　　　　요. 此是顯大機之用"

위산   "마조스님은 84인의 선지식을 배출시켰는데, 몇 사
　　　　람이나 대용을 얻었다고 하겠는가?
　　　　馬祖出八十四人善知識　幾人得大機　幾人得大用"

앙산   "백장스님은 대기를 얻었고, 황벽스님은 대용을 얻
　　　　었습니다. 그 나머지는 모두 다 말로만 떠들며 스승
　　　　노릇하는 사람들이라 하겠습니다.
　　　　百丈得大機　黃蘗得大用　餘者盡是唱道之師"

위산   "그래 그래. 如是如是"

여기서 백장스님의 법력이 어떠했음을 알 수가 있다 하겠다.

90

더위를 불속에서 피하라
曹山語錄

　　중국선의 오가 칠종五家七宗 가운데 조동종曹洞宗을 동산洞山스님과 함께 이룩한 조산曹山스님의 회상에서 여름안거를 하던 수행승이 여름의 더위가 한창 기승을 부리던 어느 날 조산 스님에게 물었다. "여름이라고는 하오나, 너무나도 덥습니다. 이런 때에는 어디에서 더위를 회피하면 좋겠습니까?" 조산스님이 대답하였다. "펄펄 물이 끓고 있는 큰 무쇠 속이나, 이글이글 숯불이 타고 있는 화로 가운데서 피해가거라." 수행승이 되묻기를 "아니 그토록 맹렬하게 뜨거운 속에서 어떻게 더위를 피하라는 말씀입니까?" 하였다. 조산스님은 태연히 말씀하시기를 "그 어떤 괴로움이라도 그곳까지는 이르지 못하지." 하였다고 한다. 묻는 사람은 너무 더워서 그 더위를 피할 곳을 구하려고 묻고 있는데, 도리어 맹렬한 더위를 피하려면 끓고 있는 용광로 속으로 들어가라 하니, 그 무슨 뜻일까.

인생은 고라고 한다. 이 인생의 괴로움에서 벗어날 수 있는 곳을 묻고 있다. 극락으로 갈 것인가, 천당으로 올라 갈 것인가. 이에 대하여 조산스님의 대답은 오히려 인생의 갖가지 괴로움이 소용돌이 치고 있는 그 속에서 인생고를 피하라고 한다. 그런데 이 수행승은 더위를 피할 수 있는 장소를 물었는데도 불구하고 조산스님은 뜨거운 용광로 속에서 피하라고 하시니, 깜짝 놀라서 "어떻게 피할 수 있습니까?" 하고 물었다. 이 수행승은 인생고는 어디까지나 인생 속에서 극복하여야 한다는 스승의 노파심 간절한 선에 입각한 가르침을 이해하지를 못하였던 것이다. 그래서 조산스님은 일러 주기를 인생고의 소용돌이 속에 들어가라는 것은, 즉 괴로움을 피하려고만 할 것이 아니라 오히려 괴로움 속에 적극적으로 뛰어들어 괴로움과 하나가 되어 버리면 도리어 거기에는 괴로움 속에 즐거움이 있는 소식을 체험할 수가 있다고 한 것이다. 이것 또한 무슨 말인가. 조산스님의 스승인 동산스님에게 역시 어느 수행승이 묻기를 "더위나 추위가 닥쳤을 때는 그것을 어떻게 피할 수가 있겠습니까?" 하였다. 동산스님이 말하였다. "어째서 더위도 추위도 없는 곳으로 가지 않는가?" 수행승이 다시 물었다. "더위도 추위도 없는 곳이란 어떤 곳입니까?" 동산스님이 단언하시기를 "더울 때는 그대 자신이 철저하게 더운 것이 되고, 추울 때는 그대 자신이 철저하게 추운 것이 되는 것이다."라고 하였다. 한여름의 더위를 어떻게 피할 수 있을까. 덥다고 냉방 잘된 곳만을 찾을 것인가, 아니면 더위 속에서 땀흘려가면서 살 것인가. 또한 인생고가 소용돌이치는 생활 속에서 어떻게 생사일대사를 해결할 것인가. 우리 앞에 당면한 공안公案이다. 황룡黃龍스님이 선게禪偈로 그 소식을

보였다. '선수행에 반드시 산과 물이 필요한 것 아니며, 마음 머리를 비우면 뜨거운 불도 절로 시원하다'

91

불견·법견을 일으키지 말라

南泉語錄

조주趙州스님의 스승인 남전南泉스님이 그의 회상에서 참선 정진하고 있는 수행승들에게 말씀 하시기를 "문수와 보현, 두 보살이 어제 저녁에 불견과 법견을 일으켰더구나. 그래서 내가 그들에게 스무방망이를 때려서 지옥으로 몰아냈다."고 하였다. 그러자 대중가운데서 상수제자인 조주스님이 나와서 "그러시다면 노장님이 때리는 방망이는 누가 주어야 합니까?" 하였다. 불견佛見이란 '내가 부처의 경지에 이르렀노라'하면서 부처를 특별하게 여기는 소견이다. 그런데 만일 '본래의 자기'를 자각하여 부처가 되었다 하더라도 내가 부처가 되었다고 의식할 때는 이미 그 부처의 자리에서 미끄러져 떨어지는 것이다. 왜냐하면 신을 믿는 종교에서도 마이스텔·엑크할트Eckhart 같은 사람은 '신이라는 존재마저도 잊어버린 곳에 진정 신이 계신다'고 갈파하고 있는데 하물며 불교에서 '내 스스로가 부처다'하는 의식을 갖게 된다면 그것 또한 하나의 자아自我를 일으키는 것이니, 부처까지도 잊어버린 그곳에 진정 부처가 있다는 것이 선의 입장이기 때문이다. 그리고 법견法見이란 '내가 법을 얻었다'하는 집착이다. 옛 선지식들은 범부중생이 번뇌 망상에 얽매어 있는 것을 '쇠사슬에 얽매임鐵鎖'이라 하였고, 수행자가 나는 부처의 경지에 이르렀다거나 법을 얻었다거나 하는 데에 막혀있는 것을 금사슬에 얽매임金鎖이라 하였다. 그것은 모처럼 애써 수행하여 훌륭한 경지에 들고, 바른 법을 얻었다 하더라도 만일 거기에 조금이라도 착해 있다면 그것이 쇠줄이었건 금줄이었건 간에 사슬이 되어서 그를 묶어 놓아 커다란 자유를 빼앗아 버리고 말기 때문이다. 그래서 남전스님이 문수나 보현 같은 대보살이라도 만일 조금이라도 불견·법견을 일으키기만 한다면 곧 스무 방망이를 때려 주리라 하니까 선뜻 조주스님이 나와서 그렇다면 그런 말씀하시는 노장님이야말로 스스로 자기가 든 그 방망이를 맞아야 하지 않겠습니까. 노장님이 바로 불견·법견을 일으키고 계시니까요. 그러니 방망이를 맞아야할 분은 문수·보현보다는 오히려 노장님 자신이십니다. 하는 투로 들이댔던 것이다. 이에 대하여 남전스님은 "그래 내게 어떤 허물이 있다는 겐가?" 하셨다. 조주스님이 곧 예배하자 남전스님은 설법하시던 법상에서 내려 조실방으로 돌아갔다. 즉 남전스님이 나의 어디에 불견이나 법견을 일으킨 데가 있다는 말인가 하시니, 조주스님은 노장님께서 스스로 자신의 허물을 아셨다면 그것으로 됐습니다. 그것이 바로 불견·법견이 싹 떨어져 버린 진짜 부처입니다.라고 말하는 듯 아무 말 없이 절을 하였다. 그러자 남전스님은 그대와 같이 눈 밝은 인물이 있다면 내가 말한 불견·법견을 모두 털어 버려야한다는 설법이 다 공연히 쓸데없는 짓이었구나 하듯 법상을 내려 거실로 돌아간다. 세 상에는 참선수행한다는 사람이 많이 있지만 그 가운데 견성하여 눈 밝 은 스승에게서 인가를 받는 이는 그리 많지 않다. 따라서 수행 정진하여 법을 보는 안목이 좀 열리거나 할라치면 무언가 엄청난 것을 얻었다고 자부하여 흔히 마음속에 불견·법견을 일으켜 거기에 취해있기 쉽다. 그 러나 선종의 역대조사가 깊이 받들었던 『금강경』에서 '얻을 법이 없다' 라고 한 점을 비추어 보더라도 스스로 법을 얻었다고 의식하였을 때는 이미 어긋남이 십만 팔천리라 하겠다.

92

여름 안거를 어긴 인연
臨濟行錄

불교가 성립되어 전개된 인도는 항상 더운 나라로 특히 Monsoon의 계절, 즉 각별하게 더 더운 여름 시기에 비가 계속되는 독특한 절기가 있어서 이때에는 초목이 발육하고 벌레들이 발생하는데, 이들을 해치지 않기 위해, 또 독충·독사들에게서 몸을 보호하기 위해서 인도의 각 종교 수행자들은 이 기간 동안 한 곳에 머무르며 교리연구나 선정수행에 힘쓰는 관습이 불교의 성립 이전부터 있었다. 초기 불교 교단에서도 이것을 본받아 여름동안의 약 3개월 즉 90일 동안 비구들은 인연 따라 한 곳에 머물면서 수행에 정진토록 하는 Vassa九旬安居가 중요한 제도로 정해져 내려왔고, 중국·한국·일본의 총림 선원에서 현재에도 여름 안거의 제도가 지켜지고 있다. 그러므로 선원의 수행승들은 일단 안거에 들어가는 결제結制를 하면, 안거기간이 끝나서 해제解制할 때까지는 산중에서 밖으로 출입하는 것이 금지禁足되어 있다. 중국 임제종의 종조인 임제臨濟스님이 수행시기에 스승이신 황벽黃蘗스님 회상에서 참선 정진하여 크게 깨달음을 얻은 뒤에 일단은 황벽산에서 하산하여 다른 곳에서 깨달은 뒤의 수행悟後保任을 하다가, 어느 해 여름 안거시기에 금족 하는 법도를 어기고 황벽산으로 일부러 올라가서 황벽스님에게 인사를 올렸다. 그 때 마침 황벽스님이 경전을 보고 계시는 것을 본 임제스님이 불쑥 한마디 하였다. "저는 이제까지 노장님을 제법 큰 인물로 생각하고 있었는데, 이거 뭡니까. 고작 경책이나 보아 넘기고 있는 별 수 없는 스님이네요!" 그러고는 며칠 묵더니 떠나려 하였다. 그제사 황벽스님이 "너는 여름 안거동안에 금족 하는 법도를 어기고 이 산중에 올라오더니, 이제는 또 안거를 마치지도 않고 가려하느냐?" 하시자 임제스님은 마치 나는 이제 더 수행할 것 없으니 안거하는 규칙 같은 것에 얽매일 필요가 없습니다하듯 "저는 그저 잠깐 스님에게 인사하러 온 것뿐입니다." 하였다. 그러자 황벽스님은 지팡이를 들어 임제스님을 호되게 두들겨 패서 내쫓아 버렸다. 산에서 내려오던 임제스님은 몇 십리 가다가 이번 일에 의심이 일어나 생각을 돌이켜 황벽산으로 다시 돌아가서 여름 안거를 마치게 되었다고 한다. 자! 그러면 이미 크게 깨달음을 얻었던 대근기 임제스님이 바로 여기서 과연 무엇을 다시 몸소 얻었던体得 것일까? 이 화두話頭의 낙처落處가 자못 중요하다. 이 화두는 선의 세계에서 고금을 통하여 견성성불하기 위해서 피나는 노력으로 정진하는 수선납자들에게 있어서는 마치 불상이 조성되어 최후에 점안을 함으로써 모든 중생들이 예배하는 귀의처가 되듯이, 선의 종지宗旨의 최후를 바르게 마무리하는 인연으로

거론되는 유명한 공안公案이요, 수없이 식은땀을 흘리게 하는 천하의 난
관難關이니, 이 고비를 훌륭히 넘겨야 비로소 안목 푸른 종사가 될 수 있
음을 임제 스님은 보여주고 계신다.

93

바른 깨달음의 경지

臨濟語錄

『화엄경』의 「이세간품離世間品」에는 보혜보살普慧菩薩이 제기하는 2백 가지의 물음에 대하여 보현보살普賢菩薩의 대답 중 10종의 세계에 들어가야 함을 설하는 대목이 있다. 10종의 세계에 들어간다는 것은 마음과 같이 들어가는 것이다.

① 부정한 세계不淨世界에 들어가며,

② 청정세계淸淨世界에 들어가며,

③ 작은 세계小世界에 들어가며,

④ 중세계中世界에 들어가며,

⑤ 미진세계微塵世界에 들어가며,

⑥ 미세한 세계微細世界에 들어가며,

⑦ 엎드린 세계伏世界에 들어가며,

⑧ 쳐다보는 세계仰世界에 들어가며,

⑨ 부처님 계시는 세계有佛世界에 들어가며,

⑩ 부처님 안 계시는 세계無佛世界에 들어간다.

그런데, 이러한 10종의 세계는 정淨과 부정不淨의 세계, 소小와 중中 그리고 미진微塵과 미세微細의 세계, 상上仰과 하下伏의 세계, 유불有佛과 무불無佛의 세계 등으로 이루어져 있음을 알 수가 있다. 마치 수행자들이 정진생활을 하고 있는 산중은 청정한 세계이지만, 그 산의 경계를 벗어나면 물든 마음으로 사는 부정한 세계가 펼쳐지는데, 보살은 청정한 불국토 세계에서 부처님을 공양하고 찬탄하기도 하지만, 한편으로 부정한 세계에 들어가서 중생들을 구호하여 제도하기도 하듯이 청정한 세계이거나 부정한 세계이거나 자유자재로 출입하여야 한다는 것이다. 그리고, 세계의 크기도 갖가지이니, 산중의 봉우리는 중세계요, 절은 소세계요, 산속의 자갈과 모래는 미진세계요, 이름 모를 가련한 작은 꽃잎은 미세 세계요, 높은데서 내려다보이는 깊은 골은 하복세계요, 산정에서 우러러 보이는 무한한 하늘은 상앙세계요, 살아 숨쉬는 선불장選佛場은 불보살이 출현하는 유불세계요, 그 주변의 탐·진·치가 들끓는 중생세계는 무불세계이다. 선의 세계에서 선교일원禪敎一源을 세우는 편에 대하여 철저하게 선교별행禪敎別行을 내세운 임제臨濟스님은 '어떤 것이 바른 깨달음의 경지인가'하는 물음에 답하기를 "그대들은 그런 그대로 범부의 세속 세계에도 들어가며, 성현의 신성한 세계에도 들어가며, 부정한 세계에도 들어가며, 청정한 세계에도 들어가며, 불국토에도 들어가며, 미륵의 법당에도 들어가며 비로자나의 법계에도 들어 갈뿐만 아니라, 가는 곳마다 각 불국토를 출현시키면서도 그 세계들이 생멸하며 변화하는 것임도 다 알고 있느니라.” 하였다. 다시 말해서 자유자재로 온갖 모든 국토에 출입할 수 있는 사람이야 말로 불도에 통달한 사람이라는 것이다. 여기서 여러분은 선교일원禪敎一源을 보시는가, 선교별행禪敎別行을 보시는가.

94

남이 나를 알 수가 없다

石霜語錄 I

중국 선맥 가운데 6조六祖慧能—청원靑原行思—석두石頭希遷—약산藥山惟儼—도오道悟圓智—석상石霜慶諸의 계통을 이어 받은 석상스님의 회상에서 운개雲蓋志安스님이 정진하고 있을 때, 어느 수행승이 석상스님을 찾아와서 묻기를 "모든 집이 다 문을 닫고 있을 때 어떻게 합니까?" 하였다. 즉 각기 문을 닫고 있으면, 거기에는 서로간의 교류가 이루어질 수가 없는 것이다. 석상스님이 되묻기를 "선방 안에서는 어떠한가?" 하였다. 즉 생사일대사를 판단하기 위하여 좌선에 정진하고 있는 선방에서는 누구나 말이 없다. 그래서 선방을 삼묵당三黙堂이라고도 한다. 그러한 곳에 과연 서로간의 교류가 있다고 보느냐, 없다고 보느냐 하는 물음이다. 수행승은 그 물음에 바로 대답하지 못하였다가 반년이나 지난 뒤에야 겨우 답하기를 "거기에서는 남이 나를 가르쳐준다는 일이 있을 수가 없습니다." 하였다. 즉 서로간의 교류가 이루어지지 못한다는 것이다. 이에 대하여 석상스님은 "대답이 되기는 됐다마는 아직 십 분의 팔이나 구정도 밖에는 안 되는 답이다." 하였다. 그때에 옆에 있어서 그러한 문답을 지켜보고 있었던 운개스님 역시 그 이상의 답이 떠오르지 않자 스스로 석상스님에게 절을 올리고 간절하게 물었다. "스님, 부디 저를 위해서 한 말씀 바로 일러 주십시오." 그러나 석상스님은 아무 말씀도 하시지 않았다. 그러자 운개스님은 대뜸 스승이신 석상노화상을 와락 양팔로 껴안고는 아무 말씀 않고 걸어가시는 노장님을 방장실 앞에까지 따라가면서 떼를 쓰듯이 말하였다. "스님, 만일 스님께서 일러주시지 않으신다면, 제가 부득이 스님을 두들겨 패서라도 답을 듣지 않을 수가 없습니다." 이에 대하여 석상스님은 "그래 네가 나를 때리려거든 때려도 좋다."고 하면서 아무 대답도 주지 않았다. 즉 나를 때린다면 맞는 한이 있더라도 결코 나는 너를 위해서 아무런 말도 하지 않겠노라고 하신 것이다. 그러자 운개스님은 이번에는 무수히 절을 하면서 계속해서 바른 가르침을 일러주시기를 간청하였다. 그 때에사 석상스님은 비로소 말하였다. "거기에서는 남이 나를 알 수 있다는 일이 있을 수가 없는 것이다." 운개스님은 이 때에 문득 시절 인연이 익숙하였던지 그 말씀 한 마디에 바로 깨달음을 얻었다. 모든 집이 다 문을 닫고, 게다가 창문도 없는 형편이라면 서로가 알게 될 수도 없고, 스승이 제자에게 가르쳐 줄 수도 없는 것이니, 문이 열려야만 서로간의 교류가 가능해지게 된다. 즉 서로 마음의 문이 열려야 교감이 이루어지는 것이다. 그런데 그렇더라도 그것이 "남이 나를 가르쳐주지 못한다"고 하였던, "남이 나를 알지 못한다."고 하던 간에 그 말을 가지고 가려서 뜻을 알아볼려고 하는 따위 분별에 머물러 있는 한 결코 깨달음을 얻는 기연機緣은 찾아오지 않는다. 요는 화두에 대한 진정한 참구를 통해 분별이 떨어질 때에 마음의 문이 열리면서 서로 계합하여 깨닫는 기쁨을 얻게 되기 때문이다.

95

결코 말로 일러 주어서는 안 된다

石霜語錄 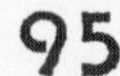 II

석상石霜慶諸스님의 스승 도오道悟圓智스님이 제자 점원漸源仲興스님을 데리고 어느 신도집에 장례를 지내주러 갔다. 그때 점원스님이 갑자기 죽은 사람이 들어있는 관을 손으로 두드리면서 물었다. "스님, 생生입니까, 사死입니까." 도오스님이 답하였다. "생이라고도 말하지 않겠고, 사라고도 말하지 않겠다." 점원스님이 다시 물었다. "스님, 어째서 말씀해 주시지 않으십니까.?" 도오스님은 거듭 "말하지 않는다. 말하지 않아." 하였다. 장례를 치러주고 돌아오는 길에서 점원스님은 또 다시 물었다. 그러면서 하는 말이 "노장님, 어서 저를 위해서 말씀해 주세요. 만일 그래도 말씀해 주시지 않으시겠다면, 두들겨 패고야 말겁니다." 하였다.

그래서 도원스님은 "그래 네가 나를 때리려거든 때려도 좋다. 그래도 나는 말하지 않겠다."고 하였다. 그러자 점원스님은 대뜸 스승을 때렸다. 제자에게 얻어맞은 도오스님은 그에게 조용히 충고하여 타일렀다. "만일 네가 스승을 때렸다는 것을 너의 선배들이 알게 되면, 아마도 그들이 너를 그대로 두지는 않을 것이니, 어서 빨리 여기서 떠나가거라." 하였다. 그 뒤에 도오스님이 입적하시자 점원스님은 사형師兄이 되는 석상스님을 찾아가서 스승과의 사이에 먼저 있었던 일을 다 털어놓고 이야기하고는 스승에게 한 것처럼 다시 물었다. "스님, 생입니까, 사입니까?" 즉시에 석상스님이 답하기를 역시 "생이라고도 말하지 않겠고, 사라고도 말하지 않겠다." 하고 꼭 같이 말하였다. 점원스님이 다시 물었다. "스님, 어째서 말해주시지 않습니까?" 석상스님도 역시 거듭 "말하지 않는다. 말하지 않아." 하고 끝내 말해주지 않았다. 즉 설사 제자에게 두들겨 맞는다 하더라도 말해줄 수 없는 것은 말할 수가 없다는 것이니, 만일 말해준다면 오히려 제자의 눈을 멀게 하는 까닭이다. 그래서 말해줄 수가 없어서 말하지 않는 것이 아니라, 여기에서는 끝까지 결코 말해서는 안 되기 때문이다. 점원스님은 석상스님이 끝내 말해 주지 않는 이때에 오히려 문득 시절 인연이 익숙하였던지 그렇게 한 마디 말씀도 없는 거기서 바로 깨달음을 얻었다. 그 뒤 어느 날 점원스님이 괭이를 어깨에 둘러메고는 법당 안에 들어가서 동쪽에서 서쪽으로 다시 서쪽에서 동쪽으로 왔다 갔다 하면서 돌아다녔다. 그것을 보고 석상스님이 물었다. "도대체 무엇을 하고 있는 겐가?" 점원스님이 대답하기를 "먼저 가신 스승님 도오선사의 영골靈骨을 찾고 있습니다." 그러자 석상스님이 말하였다. "큰 바닷물은 넓고 아득하며 흰 물결은 하늘까지 닿을 듯한데洪波浩渺 白浪滔天 무엇하려고 그러나, 먼저 가신 스승님의 영골 같은 것 찾는 짓일랑 아예 집어치우게. 아무런 필요도 없는 일이네." 석상스님이 한 사람에게는 한 말씀하여 깨닫게 하고 한 사람에게는 결코 말하지 않고 깨닫게 하는 그야말로 죽이고 살려줌을 마음대로 하여 마침내 깨닫게 한 제자들을 지도하는 선지식의 솜씨殺活自在的活作略가 가히 일품이며, 눈여겨볼만하다 하겠다.

96

온몸이 바로 불도 그것이다

三師語錄

부처가 와도 삼십방三十棒, 조사가 와도 삼십방, 대답을 하여도 삼십
방, 답이 없어도 삼십방을 때려서 선가의 종장禪匠이 수선 납자禪衲들을
제접하는 방편으로 삼는 시초를 이루어서 어떤 이에게나 할喝을 쓴 임제
臨濟스님과 함께 덕산의 방과 임제의 할로써 천하에 이름을 떨친 덕산德
山스님의 매섭고 날카로운 준엄한 법맥을 이어받은 설봉雪峰스님이 그의
으뜸가는 제자들인 현사玄沙스님과 운문雲門스님 그리고 여러 문인들과
자리를 함께 하게 된 어느 날 한 말씀 하시기를 "요새 사람들은 거의 모
두가 밥통 속에 앉아서 굶고 있고, 물가에 있으면서 목말라 죽어가고 있
다."고 하였다. 즉, 바로 옆에 밥이 있고, 먹을 물이 있는데도 굶어 죽고

목이 말라 죽는다는 것은 진리의 바로 옆에 있으면서도 그것을 먼데에서 구하다가 마침내 꿈속에서 헤매듯 죽은 사람과 같은 삶을 살고 있다는 뜻일 것이다. 스승인 설봉스님의 말씀을 듣자 현사스님이 대뜸 말하기를 "밥통 안에 목을 처박고 있으면서 굶어 죽는 자가 많고, 물가에서 물속에다 목을 처넣고 있으면서도 목이 말라 죽는 자가 많다."고 하였다. 그는 스승보다 한술 더 떠 밥통 속에 앉아 있는 정도가 아니라, 아예 밥통에다 머리를 처박아 있으면서도 굶어 죽고, 물가에 앉아 있는 정도가 아니라, 아주 물속에 머리를 처넣고 있으면서 목말라 죽는 자가 많다는 것이다. 즉, 불도佛道가 가까운데 있는 정도가 아니라, 우리는 불도 속에서 살고 있음에도 불구하고 그런 줄을 모르고, 마치 정신 나간 죽은 송장처럼 살고 있는 몰골이라는 뜻일 것이다. 그런 말을 곁에서 듣고 있던 운문스님이 불쑥 말하기를 "온 몸이 밥이요, 온 몸이 물이다."라고 하였다. 즉 불도가 가까이 있다느니 불도 속에 있다느니 하는데, 무슨 그런 뜬소리, 미지근한 소리들을 하고 계시는게요. 내 이 온몸이 바로 불도 그것이 아닌가 하는 것이다. 임제스님의 법맥을 이어 내려간 17대 손이 되는 대혜大慧(1088~1163)스님은 간화선看話禪을 대성하여 참선수행에는 반드시 화두話頭를 참구하여 철저하게 화두를 타파打破하기를 주장하면서 당시에 중생이 본래 성불衆生本來佛이므로 좌선이란 본래의 부처가 그대로 부처노릇 하는 것이므로本證妙修 새삼 깨달음을 목적으로 삼는 화두참구를 비판한 묵조선黙照禪에 대하여 맹렬하게 공박하기를 그대들은 좌선하면서 졸고 있고, 작업하면서 망상을 피우고 있으니 그것이야말로 박지범부가 아닌가. 그것을 어떻게 부처의 노릇이라 하겠는가. 그따위 관념선觀念禪이나, 구두선口頭禪으로는 진짜 안심입명安心立命이란 어림도 없다. 더 확실하게 좌선함으로써 참으로 자기의 불성을 철저하게 깨달아서 진실한 부처가 되라고 주장하였다. 그야말로 "온 몸이 그대로 밥이요, 온 몸이 그대로 물이요.通身是飯 通身是水" 내 이 몸이 그대로 본래 부처이니, 바로 이 본마음을 찾아서 견성하여 성불直指人心 見性成佛히는 그것 말고는 또 다른 불법이 없다. 따라서 석가도 달마도, 6조도 마조도, 임제도 덕산도, 설봉도 현사도 운문도, 누구나 다 한결 마음人心을, 즉 불성佛性을 바로 가리키고 있다.直指 거기에 불도가 전개되고, 불법이 현전한다.

97

무상의 도리를 알라

汾陽語錄 Ⅰ

임제臨濟義玄스님의 법통을 이은 제5대가 되는 분양汾陽善昭스님이 출가하여 은사스님을 시봉하고 있던 사미승 시기였던 어느 날, 스승의 방안을 청소하다가 그만 실수로 평소에 스승이 아끼던 찻종을 떨어뜨려 두 조각을 내고 말았다. 밖에서 돌아온 스승이 마주 나오는 시자의 얼굴을 보고 물었다. "그새 무슨 일이 있었더냐?" "어떻게 아십니까?" "네 얼굴에 근심이 서려 있는 듯하구나." "네, 무상無常에 대해서 생각하고 있었습니다." "그래, 공부를 열심히 하고 있는 모양이로구나." "인생이 무상하여 생멸법을 면하지 못한다고 합니다만, 무상한 것은 살아 있는 것만이 아니라, 아침 이슬이 스러지듯 무엇이건 모양 있는 것은 언젠가 반드시 없어지는 것이니, 그것 역시 무상이 아니겠습니까?" "아무렴, 이 세상의 삼라만상은 생生이 있는 것이나, 없는 것이나 간에 모두가 다 무상한 것이지. 그것이 대자연계의 변함없는 도리이니라." "그러면, 무상이란 그저 그대로 가만히 체념해 버릴 수밖에 없는 것입니까?" "그렇지, 세상에 더 없는 권력을 지니고 있는 왕자라 하더라도 어찌할 수 없으니, 체관諦觀을 하여야지." "어떻게 하면, 스승님처럼 체관의 경지에 이를 수가 있는 것입니까?" 하고 스승의 잔뜩 주름진 얼굴을 바라보면서 물었다. "음, 그 무상한데에 흔들리지 않는 마음을 지니기 위해서는 오직 끊임없이 수행 정진하는 노력이 있을 뿐이지." "그렇습니까, 그러시다면, 만일 요까짓 일에 마음이 흔들려서 어지러워진다면, 그것은 아직 수행이 부족하다고 하겠네요." 하면서 그는 자기 품속에서 깨어진 찻종을 끄집어 내놓았다. 스승이 그것을 보니, 평소에 애지중지하던 찻종이 무참하게도 깨져 시자의 손바닥에 놓여 있지 않은가. 스승은 속으로 신음소리를 냈지만 이제 방금 무상관無常觀을 설한 터에 꾸지람 할 수가 없었으니, 입속에서 "아 모양 있는 것 반드시 없어지는 법" 하고 되뇌일 수밖에 없었다. 그는 아무 일도 없었다는 듯, "스님, 이것도 무상이오니, 오직 체념하실 수밖에 없으시지요?" 하고 스승에게 동의를 구하였다. 그러자 스승은 '요놈에게 멋지게 한번 당하는구나' 하고 쓴 웃음을 지우면서도 그 기지에 감탄을 아끼지 않았다. 그 뒤에 이 은사스님이 75세로 입적하면서 유언을 남기기를 절을 분양스님에게 맡기노라고 하였다. 그때 아직 사미승이었으니, 스승이 얼마나 그를 촉망하였는지를 알 수가 있다. 그러나 분양스님은 후임을 서열의 차례대로 맡아야 한다며 사양하였고, 스승의 두텁고 고마우신 뜻에 감사하면서 걸망을 지고 절을 나서서 본격적인 참선수행을 위한 행각行脚에 나선다. 그는 자신의 수행이 이제 겨우 첫발

을 내딛었음을 자각하고 한 절에 안주할 생각이 없었다. 따라서 은사스
님의 입적을 다른 선지식에게 배울 수 있는 좋은 기회로 삼아서 71명의
선지식을 두루 찾게週遊歷參 된다.

98

행각하는 마음가짐

汾陽語錄 II

　　분양 선조汾陽善昭스님은 6조 혜능六祖慧能스님 아래로 제9세 조사가 되는 수산 성염首山省念스님의 법통을 이었는데, 선지식을 찾아서 행각行脚을 하면서도 가는 곳마다 오래 머무르는 일 없이 71명의 선지식을 두루 찾은 뒤 마침내 수산스님의 회상에서 철저하게 큰 깨달음大悟徹底을 얻게 된다. 그러고는 분주汾州의 태자원太子院에 있으면서 널리 종요宗要를 선양함으로써 그 밑에 석상石霜楚圓스님이 나오고 거기에서 다시 황룡 혜남黃龍慧南스님과 양기 방회楊岐方會스님 같은 임제종의 두 파를 이루는 걸출한 법손들을 배출시킨 대선지식이다. 그는 중국의 송나라 초기에 임제 가풍을 크게 드날려서 많은 수행납자들을 지도하면서 자신의 체험을 담

은 '행각하는 마음가짐行脚頌'을 피력하여 오늘 날까지도 행각하는 수선 납자들의 지침이 되고 있다. 즉,

출가할 뜻을 일으켜서 부모 곁을 떠난 것은 무엇 때문이었던가. 부처님 제자가 된 지금은 집도 없고 모든 것을 떠났으니, 세속 사람들과는 달리 오직 지성으로 부처님 법만을 닦는 수행승이 아니더냐. 그래서 이미 구족하게 계를 지녔고, 법복으로 몸을 감쌌으니, 이제는 부모를 모시려 하지 말고, 국왕·대신 등을 섬기려 들지 말고, 신하노릇을 해서는 아니 되며, 맑고 깨끗하기가 얼음과 같고 티 없는 구슬과 같은 생활을 하여 명예를 얻으려 말고, 이익을 탐하려 말고, 애써 마음의 번뇌를 털어버리도록 하라. 천상이나 인간의 공경을 받으며, 출가자의 칭송과 재가자의 공양을 받으면서도 자신의 덕행을 돌아보며 그것이 온 곳을 헤아릴 때, 바로 무엇을 가지고 그 은덕에 보답하여야 할 것인가. 오로지 수행에 정진할 뿐이며, 무슨 수행으로써 그 시은施恩의 빚을 녹일 수가 있을 것인가. 오직 참선수행이 있을 뿐이요. 다른 길이 없는 것이다. 그러므로 산수를 두루 거치면서 몸과 마음을 단련하고 훌륭한 도반과 함께 참선에 정진하면서 만약 눈보라가 휘몰아치거나 서리를 맞더라도 추위를 피하려 들지 말고, 물을 건너고 구름과 안개를 헤치면서 육환장을 의지하여 모든 장애를 극복할 지어다. 그대 운수납자들에게 진정으로 이르노니, 남쪽을 향하여 북두칠성을 보고자 하거든 오호 사해五湖四海의 총림을 두루 찾을 것이며, 아무리 어렵더라도 만리천산萬里千山을 두루 돌아서 친히 조사들을 뵙고 분명히 견성하여 철저히 깨달음으로써 잡풀뿌리를 가지고 인삼으로 속지 않도록 하라.

　여기에서도 분양스님의 깊은 수선의 경지를 엿볼 수가 있으며, 고래로부터 많은 수행승들이 삿갓에 석장을 짚고, 무명베 옷으로 겨울철의 행각에는 설한풍이 뼛속 깊이 스며들더라도 호연한 기상으로 가슴 펴고 흰 입김과 함께 분양스님의 수행하며 행각하는 마음가짐을 일러주는 노래行脚頌를 낭랑하게 부르면서 진실하게 수선修禪하고 만행萬行하여 마침내 크게 불도를 이룬 이들이 적지 않았음에 오늘의 후학들은 숙연해지지 않을 수가 없다.

호암 인환(顚菴 印幻)

1931년		원산시 남촌동 124번지에서 부(夫) 채낙진(蔡洛鎭), 모(母) 김소희(金小喜)의 5남 3녀 가운데 차남으로 출생, 본관 평강
1935년	3월	조부 채병준(蔡秉俊)에게서 한문 수학
1944년	3월	원산 용동소학교 졸업
1949년	3월	원산상업학교 졸업
1952년	8월	부산 선암사(仙巖寺) 선원에서 입산 득도하여 참선수행
1953년	2월	원허(圓虛) 효선대종사(孝璇大宗師)를 은사로 사미계 수지(계사 석암스님)
	4월	통도사 금강계단에서 대승보살계 수지(계사 자운스님)
	4월	석암 혜수율사에게서 율장과 대승계학을 수학
1955년	7월	부산 선암사 선원에서 4하 수선안거(修禪安居)
	9월	해인사 불교전문 강원에서 운허(耘虛) 용하강백(龍夏講伯)에게서 5년간 수학
1956년	2월	해인사 금강계단에서 구족계 수지(계사 자운스님)
	3월	해인사 불교전문 강원 중강(2년간)
1957년	9월	통도사 불교전문 강원 중강(2년간)
1959년	4월	통도사 불교전문 강원 졸업
1960년	10월	운허 용하(耘虛 龍夏) 저 『불교사전』의 집필 편찬에 참여(2년간)
1963년	3월	서울 적조암(寂照庵) 총무(4년간)
1966년	9월	대한불교신문사 논설위원(2년간)
	9월	서울 동국대학교 대학원 불교학과 졸업
1967년	7월	부산 선암사 선원에서 10하의 수선안거
	8월	숭산행원선사(崇山行願禪師)와 함께 대한불교조계종 재일홍법원 창립
	9월	일본 인도학불교학회 회원(현재)
	10월	대한불교조계종 재일홍법원 총무국장(3년간)
1970년	4월	동경 고마자와 대학원 선학전공 박사과정 수료
1970년	9월	대한불교조계종 재일홍법원 부원장(1년간)
	10월	일본 불교학회 회원(현재)
1974년	4월	일본 동경대학 대학원 인도철학전공 박사과정 수료
1975년	3월	일본 동경대학 대학원에서 『신라불교계율사상연구』 논문으로 문학박사
1977년	2월	대한불교조계종 국제포교사(캐나다 포교)
		일본 · 캐나다 · 미국에서 참선수행 지도
	5월	캐나다 토론토시 대각사(大覺寺) 주지(5년간)
1979년	8월	Ontario Zen Center 지도법사(2년간)
1980년	7월	미국 시카고 불타사(佛陀寺) 대리주지(2년간)
1982년	2월	서울 동국대학교 불교대학 부교수

		일본 인도학불교학회 회원(현재)
		일본불교학회 회원(현재)
	3월	한국불교학회 이사 · 국제관계 부회장
	4월	대한불교 달마회(達磨會) 법사(12년간)
1983년	5월	부산 내원정사(內院精舍)에서 석암(錫巖) 혜수대종사(慧秀大宗師)의 전법제
		자로 입실건당(入室建幢)하여 호암(顥庵)의 법호를 받음
	3월	서울 중앙승가대학 강사(14년간)
	9월	동국대학교 정각원 원장(6년간)
1986년	2월	동국대학교 불교대학 교수(15년간)
	3월	동국대학교 석림회 지도교수(2년간)
	10월	한국불교학회 이사
1988년	1월	동국대학교 불교대학 학장(2년간)
1990년	1월	동국대학교 불교문화연구원 원장(3년간)
	4월	제8회 뢰허(雷虛)불교학술상 수상(신라진표율사연구)
	5월	대한불교신문 편집위원
	6월	일본 인도학불교회 이사 및 평의원
1991년	3월	동국대학교 불교대학원 교무위원 및 강사교수
1993년	1월	오계파지(五戒把持)운동 국제본부 총재
1994년	3월	부산 화엄불교교양대학 회주
1996년	2월	대한불교조계종 수국사 황금불교교양대학 학장
	8월	동국대학교 불교대학 교수 정년퇴임
	9월	동국대학교 불교대학원 교수
2003년	3월	동국대학교 명예교수
		동국대학교 사회교육원 교수
2005년	4월	일본 도쿄대학원 외국인 객원교수
2006년		한국불교선리연구원 고문 · 연구회 좌장
		대한불교조계종 법계위원회 법계위원
2006년	6월	대한불교조계종 백제불교문화대상 수상
2008년	4월	서울 삼각산 경국사 환희당 회주 · 한주
2010년	3월	한일 불교유학생교류회 대표
2011년	3월	동국대학교 불교학술원 원장
		동국대학교 동국역경원 원장
		대한불교조계종 원로의원 · 대종사
2013년		한국일보 제정 〈자랑스러운 한국인상〉 수상
		수원 봉녕사 율학대학원 석좌교수
	10월	대한불교 조계종 해인승가상 수상
		동국대학교 총장 감사패
2015년		1982년 이래 부산 내원정사 석암스님 교시, 약사여래법회 주재 32년 회향
2016년	9월	DONGGUK HONOR SOCIETY 회원

선리참구 禪理參究

2017년 08월 03일 초판인쇄
2017년 08월 25일 초판발행

지은이 호암 인환
펴낸이 한 신 규
편 집 김 영 이
펴낸곳 **문현**출판
주 소 05827 서울특별시 송파구 동남로 11길 19(가락동)
전 화 Tel.02-433-0211 Fax.02-443-0212
E-mail mun2009@naver.com
등 록 2009년 2월 24일(제2009-000014호)

ⓒ 호암 인환, 2017
ⓒ 문현, 2017, printed in Korea

ISBN 979-11-87505-05-1 93220 정가 35,000원